SIEGFRIED

Die Wurzel der Geschichte
ist der arbeitende
die Gegebenheiten umbildende
und überholende Mensch

Bloch

Jürgen Lodemann

SIEGFRIED

Die deutsche Geschichte
Im eintausendfünfhundertsten Jahr
der Ermordung ihres Helden
nach den ältesten Dokumenten erzählt

K. Thienemanns Verlag

CIP-Kurztitelaufnahme der Deutschen Bibliothek

Lodemann, Jürgen:
Siegfried / Jürgen Lodemann. –
Stuttgart; Wien: Thienemann, 1986.
ISBN 3 522 16320 6

Umschlag: Reichert Buchgestaltung in Stuttgart
unter Verwendung einer Illustration aus der
Hundshagener Handschrift des Nibelungenlieds
Vorsatz, eine sechs Minuten lang belichtete Aufnahme des »Orion«.
Foto der Astronomischen Arbeitsgemeinschaft Bochum.
Illustrationen Margot Schaum in Wiesbaden
Schrift Walbaum Lino und Lutherische Fraktur
Satz Utesch Satztechnik GmbH in Hamburg
Reproduktionen Reisacher Repro in Stuttgart
Druck und Bindung Clausen & Bosse in Leck

5 4 3 2

Inhalt

MittelEuropa zur Zeit
des BurgunderReichs in Worms

Vorweg, für Zweifler

Warum von Siegfried erzählt werden muß? wo er herkam, aufwuchs und weshalb er erschlagen wurde?

Weil das die älteste deutsche Historie ist, so denkwürdig wie märchenhaft und folgenreich, und weil sie bis heute nur lesen kann, wer das ältere Deutsch versteht.

Wieso folgenreich?

Wer 1936 in der KruppStadt Essen zur Welt kam, kriegte den Rat, hart zu werden wie KruppStahl, und groß und stark. Der leibliche Vater legte dem Sohn ein Tagebuch an und trug ein:

»Vergiß nie, was das deutsche Volk Hitler zu danken hat. Ohne ihn wäre Deutschland nicht, ohne ihn wärest Du nicht. Werde einst ein ganzer Mann. – Essen, den 7. April 1936, Dein Vater.«

Ein anderer Mann, Sozialdemokrat, schloß sich an: »Werde groß und stark und ein ganzer Mann. Einer wie Siegfried. – Essen, den 1. 6. 1936, Dein Onkel Walter.«

»Ich durfte Dich in die Kirche tragen. Mit Deinen großen blauen Augen hast Du den Pastor angeguckt. Der Sinn seiner Rede war, daß Du ein ganzer Mann werden sollst. Und daß Dir als solcher der Kampf im Leben immer gelingen möge. Dieses wünscht Dir von ganzem Herzen Deine Patentante Anna. Essen, den 2. 6. 1936.«

Die großen Brüder schrieben ins Tagebuch, das erste, was der kleine habe singen können, sei das Lied von einer Kampfstellung gewesen. Von der ›Siegfried-Linie‹. 1939 bestand diese Linie, auf einer Länge von neunhundert Kilometern, parallel zum Rhein, aus zweiundzwanzigtausend BetonBunkern.

Ihr Brüder, Tante Anna, Herr Pastor, Onkel Walter, Vater im Leibe und Vater im Geiste – Autor aus Braunau – mir scheint, Eure Ratschläge gelten noch immer. Ein Mann muß ›cool‹ sein. Denn zum ›Leben‹ gehört, nach wie vor, der ›Kampf‹, wie der Drache zum Ritter. Noch jetzt erklärte ein Kanzler: »Das wäre doch abartig, wenn wir nicht mehr kämpfen würden, ja, geradezu abartig wäre das.«

Als ein 17jähriger – ›einer wie Siegfried‹? – beim Tennisspiel zu siegen begann, hieß es im Leitartikel der klügsten deutschen Zeitung: »Er hat uns wieder eine Ahnung davon vermittelt, daß die Ausgangssituation allen Sports der Kampf Mann gegen Mann ist« und daß der Sport eben nichts anderes sei als »eine Parabel vom Lebenskampf«.

Da die Ansicht, Leben sei Kampf, herrschende Meinung zu bleiben scheint, habe ich mir vorgenommen, sie zu untersuchen. Dies, Tante Anna, ist er für mich, ›der Kampf im Leben‹.

Diesmal untersuche ich unser Grundgesetz nicht in Essen, unterm Viehofer Platz, sondern unter der Tarnkappe. Anhand unserer ersten Zeugnisse.

Gehen wir in das Jahr 486, in dem das RomReich verging, in dem neue ›Stämme‹ in seine Mitte drängten, ›Völkerwanderung‹ nannte man diese Zeit, in der unsere Namen und Geschichten noch nicht auf Buchstaben festgesteckt worden sind, jedenfalls nicht auf unchristliche, auf unlateinische. Gehen wir über die Grenze! in die Zeit, in der unsere Sprache, Namen und Geschichten nur mündlich lebten – ›nur‹. Also überaus ungewiß, in ständiger Veränderung.

Von diesen neuen, den WanderStämmen, tat uns keiner den Gefallen, in der eigenen Sprache seine WanderGeschichte festzuhalten, im lateinischen Alphabet schon gar nicht. ›Fixiert‹ wurde erst später, unter christlicher Aufsicht. Und sollte es zuvor heidnische Texte gegeben haben, sie wurden vernichtet, unter Aufsicht. Erhalten blieb fast nichts. »Hat jemand den Text gelesen? wird es auch keinen Ärger geben?« fragt noch der dänische König voller Sorge, bevor sein Stiefsohn Hamlet das Spiel beginnt.

Wollten wir jene Epoche nur deswegen ignorieren, weil sie sich schriftlich nicht selbst dokumentiert hat, dann wäre das so, als nähmen wir Kinder erst wahr, wenn sie die harten Zähne kriegen und ›Mutter‹ und ›Vater‹ schreiben können. Als wären nicht ihre ersten Jahre die entscheidenden.

Wer aber aus schriftlosen Zeiten was festschreiben will, der braucht – ja, welche Mittel braucht der? Den Keltengott Lug? Unsere Schulweisheit jedenfalls wird uns nichts träumen lassen, und den hohen Schulen wird höchstens etwas grauen, denen nämlich, die statt an Drudenfüße an Gänsefüßchen glauben. Denn ›real‹ sind ihnen nicht Mar, Alp oder Drude, sondern Duden, Grammatik und das Papier, auf dem gedruckt steht, daß ›Frankfurt‹ oder ›Bremen‹ urkundlich erst viel später, im Jahr X oder Y, »erstmals erwähnt« wurden. Als sei dies die erste Erwähnung.

SchriftGelehrte, Schützer von Jugend und Wissenschaft – im folgenden werden Quellen und Zeugnisse unwissenschaftlich genutzt, werden Wörter kopuliert für unbegreifliche Sachen, rückrechnend. Freirechnend.

Denn nicht erst der Urheber aus Braunau war Besetzer unserer Geschichte.

Ist dies »Die deutsche Geschichte«? Das ist eine einengende, eine ängstliche Bezeichnung. Siegfrieds Geschichte zeigt nicht nur die erste Variation dessen, was ›deutsch‹ wurde. Sie berührt auch Anfänge der NiederLande oder Dänemarks, Norwegens, Islands oder Englands und Irlands, auch UrSachen der Schweiz, Frankreichs oder Österreichs, trifft auch auf Rom, Byzanz und die Juden. Aber lassen wir das. Man wird noch erschrecken dürfen vor dem, was man angefaßt hat.

J. L.
28. März 1986, hinterm Schwarzwald

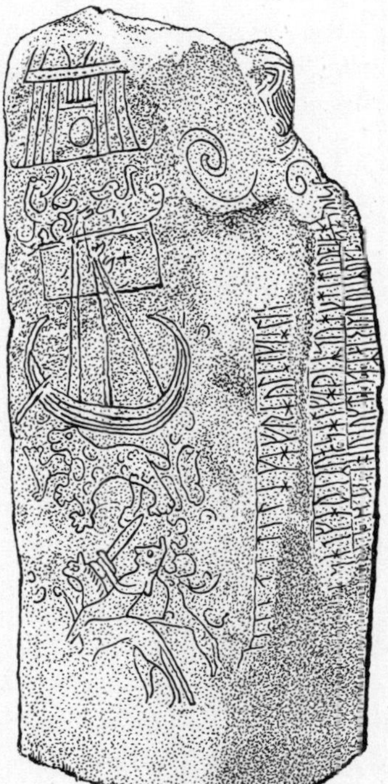

Runenstein

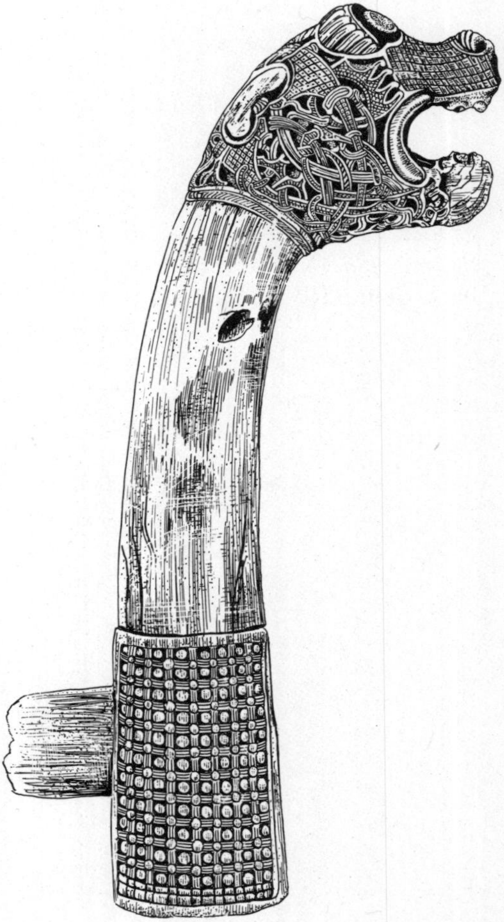

Geschnitzter Pfosten, gefunden in
Oseberg (Norwegen)

I
Herkunft und Jugend
Externsteine, Yggdrasil
Kampf mit dem Drachen
Heimliche Lieben

»Es kocht die Ruhr«
Annette v. Droste-Hülshoff (1840)

»Jeder Arbeiter, der nach-
gedacht hat, ist Buch-
stabengeplätscher überlegen«
Arno Schmidt (1957)

Uns ist in alten mæren
wunders vil geseit
von heleden lobebæren
von grozer arebeit

Der Hort der Nibelunge
der was gar getragen
uz einem holen berge
Nu hoeret wunder sagen

Uns ist in alten Geschichten viel Wunderbares überliefert. Von Helden, die man loben darf. Von unermeßlicher Mühsal.

Den Hort der Nibelungen, den trug man aus Berghöhlen. Nun hört Euch an, von welchen Wundern berichtet wird!

Im Anfang war, so wissen es Männer, der Kampf. Zuerst lebte Bor. Ihn erschlug Will. Den Will erschlug Grindel, den Grindel Fännar, den Fännar Garleff, diesen der Lothar, diesen der Bernward – und erst mal so fort.

Später, als der Kampf nicht mehr knochenbrechend, sondern intelligent war, sprachen Männer seltener und umständlicher von dem, was sie vom Anfang wußten.

Mag sein, es ist so – dann ist jeder ein Nachfahr von Siegern. Ein Ergebnis von Kämpfen. Sieger zeugten, vermehrten sich, pflanzten den nächsten Erschläger. Oder einen zu Erschlagenden.

Warum Hagen Siegfried erschlug, das ist, unter so vielen Fällen, der früheste, dem man auf den Grund gehen kann. Das ist unser erster Mord, der sich aufklären läßt: er geschah im Jahr 486. Anschließend ging das rheinische Reich der Burgunder, von dem ein Rest noch vorhanden war, endgültig unter.

Den Gast aus dem NiederLand ermordete Hagen, wie verschiedene Schriften melden, bei einem Ort ›Otenheim‹. Man hat gemeint, ›Otenheim‹ läge in schöner Landschaft, im Odenwald. In Wahrheit geschah der Mord zehn Kilometer südlich von Worms, exakt dort, wo heute einer der größten Konzerne des Kontinents seinen Sitz hat, der umsatzstärkste Stinker der Alten Welt.

Doch der Reihe nach. Fangen wir an im Jahr 485. Ende Dezember, im historischen, im oberrheinischen Burgund. Wer, bevor der NiederLänder dorthinkam, lebte im zentralen Ort Worms. Da gibt es Funde, Handschriften, bald auch in der Sprache, die nachmals als germanisch galt, schließlich als ›deutsch‹.

In Worms am Oberrhein lebte im fünften Jahrhundert nachweislich der burgundische König Gundomaris mit seinen vier Kindern, deren Namen ebenfalls mit ›G‹ begannen: Gunther, Gernot, Giselher und Griemhild. Sie lebten am Ende dessen, was wir ›Antike‹ nennen, am Beginn dessen, was dann ›Mittelalter‹ hieß.

Was, bevor Siegfried dorthinkam, ging vor in Worms.

Es ist anzunehmen, überm Wormser Königshügel, den später der Rhein wegschwemmte, stand seit Stunden der Nachthimmel, mit Mars, mit Venus. Auch Orion, der Große Jäger, wanderte über den östlichen Horizont. Da hörte man von oben her, aus dem erleuchteten PfalzSaal, dieses FrauenSchreien.

Bis an den Fluß hinunter muß das zu hören gewesen sein, bis zu den Zelten und Feuern am Ufer. Dort wußte keiner – die meisten waren kahlgeschoren – was bei den Herrschaften da oben vorging.

Nur die in der PfalzHalle konnten zum niederen Tisch gehen, dorthin, wo die Karten gelegt wurden, konnten nachsehen, warum Entsetzen laut geworden war, von der Mutter im selben Moment wie von der Tochter.

Als die Herren kamen, bedeckte Kriemhild das Gesicht. Ute, die alte Blinde, blieb unbewegt. Sie wird geflüstert haben. Ihr Zeigefinger auf einem der Bilder, auf dem ersten.

»Die Rose«, hat Giselher gesagt.

Utes Finger auf der nächsten Karte.

»Der Eichbaum«, sagte der Sohn.

Auf dem dritten Bild.

»Nochmal die Eiche.«

Ihr Finger auf dem vierten Blatt, sie drückte hart, daß die Spitze weiß wurde.

Giselher sah zur Mutter. Auf die Männer.

»Das Vierte!« rief die Blinde.

»Das Schwert.«

Da beugte sich Hagen über den Tisch, tat, als interessierte ihn das Spiel, packte hinein, wirbelte das über den Haufen.

»Und das fünfte? War's die Mauer?«

Giselher strich sich die Haare aus dem Gesicht. »Ja, Mutter.« Er wollte noch mehr sagen, holte Atemluft, sah die Männer an. »Die Mutter sieht Mord.« Er versuchte laut zu sprechen. »Streit sieht sie. Mit dem Mächtigsten.«

Da hörten sie Hagen rülpsen. »Das Mächtigste! – bleiben die Maden.«

Als da die Männer schwiegen, gab Ute, die Witwe, den Rat, den sie seit dem Tod ihres Mannes Gundomar immer gegeben hat. »Gehn wir raus hier. Raus aus'm RheinLand.« Sagte es und schob sich neues KauHolz in den Mund. »Den Strom rauf.« Diese Worte, zahnlos gesprochen, verstanden sie. Hatten das schon oft zu hören gehabt. »Über Basel weg, hintern Jura!«

Hagen hob sich den Bart über die Nase. »O Gundomar! Wer so hoch hinaus wollte wie Du – bis nach Byzanz – der endet wohl in Worms.«

Eine Weile schabte er sich sein Kreuz. »Streit mit dem Mächtigsten! – An Worms jucken Würmer.«

Kratzte sich tiefer über den Rücken und sah in der Halle herum, als kämen von dort Würmer. Der Saal war im Grundriß rechteckig, nicht allzu hoch. Schon die Burgunder dürften herrschendem Geschmack gefolgt sein, dem der Besatzungsmacht; mag sein, der Boden der Halle war der burgundische Adler, aus Steinen gesetzt – in Gold? in Rot? – die Herren gingen wieder hinüber. Vom niederen Tisch zur Tafel zurück.

Der Saal? Wahrscheinlich war er von Rundbögen umgeben. Hinter den Bögen die Kammern, die Treppen, da ging es zu den Vorräten, den Schlafstellen. Zum Rhein und zum Hof einige Fensterlöcher. In dieser Nachtstunde brannten Pechfackeln, die steckten an den SandsteinSäulen, auch Öllämpchen hingen da, aus rotem Ton. Das Rot der Wände und die goldbemalte Hallendecke, das alles glänzte im Schein von vielerlei Feuern. In den Kamin warf Hagen Holz, daß es Rauch wirbelte, Funken stob, Schatten warf. »Der Mächtigste! Als kennte keiner die Maden in Mainz.«

Am Rheinbogen bei *Mogontiacum*, das zu Mainz wurde – wo vordem Kelten ihrem Gott Mogon eine FelsenUhr geweiht und wo aus diesen Felsen die Römer ihrem Gott Mars ein Heiligtum errichtet hatten – dort ankerte jetzt, in der Winternacht des Jahres 485, während zu Worms Herr Hagen sich den Grind vom Rücken rieb, ein Schiff.

Da bewegte sich vom Schiff ein Kahn zum Ufer, sprangen Gestalten an Land und näherten sich den Tempeltrümmern, rasselte Eisen.

Da traten Schatten aus den Ruinen, trug man Fackeln, leuchteten Gesichter, kam es zum Wortwechsel und war – Bejobs! – von Worms die Rede und – Yerra! – jawohl, nach Worms, noch vor dem nächsten Abend.

Da eilten die mit den Fackeln zurück, hinter die MauerReste, pflockten ein Pferd frei, zäumten, sattelten, riefen sich Namen zu, setzte sich einer von ihnen auf, und – Knörrip! – ritt davon, stromauf, nach Worms.

Wurde der Kahn zurückgerudert, von Bord ein Seil geworfen, der Anker gehoben und schlugen dann, unter heftigen, unter ruckenden Rufen, auf beiden Seiten des Schiffs zwei Dutzend Ruder in das Wasser, begann sich das Dunkle zu bewegen, schob sich stromauf.

Als der Schatten davon war, zogen, unter den gleichen Rufen und Ruderschlägen, elf weitere Schiffe in der Finsternis vorüber. Unter schwarzen breiten Segeln glitten sie dahin. Nach Worms.

Dort, in der PfalzHalle, hockte die schweigsame Versammlung. Hagen, der Gneisköpfige, kraulte sich sein Fell. Juckte. Und teilte mit: »PfandGeier aus Mainz, aus Köln, aus Frankfurt, das sind die ›Mächtigsten‹.« Es läßt sich denken, daß er hierzu den Becher mit den Steinen und AdlerGravuren durch die MauerHöhle hinausgeschleudert hat, und als Dankwarth ihn daran erinnerte, für diesen Pokal seien fünfzig Kahlköpfige nach Troyes an die ›Goldküste‹ verkauft worden, wird ihm einer wie Hagen geantwortet haben, wenn Dankwarth wolle, könne auch er durch das Fenster fliegen.

Von den Ursachen seines Mißmuts wird in den Schriften nichts gesagt. ›Grimmig‹ nennen sie ihn, den ›grimmen Hagen‹. Irgendwer hat die Ursachen seines Grolls aus den Geschichten verbannt oder nie hineingelassen. Auch daß er fischig stank, unser erster Politiker.

Fischig roch er, wie Bischof Ringwolf, und zwar nach Otternfett, mit dem sie sich einschmierten gegen die Kälte, und gegen das Scheuern der Rüstung.

Frau Ute kaute Sandelholz, getränkt mit Öl vom Mohn. Das ließ sie Hagens und Ringwolfs Gestank besser ertragen, auch deren Reden.

Der Mißmutige kratzte sich wieder, bis über die Hinterbacken hinab. Und teilte mit: »Benagt werden wir. Aus Abend von Franken. Aus Mitternacht von Sachsen, von ostfälischen RäuberHäuptlingen, die sich den Rhein raufschlängeln, schon bis zum Main. Auch aus der Donau kriechen Maden. Krummsäbeliges Geschmeiß, auf kurzbeinigen Trampeltieren. Und wollen alle nur eins: uns aufbohren und zerkratzen. Doch die alle lenken bloß ab. Von den hinterhältigsten, von denen aus Rom.« Er setzte sich, mit knackenden Gliedern, neben den Bischof. »Zum Glück erinnert mich an die, Tag für Tag, unser ScheinHeiliger.«

Der Bischof wollte was entgegnen, doch Hagens Hand landete so stark auf seinem Rücken, daß der Geistliche sich an die Brust greifen mußte – das sah aus, als fasse er nach seinem Herzen, galt aber dem BergKristall, der dort hing und den ihm, wie er gern erzählte, im Jahr 480 Papst Simplicius überreicht hatte: als dem Heiligen Vater der seine geborsten war, habe er ihm, dem Bischof zu

Worms, beim Abschied eine der beiden Hälften zugeeignet und nicht die geringere. Und hätte gesprochen: Hier teilen Wir mit Dir das Kleinod, das Magdalena fand im Felsengrab am Ostermorgen, an der Stelle, da Unser HErr drei Tage lang hat liegen müssen von Barbarenhand. Dieser klare Kristall ist ergo von SEinem verklärten Leibe. Jetzt, da er zerbrach, soll Uns dies nicht betrüben, sondern ein Zeichen sein. Trage Du sein Licht über die Alpen! nach Trier, nach Köln, Mainz und Worms! Mach mir die Sachsen untertan! die Franken fromm! Bring seine Botschaft den Alamannen – schaff Reinheit ins BarbarenLand!

Zu diesem Edelstein des HErrn also mußte Herr Ringwolf greifen, als Hagen ihm, von burgundischen Bedrängnissen redend, auf die runden Schultern schlug.

»All diese Würmer, im Morgen wie im Abend, erkenne ich auch ohne ›Eichbaum‹ und ›Mauer‹.«

Ute, ohne den Kopf zu senken, sammelte die Karten vom Tisch. Man hörte, wie Hagen sich schabte. Von draußen rauschte der Fluß. Ein Nachen setzte über. Ich weiß es genau.

»Mir hat geträumt«, hörten sie Giselher. Ute stopfte die Karten in ihre Gürteltasche. »Mir träumte, Dein Sohn Gernot käme zurück. Ja, Gernot kehrte heim, den Rhein herauf. Aber er ritt auf einem Lindwurm, o doch, im Traum saß er auf einem UnTier. Das Vieh stürmte von Mainz her über den Fluß, dies, so schrie unser Bruder schon von weitem, dies ist er, hier bring ich ihn, unseren Bundesgenossen! Ja, Gernot thronte auf einem Wurm, dessen Schwanz war steil geschlungen, eng und steil herum wie die Rheinschlaufe bei *Bodobriga*. Mit dem, so rief Gernot uns zu, werden wir die Sachsen fressen! die Hunnen schlachten! – Aber der Rhein- und ReitDrache, der war nur scheinbar gezähmt. In Worms schlug er um sich, mit seinem hornigen Schwanz peitschte er die Pfalz, zerschmetterte uns.«

Gunther sah die anderen an. »Was immer das bedeutet – eines scheint mir sicher – auch Gernot bringt uns keine Hilfe. Da kommt den Fluß herauf, was immer raufkam. Krieg.«

Gernot, der Bruder des Königs, war drei Wochen zuvor den Rhein hinuntergefahren, mit Ortwin von Metz, mit zwei Mainzer Kaufleuten und neun Kahlköpfen, schiffskundigen Kelten. Bis nach Köln wollten sie reisen, um Kriegsleute zu kaufen, Hilfstruppen gegen die Sachsen.

Als im Jahr 436 das Wormser Heer, trotz seiner römischen Ausbildung und Rüstung, von den Hunnen erschreckend geschlagen wurde, hatten die Überlebenden gemeint, nun sollten die Burgunder in größtmögliche Nähe zur Schutz- und Besatzungsmacht ziehen. Seither wohnten die meisten an der oberen Rhone, in Revieren, die heute zu Frankreich gehören und zur Schweiz, sie wohnten in der *Sapaudia*, woraus der Name Savoyen geworden ist.

Ein kleinerer Teil des Stammes hatte der römischen Kapitale nichts mehr zugetraut, der blieb in Worms. Dort regierte schließlich Gundomaris, beraten von Hagen. Der setzte auf Bündnisse mit den Alamannen und Franken. Der römisch geschulte Hagen und sein ehrgeiziger König Gundomar wollten durch geschickte Verträge und glückliche Kämpfe von Worms aus, trotz allem, ein rheinisches Reich schaffen. Wenn WestRom offenbar unterging, dann sollte, wie die Griechen mit Konstantinopel oder Byzanz ihr OstRom hatten, den Germanen ein NordRom entstehen, ein RheinRom. Sie bezwangen tatsächlich den ärgsten Widersacher, die Sachsen, aber bei diesem Sieg wurde Gundomar selber tödlich verwundet.

Die in der Halle sahen, wie Giselher auf seine Pergamente blickte, wie er zurückblätterte, wieder nach vorn. Wie er dann zum König schaute und von ihm zu Hagen hinüber. Und schließlich sagte: »Was Ute aus unseren Träumen erkennt, ist jedesmal eingetroffen. Ich hab's aufgeschrieben.«

»Fängt jetzt auch der Schreiber an zu zittern.« Herr Hagen spuckte gegen die Wand.

»Wissen möchte auch ich«, war vom König zu hören, »wie er denn heißen könnte, dieser ›Mächtigste‹. Wenn er denn kein Drache ist.« Und fügte hinzu: »Und wenn es ihn denn gibt.«

»Es gibt ihn«, sagte Giselher. Und sprach nun den Namen aus. »Siegfried wäre das.«

Hagen hob den Hintern von der Bank, ließ Furzluft. »O Gundomar! weh geschrien über Deine Söhnchen! Wann immer ihr Gewinsel weibermäßig wird, zieht dieser Name durch die Hirnschalen. Ringwolf! nichts ist mit Klarheit im BarbarenLand! – Aber wisse, Herr König, gäbe es das, was Giselher Siegfried nennt, gäbe es das wirklich und wäre das nicht bloß der NachtSchrecken in HerbergsMärchen – dann wäre auch das längst hier! als HeerWurm drängelte sich das zwischen alles MadenPack, das an uns nagt, nuckelt, saugt, bohrt, beißt – pah!« Hagen drehte sich zur Seite –

– im Eingang stand einer. Rumolt von Straßburg, der Küchenmeister.

»Der Fährmann«, stotterte der Koch, »hat gesehen, es flog wieder etwas. Von da heraus! ins Wasser – ein Blinkendes. Und weil wir zuvor einen Schrei gehört, ein FrauenSchreien – wollte ich nachsehen, ob irgendwas –«

»Alles ist in Ordnung, im Licht! Nur der Küchenmeister redet Unfug. Statt Roten raufzuschaffen und zwar von der Goldküste und keinen mehr aus der Sapaudia, spinnt nun auch Herr Rumolt.«

Rumolt sah auf Dankwarth, der nickte – der Koch verzog sich. Erzählte gleich darauf unten in der Küche und die in der Küche sagten es denen an den Uferfeuern, es zöge durch Worms neue Angst – da helfe nur noch der Wein von der Saône. Oder ebenfalls die Flucht in die *Sapaudia*, hinter den Jura.

Gunther zog es zu einer der Fensternischen, wollte die Nachtlichter betrachten, hat sich zwischen den Steinsäulen hinausgebeugt. Ließ sich vom Rhein was murmeln. Und hat die Lagerfeuer beobachtet, drüben am Ufer wie auf der eigenen, der Wormser Seite. Am Himmel weiter Venus und Mars, und der Große Jäger. Unruhe bei den Feuern.

Groß stell ich ihn mir vor, etwas zu groß. Nach allem, was über Gunther nachzulesen ist, beherrschte ihn die Neigung, auszuweichen, nach oben vor allem. Ihn zog's in Höhen, die nur der Kopf schafft, wo Schwindel warten und Zweifel – wir werden sehen.

Jetzt jedenfalls hat der König in der Mauernische Platz genommen und sich seiner Harfe gewidmet. Während Kriemhild mit Ute flüsterte, hat Gunther die fest und hart eingedrehten, die klingenden KalbsDärme berührt, hat zu summen begonnen. Ein Mönch namens Kilian, ein irischer, ein gälisch-keltischer Wandermönch, den die Sklaven liebten und den sie ›Wunnibald‹ nannten, der hatte dem König das Instrument gebaut. Das verhelfe ihm noch vor dem kommenden Frühjahr zu einer Königin, und zwar zu einer ›tüchtigen‹. So hatte der Priester gesprochen. Wenig später hatte dieser gallisch-keltische Kilian oder Wunnibald ein Kloster gründen dürfen, südwärts, im Waskenwald – gegen den Willen des Bischofs, der erklärte, Lorsch und Speyer reichten aus. Und die reine Lehre dürfe sich nicht abermals teilen.

Doch der König hatte sich in diese fidelere Art Kirche so verliebt wie in die Harfe. Auf der konnte er zwar nichts spielen, aber an viel Schönes denken. An das, was ihm Herr Wunnibald vorgesungen hatte von ›tüchtigen‹ Königinnen, von arbeitswütigen Kobolden, grünen Hügelländern, Feuertieren und Mitternachtsfrauen, von üppigen, von weichen –

– schon war der zartsinnige Mann auf der süßesten Gedankenreise, als Giselher ihn herausriß, denn der Schreiber, vom Geflüster der Frauen irritiert, verlangte, Kriemhild solle, was sie zu erzählen habe, laut sagen, egal, was Hagen oder Ringwolf davon hielten.

Da hat Kriemhild laut erklärt, sie erzähle der Mutter einen Traum. Und flüsterte weiter. Schien zu meinen, mehr Auskunft sei überflüssig.

Ringwolfs Abneigung gegen Harfen, Kelten, Frauen und Träume war so heftig, daß er nun, zur Warnung, laut von einem anderen irischen Wandermönch erzählen mußte, von einem, der im Sommer vor das Kloster Lorsch gezogen war und von einem Holzhaufen heruntergepredigt hatte, auch unterhalb der Erdscheibe würden Menschen wohnen – anfangs habe man den Bettelpriester für verrückt erklärt. Als er aber behauptete, auch unter dem Erdkreis, also in Satans Reich, gebe es den Himmel, auch dort lebten Gott und alle Engel, war entschieden, daß an diesem Boten des Teufels ein Exempel gesetzt werden mußte –

– Giselher hockte sich auf die andere Armlehne von Utes Sessel und bat Kriemhild, auch ihm den Traum zu erzählen. Ich habe, antwortete sie, im Traum mit einem Tier gespielt. Mit einem Falken. Der ist groß gewesen und wild –

– eigenhändig habe er, Ringwolf, den Lästerer gepfählt. Zwei Sklaven hätten den Gefesselten festgehalten, ein dritter den gespitzten Balken dem Besessenen zwischen die Beine gesetzt, die Spitze genau ins Hinternloch –

– dieser Falke, stark und prächtig gefiedert, hat am Himmel herrliche Kreise gezogen und ist doch immer wieder zu mir zurückgekehrt, jedesmal mit reicherer Beute –

– vor den Augen der frommen Brüder und vor allem Lorscher Gesindel habe er selber den Pfahl mit dem Schmiedehammer in den Ketzer hineingetrieben, hinaufgeschlagen bis in die gotteslästerliche Brust –

– in der Nacht aber, hab ich geträumt, ist ein Maskierter gekommen, ist in den Verschlag gedrungen und hat mein Tier getötet. Mit einer eisernen Falle fing er ihn, in der frisches Lockfleisch lag –

– aus seiner verteufelten Brust seien bis zuletzt Schreie gedrungen, aber keine reuigen, nein: was er gesagt, sei nicht des Satans, das sei die Wahrheit. »Daß es die Hölle gibt und den Teufel, das streiten diese Iren ab, selbst die, die sich Christen nennen. Und mit dem Teufel leugnen sie auch die Reinheit und den Geist. So verbohrt, so verblendet ist er gewesen, der Ire, daß er immer nur schrie ›Wahrheit! Wahrheit!‹. Bis es ihm den Atem zerriß.«

Da bat Giselher: »Ob denn der Priester auch einmal still werden kann?« Und wurde ein wenig rot unter seinen dicken Locken – Ringwolf war der Bischof, war immerhin ein Vetter des Königs, war doppelt so alt wie Giselher.

Gunther, vom Fenster her, kam ihm zu Hilfe: »Wie süße Fleischessachen die irischen Gottesmänner erzählen – und welch grauenhafte die römischen.«

»Die Falle«, sagte Kriemhild, »hat mit rostiger Kralle geschlagen. Und mein Falke ist nicht gleich tot gewesen. Hat zucken müssen, immer noch einmal, bis zum Morgen, erst dann ist er verreckt.«

Bischof Ringwolf mochte nicht einsehen, was an einem Frauentraum wichtiger sein konnte als an der Erlösung der Welt und fing wieder an: »So wie mit diesem Frevler, dessen HöllenFleisch noch denselben Tag der Rhein wegspülte, hätte man auch mit Kilian umspringen sollen, mit Eurem ›Wunnibald‹. Statt diesen Schmutz-Sänger für seine Harfenlieder und Schamlosigkeiten ein Kloster bauen zu lassen, hätte man auch Kilian, gleich hier, unterhalb der Pfalz, aufspießen müssen vor allen Leuten. So wie es jeder Seelenverderber verdient. Oder?«

Als niemand nickte, ja, weil sogar Hagen in die Richtung zu lauschen schien, wo Ute mit ihrer Tochter tuschelte und ihr die Stirn küßte, wurde Ringwolf endlich still. Und bekam zu sehen, wie die Königsmutter, die Witwe des Gundomaris, ihre Hand auf Kriemhilds Haupt legte, die dürren Finger auf das aufgeflochtene Haar. Und wie sie nun folgendes zu murmeln hatte.

Eiris saßun Idisi, saßun hera duoder
Suma hapt heptidun, suma heri lezidun
Suma klubodun, umbi kuoniwidi
Insprink haptbandun! invar vigandun!

Niemand in der Halle wagte zu sprechen. Lang stand er im Raum, der frühere Klang. Hagen schnäubte die Nase, kratzte sich unterm Hemd, juckte sich hinauf, bis an den Hals hoch. Im Feuer knackten Scheite. Bischof Ringwolf sah, wie übers Gold an der HallenDecke das Schwarze huschte und wird sie erkannt haben, die Dämonen. »Was redet die. Was war das.«

»Hättest Du Deutsch gelernt statt Latein«, spottete Giselher, »dann wüßtest Du jetzt Bescheid.«

»Dann sage Du Deutscher, Du VolksNarr, Du LeuteBelustiger, dann dolmetsche doch Du, um wen es da ging!«

»Um zwei Frauen, Herr Vetter! Um zwei weise witzige Weiber ging es, die taten sich zusammen, um Fesseln zu sprengen, um Mauern zu brechen!

Einstmals setzten sich Idis
und Heras Tochter zusammen.
Viele Fesseln hafteten.
Viele Feinde verletzten.
Viele zerstörten.
Um der heiligen Dinge willen:
Nun entspring den Fesseln!
Entkomme den übermächtigen Feinden!«

Ringwolf hustete, als habe er sich verschluckt. »Deutsch soll das gewesen sein? Ich hörte Hexen. Teufelslitanei. Frauen, die von rostigen Eisen träumen? von blutigem LockFleisch? Klar, daß die vom FesselnSprengen spinnen müssen, daß die das MauernBrechen besprechen! – oh verklärter Leib Christi!« – und bekreuzigte sich mit der einen, mit der anderen Hand griff er sich an die Brust, wo, in Silber gefaßt, der Kristall hing, der aus dem Grab des HErrn. Wendete sich dann direkt an die Frauen: »Habe ich Euch nicht aus Rom die neuen Gebete mitgebracht des Heiligen Vaters?«

»Ringwolf, du RabenAas«, sprach Ute. »Setz Dich hintern Ofen, juck Dir die Läus aus'm Fell!« So antwortete sie. Ohne die Hand vom Haar der Tochter zu nehmen.

Der geistliche Berater bekreuzigte sich aufs neue, ging in den Hintergrund, wo zwischen zwei Nachtlichten an der Hallenwand das Kreuz hing. Dort kniete er.

Ute hat weitergesprochen. »Hier geht es um andern Kram als um römische Gebete. Hier geht's ums Leben. Die Karten sagen, was Kriemhilds Traum sagt. Kriemhild wird ein Guter frein. Der Mächtigste.«

Während Ute das redete, war Hagen aufgestanden, kam wieder zum Frauentisch, selbst Gunther, mit unsicheren Schritten, näherte sich, von seiner Nische her, sah die Mutter an.

»Jawohl, Hagen, sei gewiß. Da wird Hochzeit sein. Doppelt Hochzeit. Aber um Kriemhilds Mann wächst Gier. Hinterrücks. Die erschlägt ihn.«

Die Königsmutter hatte deutlich gesprochen, da war nichts weiter zu fragen. Kriemhild, am Hals der Mutter, schien sich zu ducken, als die Blinde weitersprach: »Es wird Kampf heulen durch Worms.

Und es gibt keinen Ausweg, als daß wir fliehen, rheinauf. Hinter den Jura. Insprink haptbandun. Invar vigandun.«

»Warum fliehen?« fragte Gunther. »Wenn er denn ein ›Guter‹ ist, dieser ›Mächtigste‹? Dann laßt ihn kommen!«

»Manche sagen«, sprach Giselher und warf sich das Haar zur Schulter zurück, »kluge Leute sagen, Siegfried sei aus dem Geschlecht des Arminius.«

Hagen schob sich den Bart übers Gesicht. »Des Arminius! und besitzt darüber Brief und BleiSiegel. Zeigt sie jedem.«

»Wart's ab, Vetter. Sei froh, wenn er sie Dir nie zeigt.«

»Armin! Willst Du wissen, woher er stammt? Aus Märchen kriecht der! – aus GasthausDunst. Damit Weiber zu träumen haben! und Sänger was zu zittern! und Könige was zu zupfen!«

Da war's nochmals still.

Hagens Gesicht? Ich denke es mir wie aus Gneis.

Still blieb es, bis Giselher sagte: »In Köln habe ich mit frommen Männern gesprochen. Keiner, der nicht sagte, der Nibelunge stamme vom Irmin, dem Cherusker. Von dem, der den römischen Herren im Teutoburger Wald die Falle stellte.«

Giselher blickte sich um, bemerkte, daß man ihm zuhörte. »Er stammt von dem, der unsere Beschützer in die Weser trieb. Der sie abschlachten ließ und köpfen. So daß der Fluß noch eine Woche danach an Bremen vorbei rot zur Nordsee strömte, römisch rot, voller kopfloser Männer. Nicht nur die Köpfe hatten sie den Herrschaften abgeschnitten, auch die LustGlieder. So daß die Eroberer sich ausbluten konnten bis ins Letzte.«

Giselher ging langsam in die Richtung, in der sein Pult stand. »Die WeserAuen – im folgenden Frühjahr blühten sie auf.«

Da nickte Ute. »Giselher spricht wahr.« Und hat folgendermaßen weitergeredet: »Siegfried ist von Irmin. Und Irmin ist von dem, der die ExternSteine gesetzt hat. Den Ring für alle JahresTage. Der weiß, wie die Sonne geht zur Nacht. O ja, Siegfried ist aus Irmins Sippe. Denn Irmin, den die Römer Arminius nennen, hieß in Wahrheit Sigurd. Und hatten alle in Sigurds Stamm in ihrem Namen das Wort Sieg. Wie es noch heute Siegfrieds Eltern haben, Sieglind und Siegmunt. Aus dem PriesterStamm ist er, der das wirkliche Licht kennt. Der die LebensKreise weiß, die Gänge im Gebirge und im Wald – so auch die Höhlen in unseren Köpfen. O ja, von dem stammt er, der die Räuber zerschnitt, die Römer, die Waldfresser. Fürwahr, aus wirklichem Licht kommt Siegfried.«

»Pah! aus Nebel ist er! aus dem Dunst, der HerbergsHockern in SaufNächten aus dem Hintern bläst!« Hagen furchte sich den Bart.

»Von Irmins Ulme stammt er.«

Da erschien Ringwolf wieder, stand neben der Tafel: »Ein Heide für Kriemhild? Und von Licht hab ich faseln hören? HeckenBrut ist das! OdinsNebel! Ein UnruheStifter als Kriemhilds Mann? Wann endlich siegt das Licht von Golgatha – wenigstens in Worms.«

Da hat sich Giselher zwischen den Kirchenmann und seine Schwester gestellt und zu erklären gewagt: »Wie tüchtig seid Ihr, Herr Vetter! im Schimpfen wie im Pfählen! Einer aus der lippischen ExternBurg, der weiß mehr über die WeltKreise als einer von Sankt Peter! – nur wenige Fromme traf ich, die lernen wollten.«

»Was gackert dieser?«

»Hast Du je gelernt? Du? mit Deinem römischen KuckucksEi vor der Brust?« Giselher stellte sich dicht vor den geistlichen Vetter, schien überaus aufgeregt, hielt beide Hände vor sich, als wollte er mit Ringwolf ringen, nahm dann doch Abstand, zog die Hände zurück, strich sich das Haar. »In Wahrheit seid ihr es, die Unfrieden bringen. Macht mir die Franken untertan! Macht die Burgunder fromm! Kriegt mir die Sachsen klein! Tauft mir die Hunnen – oder aber pfählt sie. Außerdem die Waräger, die Dänen, die Ostfalen, die Awaren – wen alles sollen wir massakrieren für Euch! Vettern wie Ihr sind es, die Kampf machen! die Mauern bauen! Dagegen einer wie der Nibelunge, der schafft keinen Tod, der weiß, wie Ute sagt, vom HimmelsLicht und nichts von dem, womit die Römer sich verirrt haben in den cheruskischen Sümpfen. So daß Irmin, der in Wahrheit Sigurd hieß, sie in Ruhe einfangen konnte, um sie in der Weser zu baden.«

»Sankt Peter als ›Unfried‹! – ich will Dir sagen, welche Mauern wir bauen. ›Liebet Eure Feinde‹! So – sagt es unsere Wahrheit. Unser Licht.«

»Wenn es Euch Vorteil bringt. Und kommandiert anderswo: ›Macht untertan!‹ So hinterhältig saugten schon immer die Macht-Egel, so lähmt und pfählt uns alle dieses neue WurmLicht, das in Christo! – pfui! sage ich, pfui! ein Christ!«

Ringwolf, dem Feuerköpfigen längst abgewandt, hielt beide Hände schützend über seinen Stein. Hinter dem PriesterRücken hob Hagen beschwichtigend die Hände. Nun sei es wohl genug, hieß das, doch schien der Waffenmeister vergnügt. So sehr er seinen Bischof schätzte als einen, der die Leute ängstlich machte und folgsam, so wenig glaubte er ihm irgendein Wort. Der trommelte derweil mit den Fingern auf die Tafelplatte, schlug einen festen Tritt auf das Holz, und dazu hörten sie ihn, im Takt der Schläge: »Die Kelten nenne ich Hunde, die Barbaren nennt Ihr Deutsche – es ist einerlei im Grunde, denn beide begehren die Peitsche.«

Da richtete sich Kriemhild aus den Armen der Mutter auf, ging vor den Geistlichen: »Du StinkFisch! Du bist der MauerBauer! oh doch, der KampfMacher bist Du! Aber OtternFett interessiert mich nicht.« Sie sah auf den Schreiber. »Ich will jetzt hören von dem, der, wie Ute sagt, vom Leben was weiß. Giselher – was hast Du in Köln gehört?«

»Ein Märchenmann ist der.«

»Hab ich Dich gefragt, Hagen? Du selber fürchtest, was Du Märchen nennst. Lieber willst Du nichts wissen von dem wie von den Karten nicht.« Und hat sich wieder an ihren Bruder gewendet. »Erzähl!«

»Ja, was weißt Du!« hörten sie Gunther. Das klang erleichtert, froh, daß der Streit mit dem Bischof vergessen sein sollte. »Was hast Du gehört in Siegburg – in Köln?«

Giselher sah jeden an. Wollte wohl reden, schien aber nicht zu wissen, wie er anfangen sollte. Zu verschieden müssen ihm seine Zuhörer vorgekommen sein. Lieber stützte er die Ellenbogen auf die Knie, legte das Kinn in die Hände und ließ so, über den tief gebeugten Kopf, seine Haare fallen, den dichten Schopf zwischen sich und die anderen.

»Ist es nicht so«, hörte er den Bischof, »daß die Kaufherren zu Mainz den Mann beneiden? Nicht gerade, weil er aus Sumpfland ist, aus Irmins Stamm oder sonst aus HeidenPack und PöbelBlut, nein – weil er so sagenhaften Schatz besitzt. War nicht die Rede von hundert und vierzig EselsLadungen?« Da Giselher nicht antwortete, fügte Ringwolf hinzu: »Nun denkst Du, mich interessierte nur, was Goldwert hat – ja wisse, Herr Vetter, für das wahre Licht kann nichts kostbar genug sein.«

»Antworte nicht ihm«, sagte Kriemhild, »sag es mir.«

Statt zu antworten, ging Giselher seitwärts unter die Steinbögen. Dort, bei seinem Pult, nahm er die Pergamente, wickelte sie zusammen und trat hinter den TeppichVorhang, wo eine Truhe stand, die öffnete er und legte das Geschriebene hinein. Erst als alle sieben Schlösser wieder verriegelt waren, kehrte er zu den anderen zurück, an die große Tafel. Und sagte, während er sich die Truhenschlüssel auf seinen Gürtel zog: »Wenn Ihr mir Zeit laßt, antworte ich allen.«

Er setzte sich. Auch Kriemhild nahm Platz an der HerrenTafel.

Rumolt hatte von KahlSchädeln ein Faß heranschaffen lassen, zapfte selber den Roten vom JuraSüdhang. Dankwarth verteilte die Becher. Ute war sitzen geblieben, wo sie die Karten gelegt hatte. Schien zu schlafen.

Zwischen Gunther und Giselher saß nun Kriemhild, ihr gegenüber hockte Hagen, auf der Bank vorm Feuer. Neben ihm war Ringwolfs Platz. Die Vettern, wie immer, beieinander. Und als man Dankwarth, dem Mundschenk, versichert hatte, Gernot werde diese Nacht sicher nicht mehr heimkehren, nahm auch der, nachdem er alle bedient und die Witwe des Gundomar nicht vergessen hatte, Sitz an der Tafel.

Dann hat Giselher erzählt.

Der Nibelunge sei der Mächtigste und dieser Mächtigste sei, da hätten die Handelsherren recht, sehr reich. Ob es Kirchengüter wären, das wolle er offenlassen, man spreche von hundert und fünfzig EselsLadungen. »Wie er in deren Besitz gelangt ist, darüber laufen verschiedene Geschichten um. Eines steht fest, er hat diese Güter nicht erschwindelt und nicht erhandelt, sondern durch ungewöhnliche Arbeiten verdient. Doch ehe ich davon zu erzählen beginne, fange ich besser von vorn an, vom Allerfrühesten.

Der Nibelunge ist, daran gibt es nichts zu zweifeln, aus dem Geschlecht des RömerBezwingers. Er kommt aus Irmins Stamm. Ja, er ist ein neuer Armin – der diutiske Herkules. So hat ihn ein kluger Kaufherr aus Frankfurt genannt, ›Freund der Leute‹ – so ist dieses ›diutisk‹ zu verstehen.

Geboren ist er im Nord, im NebelReich oder Nifelheim, was bedeutet: Nibelunge. Geradewegs von Köln aus in Richtung Mitternacht, von dort kam er, von einem Kastell am unteren Niederrhein, wo die Lippe, die bei den Externsteinen entspringt, in den Rhein mündet. Dort ist er geboren.«

»Sicher ist, daß er aufgesäugt wurde von einer Bärin«, befand Hagen.

Giselher, ohne die Stimme zu ändern, fuhr fort: »Die es wissen müssen, sind sich einig, daß seine Mutter eine Menschenfrau war. Freilich eine stattliche und eine sehr schöne, mit großen Brüsten.«

Hagen nickte. »Die sie über ihre Schultern werfen konnte, sobald sie beim Humpeln im Wege waren.«

»Laß das, Vetter«, rief Kriemhild, »laß Giselher erzählen!«

»Es wurde gesagt, die Mutter sei Priesterin, sei aufgewachsen bei den Externsteinen; sie kenne den immerwährenden Kalender. Sieglind, so heißt sie, wisse auch den Gang des Tageslichts und den der Nachtkreise und lehre die Frauen, wie man Kindersegen zwingt und wie man Krankheit bannt. Ihr Sohn wuchs auf am unteren Rhein, wo Sieglind Königin wurde zu Xanten. Dort, wohin jetzt Gernot gefahren ist, wo der Rhein aus den Gebirgen in die Ebenen hinausfließt. Wo in den Sümpfen und auf den Heiden Wildpferde und Wölfe ziehen, auch Wisente und, ja, in den ferneren Gebieten noch Ungeheuer der älteren Zeit.«

Giselher schwieg. Sagte dann: »Es heißt, Sieglinds Sohn habe Priester werden sollen. Die Kuh sollte er verehren, nicht den Jäger. Milch und Sonne, nicht das Eisen. Aber es kam anders.« Der Schreiber stockte.

»Erzähl weiter«, verlangte Gunther. »Seit es den Eifer gibt aus Sankt Peter, hören wir selten Geheimnisse. Und fast nie mehr vom NebelReich. Obwohl wir selber von dort sind.«

»Nibelungen sind Halbwilde. Barbaren.« Hagen schob sich den Bart. »Keltisches SippenPack. Vergoren aus Sumpf und Dampf. Mir schmeckt, was im Mittag reift.« Und trank.

»Die Kuh verehren sie, und zwar im BärenFell«, ergänzte Ringwolf. »Ja, Bärenhaut tragen sie dort, und sprechen schauderhafte Sprache.«

»Laß den schwätzen«, beruhigte Giselher die Schwester, »er hat nie einen gesehen aus Nifelheim, kennt aber haarklein ihre Felle, ihre Sprache. Will uns den Bären aufbinden. Und es gelingt ihm – denn es stimmt: über der Trockenheit aus Rom haben wir vergessen, daß noch Gundomars Vorvater auf der Insel der Riesen zur Welt kam, auf Burgundarholm, das von uns den Namen hat. – Der, von dem Ihr hören wollt, der ist wohl noch ein Riese. Der wollte nicht Milch- und KuhPriester werden, der begehrte andere Kräfte, der drängte früh davon, fort aus Xanten, wo er groß geworden war, ja, groß und stark. Wie Armin wollte er werden, ein RömerVertilger. Wenn man ihm erklärte, in Rom gebe es nichts mehr zu tilgen, bis auf einen Rest in Gallien seien alle Römer besiegt, dann machte ihn das nur zornig – oft genug hatte er als Kind mitbekommen, wie in der Halle geklagt worden war, dieses oder jenes Übel, das sei eben von den Römern. Diese Römer, die Waldfresser, die hockten nun auf den Seelen, als SchadAlben. Darum wollte der Knabe ein Ritter werden und wegschaffen, was immer noch von den NeidGeistern in den Köpfen spuke. Als er damit Ernst machte, erschrak seine Mutter, versuchte alles, ihn zurückzuhalten. Aber das Feuer in ihm hatte sie selber gelegt, Sieglinds Beschwichtigungen halfen nichts, nicht einmal ihre ZauberKräfte – Siegfried selber war nun voller Kraft.«

»›Die Römer wegschaffen‹ – was heißt das?« fragte Kriemhild.

»Hochmut heißt das«, antwortete der Bischof. »HeidenHochmut.«

Während auf dem Königshügel gestritten wurde, ob mehr Hochmut bei den Heiden sei oder bei den Christen aus Rom, war der NachtReiter durch die rheinische Ebene bis dahin gelangt, wo heute der Ort Oppenheim ist. Dort näherte er sich einer Enge zwischen den Bergen und einem FlußArm und fand sich plötzlich aufgehalten – man griff ihm in die Zügel, aus Zelten traten andere, man zog ihn vom Pferd, hob ihm Feuer vor das Gesicht.

Da hat der Reiter gerufen, ein Schiff habe er zu melden – ein Schiff? Das lenkte die Fremden ab, die wendeten sich dem Fluß zu, ließen den Reiter sein, bestiegen Flöße, fuhren über den RheinArm hinüber zum HauptStrom, schienen in großer Unruhe, wollten offenbar die FahrRinne sperren, Eisen rasselte –

– der Berittene, statt das Weite zu suchen, versteckte sich und hat gesehen, wie das Schiff sich näherte und danach auch all die anderen, zwölf Schiffe, unter den schwarzen breiten Segeln glitten sie heran. Er hat die Schreie gehört und wie wieder das Eisen rasselte und sang – Musha! – und wie dann, nach und nach, niemand mehr geschrien hat.

Stattdessen kamen die großen Schatten, schoben sich über den stillen Arm heran, vorm Ufer fielen Anker, Gestalten ruderten an Land, betraten das Lager, erschlugen die Wachen, nahmen die Zelte als Quartier und Beute, kamen immer mehr Leute an Land, richteten sich ein für die Nacht. Von seinem Versteck aus beobachtete das der NachtReiter und sah nun zu, daß er unbemerkt weiterkam. In Richtung Worms.

Später trieben beim Kloster Mogontiacum Körper vorbei. Dort, in Mainz, erkannte man die Erschlagenen, fränkische Kämpfer waren das gewesen, Männer vom Stamm der Merowinger, Chlodwigs Leute.

Nun brannten in deren RheinLager die Feuer wieder auf. Und ist da noch vieles geredet worden, aber nicht mehr in der fränkischen, sondern – Bejobs! – in der anderen Sprache, in der platten.

Zur gleichen Zeit beendete, stromauf, in der Pfalz zu Worms, Herr Hagen den Streit, wo der Hochmut zuhause sei, indem er sagte, wo der Mut am kleinsten sei, dort sei er zuhause, nämlich in Worms. Da war endlich Ruhe und konnte der königliche Schreiber weiter erzählen von Sieglind und von ihrem Sohn, dem ›Mächtigsten‹.

»Von Sieglind wußte man in der Herberge, in der ich in Frankfurt übernachtete und wo ich noch vieles zu hören bekam, wovon wir uns im frommen Worms gar nichts mehr vorstellen können, dort hieß es von Sieglind, sie habe in ihrem Kummer, als der Sohn fortdrängte und sein Pferd Grani sattelte und nicht aufzuhalten war, eine BischofsKappe genäht. Hätte ihm weismachen können, solche Kappen trage, wer als Ritter gelten und die römische Raff- und MachtGier aus den Köpfen vertreiben wolle. Solche Mützen seien Sitte bei den jüngeren Männern, vor allem in OstRom, in Konstantinopel, jedenfalls bei Rittern, die Mut hätten und Tatendurst. Ja, diese bunte Kappe soll ausgesehen haben wie eine Bischofsmütze.«

»Das flunkerst Du jetzt!« mahnte Kriemhild.

»Man beschrieb sie mir so in Frankfurt. Die Mutter hat dem Sohn eingeredet, die Ritter von Byzanz hätten sich nur deswegen gegen die AbendRömer durchsetzen können, weil sie solche hohen und eindrucksvollen SchellenKappen trügen. Heimlich hoffte sie, die Leute unterwegs würden ihn auslachen und ihm die Lust nehmen, ein Held zu werden. Doch sein Vater, Herr Siegmunt, gab ihm einen langen EisenPfahl mit, für alle Fälle.

In der Tat, als der junge Recke rheinauf zog und in die erste große Stadt einritt, in Köln, da setzte es schallendes Gelächter. Als die Zurufe und der Spott endlich leiser wurden und er sich maulfertig zu wehren begann, erhob sich von neuem Gebrüll, denn der Knabe unterm närrischen Bischofshut redete klobiges Deutsch. Die nebelländische Leutesprache.

Doch Sieglinds Sohn war kein Trauerkloß und fand gut, daß man ihn allerwärts fröhlich beachtete – nicht einen Augenblick war er schüchtern, wußte sich zu verteidigen, mit der Hand wie mit dem Mundwerk, ja er genoß, daß er überall gleich im Mittelpunkt stand und jeder ihm das lustigste Gesicht zeigte. In der Herberge ernannte man ihn zum Bischof von NiederNifelheim und schrie: ›Orbi et Urbi, wat ne leckere jeckere Burbi, schmackich Lurchi et Schnurrbi, döin RheinMi ond Ruhrbi!‹«

»Heiland!« entfuhr es dem Bischof, die Hand warf er sich über die Brust. Zweifellos hatte er einen Dämon bemerkt.

Giselher fuhr fort: »Eines Tages allerdings – die es mir in Köln erzählten, sind selber dabeigewesen – eines Sommertags hatte der Xantener sich vor dem Stapelhaus in Köln, einer üblen Schenke, mit drei Schmiedeknechten zu raufen. Diese Kahlgeschorenen hatten ihn Breitsemmel genannt und Milchsack und – wegen seiner knorzigen Wörter – Pfeifendeckel und Blasebalg und nicht ganz dicht und grünohrig und riefen schließlich: »Schau Disch dat an, dat vasämmilich Sieschfritzchen!« Denen zahlte er's heim, die verprügelte er mit der Eisenstange, die ihm sein Vater mitgegeben hatte. Doch weil er sich allzu ausführlich und viel zu gerne raufte und jeden der drei Widersacher von Grund auf verbläuen wollte und weil ihm die SchellenMitra nicht den geringsten Schutz bot, traf auch ihn Schlag auf Schlag von wutgetriebenen und gut geübten Schmiedefäusten, von Steinen und Knüppeln, bis es ihn von den Beinen holte und sein Blut zwischen die Rinnsteine floß, vor dem Stapelhaus.«

»Unser ›deutscher Herkules‹!«

»Ein älterer Mönch in schwarzer Tracht erbarmte sich. Der band das Pferd Grani hinten an seinen Eselskarren, legte den halb Ohnmächtigen vorsichtig in sein Wägelchen, auf eingekaufte Kohlrüben, unter denen er Goldschmuck versteckt hatte. Dort bettete er ihn –«

»– den neuen Arminius«, brummte Hagen.

»– wart's ab! – legte also den Verletzten in den Karren, lud auch Vater Siegmunts eisernen Pfahl ein, ließ sich über den Rhein setzen und fuhr den jungen Kerl, der ihm als Arbeitsmann überaus geeignet schien, den SiegFluß hinauf.

Brachte ihn zu seinem Kloster unter einem alten römischen Kastell, um ihn dort gesundzupflegen. Seit die Römer fort waren, hatte die Siegburg keinen Besitzer mehr und wollten die schwarzen Mönche das Kastell auf dem Berg zu einem mächtigen Kloster ausbauen. Während er Siegfried salbte und verband, gab der Mönch ihm den Rat, sich künftig besser zu schützen als durch die bloße Narrenmontur. Seine seltsame Kappe jedenfalls müsse er, wenn er wirklich Ritter werden wolle, ersetzen durch das, was auch im Rheinland die Schmiede von den Römern abgeschaut hätten. Der Jüngling empörte sich, eben dieses Römische, das wolle er vertilgen. *Auf* den Köpfen wie *in* den Köpfen.

Da lachte der Alte und sagte, die römischen Kniffe werde Siegfried nur dann bezwingen, wenn er die Gegenkniffe wisse. Gegen Eisenhelme hülfen nur solche, die noch eiserner seien. Und da sei er hier im Siegland an der richtigen Stelle.

Dieses Gespräch hatten einige im Kloster mit angehört. In dem

Haus stritten nämlich die frommen Brüder seit langem, welcher Weg zum Christengott der rechte sei, ob sie ihrem Herrn besser dienten, wenn sie beteten und arbeiteten oder wenn sie auch bereit wären, gegen die Barbaren mit Waffen zu Felde zu ziehen, so wie es Ringwolf gutheißt. Manche nannten sich ›Legionäre Christi‹, gingen gekleidet wie Ritter, und einige waren auch wirklich fürstlichen Geblüts. Andere dagegen, vor allem ihr Ältester, der weise Abbas oder Abt Eginhardt, die meinten, Paradies und Friede seien keine Dinge von dieser sündigen Welt. Gott diene man am besten einsam, in den Zellen, beim Gebet, auch in den Schreibstuben, bei der Arbeit im Garten, beim Bau des neuen Klosters.

Von Köln aus hab ich, wie Ihr wißt, dieses Kloster am Siegfluß besucht und gehört, wie sehr es die Mönche beschäftigt hat, daß der verletzte Jüngling den Namen Siegfried trug. Als sie hörten, seine Eltern hießen Siegmunt und Sieglind, wurde die Disputation gewaltig. Dicht gedrängt umstanden die schwarzen KuttenMänner den kindlichen, den frechen Mann – ja, so hat ihn mir der Abbas Eginhardt beschrieben: kindlich und frech, ein Widerspenstiger, so rede- wie rauflustig, kaum im Krankenbett zu halten.

Die ›Legionäre Christi‹ meinten, die weisen Eltern hätten mit dem Namen ihres Sohnes kundgetan, Friede sei nur durch Siege erreichbar. Dagegen empörten sich die anderen, die ebenfalls Brüder in Christo waren, und behaupteten, der Name Siegfried verheiße allein dem Friedfertigen den Sieg. So ging das am Krankenlager hin und her. Im Anblick des Xanteners steigerten sie den alten Streit zu erbitterter Debatte.

Die Mönche an der Sieg wußten zu wenig von den nifelheimischen Wörtern, wohnten zu abgeschieden in den Tälern, als daß sie hätten bemerken können, wie der Name ›Siegfried‹ schimmert, wie der nicht nur vom Festpacken des Gegners herkommt, sondern wie er es in ›fried‹ auch mit der Versöhnung hat, ja, mit Freiheit sogar und mit dem ›freien‹. ›Freien‹ wird im NiederLand immer dann gesagt, wenn Menschen miteinander Liebe machen. Nur wer freie, sagen sie dort, werde friedlich.

Nun, von solcher Freiheit wußten die Schwarzen unter der Siegburg wohl erst recht nichts, sie stritten sich jedenfalls so lange, bis der Jüngling aufsprang, sich seine Verbände herunterriß und schrie, ihm gehe es allein darum, das Römische zu besiegen, mit welchen Mitteln auch immer, im Kampf oder im Frieden.

Was er mit dem ›Römischen‹ meine, wurde gefragt – die römischen Kaiser seien doch nun geschlagen.

Das Römische, sagt meine Mutter, das ist das Räuberische. Und das versteckt sich auch hier im Kloster, ich habe mich umgesehen, überall blitzt es von Gold und Schätzen. Auch wenn die kaiserlichen Räuber aus Rom geflohen sind, nagt noch immer ihre MachtGier in Eueren Köpfen.

Weise Eltern hast Du, sagte der älteste der Mönche, jener Abbas Eginhardt. Siegfried nannte ihn Ekkehart. Dieser Eginhardt oder Ekkehart setzte hinzu: aber das Räuberische in unseren Köpfen, das sollte wohl jeder in sich selber besiegen.

Wieso! Warum! Meine Mutter hat überhaupt nichts Römisches in ihrem schönen Kopf – was, bitteschön, soll die darin besiegen!

Da mußten die Mönche ein bißchen schmunzeln. Doch ehe sie dem jungen Mann wieder etwas Weises entgegenhalten konnten, fuhr der fort: Täglich hat meine Mutter zu leiden unter den Betrügereien der christlichen Bischöfe, die ihre Verträge nicht halten, weil sie sagen, Verträge mit Barbaren haben keine Geltung. Solche Falschheit, trübseliger Herr Ekkehart, die will ich besiegen! Und will darum kein halber und kein betender, sondern ein ganzer Ritter sein und werde die Habsucht zerschlagen, wo immer ich sie treffe. Denn wie die Falschheit, so ist auch der Friede von *dieser* Welt! und von keiner anderen.

Diese Antwort schmerzte den stillen Bruder Eginhardt – einige Kampfeslustige unter den Mönchen freute sie.

Und einer von diesen ›Legionären Christi‹ nahm sich des Jünglings besonders an und wollte ihm erklären, wie er seinem Namen Siegfried Ehre machen und die himmlische Botschaft zum Triumph führen könne – davon wollte der Nibelunge gar nichts hören, schüttelte den Arm des väterlichen Herrn von seiner Schulter und rappelte und schlackerte nebelländische Worte, von denen der Mönch nicht viele verstand, nur soviel, daß er ihm lieber verraten sollte, wo er hier die besten Schmiede fände, solche, die ihm Waffen machten.

Da müsse er nur weiter hinauf, hinter die Flüsse Sieg und Wupper, ins Rothaar- oder Eisenland, dorthin, wo das sächsische Nifelheim beginne, ins westfälische Nebelreich, das sie über kurz oder lang alle erobern würden für ihren Heiligen Vater in Rom.

Als der Gast aus Xanten ›Rom‹ hörte, da warf er, was er eben hatte frühstücken wollen, durchs Refektorium, schmiß er den irdenen Teller gegen das Kreuz an der Wand, stieß die Mönche beiseite, verfluchte sie als RomSklaven, polterte hinaus, sprang draußen auf sein Pferd Grani.

Abbas Eginhardt rief ihm noch nach, man verzeihe ihm – aber der Reiter achtete nicht mehr auf die Mönche, ritt auf Grani fort, zog immer die Hügel und Wälder hinauf, vom Siegfluß zur Wupper hinüber; zuerst in Richtung Mitternacht, dann wieder nach Morgen, dorthin, wo in engen Tälern Erz gebrochen wird und die Schmiede arbeiten. Einige probierte er aus – doch kein Lehrherr genügte ihm. Fast überall fand er sofort Streit, verprügelte Meister wie Gesellen und mochte kaum glauben, daß er je tüchtige Eisen-Künstler fände. Er ritt weiter, durch Sümpfe, durch Dickicht, suchte lange. Dann widerfuhr ihm endlich, was mir die Siegburger Mönche erzählten und was sie von ihren Brüdern im Kloster Werethina wußten. Eginhardt oder Ekkehart erzählte mir, dieses Werethina liege am mittleren Ruhrfluß, dort, wo die nebelländischen Reviere anfangen. In diesem Kloster verstünden die Mönche die nifelheimischen Sprachen, auch das westfälische Sächsisch, weil sie die christlichen Schriften ins Westfälische übersetzen wollten und in die anderen Volks- und Barbarenwörter. Zu diesen Männern also, die ›deutsch‹ konnten, gelangte Siegfried. Freilich erst, nachdem ihm folgendes begegnet war, was die Siegburger aus Werethina wußten.

Auf Grani war er einen ganzen Tag lang über eine flache Höhe geritten, auf der immer dichter die Nebel strichen. Schwer und kalt hingen die Wolken, keine Menschen lebten dort, kein Weg war da. Zwischen den Felsen und umgestürzten Bäumen drohte Grani zu stürzen – aber mutig sang der Reiter den alten nebelländischen Zauberspruch

Sosi benrenki
Sosi bluotrenki
sosi lidirenki
bin zi bina
bluot zu bluoda
lid zi gelida
sosi gelimida sin!

Und da ich sehe, wie ungnädig unser Bischof blickt und wie er trotzdem allzugerne wüßte, was dieser Gesang meint, und da ich weiß, daß er wie fast alle, die vorgeben, Gelehrte zu sein, kein Deutsch gelernt hat, die Wörter der ›diet‹ nicht, die der ›Leute‹ – deren Hirte er aber sein will – so sage ich Siegfrieds Gesang in unserer Hofsprache nach. ›So sei die BeinVerrenkung‹, sang der Nibelunge, ›so sei die BlutVerletzung, so sei die GliedVerdrehung:

Bein zu Bein, Blut zu Blut, Glied zu Glied – als seien sie aneinandergeleimt!‹

Diese Worte hatte er von seiner Mutter, von der Heilkundigen, und wußte sie wüst und knarrend zu singen, wann immer er mit Grani über unsicheres Gelände ritt, wo das Tier sich zwischen Wurzeln oder Steinen die Fesseln verrenken konnte. Mit solchen Tönen hielt er auch auf der diesigen Heide die Schadensgeister fern. Und so kam er, der kindische freche Mann, trotz des finsteren Wetters gut weiter.

Bis er auf der HochEbene vor sich einen riesigen Baum erblickte. Das war eine Esche, wie sie dort oft zu finden sind. Dieser Baum war bei weitem der mächtigste, den er je gesehen hatte. Was ihn freilich mehr erstaunte und interessierte: Unter der Esche, im Moos, lagen drei weiße Frauen. Siegfried ritt näher und sah, daß sie nackt waren und schön. Aber er erkannte auch, daß die gewaltige Esche zur Hälfte kahl stand. Mitten im Sommer hing da kein einziges Blatt, standen Äste und Zweige tot.

Da fragte er die Frauen, woran der Baum leide. Die drei Schönen erklärten, an dieser Esche nage der Drache NidGir.

Wie kann ich den finden, rief Siegfried und hob seine Eisenstange, ich besiege ihn! Die Frauen lächelten und winkten ihn zu sich. Er sprang vom Pferd. Die erste nahm seine Hand und legte sie auf ihre Stirn und sprach:

›Tho was fon Rumu-burc rikes mannes
ban endi bod-skepi,
Raubari, ginannit heilac fathar
invar!‹

Und da nahm die zweite Frau seine Hand und legte sie auf ihre Brust und sprach:

›Tho was fon Rumu-burc herios meistas
ban endi bot-skepi endi giuualt
obar alla thesa irmin-thiod
insprinc!‹

Und da nahm die dritte Frau seine Hand und legte sie auf ihren Schoß und sprach:

›Uuirdit denne fon Rumu-burc kitragan
ban endi sorgu zi ellan tagan
heiszit her nidgir
thaz richtit, so ih thir zellu
thiu sin giuualt in ellu
kaput –
irslac!‹

Ehe unser sogenannter Gelehrter wieder dreinfährt, will ich auch diese Volkssprache nachsprechen in unserem schwächlichen Gelalle, damit der Schriftkundige das Barbarische nur ja durchschaut. Die erste Frau sprach: ›Da war einmal, von Rom aus, eines reichen Mannes Bann und Botschaft, eines Räubers, den nannte man den heiligen Vater – entfliehe ihm!‹ Und die zweite Frau sprach das folgende: ›Da war einmal, von Rom aus, des tückischsten aller Heere Bann und Botschaft und Gewalt über den gesamten Erdenkreis – entspring ihnen!‹ Die dritte Frau aber hat gesprochen: ›Und wird auch weiterhin, von Rom aus, Bann und Kummer hinausgetragen alle Tage, heißt Herr Neidgier, und der beherrscht, wie ich Dir versichere, alle Köpfe – erschlag ihn!‹

Hierzu muß man wissen, daß die dritte Frau vieldeutig sprach, indem sie mit dem lateinischen Wort ›kaput‹ nicht nur die Köpfe meinte, sondern auch die Hauptstädte, die Kapitalen und obendrein die dort angehäuften Güter, die Kapitalien – und als vierte Bedeutung zugleich deren Zertrümmerung, wie wir es meinen, wenn wir vom kaputtmachen sprechen.«

Giselher sah, daß man rings zu denken hatte über das Zauberwort. Ließ eine gute Pause und redete dann langsam weiter. »Zu seiner Überraschung bemerkte der Nibelunge, wie sich vor ihm die Schönen auflösten, die Leiber in Nebel, und wie auch der Baum plötzlich verschwunden war. Doch im Ohr klangen ihm noch alle Worte, die er gehört hatte. Und in der Hand spürte er noch die Stirn, die Brust und den Schoß. Da erkannte er, daß die Frauen seiner Mutter ähnlich gesehen hatten. Und es fiel ihm wieder ein, wie Sieglind ihm, als er Kind war, von drei weisen Frauen erzählt hatte und von der WeltenEsche Yggdrasil. An deren Wurzeln, hatte die Mutter gewußt, nage ein Drache. Den Namen des Lindwurms hatte der Sohn vergessen bis auf diesen Tag. Nun stand er im freien Nebelfeld und wußte, daß er mit den Nornen gesprochen hatte. Mit denen, die das Schicksal spinnen. Er wollte sich ärgern, weil er sie nicht gefragt hatte, wohin er gehen solle, wo er das härteste Eisen fände. Und daß sie seine Frage nicht beantwortet zu haben schienen, wo NidGir sei. Immerhin, nun wollte er sich ihren dreifachen Rat merken und nie mehr ›NidGir‹ vergessen, den Namen des Untiers.

Er bestieg Grani und trieb den Rappen, laut singend, über die Heide. ›Invar‹, sang er. ›Insprinc‹, rief er. Und ›irslac‹ knackte es aus seinem Mund. So, die drei Besprechungen rufend, kam er endlich zu einer kleinen Talschmiede. Dort suchte er auf der Stelle Raufhändel, erprobte den Herrn wie die Knechte mit seiner Eisenstange und verprügelte alle, auch den bis oben hin zugerüsteten Meister. Zwar steckte auch der Nibelunge Püffe ein, doch wurde er zusehends geschickter in der Abwehr und zog, da er auch hier Brünnen verbogen und Schilde zerbrochen hatte, unzufrieden davon. Weiterhin auf der Suche nach den härtesten Panzern.

In Siegburg erzählen sie nun, was sie ebenfalls aus Werethina gehört hatten, wovon sie aber in Mainz und in Köln nichts zu wissen vorgeben. Abbas Eginhardt vertraute mir an, es sei kein Zufall gewesen, daß Siegfried endlich fand, was er suchte.

Im Nebel habe sich ihm eine Gestalt in dunkler Rüstung entgegengestellt, habe ihn verspottet als Narren, als Prahlsüchtigen, als Maulhelden. Lange sei der Schimpfkampf hin- und hergegangen und dann habe auch der Eisenkampf hin- und hergetobt – dieser finstere Widersacher habe dem Nibelungen zugesetzt wie niemand zuvor, der hätte ihn zwar nicht bezwungen, aber Sieglinds Sohn habe gegen diesen hochgerüsteten Gegner nichts ausrichten können. Beide hätten gekämpft, bis ihnen die Kräfte versagten und ihr Durst übergroß wurde. Als sie eine Pause vereinbart hätten und das Gegenüber Visier und Helm aufgezogen habe, da sei es eine Frau gewesen. Eine Amazone, schwarzhaarig und schön. Als der Nifelheimer sie umarmen und auch bei ihr seine Hand auflegen wollte auf Stirn, Brust und Schoß, sei auch sie im Nebel verschwunden. Da ist er ihr nachgesprungen, überall mit seiner Stange umherfahrend. Noch lange hat er ihre spottende Stimme gehört – so, im Nebel stochernd und aufgebracht vor Wut und Begehren, so sei er, Grani hinter ihm drein, zum Kloster Werethina gekommen, an den Ruhrfluß.

Dort fand er Herberge und Auskunft. Ja, sagte ihm der Abt Otfried, hier in der Nähe gibt es einen heidnischen, einen elbischen Schmied. Der weiß Eisenerz so zu schmelzen und zu mischen, daß seine Waffen hart werden wie Diamant, härter als alle Steine und anderen Metalle. Von diesem Schmied hörte der Nibelunge in dem

Kloster Werethina Wunderdinge – wie sie dort überhaupt alle Zauber und alle Botschaften aus Nebelland kannten, denn, wie gesagt, Werethina liegt an der Grenze zwischen den fränkischen und den sächsischen Stämmen. Die Mönche verstanden nicht nur die nifelländischen Sprachen, sondern wußten auch, daß der Schmied, der von allen der beste war, Alberich hieß und ein Erlenkönig war, ein Baum- und Feuergnom. ›Die Frau, die Dich hierhergetrieben hat, ist eine seiner beiden Töchter gewesen, die schwarze Helinga. Ihr Vater wohnt nicht mehr weit von hier, dort, wo in den Bergen ein Stein vorkommt, der brennt.‹ – Als er das hörte, wollte Siegfried wieder zu streiten beginnen, da er glaubte, die Mönche wollten ihn foppen, aber sie zeigten ihm von dem Zauberstein einige Stücke. Noch in derselben Nacht, da er in dem Kloster schlief, bekam er mit, wie diese Brocken so hitzig glühten, daß in den Steingewölben die Kühle verschwand.«

»Ein Stein, der brennt?« murrte Ringwolf. »Hm. Schön ist so eine Märchenstunde.«

»Am nächsten Morgen machte sich der Nibelunge gleich wieder auf den Weg, ritt flußauf und fand im breiten Ruhrtal unter einem Waldhang eine Eisenhütte und darin tatsächlich den Alberich – einen lächerlichen Zwerg. Dem hat er zugerufen, wie denn er, der Winzling, zu so schöner starker Tochter käme, zu Helinga, und gar zu diamanthartem Stahl – so stritt er sich auch hier von Anfang an, kämpfte mit dem Erlkönig, balgte sich mit ihm vor dessen Eisenhütte, schlug ihm den Eisenprügel über den Helm und bemerkte zu seiner Verwunderung keine Beule daran. Bekam stattdessen selber von diesem Zwerg mehr Hiebe als je zuvor. Das machte den jungen Streiter um so aufsässiger und begieriger: Mit blanker Hand hat er den gewappneten Kleinen gepackt und gepreßt und ihm die Arme zusammengedrückt. Der Kobold, vor Schmerzen wimmernd, versprach endlich, alle Geheimnisse seiner Schmiedekunst zu verraten, ja, auch wie man Stahl mache. Erst als Alberich das schwor, im Namen der Nornen, kam er frei.

So fand der Nibelunge seinen Lehrherrn.«

»Aha, so«, ließ Hagen hören. »Also einen Handwerksmann. Einen Lehrling – als Gemahl für Kriemhild. Na wunderbar.«

»Von dem Tag an wohnte Siegfried zwei Jahre lang bei dem Zwerg. In einem SteinHaus über der Ruhr, der Isenburg oder Eisenburg. Wohnte dort mit ihm und anderen Gesellen und stieg mit dem Schmied und den anderen jeden Tag ins Tal hinab, durch den Wald zur Eisenhütte am Ufer, wo die Lastkähne aus den höheren Bergen das Erz heranfuhren. Schon bald begriff er, wie vorteilhaft auch eine kleinere Gestalt sein kann, dann nämlich, wenn es darum ging, aus den Gängen im RuhrBerg, aus den Spalten und Höhlen in der Talwand den FeuerStein herauszubrechen.

In der Tat, dort fand sich der Stein, der brennt, düstere Brocken sind das, schwarz wie Pech, schwärzer als das, was die Köhler in ihren Meilern gewinnen. Diese Steinkohlen glänzen in der Sonne wie Silber, manchmal wie Diamant. In Köln habe ich so einen gesehen.«

»Ein Stein, aus dem Feuer schlägt?« Kriemhild ließ den Blick nicht von ihrem Bruder.

»Am Ruhr-Ufer sind alle Berge davon voll, jedenfalls beim Elbenkönig.«

»König ist er?« fragte Hagen.

»Auch das erkläre ich, laßt mich erst weiter erzählen. Kaum kannte der junge Mann die Geheimnisse des Schmieds, da übertraf er schon seinen Meister – denn Sieglinds Sohn war nicht nur schnell im Begriff, sondern auch arbeitswütig und kräftiger als alle dort. Seine Schläge mit dem Hammer dröhnten und waren so ungeheuerlich, daß der Amboß ins Grundgestein hinabdrang und daß vor dem Lärm die Wölfe und alles Wild des Nebelwaldes davonstob – da war es, als bebe die Erde. Schiffer am Rhein hatten sich zwei Jahre lang zu wundern über die heulenden und verschreckten Tiere rings um die Mündung der Ruhr, oberhalb wie unterhalb der Deutschburg.

Die beiden LehrJahre waren kaum vorüber, da hatte der Xantener selber geschmiedet, was ihn zum Ritter machte: ein zweischneidiges Schwert, einen Schild, einen Helm und ein dunkles Panzerhemd, alles so hart, wie es zuvor keine Rüstung gegeben hat – so beteuerten jedenfalls die Frankfurter. Es sei denn, so räumten sie ein, auch Wieland hätte von Alberichs Künsten gewußt und nebelländische und römische Weisheiten miteinander verschmolzen. Seinen Herrn Theoderich hätte der wohl ähnlich ausgestattet, ihn und Hildebrandt, den Waffenmeister. Als ich von den Kaufleuten mehr wissen wollte, Genaueres über die Schmiedekünste und ob die des Nibelungen denen Wielands gleich seien, da lachten die – Wieland habe vielleicht dieselbe Schmelze gemischt, der habe zwar seine EisenKunst von den Kelten gelernt, von einem Druiden unterm RothaarGebirge, aber er kannte die Steinkohle nicht. Nur Holz und Holzkohlen. Und sie versicherten, Siegfrieds Rüstung, daran gebe es keinen Zweifel, sei unübertroffen.«

Still war es in der Halle, Scheite knackten im Brand.

»›Unübertroffen‹. Ein Schmied also«, hörten sie den Waffenmeister. »Und der beste sogar! besser als Wieland!« Hagen ließ sich den Becher füllen. »Nebel«, sagte er.

»Nebel?« fragte Giselher. »In Köln sprach ich mit einem Gesellen – auch der hatte bei Alberich die eiserne Kunst gelernt, zusammen mit dem, den uns die Karten als ›Mächtigsten‹ anzeigen. Nach allem, was mir dieser Kölner erzählte, ist Siegfrieds Schwert kein Nebel. Es ist das schärfste.«

»Das schärfste? Scharf ist auch in Worms scharf. Und schärfer als scharf? – das ist dann eben nur noch Nebel.«

»Der Geselle in Köln berichtete, er habe Büschel von Pappel- und LöwenzahnSamen in die Ruhr werfen müssen – der Xantener habe sein Schwert in das Wasser gehalten, so daß von der Strömung die Flocken gegen die Schneiden getrieben wurden. Erst als beide Seiten – er hatte sein Schwert doppelseitig geschärft – den herantreibenden Flausch teilten, erst dann war ihm sein Schwert scharf genug. Er gab ihm den Namen ›Balmunk‹. In Frankfurt wollten einige gewußt haben, dieses Wort bedeute in unserer Sprache das Vertilgen von Besitz und Besatzung, also ›RomVertilger‹.«

»Und zu was taugt es?« fragte Hagen und antwortete gleich selbst: »Zum Flockenschneiden. Ich sag es ja – ein Strohschneider ist er. Ein Aufschneider.« Nahm einen Schluck und fügte noch dazu: »Ein Nebelspalter.«

»Balmunk schneidet auch Eisen. Sei froh, wenn Du den Rom-Fresser nie zu spüren kriegst.«

»Mein lieber Giselher, Du auserwählter Degen – solchen Dummquatsch, wie Du ihn hier verbreitest, habe ich auch über Wieland schon gehört – Theoderichs Schmied war nämlich, so hieß es, auch dann noch nicht zufrieden mit seiner Waffe, wenn sie im Fluß die Wollflocke teilte. Nein, selbst dann ging er mit dem Wunderstück nochmal zurück in seine Schmiede und zerfeilte das Schwert zu tausend feinsten Spänen, mengte die Eisenspäne mit Gerstenkörnern und Hirse und gab diese Mischung den Gänsen im Stall zu fressen, nachdem er sie drei Tage lang hatte hungern lassen – die Tiere, wie irrsinnig vor Gier, schluckten in der Hast alles und würgten auch die Eisenfeilspäne hinein. Was danach als Gänsescheiße im Stall lag, das sammelte Wieland, schmolz es auf und bereitete aus dem, was die GänseGier verschlungen und verwandelt hatte, sein neues Schwert.«

Da war man wieder eine gute Weile stumm im Saal. Selbst die

Wanzen an den roten Wänden blieben ruhig sitzen. Nur das Feuer knackte wie es wollte. Bis endlich, zaghaft, Giselhers Geständnis kam, eben jene Feinheit, die soeben Hagen von Wielands Kunst erzählt, die hätte er auch über Alberich und seinen Lehrling mitteilen wollen. Nur habe er sich hier, unter Ringwolfs eifersüchtigem Glauben und unter Hagens strengem Verstand, nicht getraut, zu all dem Wundersamen, was er von dem Nibelungen zu berichten habe, auch noch die Geschichte von der Entstehung Balmunks aus der Freßgier vollständig vorzutragen.

Da lachte Hagen, lachte bärbeißig.

»Ich weiß nicht, ob Balmunk richtig übersetzt ist«, sagte Giselher. »Ein Mönch unter der Siegburg, der aus Werethina kam und die älteren Sprachen wußte, der hat mir erklärt, ›Balmunk‹ sei verwandt mit dem ägyptischen Springkraut Balsam. Der Name von Siegfrieds erster großer Arbeit, der bedeute ›Giftfraß‹.«

»Aber die Schätze!« rief Ringwolf und wünschte wohl abzulenken. »Die hundert und vierzig EselsLadungen oder Lastkähne oder Rüstwagen mit Kirchengut – woher hatte er sie, der Schmiedeknecht – von seiner Arbeit?«

»Nur langsam, Bischof – bist Du die Gans?« fragte Giselher. »Wir kommen schon noch dahin. Kriemhild jedenfalls will alles wissen, auch von der schwarzen Helinga und von der zweiten Tochter Alberichs.«

»Und wer nun wirklich seine Eltern sind.« Hagen schabte sich Krümel von altem Otternfett aus dem Nacken.

»Habe ich nicht gesagt, daß seine Eltern Siegmunt und Sieglind Könige sind?«

»Könige?« Hagen blickte auf. »Wo regieren die!«

»In Xanten am Rhein!«

»In Xanten? Könige? Xanten? – den Ort haben die Römer verlottert aufgelassen.«

»Weil Siegmunts Leute sie davonjagten!«

Hagen schaute sich um, schien jeden am Tisch zu fragen. »Nie in meinem Leben habe ich gehört, es gebe Könige in Xanten. Pah!« Er trank. »Wenn, dann sind das Unterkönige. Westfälisch-sächsische Wanderkönige. Sippenhäuptlinge, barbarische.« Und holte sich weiteren Zuspruch aus dem jurassischen Roten. »Überdies hat unser Schmied, vor dessen Hammerwucht nicht nur die Hühner und Ziegen zittern, sondern auch die Händler und Weiber bis Mainz und Worms und nun offenbar auch unsere königliche BücherMade – überdies hat unser ungeheurer Arbeitsmann es bereits mit vierzehn Jahren vorgezogen, vor seinen königlichen Eltern davonzulaufen. Wo, bitteschön, liegt und wie groß ist das Reich an der Lippemündung, das die Gemahlin dieses Raufbolds zu erwarten hätte.«

Einige Augenblicke war es still in der Halle. Gunther biß ein wenig in seinen Daumen.

Kriemhild sah mit großen Augen den Waffenmeister an, der ihr gegenübersaß. Sah ihn ernst an und sagte dann: »Ich erwarte kein Reich. Ich meine den Prinzen. Ich erwarte Siegfried.«

Da schnappte er nach Luft, der Waffenmeister. Schnappte und schluckte hinunter, was ihm als Schreckens- oder Wutruf entfahren wollte. Faßte sich bald wieder, indem er mit beiden Händen den Bartwuchs hin- und herschob und vernehmlich seufzte.

Auch Ringwolf hielt den BrustKristall umklammert, hoffte, die Königstochter werde widerrufen. Wünschte, er habe nur falsch gehört. Oder das würde von ihr nun richtiggestellt – doch es blieb still. Im Raum stand dieses Wort. ›Ich erwarte Siegfried‹.

Als gelindes Entsetzen die Herrschaften im HofSaal lähmte, war der NachtReiter weiter auf seinem Weg nach Worms, war in einem dichten Wald unterwegs, kannte sich da aus, kam gut voran – bis er plötzlich, vor sich in der Finsternis, einen RheinArm schimmern sah. Der war vorher hier nicht geflossen, der Strom wilderte, überflutete die Ebene immer wieder neu – er versuchte, sein Pferd in das Wasser zu treiben, das stieg auf, scheute. Es blieb nichts übrig, der Reiter mußte einen Umweg suchen, kehrte um, zurück in das Dikkicht.

Hier hatte er bald die Orientierung verloren, die Wipfel der Tannen und Fichten standen so dicht, daß kein Stern zu erkennen war. Vor ihm, Schwarz in Schwarz, die Bäume – bald mußte er annehmen, er sei im Kreis geritten, sei womöglich wieder auf dem Rückweg nach Mainz.

Wie er da anhielt und in Müdigkeit und Erschöpfung dachte, es wäre wohl besser, sich jetzt im Moos, unterm Gestrüpp, einzuwikkeln ins dicke RindsFell, zu schlafen und erst mit der aufgehenden Sonne den Weg zu suchen, da sah er vor sich eine Helligkeit, wie wenn schon jetzt die Sonne aufgegangen wäre und schräg durch die Baumstämme schiene. Das war aber kein Sonnenlicht, sondern ein Feuer, das über Äste und Zweige nähersprang – wieder stieg das Pferd auf, bäumte sich und sprang in einer anderen Richtung davon. Auch dort trafen sie auf dieses Licht, das schien sie einzukreisen, das züngelte und loderte rot auf sie zu, wieder senkte das Tier den Kopf, warf ihn hoch, scheute, sprang herum, galoppierte davon und war vor dem roten Feuer nicht eher anzuhalten, als bis es wieder vor dem RheinArm stand. Dort zeigten Pferd und Reiter diesmal mehr Mut, setzten hinein, daß es klatschte und gurgelte, durch das schwarzsilberne Wasser trieben sie, gelangten ans andere Ufer, auf den richtigen Weg, konnten weiter. Nach Worms.

»Du selbst, Hagen, hast es so oft gesagt, daß ich es in unsere Chronik geschrieben habe: Wer je all diese nebelländischen Wander- und Wirrköpfe und diutisken Hammelhorden – so hast Du gesagt – unter einen gemeinsamen Zügel kriegen wollte – gegen das neue, das christliche Rom und gegen die Hunnen – der müßte ein Fuchs sein wie Arminius. So hast Du's selber gesagt.«

»Ein Fuchs, ja, habe ich gesagt. Ein Fuchs müßte er sein. Kein KraftKlotz.«

Da war es wieder still. Bis Giselher weitererzählte.

»In Siegburg wie in Köln habe ich von Mönchen wie von Schiffsleuten und Händlern gehört: der Boden am Niederrhein hat tatsächlich gezittert. Die Berge, die Felder haben unter den HammerSchlägen des jungen Schmieds so gebebt, daß diese Unruhe von der Ruhr auch den Rhein hinaufgedrungen ist. Bis dorthin, wo der Strom bei einem VulkanBerg in die NebelEbene hinausfließt. Gerade dort, knapp oberhalb *bonna*, an dieser letzten Enge, oben auf einer der nördlichsten BergKanten, auf altem Glutgestein, dort lagert seit eh und je, wie jeder weiß, das älteste der Raubtiere, das Feuervieh, der Drache NidGir. Ja, Hagen, lach nur und rede von ›Märchen‹. Wie Du froh sein solltest, wenn der NiederLänder die Schärfe seiner Kunst nie an Dir oder einem von uns ausprobiert, sondern bloß an Samenflocken auf dem Wasser, so solltest Du dankbar sein, daß wir nicht mehr zu den Zeiten leben, als die Kelten regierten oder die Gälen, von denen es nur noch die Kahlgeschorenen gibt. Denn als sie in den rheinischen Revieren herrschten, da hatten sie – hier am Oberrhein – ganz andere zu fürchten als wir: Untiere, burghoch und bergschwer. Die hausten damals nicht nur im Nieder- und NebelLand, sondern überall, auch bei uns, im RomLand. Noch nach der letzten Frühjahrsschmelze lagen im Strom, auf den Sandbänken unterhalb von Lorsch, Knochen, die mächtiger waren als Baumstämme. Hätte der Bischof sie nicht sofort beseitigen und zerschlagen lassen, so wäre ich der erste gewesen, sie zusammenzufügen. Dann hätten wir gewußt, wie riesig sie waren, die Ungeheuer, die, seit die römischen Legionen unsere Wälder durchkämmten, sich zurückzogen in die MitternachtsRichtung. Nur der älteste, der eine, der NidGir, der hielt sich lange, denn er besetzte den günstigsten Platz. Dort, wo sich am Rhein unsere Gebirge zum letzten Mal zusammenschließen wie eine fränkische und eine sächsische Arschbacke – dort hauste er. Und erntete und sammelte alles Kostbare, gefräßig und unersättlich. Keiner, wenn er den Rhein hinabwollte oder hinauf, kam ungeschoren davon. Jedenfalls nicht, ohne Tribut gezahlt zu haben, und sei es mit seinem Leben. An dieser Stelle am Rhein hatten schon die Römer ihr Lager. Auch sie wußten, daß bei *bonna* am besten Beute zu sammeln ist. Dort, bei der ersten Flußenge, müssen die Schiffer anhalten, um Ruderer und Treidler zu mieten, die mit Tauen die Kähne am Ufer entlang ziehen. In *bonna* mieten sie Sklaven, erneuern sie Seile und Segel. Denn von hier ab geht im engeren Flußlauf die starke Strömung, ständig ankern hier die Schiffe, wird verhandelt mit den Besitzern der Kahlgeschorenen, der Ruder- und SchleppSklaven, auch mit den TauDrehern und SegelKrämern. Diese Wartezeit der Schiffer, die nutzt, aus sicherer Höhe, der Wächter. Es ist wie in Troja. So wußte das der Frankfurter, der mir vom Herkules erzählte – vor Zeiten hatten alle Handelsschiffe, die ins weitere Meer wollten, unter der berühmten Stadt Troja in einer Bucht zu warten, bis die widrigen Winde nachließen oder genügend Ruderknechte beisammen waren. Da konnten auch die Trojaner die Schiffe in Ruhe überfallen oder Zoll erheben oder plündern, ungestört, wie immer es ihnen paßte. Solange, bis schließlich die Griechen, wie sie schon damals sagten, dem Spuk ein Ende bereiteten. Nein, weniger um die schöne Helena stritten sie, die ist die Ausschmückung der MärchenHändler. In Wahrheit ging's schon damals ums Gold und um Macht: um die Sicherung der Kaufmannsstraße, der wichtigsten für die Alten. Und welche Straße bei uns ist wichtiger als der Rhein. Und welches Tier ist gefräßiger als die Gier, die Lust auf das schöne Glitzernde.«

Wir dürfen sicher sein, einer wie Giselher wird so gesprochen haben. Und einer, der das heute nacherzählt und der nun gar vom Drachenkampf berichtet, darf froh sein, wenn er sich nunmehr an einen wie ihn halten kann, an den königlichen Schreiber Giselher.

»Der Lindwurm auf dem RheinFelsen«, so redete er, »hatte unsagbaren Reichtum gehortet. Das Rheingold. Als nun von tief unten her, von der Arbeit an der Ruhr und von der ungewohnten Härte der Schläge die Felsen unter ihm zu zittern begannen, da witterte NidGir Gefahr. Er mochte zunächst glauben, der Berg selber werde wieder lebendig, der wolle sein altes Höllenfeuer speien und die Tore öffnen zu den Teufelslöchern – aber er spürte bald, daß das untergründige Rütteln und Zittern nicht das Brodeln des Nifel- und Schlamm- und WolkenGottes war, sondern daß es ganz regelmäßig kam, von kunstgeführter Faust. Da argwöhnte NidGir, im NebelLand hause ein Vetter. Fürchtete, dieses Beben seien die Schritte, mit denen sich der Widersacher nähere, ihm die Beute streitig zu machen und den guten Platz, den schon die Römer den ›guten‹ nannten, weil hier eben jeder vorübermuß, der von Regensburg, Passau, Augsburg, Salzburg, Konstanz oder Basel oder von Mainz, Trier oder Koblenz auf Händel hinabwill nach Köln, Deutschburg, Xanten oder Soest und weiter hinunter ans Meer, nach Hamburg oder Bremen und in die niederen Lande. So daß ein Wurm es sich bei *bonna* nur bequem zu machen braucht, sich nur breitzumachen und seinen Pesthauch auszublasen hat, um nach Baucheslust zu lähmen und zu räubern. Nun aber zitterte auf seinem RheinBerg der BesitzRiese, witterte zum erstenmal GegenGift. Hockend auf seinen Reichtümern spürte er dort, wo ihm die Gier sitzt, im Bauch, den Grund beben.

Wie alles schatzsammelnde Gewürm besonders listig zu sein meint, so versuchte auch der Wächter von *bonna* dem Feind zuvorzukommen. Trachtete ihm entgegenzuschleichen, nicht geradewegs, sondern tückisch – NidGir wälzte sich auf Umwegen, kroch nicht etwa wutschnaubend, wie man annehmen sollte, zur Ruhr hinunter, einfach hinab ins NebelLand, sondern schlängelte sich auf Seitenwegen, hintenherum, durch Dickicht und Waldsümpfe, an Sieg und Wupper vorüber – er kannte ihn genau, den uralten Pfad der Erzhändler, der Bergleute und Schmiedemeister, über den auch Siegfried auf Grani geritten war. Auf Geheimwegen schlich sich der Grüngoldene, die dickfellige Made, drang in die Richtung, aus der das Getöse dröhnte, und näherte sich so, giftsprühend, wäldersengend, gasspeiend, dem Ruhrtal.

Dort war der Nibelunge mit FeuerEifer bei seiner Arbeit und gerade dabei, sich zu seiner Brünne auch Schienen zu bauen, Stahlkanten, mit denen auch Arme und Beine zu schützen wären. Zwar arbeitete er nun stark wie keiner sonst und war wohl auch, wie Hagen sagt, ein KraftKlotz und ungefüge – doch trotzdem, der neue, der diutiske Herkules blieb hellhörig wie der griechische und war genügend aufmerksam, um rechtzeitig zu spüren, wie der Boden unter ihm nicht mehr nur von den eigenen Hieben bebte, sondern daß Amboß und Grund auch dann noch zitterten, wenn er selber nicht hämmerte – da bemerkte er Schwingungen, die sich gegen die seinen richteten. Und hat, so grob und ungestüm er geworden sein mochte, außerdem wahrgenommen, wie es rings um ihn her wärmer wurde, wie die Nebel schneller trieben, wie faulige und stickige und schweflige Dünste über die Wälder wehten, wie nach und nach ein Rauschen und ein Grollen in der Luft war.

Als er mit den anderen Schmiedegesellen über diese Erscheinungen reden wollte, waren die fort. Die hatten sich verkrochen, in Bergklüften, in den Kohlengängen, einige waren, wie sich später herausstellte, nach Asnithi geflohen, in die Eschen- und Buchenwälder. Jedenfalls fand der NiederLänder rings um die Eisenhütte niemanden. Auch Alberich selbst, der MetallZauberer, war nicht zu sehen. Die Eisenburg schien leer.

Da lief der Königssohn hinunter ans Ufer, schaute über den Fluß, zu den flacheren Hängen drüben auf der MittagsSeite, erkannte aber in den Dämpfen nichts, spürte nur, daß Ungewöhnliches auf ihn zukam. Ein Schad- und GierBerg rückte da heran, ein lebender Leichnam. Der HortBesitzer.

Der tarnte sich unter grünen und gelben Dünsten, duckte sich hinter brennenden Böschungen. Der Nibelunge blickte sich um, wollte rasch eine Stelle finden, von der aus er das andere Ufer besser überschauen könnte – und bekam gerade noch mit, wie unter einer Buche der Zwerg Alberich sich auflöste. Als sei der zu Luft geworden. Gleichzeitig zitterte der Boden, obwohl doch niemand mehr am Amboß arbeitete – der Grund bebte nur unaufhörlich und überall. In der Ruhr schwankte das Wasser, es schien, als würde der Fluß geschüttelt, das Wasser schäumte auf, hob sich zu Wellen, die auseinanderrissen, ja, die Ruhr rührte sich um, sprang, schoß schließlich zu Säulen und Wänden, die übers Ufer stürzten. Da bogen sich die hohen BuchenKronen, ja, er sah, wie sich den Fluß entlang der Wald bäumte, wie die Blätter davonstoben mitten im Sommer, Zweige rissen hinterher – da stürzte der Jüngling in die Eisenhütte, panzerte sich fest ein, griff Balmunk und trat so, gewappnet, vor das Stahlhaus.

Die Erzkähne am Ufer schlugen herum, Wasser und Wald waren in AufRuhr, Boote stürzten, versanken, der ErzSteg brach ein. Im Heulen neben und über sich bemerkte der junge Mann, wie drüben von den Höhen jemand näherkroch. Da schob sich etwas durch die

Schwaden auf den Fluß zu, das war kein Wolf, kein Bär und auch kein Auerochse, da zog und pfiff etwas anderes heran, so ungeheuer, wie er noch kein Biest zu jagen gehabt hatte. ›Ich weiß, wer da kommt‹, rief der FeuerLehrling, ›da schlurft Herr NidGir! Yggdrasil frißt er kahl, die WeltEsche, den heiligen Baum – nun will er auch mich totstinken, schlingfetzen – komm her, römischer KriechChrist!‹ Ich weiß seine Worte von den Gesellen, die sich in den KohlenStollen verkrochen hatten, in Köln sprach ich mit ihnen, ja, sie sahen alles mit an, aus den bebenden, schlagenden Felsen heraus.

Mitten im Stürmen, Schütteln und Fauchen, ja, mitten zwischen seinen eigenen SchimpfSchreien bemerkte er plötzlich, neben sich, den winzigen Schmied, die dünne Stimme hörte er lachen, spotten, kichern und kriegte mit, wie Alberich sich freute und rief: Nicht NidGirs Ende käme nun, nein, jetzt würde endlich der SigurdBengel gefressen! ahi! dort nahe sich einer, der dem eingebildeten KraftSchwengel zeige, wer in Wahrheit der Mächtigste sei im RheinLand.

Der Königssohn haschte in die Richtung, aus der gespottet wurde, sprang dem Gelächter nach – der Erlkönig gackerte und kreischte nur um so schändlicher. Mal hörte er ihn hinter sich, mal vor sich. Aber plötzlich hatte er ihn doch erwischt, am Aufjaulen und Wimmern merkte ers. Den schadenfrohen BaumAlb quetschte er mit Wonne und hätte ihn totgedrückt, wenn der nicht um sein Leben geschrien hätte. Der zeterte, bettelte, winselte und versprach schließlich, wenn der Nibelunge ihn laufen ließe, dann würde er ihm die Kappe schenken, die unsichtbar macht. ›Gib mich frei!‹ schrie der Giftzwerg.

›Nichts da!‹ antwortete der Geselle, ›mit der TarnkappenList legst Du mich nicht rein – erst hängst Du Halunke mir die Mütze selber über den Kopf, mit eigener Hand – bis nicht ich zu sehen bin, sondern Du. Erst dann! – lasse ich Dich frei.‹

Furchtbar heulte der Zwerg, fand seine Absicht durchschaut – gleich darauf jaulte er ein weiteres Mal, weil der NiederLänder ihn gewrungen hatte wie ein Stück Wäsche. Da wurde vor seinen Augen, in seinen Fäusten, der Winzling sichtbar. Der war nur aus Erlenwurzeln, aus Moos und Flechten, ein Erlerich, der zitterte und seufzte in den Pranken wie zwischen Schraubstöcken. Als der Lehrling seinen Meister nun hochhob, daß der ihm die Kappe aufsetzen konnte, bemerkte der Xantener, wie der Zwerg nicht mehr in seinen Händen gefangen schien, sondern wie es aussah, als schwebe er schier in der Luft: gleich vor seiner Nase zappelte Herr Alberich, zappelte und kreischte in den drehenden Dämpfen, schrie, nun solle der NiederLänder ihn gefälligst freilassen, sofort und auf der Stelle, denn sonst würde der RheinDrache auch ihn, Alberich, verglühen.

Siegfried, nunmehr unsichtbar, warf seinen zeternden Meister fort und sah, wie der sich auf dem Waldboden aufrappelte und unter Verwünschungen davonsprang. Auch der Feuerkönig, sagt man, soll sich nun in einer FelsSpalte versteckt haben, dort, wo er aus den Bergen die brennbaren Steine herausgeholt hatte. Andere meinen, schon jetzt habe der sich davongemacht, in die Mittags-Richtung, zum Rhein hinunter – zum unbewachten DrachenFels.

Sieglinds Sohn dürfte kaum Zeit gehabt haben, zu bedenken, wohin sich der Erlkönig flüchtete, denn nun, in stinkenden Sturmwirbeln, gewahrte er, wie sich vom jenseitigen Ufer aus gelben und grünbraunen Nebeln das Scheusal hervorwälzte, der grüngoldene vieltatzige NidGir.

Der Nibelunge verschloß Helm und Kettenpanzer, schwang sein neues Schwert und freute sich, zum erstenmal ein wahres, ein ritterliches Abenteuer zu bestehen. Stieg auf einen Felsen über dem Fluß und sah, wie die Ruhr zu kochen schien, wie sie unter den Dünsten, die der YggdrasilFresser vor sich herstieß, brodelte, aufsprang und dampfte. Vom anderen Ufer wanderte da wahrlich ein Berg heran, der GierBerg, ein wankender Hügel, der alle Bäume und Pflanzen und alles Leben und selbst die Erde unter sich in Asche verwandelte und das Getötete zu Schwaden hochschleuderte.

Der in der TarnKappe, der mußte sich auf seinem Felsenplatz festhalten, so stark schüttelte nun der Grund, wehte der Gestank, Atemluft wurde knapp. Er wich zurück, floh den Hang zum AsnithiWald hinauf, bis zur Isenburg, auf deren hohen breiten Mauern er frischere Luft zu finden hoffte und festeren Halt.

Von dort sah er, daß der Koloß mit seinem aufgeblähten Leib nachgerade das Flußtal füllte, wie er breit und fett hierhin schlappte, dorthin platschte, wie er mit Schwanz und Tatzen Wasser und Felsen schlug und mit riesigem Hintern Alberichs Eisenhütte wegschob.

Doch mitten im Krachen und im Poltern der Trümmer hörte der Getarnte und Gewappnete das andere, hörte eine weibliche Stimme. Die klang zärtlich, die raunzte etwas im alten Deutsch, das er deutlich verstand als Rat. Er solle listig sein, gerieben, solle den offenen Kampf meiden. Stattdessen müsse er das RheinVieh zu Tode necken.

Ehe er in den Nebeln über sich und neben sich jemanden erblikken oder ergreifen konnte, rollte vor seine Füße ein Brocken, ein Bruchstück aus der Mauer der Isenburg. Der war wohl von gutem Amboßgewicht – da begriff er, was die Stimme gemeint hatte. Er packte das SteinPaket, stieg auf die vorderste Mauer und stieß den Klotz hinab, dem Ungeheuer mitten auf den Leib. Da röhrte der GierBerg, wummerte, tobte, tollte nur um so wütender herum, warf seinen Rachen auf und spuckte grünroten Feuerschlamm – so schauerlich, daß unser Ringwolf und die anderen RomPriester darin nichts weiter als die Hölle selbst hätten erkennen können, wäre nur je einer von ihnen in der Nähe solcher Giftschmelzen gewesen und wäre dieser Drachenschlamm nicht gerade aus dem Material, aus dem sie sich so liebend gern ihre Schätze schmieden lassen.

Als der Nibelunge in den strotzenden Rachen hineinsah, klaubte er sich aus der Burgmauer einen zweiten Mauerbrocken, schleuderte auch den. Traf diesmal mitten in den Schlund.

Da krümmte sich der HortRäuber, heulte gräßlich, wälzte sich im Ruhrfluß, daß das Wasser in SpringWänden aufstieg und sogleich verzischte. Wie das so brodelte und donnerte, mochte das dem Untier schon wieder gefallen – den Felsbrocken rülpste es aus, zu Lava geschmolzen. Dann suhlte er sich, furzte Qualm und spie und – mitten aus seinem gelbbraunen Gewölk heraus, unter der Dekkung der eigenen GasSchleier – näherte er sich nun abermals dem Steilufer. Meinte jetzt wohl, im Schutz der ausgespienen Dünste weiter hinaufzukommen als beim erstenmal. Kroch also unterm Dampf und Rauch an den Felsen hoch in die Richtung, aus der die Steine geflogen und von wo jetzt auch Schreie zu hören waren. Die Gesellen in Köln, die sich im Berg versteckt hatten, wußten viele Wörter, die nun geschrien worden sind über der Ruhr, sicherlich STINKTIER! Beteuert wird auch, der Xantener habe gerufen: ›Feigling! hier rauf! hier bin ich, Du MOLCH, zeig, was Du kannst, MATSCHMEMME – wie? nur Donnern und Dampf lassen? Du SCHLAPPSCHWANZ, KRIECHVIEH, SCHRAPPHALS, MIST- und CHRISTKRÖTE!‹

Das Ungetüm schlug seine Tatzen vor sich herum, hieb sich durch all seine eigenen Giftschwaden immer näher heran, wühlte und prügelte sich vorwärts, haute härteste FelsenEcken herunter, brach Bergbrocken weg, als seien das Sachsenzelte, knickte Buchen und Eichen wie unsereiner Grashalme, da wirbelten in die Stinkluft Baumstämme, sprangen grauenhafte Flammen auf und unterm Beben und in der Hitze verwandelte die Ruhr sich in brüllende Geysire, ja, der Tumult ließ den brühheißen Fluß rückwärtsströmen – nie zuvor war so viel Heulen zu hören und Rumpeln und Krawall.

Der Nibelunge sah zu, daß er je rechtzeitig auf Bergsporne sprang, die nicht zertrümmert wurden, diese sicheren Stellen zeigte und riet ihm die Stimme der Unsichtbaren - kaum hatte er sich auf eine andere Höhe hinaufgerettet, sorgte er wieder mit Felswürfen und Spott, daß sich das kapitale Vieh austoben mußte, so wie es der hilfreiche Geist für richtig hielt, ständig störte so und reizte der Schmied den RheinBeherrscher, brachte er ihn von neuem in Wut, mit Beschmeißen und Schmähen – wann immer NidGir erschöpft ausruhen wollte, bewarf der Unsichtbare ihn so derb, daß er in neuen Anfällen um sich schlug und alle Gewalt auslassen mußte an Felstürmen, Steilhängen, Bergmassen.

Dies trieb der SieglindSohn so lange, bis die Kräfte des Gastes am Ende schienen, bis das GierTier wie ein ausgepumpter Stier schwer japsend über dem Hügel lag, ja, er hing über dem RuhrHügel wie ein brünstiger Stier über der Kuh – dann erst, als das RheinVieh erschöpft war, dann erst, obwohl es den NiederLänder schwindelte von den Dünsten und ihrer Säuernis, dann erst sprang er vor, lief bis dicht vor den Herrn des RheinLands und hieb ihm mit seinem doppelschneidigen diamantharten Balmunk in einem Links- und einem RechtsSchlag einen der beiden vorderen Greifer weg.

Vom Aufbrüllen des Wurms sollen bis ins hinterste Sauerland Mensch und Tier erschrocken und sollen bis hinters Rothaargebirge geflüchtet sein. ›Du PESTJAUCH!‹ schrie der NiederLänder, ›nun kriech rauf! zeig her Deine SaftPratzen!‹ So höhnte er. Und da war auch wieder die Stimme neben ihm und reizte gleichfalls, seltsame Wörter rief sie, Wörter aus anderen Sprachen, da schrie der unsichtbare Geist ›BLINDWURM! FAZKE! WAZKE!‹ und noch Fremdartigeres: ›KAPUTTKOPP! HORTN! WERTHUM!‹ und immer neue, andere, noch sonderbarere Namen heulte die Stimme, der Jüngling freute sich darüber, lachte und sprang wie befeuert vor. Und hackte dem Goldgrabscher und Waldfresser, der sich fast bis zur Eisenburg hinaufgeschoben hatte, auch die andere Vordertatze ab. Dies weiß ich nicht nur von den Kölner Gesellen, sondern auch von einem Frankfurter SteinHändler – der weiß es von einer Steinkundigen, von ›Baldinai‹. So nämlich hieß die, deren

Stimme da zu hören war, das war die andere Tochter des Erlkönigs, die den Nibelungen beflügelte und die ihm geraten hatte, gerieben zu sein. Diese Steinkundige mit dem Namen Baldinai war ein HagenWeib, eine HeckenFrau, die man auch HageDisse nennt oder Heckse, das heißt nichts anderes als HeckenSpringerin, weil sie über Zäune reitet und über Grenzen fliegt. Ihr Name Baldinai bedeutet: ›Heilkräftige in der Aue‹.

Als ihm auch der zweite Greifer abgehackt war, warf sich im WutSchrei der RaubDrache auf, schüttelte und reckte beide Stümpfe und fiel dann zurück und spie. Wo aus seinem Rachen die FeuerStöße auf Steine trafen, schmolzen die auf, zu Lava und zu Kohlenglut.

Der Nibelunge beobachtete den NidGir aus gutem Abstand – und lief dann, taumelnd und in den Dämpfen halb von Sinnen, schnell vor, sprang an dem gepanzerten Koloß seitwärts hinab, diesmal bis hinter die triefenden Pratzen, duckte sich dort in einen der Gräben, aus dem er die schwarzen Steine gebrochen hatte, drang in den Berghang und gelangte so unter den Bauch des Ungeheuers, hat sich vorgearbeitet bis zur verletzbaren, zur weniger verhornten HerzStelle – und von dort, von ganz unten, aus der Kohlengrube heraus, konnte er seinen Balmunk hineinstoßen, seinen GiftFresser, seinen RomVertilger.

Das tat er mit Lust, tief drang das Schwert ein, und da das Herz getroffen war, schoß mit der zurückgezogenen Waffe ein Schwall öligen Blutes hervor. Der in der Tarnkappe sprang zurück – hohles, langes Heulen erfüllte NebelLand.

Kaum aus der Felshöhle heraus, sah der Xantener, wie ein Zukken den Drachenleib erschütterte. Ein Krampf packte den, eine Starre, unter der krümmte sich der Herr des RheinLands auf – eine Weile sah es aus, als stehe er fest, als bleibe und verharre er über dem Abgrund, hoch über dem Fluß – so, im Aufbäumen – ging er kaputt. Hintenüber kippte die ganze schwere Masse, rauchend und donnernd den Steilhang hinab. Mitten hinein in das Ruhrwasser platschte der Kadaver und blieb liegen. Bauchoben und quer über den Fluß, so lag er da. Der Schwanz hüben bei den Trümmern der Eisenhütte. Der Rachen drüben auf dem MittagsUfer.

Das Wasser färbte sich grün und rot und schwarz. Der Fluß wollte nun wieder abwärts strömen, staute sich aber an dem Leichnam. In der Mischung aus warmem fettem Blut und Wasser bildeten sich Strudel, stülpten sich Wirbel, die kreisten und schillerten in Grün und Silber und Violett.

Der Nibelunge, das Schwert noch in der Faust, so wie er es unter der Herzhaut aus dem Tier herausgezogen hatte, schaute auf den neuen Stausee, sah wie verzaubert hinab. Da schleuderte er den Balmunk zur Seite, schrie ›SIEG‹! Riß sich die Kappe vom Kopf, auch die verschmierte Brünne, den Helm löste er, das ganze bluttriefende Kettenhemd, alles warf er sich vom Leib und sprang so umher und tanzte nackt, stieß die Arme hoch, schreiend vor Glück. Unterdessen kam der alte Wind aus der Abendrichtung wieder, wälzte die Nebel herum und trieb sie fort, wurde endlich die Sonne sichtbar, schien dem Hellhaarigen auf die blanke Haut.

In diesen Augenblicken, als er tanzte, als er begriff, daß NidGir besiegt war, da schaute Siegfried durch die Berge hindurch, sah bis tief zu den Flözen hinab und zu den Erzen, da verstand er den Gesang der Vögel, da erkannte er, was die Bäume sich flüsterten und hörte er ihn, den schlagenden Gesang der Felsen. In diesem Augenblick aber hat er auch, zum erstenmal, den Geist gesehen, der ihm geholfen hatte.

Darüber gibt es allerdings verschiedene Berichte. Die einen wollen wissen, daß seinen Tanz in der Sonne jene junge Frau beobachtete, deren Stimme er gehört hatte. So erzählte man es jedenfalls in Frankfurt. Andere dagegen, die näher bei den Domen und Klöstern wohnen, Bürger von Köln oder Mainz, die behaupten, es habe da keine Frau gelauscht und zugeschaut und Ratschläge gegeben. Es sei nun vielmehr etwas ganz anderes geschehen. Sie erklären, der Nibelunge habe, nachdem er getobt und getanzt hatte in der Sonne, aus freien Stücken ein Bad genommen. Sei im RuhrSee umhergesprungen.«

»In dem Blutwasser? Im Schlamm?« Gunther fragte das.

»In dem Stausee. Aus Drachenblut und Wasser. Ja, er sei so, wie er nun war, hinuntergesprungen an das Ufer des neuen Wassers und habe in dem NidGirBlut gebadet. Und ist so, ohne davon zu wissen, selber hürnern geworden, hornhäutig, wie der Drache. Unverletzbar. Freilich, an einer einzigen Stelle nicht. Dort nicht, wo auf seinen Rücken, beim Bad im Blutsee, ein Lindenblatt gefallen sei. So sagt man in Köln und in anderen christlichen Orten.«

»Ein Blatt?« fragte Hagen. »Ein Lindenblatt? das soll das dicke Blut ihm ferngehalten haben? den schwarzen fetten Hornsaft? dem Tober? dem Tanzer? dem Juchzbold? Beim Rumtaumeln immer das zarte Blatt fest im Rücken? Pah! Märchen!«

»Dem, was in den Bischofsstädten erzählt wird, widersprechen die Frankfurter Kaufleute. Die beteuern, wieder sei jetzt jene junge

Frau gekommen. Nunmehr sichtbar, eben jene Baldinai, Alberichs andere Tochter – angelockt vom Tanz des nackten Jünglings auf dem Hügel. Und–« – Giselher nahm den Becher, schaute aber, während er trank, ein wenig zur Seite, dorthin, wo Kriemhild saß.

»Alles – erzählst Du.«

»Ich denke, alles sollten wir wissen. Auch Kriemhild. Nun, seit uns der Nibelunge interessieren muß, weil ihn uns die Karten und die Träume zeigen, will ich nicht verhehlen, was mir jener jüngere Edelsteinhändler aus Frankfurt spät abends noch andeutete. Nach sehr viel Apfelwein vertraute er mir an, daß dieses junge Weib auch ihm begegnet sei und daß sie ihm erzählt hätte, wie es sich wirklich zugetragen. Diese Baldinai, die hat der Steinhändler sehr geschätzt, nicht nur, weil sie sich auskannte in den Juwelen, mit denen er handelte, nein, die wußte auch andere Künste. Diese Fee habe er solange gut gekannt, bis sie plötzlich verschwunden war, offenbar ins MitternachtsLand, auf Inseln, wo die Walküren wohnen – Baldinai also, hörte ich von ihm, sei eine Hexe, wie auch ›Alberich‹ ein Name für den Elf ist oder für den ›Alb‹, der auch uns, selbst in Worms, noch oft genug auf der Brust sitzt, zum Beispiel Kriemhild, wenn sie vom blutigen Mord an ihrem Falken träumt.«

Giselher legte den Arm um ihre Schultern, drückte sie eine Weile an sich. So, Kriemhild im Arm, berichtete er weiter. »Alberichs Tochter, die Verwandlerin der Grenzen, die HeckenÜberfliegerin, die, so weiß ich es von dem jungen Schatzhändler oder vom keltischen Apfelwein oder von beiden, die hatte ihr Vater lange argwöhnisch überwacht, da er aus ihrer Schönheit Vorteil ziehen wollte. So versprach er sie schließlich seinem wichtigsten Erzlieferanten. Das war ein Knauser von der oberen Lenne, so heißt ein Seitenfluß der Ruhr, der kommt aus dem Rothaargebirge, wo die Menschen seltsame Bräuche pflegen, ihre Frauen kahlscheren und leicht reich werden, weil sie geizig sind und nicht ruhen, bis sie ErzAdern gefunden und jeder von ihnen einen oder gar mehrere Berge leergeplündert hat. Baldinai weigerte sich, so einen Knicker von der Lenne zum Gemahl zu nehmen. Da hat sie der Erlkönig auf seiner Isenburg eingesperrt. Die junge Frau jedoch, mit der Hilfe von Helinga, ihrer älteren Schwester, hat fliehen können – und ist hexisch geworden.

Nur aus Haß gegen den Vater, so meinte der Frankfurter, habe sich Baldinai dem fremden Jüngling genähert und ihm die guten Ratschläge erteilt, nicht etwa, weil sie ihn begehrt hätte. Als wir freilich in der dritten Nacht wieder vom Apfelwein der Kelterer getrunken hatten, gab der Steinhändler zu, daß seine Freundin den Jüngling wohl auch begehrt hätte, ja, daß sie sich verliebt habe in seine Gestalt, in seine Jugend, in seine Frechheit und weil der in seiner Trunkenheit nun sowieso alles erblickte, ja, aus Lüsternheit habe sie sich dem siegestrunkenen Mann gezeigt und habe ihm den zweiten Rat gegeben, diesmal mit doppelter List, nämlich den Rat, im Drachenblut zu baden. Zum einen riet sie's, weil ihn das tatsächlich unverletzbar machte. Zum anderen, weil sie mit Siegfried ihre eigenen Absichten verfolgte. Diese Wünsche hätten sich, erzählte der Juwelenkrämer, auf der Stelle erfüllt. Kaum habe der Nibelunge die Schöne erblickt, sei er in Entzücken geraten und habe Alberichs Tochter ergriffen, so wie er Helinga hatte ergreifen wollen. Mit Baldinai ist es ihm besser ergangen als mit der schwarzen Schwester, mit dieser hier hat er sich hinuntergewälzt in den schillernden See aus Wurmblut und Wasser, ja, in diesen brodeligen bunten Schlamm zog er sie wie sie ihn. Und beide hätten sich in dem Matsch unüberhörbar vergnügt. In dem Augenblick aber, wo beide darin eingetaucht seien, hätten sie einander fest umschlungen und sich so, in dieser Umarmung, ›gefreit‹, wie man im NiederLand sagt.

Und die Stelle an Siegfrieds Rücken, die hat es eben deswegen geben müssen, weil beide in ihrer Lust nicht voneinander gelassen haben. Hagen argwöhnt zu Recht: die verwundbare Stelle entstand nicht unter einem Lindenblatt, sondern auf handfeste Weise. Das Blatt, das gewiß verrutscht wäre, hatten sich die frommen Mainzer und Kölner ausgedacht, um nicht von Liebesfreuden erzählen zu müssen, die, wie uns der Bischof täglich versichert, höllisch sind und Sünde. Nein, die verletzbare Stelle kam zustande, weil die Nymphe den Nibelungen keinen Augenblick losließ, weil sie ihn umklammert gehalten und ihre Hand ihn solange nicht freigegeben hat, wie sie beide eingetaucht blieben in den bauchheißen Brei.«

Giselher unterbrach sich, blickte wieder auf die Schwester. Es läßt sich denken, daß er sie, die nun wohl ebenfalls auf die Tischkante geschaut haben wird, wieder zu sich herangezogen hat, um zu flüstern. Alles, so dürfte er geraunt haben, hätte sie erfahren wollen, also auch dieses. Und wenn er ihr wieder einen seiner zarten Küsse auf die Wange gegeben hat, so daß sein Ohr nahe genug bei ihrem Mund war, wird eine wie Kriemhild auch schon damals gesagt haben, er habe nur recht, nichts dürfe er verbergen, sie wolle die Bilder nicht verwerfen wie Hagen. Sie wolle auch nicht fromm werden und falsch wie die in Mainz und in Köln. Sie sei nun auf den Nibelungen begieriger als zuvor.

Giselher erzählte folgendermaßen weiter: »Die Frankfurter wissen für gewöhnlich freier zu reden als die in den Bischofsstädten. Einige ältere jedenfalls meinten, Siegfrieds empfindliche Stelle liege tiefer. Sie sei nicht dort, wo die kölnischen Christen das Lindenblatt gesehen haben wollten, zwischen den Schulterblättern oder hinter dem Herzmuskel, sondern zwei Hand breit tiefer, auf der Höhe des Zwerchfells, wo, wie wir es wissen und die Kelten, aber nicht die RomChristen, wo der Mensch, solange er einer ist, erschütterbar bleibt.«

Giselher trank, was ihm Dankwarth aus dem Faß vom JuraSüdfuß eingeschenkt hatte. »Wie auch immer – sie haben einander geliebt, in Siegeslust wie in Wollust, innig und übermütig, im aufgestauten Schlamm. Der Xantener, zum erstenmal bei einem Weib, hat nicht genug bekommen wollen und mußte Erlkönigs Tochter auch am Ufer und noch den Hügel hinauf, wo er Balmunk und die Rüstung holen wollte, immer wieder umschlingen.

Als sie auf der Wiesenhöhe endlich auftauchten aus ihren wiederholten Versunkenheiten, da ist inzwischen soviel Tageszeit vorüber gewesen, daß unter ihnen der Blutsee schon im Abendlicht geschimmert hat. Nur noch wenige kleine Dampfwolken sind aufgestiegen – bei dem toten Untier – aber auch dort, wo sie gebadet hatten.

Im selben Tal, so versicherte der junge Steinkaufmann, ist der Schlammsee heute längst wieder verschwunden und wachsen die üppigsten Getreide, sprießen Hafer und Gerste doppelt so hoch wie zuvor. ›Baldinai‹, wie Ihr wißt, bedeutet ›Balsam für die Auen‹ – der Hügel aber, auf dem sie den Rest des Tages miteinander Lust hatten, den nennen die Bergleute und Schmiede seither die ›heimliche Liebe‹.«

Da seufzte Gunther tief. Als der Bruder fragte, was ihn bekümmere, antwortete der König rasch: »Weh – über die vermaledeiten Karten. Sie haben uns einen Drachenschläger ins Haus gesagt.«

»Ins Haus?« fragte der Bischof, »auf Kriemhilds Leib haben sie die HexenBrut gesagt.«

»Einen Hornhäutigen, ja«, seufzte der König. »Einen, der unflätige Worte brüllt. Einen Eisen-Arbeiter. Einen der sich im Blutschlamm suhlt, mit Weibern, mit Gespenstern.«

»Einen Heiden«, nickte Ringwolf.

»Vielleicht«, sagte Gunther, »wissen die Mainzer und Kölner über die Geschichten aus Nebelreich besser Bescheid – wenn sie vom Lindenblatt reden.«

»In den Domstädten weiß man von Scham. Und von Reinheit.« Ringwolf berührte seinen Kristall.

»Die Schmiedegesellen und die ErdArbeiter, die ich in Köln sprach, die hatten aus ihren Kohlengruben alles beobachtet. Sie waren ärgerlich über die Kirchenleute, weil sie ihre Erzählungen veränderten und aus Baldinais Hand ein Lindenblatt machten.«

Gunther schien das alles nicht recht zu sein, wirkte unzufrieden. »Ich möchte wissen, ob wir uns den Spruch der Karten gefallen lassen müssen. Was wir nun tun können!«

»Fort! In die Sapaudia!« hörten sie. »Raus hier aus RheinLand!« Sie blickten sich um. Ute hatte gesprochen. Obwohl sie längst zu schlafen schien, hat sie plötzlich geredet. Ohne daß ihr auch diesmal jemand eine Antwort gab.

»Noch ist nicht heraus«, gab der Bischof zu bedenken, »wie der Nibelunge an das geraubte Gut gelangte –«

»In der Sapaudia unterhielt uns ein Gaukler«, sagte Gunther, »der erzählte, nicht der Lindwurm habe Siegfried aufgesucht, sondern umgekehrt, der Nibelunge selber, habgierig und voller Ehrgeiz, sei ausgezogen, das Urvieh zu suchen. So hörte ich hinterm Jura, bei unseren helvetischen Freunden – sieben Tage lang sei Siegfried den Spuren gefolgt, den Schwefelgerüchen, vom NiederLand den Rhein hinauf, immer hinter der Stickluft her.«

»Deinen Gaukler hatten die Basler bezahlt«, erwiderte Giselher. »Da sie selber reich sind, drückt sie der Alptraum, eines Tages käme Siegfried auch zu ihnen und zerschlüge, was sie selber gehäuft haben. So müssen sie sehen, wie sie ihn madig machen können. Oh nein, die Mär, alles sei in umgekehrter Richtung abgelaufen, die kenne ich – von Soester und von Augsburger Kaufleuten hörte ich sie, alles ebenfalls tüchtige Krämer – aber die hinterm Glitzernden her sind, ob aus Soest, Augsburg oder Basel oder aus den Domstädten, sie alle, da bin ich sicher, wollen ablenken vom Geruch der eigenen Geschäfte.«

»Und was ist die Wahrheit?« Kriemhild schaute ihn an.

Giselher trank seinen Becher leer. Und antwortete, der Habsüchtige sei nicht Siegfried, sondern NidGir. Allein der habe sich gestört gefühlt. »Die Bergleute in den Kohlengängen sind Zeuge gewesen, wie der Giftwurm sich herangewälzt hat zur Eisenhütte unter der Isenburg. Sobald so einer nur von fern den Klang hört von Leben, da wittert so ein Leichenverzehrer Gefahr. Gerät in Sorgen, die unstillbar sind. So sehr, daß er sich lieber selber umbringt, als anderen seinen Besitz zu gönnen. ›Er grämt sich zu Tode‹, sagen die Leute.«

»So tut Ihr hier zu Worms!« hörten sie die Mutter. »Ihr sitzt wie der Lindwurm auf'm Besitz – hockt auf Worms bis zum Tod! Fort! an die Rhone!«

Dazu wurde von den Herren, wie immer, nichts gesagt.

Giselher zögerte. Sah von der Mutter zurück zu den Männern. Dann schien er sich einen Ruck zu geben und redete weiter: »Wenn ich dem Frankfurter Steinhändler glauben darf, der, wie es heißt, steinreich geworden ist, so hat einer der Ausgesteuerten vor *bonna* sich gegen den RaubWurm wehren wollen. Ein jüdischer Krämer war das, der im Handel mit den Baslern reich geworden war. Der widerstand dem ›Stinktier‹ und ›Gierpott‹, der zog plötzlich ein Schwert – und mußte es mit dem Leben bezahlen. Noch unter dem Drachenfels, schon in den Pranken des Untiers, kurz bevor er verschlungen wurde, fluchte der Jude: Jeder, der diesen Hort besitzt, schrie er, wird verschlungen!

Von diesem Fluch freilich hat der Nibelunge nichts ahnen können; da mir aber diese Verwünschung nicht nur in Frankfurt, sondern auch von einigen Kölner Kaufleuten erzählt wurde und außerdem im Kloster unter der Siegburg und jedesmal mit denselben Worten, so wird sie wohl wahr sein.«

Giselher stand auf, nahm zwei von den Buchenscheiten, trug sie zum Kamin und stellte sie über die Glut, so daß zusehends neues Züngeln begann. »In Köln traf ich jenen Gesellen aus der Isenburg, der mit Siegfried das Schmieden erlernte und der von den Wollflocken berichtete und von der Gänsegier. Der war einer von denen, die sich im Ruhrberg versteckt hielten und hat, als kein Kölner Bürger mehr mithörte, bestätigt, daß die Geschichte mit dem Lindenblatt von ChristenPriestern ausgedacht ist, erfunden, weil sie die Wahrheit erschreckt hat und weil sie von Hage-Dissen und NebelReiterinnen nichts wissen wollten und erst recht nichts von Baldinais und Siegfrieds Leibesfeuer. Von diesem Burschen hörte ich auch, daß der Stausee inzwischen abgeflossen sei und verdampft, der Kadaver verwest bis auf die Knochen. Noch lange habe es gestunken in jenen Teilen von NebelLand. Auch die Geschichte vom höchsten Hügel neben der Eisenburg hat er gewußt und wie man ihn heute nennt, jeder dort wisse, was und wer da gemeint ist.«

»Handform.« Wieder hatte Ute gesprochen. »Nehmt Euch in acht«, sagte sie. »Vor dem, wenn er kommt. Der steckt voll von ›heimlich Lieb‹. Wovon er selbst nichts weiß.«

»Da hört Ihr's«, murrte Hagen. »Selbst Gundomars Witwe, die

weise, redet vom ›Mächtigsten‹ wie von einem Tollpatsch. Der nicht weiß, was er tut.«

Der Schreiber setzte sich wieder an die Tafel und fuhr fort: »Mir scheint, Sieglind hat ihm gesagt, was er weiß und was er will. Und nun erzähle ich Euch, worauf Ihr alle – bis auf Kriemhild – offenbar von Anfang an gewartet habt.« Giselher sprach leise. »Am Abend seines ersten Kampf- und Liebestages, da war der Königssohn aus Xanten soeben, wie ich schon sagte, aus seinen Versunkenheiten aufgetaucht und hatte im letzten Licht den See betrachtet. Der war lang und gewunden und glänzte zwischen den Hügeln wie der rotgrüne Leib des Drachen. Da ist ihm, in seinen Armen, die schöne Elfe zerstoben – erst glaubte er, Baldinai habe ihm die Tarnkappe geraubt. Er wütete, warf alles auf dem Hügel umeinander und schimpfte, bis er wieder ihre Stimme hörte: Ob der Berserker seinen Zorn nicht besser gegen den richte, der ihn ungestört hintergehe.

Der Wüterich wurde still, brauchte nicht lange nachzudenken. ›Wo steckt Alberich!‹ rief er. ›Kroch der nicht in die Kohlengrotten?‹ Da hörte er dicht neben sich die Gegenfrage, ob er sich etwa nicht vorstellen könne, wo so einer jetzt sei. Wenn der Baumzwerg ihm schon Balmunk nicht geraubt und nicht einmal die Nebelkappe – so nur deswegen nicht, weil er weit fort sei, an einem für ihn viel interessanteren Ort. Der Nibelunge spürte in der Abendkühle ihre Wärme, fühlte ihre liebevolle Hand an einem für ihn sehr interessanten Ort und hörte zugleich ihre Mahnungen: wieso er nur NidGir, nur das Gewalttätige bekämpfe – warum er das Listige frei laufen lasse? Die Alben seien zwar winzig, aber nicht weniger gierig – der FeenKönig bereichere sich in Ruhe auf dem DrachenFels.

Das verwirrte ihn, er suchte die Unsichtbare, wollte sie erhaschen wie er ihren Vater gefangen hatte, hörte auch wieder ihr Gelächter, ihren Spott über den tölpeligen Drachenjäger, der glaube, mit Herrn NidGir habe er das RomGift besiegt. Ihr Hohn tönte von überall und von weit hinter der Eisenburg. Kam tief aus dem AsmithiWald. Verstummte schließlich.

Da warf er sich in sein Kettenhemd, griff Balmunk, Helm und Nebelkappe, holte sein Pferd Grani aus der Isenburg und ritt hinab zum Fluß. Sprengte dort geradewegs über den Drachenkadaver, hinüber auf das südliche Ufer.

Und brauchte nun nur noch der breiten Spur zu folgen, die der Koloß in den Wäldern hinterlassen hatte. Ritt durch die tiefe Schneise aus Asche und Tod, zwischen zerbrochenen, vergifteten, versengten Bäumen hindurch, so wie sie am Morgen dieses Tages der HortRiese geschwefelt und gebrannt hatte. Ohne Pause ritt er in die wachsende Finsternis hinein, immer der Kriech- und Todesspur nach. Die breite Straße war auch im Dunkeln deutlich zu erkennen – an beiden Seiten standen die Äste kahl gegen den Sternenhimmel, Bäume waren gestürzt und geknickt, Rinder lagen verendet, Ziegen und Schafe hatten in Panik fliehen wollen, lagen verkrümmt, aufgedunsen – der Nibelunge trieb sein Pferd weiter, auf und ab ging das von Hügel zu Hügel, über die Wupper bis an die Sieg. Schließlich gelangte er, noch mitten in der Nacht, oben auf die Felsenhöhe, auf den DrachenBerg über dem Rhein.

Auf der obersten Fläche war es kahl, wehte der Nachtwind. Er hielt an, spähte. Lauschte. Im schwachen Licht suchte er etwas zu erkennen – es kam ihm vor, als blinke was zu seinen Füßen. Da schien es in den Felsklüften zu funkeln, als ob der Sternenhimmel heruntergesunken wäre auf diese einsame Höhe. Doch die Gestirne waren keineswegs herabgefallen, leuchteten nach wie vor am Firmament, ließen den Rhein glänzen von der Ferne bis in die Nähe. Allmählich durchschaute er, daß dieses Glitzern auf dem DrachenFels von geraubten Perlen kam, von silbernen Ringen, von den Ketten und der Menge der hier gehorteten Geschmeide, von den goldenen Kreuzen und Abendmahlbechern und Reliquienbehältern und Weihrauchfässern.

Die HimmelsLichter strahlten stark genug, daß nun auch zu sehen war, wie sich hier etwas bewegte, wie da eine Ameisenstraße aus glimmendem Filigran vorbeizuziehen schien, ja, vor dem schwarzen Grund war es, als sei ein Zug glühender Käfer unterwegs. Das waren aber keine Feuerfliegen, sondern klingelte von Erz, wanderte wie eine schimmernde Milchstraße geradewegs an Grani vorüber. Und verschwand in Abseiten, in Erd- und Steinspalten. Das war das Rheingold.

Als in der Dunkelheit wieder ein solches Sternenbild aus Kleinodien vorüberschwebte, warf der Nibelunge sich vom Pferd, tauchte unter die blinkende Last, in die Schwärze hinein und hatte seinen Lehrmeister Alberich gepackt. Erschrocken ließ der das Ende der Schleppe fallen, auf der er mit einem kahlköpfigen Sklaven die funkelnden Schätze hatte forttragen wollen, manche sagen, das sei die Hochzeitsschleppe der Kaiserin Kleopatra gewesen. Andere behaupten, im Schweiß- und Leichentuch des Gekreuzigten habe er die geraubte Pracht abtransportieren wollen – der Nibelunge jedenfalls hielt den Eschen- und Erlkönig abermals fest im Griff.

Sofort drückte er ihn dermaßen, daß der Zwerg keifte, schrie und fiepte. Diesmal wollte er sich davon nicht ablenken lassen, sondern hob den Schmiedemeister mit beiden Fäusten hoch, um ihn gegen den nächsten Felsen zu klatschen – als der Erlkönig schon zappelte und aus dem letzten Loch pfiff, hörte Siegfried in den Pfiffen und Hilfeschreien etwas, was ihn noch einmal anhalten ließ. Der Elfen- und Baumkönig japste und sagte, er wisse, wo und wie Siegfried das gelüstige Weib finde, mit dem er sich den vergangenen Tag vergnügt habe.

›Wo! wehe Du lügst!‹

›Wenn Du mich freiläßt, verrate ich Dir, wo Du sie findest.‹

›Sag's mir.‹

Der Zwerg beschrieb nun dem NiederLänder einen weiten Weg – erzählte aber nicht von seiner hexischen Tochter, der Wasser- und Schlammfee, sondern von einer Verwandten, von Brünhild, der Feuerfrau.«

Giselher sprach nun wieder sehr langsam. Nicht weil ihn das Erzählen ermüdet hätte, sondern weil er von Ereignissen zu berichten begann, die auch ihm wunderbar erschienen und kaum faßlich, so daß ihm immer öfter die Worte fehlten, mit denen er hätte schildern können, was er selber nur über Dritte und Vierte gehört hatte. Er trank seinen Becher leer. Dankwarth wollte nachschenken, aber aus dem jurassischen Faß kamen nur Tropfen. Giselher winkte ab, er werde auch ohne Wein fortfahren zu berichten; nun sei es eh angebracht, alle Sinne wachzuhalten, damit ihm nichts durcheinander geriete.

»Von dem Feuerweib Brünhild«, fragte Gunther, »hat von dem nicht auch Kilian zur Harfe gesungen? von der mächtigen Brünn-Hild, der ›Kämpferin mit der Brustbrünne‹? – Hieß die nicht so in unserer Sprache – oder verwechsle ich jetzt selber die Nebelfrauen miteinander und rede von Ran, der Meergöttin?«

»Laß Giselher erzählen, der Reihe nach – und nichts wird weggelassen!« bat Kriemhild. »Was also sagte der Feuerzwerg!«

»Der, noch immer in seines Lehrlings Klauen, erzählte von Brünhild, tat aber, als handele es sich um die liebliche Baldinai. Seine Träume werde der Nibelunge wiederfinden weit draußen im Weltmeer, auf einer Insel namens Island oder Isenstein – das ist wieder so ein Doppel-Wort, das gleichermaßen von Eis wie von Eisen zeugt. Alberichs List war, daß Siegfried immerzu meinte, von Baldinai zu hören, in Wahrheit sprach ihm der Zwerg vom Isenstein und von Brünhild. Und schilderte den Weg zu der Feuerfrau – verschwieg aber, daß diese Brünhild eine mächtige Walküre ist, eine

Halbgöttin, von übermenschlicher Schönheit und Kraft, verheimlichte ihm, daß sie auf ihrer Insel von einer himmelhohen Wand aus Flammen geschützt wird. Wer zu ihr will und sie begehrt, muß durch glühende Mauern hindurch. Viele schon sind verbrannt oder verzagten bereits im Anblick der Lohe und kehrten wieder um. Keinem gelang je der Ritt durch das Feuer. Dort, so erhoffte sich Alberich, werde den verhaßten Siegfried die eigene Lebens-Gier und Tollheit verbrennen.

Der Jüngling, so sehr ihn auch die Schilderungen interessierten, hielt den Erl- und Steinkönig noch immer in seinen Händen. Betrachtete ihn nun, da der Baumkönig von der fernen Schönheit geredet hatte und eine Pause machte, sehr genau – und bemerkte im Mondlicht, daß der falsche Geist ihn nicht anzublicken wagte. Da spürte er, daß hier abermals etwas nicht mit rechten Dingen zuging – und schmetterte den Giftzwerg gegen die Felswand.

Von der Stelle, gegen die er ihn geworfen hatte, fiel, mit einem hellen Ton, ein Stein herab. Siegfried bückte sich, hob ihn auf. Der war etwa so groß wie derjenige, der vom Papst Simplicius stammen soll. Aber dieses hier war kein Bergkristall, sondern ein Mondstein. Nicht durchsichtig wie vom verklärten Leib des neuen Herrn Christus, sondern trübe wie der Nebel. Von milchigem Glanz und mit zarten regenbogenfarbenen Adern. Den steckte Siegfried sich ein.«

Giselher machte eine Pause – Kriemhild bot ihm ihren Becher.

»Ein prächtiger Falke«, bemerkte Gunther. »Ein Vogel, der seinen Eltern davonfliegt; der mit Hexen Lust hat; der seinen Lehrherrn umbringt.«

»Wahrhaft ein Freund von Blut«, brummte Hagen. Und Ringwolf ergänzte: »Fürwahr, ein Barbar. TeufelsPfuhl. Aus Blut von Drachen und Zwergen und Fleischesgier.«

»Blutig? Fleischig?« fragte Ute, vom Nebentisch her. Im fahlen Licht schien, als bewege sich in ihrem Gesicht ein Spott. »Vordem hieß er immer nur der MärchenMann.«

Da ging Kriemhild zu ihr hinüber, setzte sich wieder neben die Mutter und hielt sich dicht an sie, mit beiden Armen.

»Zur Hölle mit den Märchen«, murrte der Bischof. »Was ist jetzt wahr – besitzt nun der NiederLänder den Hort? Oder wer –«

»Er besitzt ihn. Er besitzt ihn nicht«, antwortete Giselher. Und schien nicht mehr sprechen zu wollen.

»Besitzt ihn? Besitzt ihn nicht?«

»Auch die Isländerin? Auch die besitzt er nicht?« Der König

schien von einer besonderen Unruhe erfaßt. »Hatte Kilian etwa recht? Ist sie noch frei? Ist sie die ›tüchtige Königin‹?«

»Was weißt Du vom Hort«, hat Hagen gefragt.

Giselher sah die Frager alle an, sah verzagt. Konnte und mochte nicht antworten.

»Wo hält er ihn jetzt versteckt. Noch auf dem DrachenBerg?«

»Er versteckt ihn nicht. Besitzt ihn nicht. Er verschenkt ihn.«

»Verschenkt ihn?«

»Hör nicht auf ihre Fragen«, sagte Kriemhild, »erzähl weiter.«

»Am anderen Morgen, nach der Nacht auf dem DrachenFels, hielt der Nibelunge unter dem Berg Rheinschiffe an. Zwölf Segel- und RuderBarken hat er zum Anlegen gezwungen. Die hatten die schwarzen Brocken geladen, den silbrigen FeuersteinDiamant. Die wollten rheinauf. Aber der Mann aus Xanten versprach, mit ihm gewännen sie mehr.

Am Ufer gegenüber, knapp unterhalb des DrachenFelsen, in den Ruinen des RömerLagers *bonna*, das die Franken zerstört hatten, dort steht heute ein FährDorf, wo die Leute RuderSklaven verkaufen. Von denen besorgte der NiederLänder sich Esel und Treiber und schaffte mit einhundert und fünfzig EselsLadungen alle Schätze aus den Höhlen heraus, den Berg hinunter – in die zwölf Schiffe. Mit ihren brennbaren Steinen aus dem RuhrWald wollten die Schiffer über Rhein und Mosel nach Trier hinauf, wo die römischen Bäder, ehe sie verfallen, mit den Wunderbrocken neu belebt und befeuert werden sollten. Ihre zwölf Schiffe waren darum – wie immer, wenn es mit schwerer Ladung flußauf geht – nur halb gefüllt, wegen der Strömung und der HungerSteine oberhalb des DrachenFelsens. Der Nibelunge schenkte ihnen so reichlich vom Gold und von allen Kostbarkeiten des Horts, daß sie gerne bereit waren, die leeren Hälften ihrer Kähne mit dem zu füllen, was an RaubSchätzen vom Felsen heruntergeschleppt wurde. Da er so reichlich austeilte, hatten die Kahnführer auch nichts dagegen, fortan in seinen Diensten zu fahren – in Trier warten sie noch heute auf die Feuerkraft für die Heizungen und Bäder – die zwölf Schiffe steuerten den Strom flußab.«

»Flußab?«

»Nach Xanten. Und dann auf's Meer.«

»Zum Isenstein.« Das war wieder, aus dem hinteren Schatten, Utes Stimme.

Zur gleichen Zeit – Mitternacht war vorbei – bemerkte der NachtReiter, daß sein Pferd sich verletzt hatte, es lahmte. Er würde Worms diese Nacht nicht mehr erreichen, wenn er nicht für Ersatz sorgte.

Die er bislang sorgfältig gemieden, die suchte er jetzt – die Wachtposten, die von Worms aus, bis hinab nach Mainz, in gleichen Abständen längs dem RheinUfer aufgestellt waren. Als er in der Dunkelheit eines der WächterZelte erkannte, sprang er ab, gab seinem Tier einen Hieb, daß es hinkend davonsetzte.

Lautlos näherte er sich der Behausung, dem dunklen Dreieck vor der Wasserfläche, bemerkte das niedergebrannte Feuer, die Glut vor dem Zelt und sah, daß hier niemand mehr Wache stand oder saß, daß hier offenbar geschlafen wurde – da schlich er sich seitwärts, dorthin, wo der Posten sein Pferd festgebunden hatte, das wurde unruhig, schnaubte, warf den Kopf, schlug aus, trat, er sprach leise auf es ein – schon war's zu spät, der Posten war aufgewacht, lief heran und hätte ihn als PferdeDieb ohne Weiteres erschlagen, wäre er nicht durch vertraute Parolen und Wörter – Knörrip! – beruhigt worden und überzeugt, daß es sich bei dem anderen um seinesgleichen handelte. Also zog er den Kumpan hinüber, zu seinem Zelt, zündete an der Glut eine Fackel, nötigte den Reiter, sich auf das SchlafFell zu hocken, vom Käse zu essen, Bier zu trinken und zu erzählen, wieso er sich erfrechen könne, das Pferd zu nehmen.

Da saßen sie sich in der dämmrigen Enge gegenüber, die beiden Kahlköpfe, und der Reiter murmelte was von seinem lahmen Tier und von eiliger Nachricht, die noch heute nach Worms müsse.

»Von Mainz aus? diese Nacht?«

Der andere aß, nickte.

»Du weißt aber, daß bei wichtiger Nachricht die Staffette zu nutzen ist. Reiter und Pferd sind von Posten zu Posten zu wechseln.«

Der andere kaute. Antwortete nichts. Nickte auch nicht.

»Was ist so wichtig, daß es noch heute nach Worms muß.«

Der andere hörte zu kauen auf. Schaute den Posten an.

»Du hast genug gehetzt – iß und ruh Dich aus. Bis Worms reite ich. Sag mir die Nachricht.«

Der Gast antwortete auch jetzt nicht. Nahm aber das Messer, als wollte er sich vom Käse schneiden.

Da sprach der Wächter und sah auf die Hand, die das Messer hielt: »Du brauchst nicht zu hoffen, Du bekommst BotenLohn. Das ist nicht wie früher. Worms ist verpfändet, Burgund ist verkauft. Selbst wenn Du melden würdest, es käme Herr Wotan den Rhein herauf oder Herr Christus, oder die Sachsen hätten Herrn Gunther zum König gewählt – einen lumpigen Schluck Rotwein kriegtest Du. Und einen Tritt von Herrn Hagen, mehr nicht.«

»Vielleicht einen DrachenZahn.«

»Yerra! – wie ein Waldgespenst siehst Du aus! – nicht nur Dein Pferd hast Du kaputtgeritten, auch Dich selber! – jetzt sage endlich, was ist so wichtig, daß es noch diese Nacht bis –«

Der Reiter hatte beobachtet, wie der Wächter die Hand unter seinen Kittel getan, wie sie dort zum Dolch tastete – dem kam er zuvor, dem Posten zog er das KäseMesser durch die Kehle und sprang hinaus, zu dem Pferd – das widerstrebte, bäumte sich, aber bald gehorchte es dem geübten Reiter. Für den weiteren Ritt nach Worms.

»Was nunmehr geschah – die Reise zum Isenstein – das ist so fremd, daß ich es kaum erzählen kann. Nun geht die Fahrt tief hinab, nach Nifelheim. Nun kriegt Gunther die Antwort auf seine Frage nach der ›tüchtigen Königin‹. – Zwölf Tage lang fuhren die Schiffe, über den Rhein hinaus auf den See ohne Ende, von den Küsten fort, immer weiter hinaus in das Meer, nach Mitternacht hin.

Am Abend des elften Tages sahen sie am Horizont die Lohe. Sahen eine Feuerwand gegen den Nachthimmel steigen. Die flakkerte und wuchs rings über den Weltenrand und war wie ein Wetterleuchten, nur hundertmal gewaltiger. Sprang hierhin und dorthin, von Mitternacht nach Abend und zurück. Und war das heilige WotansLicht und WutFeuer, das die Tochter des Göttervaters schützen sollte – wie alle ungewöhnliche Schönheit fortwährend in Gefahr ist und Schutz braucht.

Diese Flammen über Isenstein durften nur dem Helden weichen, der mutig genug wäre, durch die glühenden HimmelsFälle hindurchzugehen. Nur wer diese Wand durchstieß, sei würdig, Brünhilds Gemahl zu werden. Davon jedoch wußte Siegfried nichts, sondern vermutete hinter der SternenGlut seine Elfe, die heilkräftige Baldinai – weil es ihm der Zwerg so erzählt hatte.

Ihr wißt, Walküren werden von den Göttern gezeugt, wenn sie mit MenschenFrauen zusammen sind. Wotan hatte eines Tages Alberichs schöne große Schwester Ran in ihrer heiligen Grotte überrascht, auf der Insel Burgundarholm, von der wir alle kommen.

Ran stieg aus den Wellen, kleidete sich an und bereitete dann in einem Ledersack eine Opferspeise. Die war aus Honig, Mohn und Bilsenkraut gemischt und heißt in den Mitternachtsländern ›Götterspeise‹. Scheinheilig näherte sich Wotan, der Rausch- und Wut-Gott und Göttervater, den die Nordländer Odin nennen. Er zeigte sich der schönen Ran als frommer Wanderer und gab vor, nach langer Fahrt auf die Insel gelangt und ermüdet zu sein und von der Speise kosten zu wollen. Die stand ihm wohl zu, da sie ja ihm, dem WutWotan, geweiht werden sollte, freilich nicht in der Kutte eines Pilgers. Doch Ran, die nicht ahnte, wen sie vor sich hatte, war freundlich und gab ihm eine Probe. Da verlangte er, daß auch die Spenderin mithalten solle. Da sie ihn für einen weisen Meister hielt, gehorchte sie und aß ebenfalls. Davon wurde die Elbin, so wußte es der Gott, benommen – und sie verfiel dem Wanderer. Der Gott nahm sich Ran, hatte Lust mit ihr und so, durch eine List, wurde Brünhild gezeugt.«

Da hörten sie Ute. »Die Schlange ist älter als der Gott. Im Anfang war das Falsche. Und ist von dieser Welt grade so wie von jener. – Und weil das Falsche die Leiche ist und die Leiche ewig, so mag gut sein, wenn Kriemhild erfüllet wird mit dem stärksten Stamm.«

Da rief der Bischof: »Ja, das Falsche ist von Anfang an, aber es ist aus des Teufels Welt! Und wer die leugnet, der ist ihm schon verfallen! und ist keiner mehr, der ihn erlösen kann aus solcher Schuld! Zur Hölle mit den Rauschgöttern!«

Hagen legte ihm beruhigend die Hand auf die Schulter. Auch Giselher zog es vor, eine Weile nachzudenken, wurde aber gemahnt, weiterzuerzählen. Was denn sei nun geschehen vor dem Flammenwall. Habe der Nibelunge Rans Tochter erreicht? Gefreit?

Giselher blieb noch eine Weile in seinen Gedanken und bei den frühen Geschichten und sagte: »Im Anfang, als die NachtElfen oder SchadAlben mit dem Lindwurm NidGir noch gemeinsame Sache machten und dem Drachen Menschen anlockten, da haben sie eines Tages, in ihrer MachtSucht, einen Fehler gemacht und haben dem RheinWurm einen gotischen König mit seiner schönen Tochter zugetrieben, ein Mädchen, auf das der Göttervater selber ein Auge hatte und die nun vom Lindwurm verschlungen wurde – zur Strafe hat Odin die Herren der NachtElben an den Himmel gebannt. Als Sternbild des Drachen. Nur durch Zufall hatte Alberich nicht an dieser Verschwörung teilgenommen, da er eigene Geschäfte trieb. – So war er, da alle seine Konkurrenten verbannt waren, von nun an alleine der König im Elfenreich, jedenfalls auf der Dunkelseite, bei den NeidGeistern. Und darum beanspruchte er nun auch, da ihre Eltern auf immer an den Himmel geheftet waren, die Vormundschaft über seine Schwester Ran.

Als Ran nun auf Bornholm schwanger wurde und Brünhild gebar, empörte sich Alberich gegen den Verführer – nicht ahnend, wer das gewesen war. Da er immerhin vermutete, es habe sich um einen als Pilger verkleideten reichen Herrn gehandelt, den er gut erpressen könnte, machte er sich gewaltig wichtig und jammerte und verfluchte lauthals den Treulosen, also Wotan selbst, den Herrn der Götter.

Da wurde auch der Erlkönig bestraft. Er kam jedoch nicht an das Firmament, sondern wurde verkleinert. Mußte fortan als Zwerg leben. So hatte er nicht nur Spott zu ertragen, sondern auch mit seinen großen und lebhaften Töchtern auszukommen – mit der hellhaarigen Baldinai und der schwarzen Helinga, der Amazone, Siegfrieds erster Widersacherin. Als sei dies eine Art Entschädigung für die Schmach, machte Alberich, seit er klein geworden war, die Bekanntschaft mit neuen Geistern, mit Sylphen und Salamandern, mit Erd-, Feuer- und WasserGnomen, denen er Kenntnisse und Künste abschaute – vor allem, wie man in den Ruhrbergen die schwarzen brennbaren Silbersteine gewinnt und nützt und mit ihnen diamanthartes Eisen schmilzt, den Stahl.

Ran dagegen, die MeerElfe von Bornholm, die hat der Rauschgott zur Göttin erhöht. Sie beherrscht seither die nordischen Meere. Wer hinausfährt auf das Weltwasser, opfert zuvor jene Speise aus Honig, Mohn und Bilsenkraut.«

»Und Odins Tochter? Brünhild?« fragte ihn Gunther.

»Der Gott wünschte, daß die Nornen seiner Tochter ein Schicksal erließen, wie er es selber der Ran bereitet hatte – so umgab der Göttervater Brünhild mit besonderem Schutz. Überbehütet ließ er sie aufwachsen. Auf der fernsten der Inseln, umhüllt von sternenhohem FeuerWall.

Als nun die RheinSchiffe dem Eiland näherkamen, da weigerten sich die Seeleute, diese Insel zu betreten. Fürchteten sich, hielten lange Ausschau und sahen wohl und erklärten es dem verwegenen Kapitän, daß dieses Feuer aus anderen Welten kam, daß hier etwas loderte, was man nur in den Reichen unterm MitternachtsStern findet. Dort dauern im Winter die Nächte so lang, daß sie einander berühren und die Sonne ihnen ganz weichen muß, solange, bis allein das Licht der Sternengeister scheinen kann. Wie nun die Kohlenschiffer, die zu Hortschiffern geworden waren, im flacheren

Wasser Anker geworfen hatten, da erkannten sie, daß die, nach der es Siegfried gelüstete, hinter Glutwänden lebte – und sie warnten ihn. Wer dieses Reich betrete, werde ohne Umweg zur Hölle fahren.

Doch der Nibelunge erklärte, die Hölle sei NidGir und den habe er besiegt. Dieses Feuer hier sei in der Tat von anderen Gewalten, aber auch die werde er überlisten. Und wie er weiter in die Helligkeiten spähte, bemerkte er unter der steilen Küste, im Schein der Lichtbögen, eine steinerne Ebene – die reichte vom Ufer steil hinauf bis auf die Höhe, schimmerte wie gehobelt und war eine blanke Felsenbahn. Von seiner Mutter und von den Externsteinen wußte er, daß über solche blinkenden Steinflächen die Frauen in Sommernächten auf nacktem Hintern hinunterrutschen, wenn es gilt, die Leiber zu erfüllen mit Wollust. Über die ölgetränkten sanften Wände kommen sie heiß gerieben unten an, wo die Männer auf sie warten.

Als Sieglinds Sohn diese Felsenbahn gesehen hatte, seufzte er – mindestens so tief, wie jetzt Gunther geatmet hat. Da war der NiederLänder von so unbändigem Verlangen gepackt, die Flammen zu überwinden, daß ihn das TeufelsGestammel der Schiffsleute nicht länger zurückhielt. Er gürtete sich mit seiner unübertrefflichen Rüstung und ruderte auf einem Nachen ans Land. Ließ aber Balmunk auf dem Schiff zurück.

Die Matrosen sahen noch, wie seine dunkle Gestalt am Fuß der Lichtwände für Augenblicke sichtbar wurde. Wie sie dann in das Zucken einzutauchen schien. Die auf den Schiffen fürchteten, ihren HortHerrn und DrachenBezwinger hätten die Feuer verschlungen.

Da sahen sie, wie das Licht plötzlich in Wirbeln davonhuschte. Wie die hellen WeltenWände zerfielen, als teilten sich vom Himmel herab riesige Vorhänge und lösten sich auf.«

Giselher machte eine Pause, nahm Kriemhilds Becher – schob ihn, da er leer war, beiseite. Dankwarth gab ihm den seinen. Der Schreiber dankte, trank. Dann stand er auf und stellte sich vor die Glut, in die sich die zwei Buchenscheite verwandelt hatten. Erst als er sie lange betrachtet hatte, redete er weiter. Blickte dabei auf Kriemhild, dann wieder ins Feuer.

»Auch das, was nun folgte, wird in Frankfurt anders erzählt als in Mainz und in Köln. Die Domstädter wollen wissen, Brünhild habe, als die Lohe erlosch, den Bezwinger gerne empfangen, und Siegfried habe die Nacht mit Brünhild verbracht. Doch er hätte sie nicht berührt. Zwischen ihnen, auf dem Lager, habe Balmunk gelegen.

Balmunk aber, soviel ist sicher, hatte er auf dem Schiff zurückgelassen. Die Domstädter reden von einer Nacht der ›Reinheit‹. Die meisten Frankfurter dagegen von einer Lust- und WonneNacht. Der Nibelunge sei Brünhilds Mann gewesen, ihr Freier, ihr Beschläfer. Und er habe ihr versprochen, übers Jahr wiederzukommen, um sie nach Xanten zu holen. Zum Beweis nennen diese Frankfurter den MondStein, zu dem Alberich erstarrte, jenen trüben mit den zarten Regenbogenzeichen – den habe der NiederLänder ihr zum Abschied geschenkt. Beide hätten sich vor den Augen ihres Hofgesindes mit Kuß und Umarmung verabschiedet. Sie habe ihm gedankt für den Stein und gesagt, auf Island kämen solche Juwelen nicht vor. Aber sie wisse nun, daß sie Kraft spendeten – sie wolle den MondStein in ihren Gürtel fassen lassen.«

»Und? Wer hat recht? die in Köln? die in Frankfurt?« Gunther sah den Bruder an. »Was weißt Du.«

»Ich denke, etwas Genaues gibt es hier nicht zu wissen. Denn da waren einige andere Frankfurter – und das waren nicht die dümmsten – der Steinkundige, Baldinais früherer Freund war darunter – die erinnerten daran, daß der Nibelunge von Alberich betrogen worden, daß er wegen Baldinai nach Isenstein gefahren war und nun, da er eine andere getroffen, betrübt gewesen sein muß und enttäuscht. Und daß er sich in dieser Enttäuschung keinesfalls verlobt haben werde. Auch erinnerten sie daran, daß die Wotanstochter vom WutTrank wußte, von jener Mischung aus Honig, SchlafMohn und Bilsenkraut. Und einigen Bemerkungen, die der Xantener später gemacht hat, ist zu entnehmen, daß auch er, wie damals Brünhilds Mutter Ran, gleich bei der Begrüßung von der Luftreisenspeise zu essen hatte. Und daß auch Siegfried darüber außer sich selbst geriet. Die Mischung macht zielstrebig, da sie die Sinne einschränkt auf einen einzigen, den ehrgeizigsten.«

»Auf welchen«, fragte Gunther.

Giselher trank aus Dankwarths Becher. »Da der Nibelunge nachher, nach der Rückkehr auf das Schiff, drei Tage und drei Nächte hat schlafen müssen, vermuten die Seeleute, daß von Rans Tochter auch der Wiesenröhrling hinzugemahlen wurde oder gar der kahle Schwindling, dessen Name seine Wirkung durch Umkehrung tarnt, weil er, gedörrt, zum Sud aufgekocht und eingerührt unter das GötterMahl oder auch nur getrocknet, zerstoßen und unter den Honig gerieben, die Durchblutung der gelüstigsten Leibesteile, wie weise Frauen wissen, in solchem Unmaß fördert, daß er eben gerade nicht als Schwindling wirkt, sondern zur traumbildenden

Wahnwut, zur vorübergehenden Blödigkeit des Bilsenkrautes obendrein eine Tüchtigkeit der männlichen wie der weiblichen Wonnekraft schafft – und zwar so über die Maßen, daß davon selbst einer wie der NiederLänder drei Tage zu schlafen hatte. Ach ja. Von Adams Phall – von dem lebte schon immer der Flug der Engel wie der Elfen.« Giselher trank nun auch Dankwarths Becher leer. »Wie dem auch sei, nachher, als der Nibelunge wieder erwachte, muß er sich ein weiteres Mal überlistet gefühlt haben. Zuerst von Alberich, der ihm seine Tochter Baldinai vorgegaukelt hatte. Nun von Alberichs Schwesterstochter, dem Göttervaterkind Brünhild, von ihrem RauschTrank.«

Da fragte wieder Gunther: »Also wurde auch Siegfried ›gefreit‹? der, zu dessen starkem Stamm selbst Ute rät?« Neugierig blickte er in die Runde. Da niemand Antwort wußte, fragte er weiter: »Aber warum mußte Brünhild die WotanSpeise reichen – wenn es doch überall heißt, sie sei zauberhaft schön? – Was wußten über sie Deine Handelsleute? Schön ist sie? auch kräftig?«

»Mächtig wie zehn Männer, so erzählten sie. In Köln und anderswo wird so geredet. Schön, ja. Aber auch so gewaltig wie keiner unserer Krieger.«

»Die passende Frau«, lachte Hagen, »die richtige für den MärchenMann.«

Giselher nickte und schaute wieder in die Glut. »Wäre nur nicht diese Isländerin ebensowenig eine MärchenFrau wie der Nibelunge ein MärchenMann ist. Da ist nichts geträumt oder gezaubert, sondern sind beide so wirklich und mächtig und lebendig wie kaum je zwei andere Lebewesen lebendig gewesen sind. Drum laß davon ab, Hagen, Dir den Nibelungen mit dem Wort ›MärchenMann‹ vom Hals zu halten. ›MärchenMann‹, dies Wort ist zu mickrig, als daß es solche Mächte bannen könnte.«

»Das Wort ›Schmied‹ fällt mir vorerst zu schwer.«

»Auch das wäre zu wenig. Obwohl die besten Schmiede den Feuerzauber wissen.«

»Ich werde bei Ute in die Schule gehen, die alten BannWorte lernen.«

»Kann sein, sie werden wieder gebraucht.« Giselher ging vom Kamin zu seinem Stuhl zurück, ohne sich jedoch zu setzen. Blieb hinter dem Stuhl stehen, die Hände auf der Lehne, blickte zu den Frauen hinüber, zum anderen Tisch. Und sagte dann: »Das ist es, was ich weiß – vom Hort. Und von Siegfrieds heimlichen Lieben, nach denen Ihr so hartnäckig gefragt habt. Mehr und Genaueres kann ich nicht sagen. Vielleicht bringen Gernot und Ortwin morgen oder übermorgen weitere Berichte. Oder eines Tages kommt der SieglindSohn selber. Dann fragt ihn. Wenn Ihr Euch traut.« Er ließ den Stuhl los, schien sich verabschieden zu wollen, hielt aber nochmal an. »Unter der Siegburg, wo die schwarzen Mönche sich auf den römischen Resten ihr Kloster bauen wollen, habe ich lange mit dem Ältesten dort geredet, mit dem Eginhardt, den der Nibelunge nur Ekkehart nennen wollte. Dieser Eginhardt kannte nicht nur die christlichen Geschichten, sondern wußte auch das meiste von unseren eigenen Göttern. Ich redete mit ihm vom Wutgott Wotan und von Yggdrasil, auch von Ran und Brünhild und Alberich, von den Nibelungen, von NiederLand und Nebelheim oder Nifelheim, das für viele die Unterwelt ist, auch vom Sternenbild des Drachen, der bei manchen die Midgardschlange ist, bei anderen Fafnir, der Wolf. Mit dem weisen Eginhardt dachte ich über dies alles nach. Vor allem darüber, wer denn nun den ersten Betrug begangen hat. Siegfried an Brünhild? oder Brünhild an Siegfried? Oder Alberich an Siegfried? Oder Siegfried an Alberich? Oder Wotan an Alberich oder Alberich an seinen Töchtern? oder an seiner Schwester Ran? Oder Wotan an dieser AlberichSchwester? Immer fand sich ein noch früherer Betrug. Bis wir dahin kamen, zu meinen, daß Betrug das ist, was als erstes auf der Welt gewesen sein muß. Daß Trug und Tarnung wie eine räuberische Flamme sind, aus der alles entsteht und zu der alles vergeht. Die sich vorwärtsfressen muß und Menschen und Sachen sich einverleiben. Gierig und unersättlich alles verwandelnd und auch wiederum den Verwandler verschlingend, da die Betrüger auch stets sich selber täuschen. Und die Menschen sagen dann, so ist das Leben. Dieser kluge Mönch Eginhardt unter der Siegburg, der meinte, als ich mich verabschiedete, es sei vielleicht so, daß alles, was uns auf dem Erdkreis begegne, nur Widerschein sei von himmlischen Tragödien. Oder aber ein Abglanz von den dortigen FreudenFesten. Gier wie Freude, beide seien immer schon vor uns dagewesen.«

Damit ging er fort.

Auch der Bischof hat sich verabschiedet. Hat freilich noch gemurmelt, nun erkenne er, wieviel Arbeit noch zu tun sei. Nicht nur bei den Heiden, mindestens so viel bei den sogenannten Christen. Die, statt klar zu unterscheiden zwischen Reinheit und Trübe, wüßten vom Guten und vom Bösen noch immer nichts. Stattdessen sprächen sie vom ewigen Verwandeln. Und wenn da einmal vom Übel geredet würde, dann ausgerechnet am Beispiel Roms. Als sei kein Unterschied zwischen NidGir und der Kapitale von Sankt Peter.

So – eher grämlich und bitter – verzog sich der Bischof.

Nach ihm ging Dankwarth. Und wenig später hat Kriemhild die Mutter aufgestützt, ist mit Ute hinausgegangen. Beide Frauen haben draußen, wo ihnen Pagen die Gänge erleuchteten, noch zu reden gehabt.

Nur Hagen und Gunther sind an der Tafel geblieben. Der Alte hatte den Kopf zu schütteln. Ist mit den Händen über sein GneisGesicht gefahren, hin und her, als müsse er Spinnweben loswerden.

»Wie ist das alles möglich«, hat Gunther gesagt. Als Hagen ihn ansah, senkte der König den Blick.

»Meinst Du den NidGir? den Blutsee? wie das möglich ist? Erinnere Dich an die SachsenSchlacht, als überm Marienberg Dein Vater die Heiden im eigenen Blut ersaufen ließ.«

Gunther drehte sich zur Seite. »Ich meine den LichtHimmel über Island. Und welche Frau er bescheint. Wunnibald hat mir verheimlicht, wie ungewöhnlich sie ist – daß sie von solchem Feuer bewacht wird.«

»Und die dennoch erobert wurde.«

»Erobert? Bist Du sicher?«

Hagen erhob sich. »Den Frankfurtern glaube ich eher, eher als den Märchen, aus Bischofsstädten.« Und tat, als wolle auch er hinaus.

»Ja wär's nur so«, seufzte der König. »Wäre sie nur wirklich schon bezwungen. Ihre TagesStärke. Ihre NachtGewalt.«

»Wie meinst Du das.« Hagen war stehengeblieben. Nahm wieder Platz. »Wovon träumst Du.«

Gunther mochte nicht antworten. Nun war er es, der aufstehen mußte. Ist vor das erlöschende Feuer gegangen. Auch die Fackeln, die Lichter an den Säulen waren fast alle verraucht. Dann sprach er, zunächst nur leise.

»Vor Ute und Giselher, vor Ringwolf – da wage ich das nicht zu gestehen. Obwohl ich fast – als Kriemhild ihren FalkenTraum erzählte – obwohl ich da fast fortgesetzt hätte. Jetzt, wo der römische Vetter nicht hier ist, wage ich es zu sagen: auch ich habe einen Traum. Fast jede Nacht sehe ich eine Gestalt. Die ist so mächtig wie schön. Kann sein, Kilian hat sie mir auf den Bauch gesetzt. Aber seit Giselher erzählt hat vom Nibelungen und von der isländischen Frau, weiß ich das so genau nicht mehr. Oft könnte ich am Morgen nicht sagen, ob das ein Mann war oder eine Frau. Mal scheint sie eine Königin, mal eine Hexe. Dann bin ich wie betrunken, bekomme diesen Hügelleib und Leiberhügel nicht mehr aus dem Kopf. – Ich ahne, was Du denkst. Ja, ich weiß, die Träume, die NachtNebel – Du hältst nichts davon. Nur, glaube mir: wer sich morgens in Schweiß wiederfindet, der weiß wohl, daß es sie gibt. Daß sie in der Kammer waren, im Kopf. Und mitten im Bauch. Der Bischof verfügt dagegen die Offenbarungen aus Rom. Allein nach seinen BücherTräumen weiß er Bescheid, damit basta. Ach, Hagen – nicht mal der Mutter wage ich zu sagen, was mich heimsucht. Dabei sieht Ute mehr als die, die sehen können. Vetter, Du warst bei den Lateinern, sogar in Byzanz, am Bosporus, bei den Griechen, hast ihre göttlichen Statuen gesehen – feierten denn nicht auch die Alten, die uns bisweilen sogar der Bischof preist, die Liebe zu schwellenden Gestalten – egal ob Frau oder Mann?«

Gunther löste sich von der Feuerwärme, wollte auf Hagen zugehen – und sah, wie der zur Nische ging, in die Nacht hinausblickte. »Hagen – ich weiß, du behältst das für Dich – ich sehne mich, wenn schon nicht nach einem stärkeren Freund, dann nach einer Frau wie Brünhild.« Hagen rührte sich nicht. »Als Giselher von der Felsenbahn berichtete, wär ich fast zersprungen – vor Begierde. Sie ist die ›tüchtige Königin‹. – Und ich bin sicher, ihr Name kommt von Brunst, nicht von Brünne. Ihr würde ich dienen, sie würde ich ›freien‹.«

Hagen bewegte sich nicht. Schaute in die Nacht hinaus. Nicht zu den Ufern hinab, nicht zu den Kahlgeschorenen, den Unfreien. Deren Lagerfeuer an den Ufern hüben wie drüben waren längst erloschen. Stattdessen hat er gesehen, wie noch immer der Große Jäger über den Horizont gegangen ist.

Erst nach langem Schweigen hat er geantwortet. »Seltsam geht es mit den Kindern des Gundomar. – Kriemhild träumt. – Gunther, der König, träumt. – Giselher fabuliert. – Freilich, auch eine *chronica* mag helfen, geteiltes Volk zusammenzuhalten. Wenn sie nur richtig geschrieben ist. – Aber auch Giselher führt lieber die Schreibfeder als das Schwert. – Nur Gernot, allein der gleicht seinem Vater. – Und diesem Vater habe ich geschworen, zu seinen Söhnen zu stehen. Um jeden Preis.«

Er ging vom Fenster hinüber zu dem Pult, das nun leer stand. Tat, als läse er dort. In der Holzplatte. »Ich sehe – es wird Arbeit geben.«

Dann wandte er sich zurück und blickte ihn an, den König der Burgunder. »Ja, GundomarSohn, ich behalte für mich, was Du erzählt hast. Denn nicht Ute und nicht Giselher, auch nicht Herr Kilian beherrscht unsere Sitten. Nein, nicht mal Dein Wunnibald tut es. Sondern Ringwolf.«

Der König wollte nun endlich die paar Schritte auf Hagen zugehen. Die gelangen ihm auch jetzt nicht. Er blieb stehen und sagte leise: »Ich weiß nicht, ob Du ahnst, was es bedeutet, so zu träumen. Jede Nacht. Und ich fürchte mich vor der kommenden. Nachdem Giselher diese Dinge erzählt hat, die von Baldinai, von Ran, von---« Er ging zurück zum Tisch, setzte sich lieber.

Und hörte, wie Hagen sagte: »Ich hoffe, weder Brünhild noch der Nibelunge betreten je diese Halle. Einer wie Du verkraftet weder den einen. Noch die andere. Ich jedenfalls hätte keinen ruhigen Augenblick mehr. Aber – es lebe der König der Burgunder, dem –« – er unterbrach sich.

Gunther blickte auf. »Woran denkst Du?«

»Erinnerst Du Dich, wie man bei Metz den Markgrafen Gere überfallen hat? Gere von Speyer?«

Er nickte.

»Gere wäre tot, hätte ihn Gernot nicht herausgehauen. Und Du weißt auch, dieser Herr Gere verehrt Kriemhild. Und ebenso ist bekannt, daß er keine Aussichten hat, sie zu bekommen.«

»Worauf willst Du hinaus.«

»Jene Leute, die den Gere an der Mosel erschlagen wollten, waren Chlodwigs Leute. Ich habe es ermittelt. Und das verrät, wer hier wahrhaft an Kriemhild interessiert ist. Und wer tatsächlich der beste Freier wäre. Der stärkste Stamm.«

Die beiden Männer sahen sich an. Gunther senkte den Blick. Schüttelte den Kopf, ein bißchen zu heftig. »Wir würden fränkische Provinz. Vasallen des Merowingers!«

»Das laß meine Sorge sein. Ein Bündnis mit den Franken – durch Heirat – das machte die alten Pläne lebendig. Mit Chlodwig zusammen könnten wir in Worms die römische Pest loswerden. Würden wir Sachsen und Hunnen zurückschlagen. Aber doch nicht mit einem aus Nifelheim! Wer ist dieser Siegfried – ich meine es ernst, wenn ich sage, er ist eine WunderFigur. Prachtvoll – und im nächsten Augenblick zerplatzt. Eine Seifenblase. Kein Volk dahinter. Nichts als Spuk im Hirn der Theodisken. Höchste Zeit, diesen kahlgeschorenen Wahn zu beenden. Endlich mit klarem Verstand, mit strengen Wissenschaften zu beginnen. Auch das ginge nur mit Chlodwig. Allein mit den Franken könntest Du zu Worms Gelehrte versammeln. Könntest den Papst-Spuk ebenso austreiben wie den teutonischen! – Wenn dieser Frankenfürst den Herrn Gere hat beseitigen wollen, dann war das Werbung. Um Kriemhild. – Gunther, schick Boten aus! laß mich selber zu Chlodwig reiten, ich schließe ab.«

Gunther hatte sein Gesicht bedeckt. Hagen stand dicht vor ihm, wartete. »Nein!« hörte er schließlich.

Der Waffenmeister wandte sich zur Seite, sah hierhin, dorthin – schien aus der Halle zu wollen.

Da hörten sie Schritte. Von draußen näherte sich eiliger Lauf, über die nächtlichen Gänge –

– es erschien der Bote. Trug abgeschabte Felle, war verschmutzt, erschöpft vom langen NachtRitt. Mit kurzem Atem sagte der Kahlgeschorene, er sei Gernot vorausgeritten, von Mainz aus. Zwölf Schiffe kämen morgen. Nach dem Mittag träfen sie ein, jedenfalls vor Abend noch, dann legten sie in Worms an. Und brächten einen wichtigen neuen Bundesgenossen. Einen Verbündeten gegen die Sachsen, gegen die Hunnen.

»Wen«, fragte Hagen.

Der Kahlschädel blickte zwischen den Herren hin und her, als habe er ihnen was Verbotenes mitzuteilen. »Siegfried – ist es.«

Als der Name zu hören war, stand Gunther auf, stützte sich auf den Tisch. Sah dort seinen Pokal stehen, bekam nicht mit, daß auch noch von fünfhundert nibelungischen Kriegern die Rede war. Ergriff stattdessen den königlichen Humpen, ging, das kostbare Gebilde in der zitternden Hand, trug es vor sich her auf den Mann zu, reichte ihm das und sagte: »Du bist erhitzt. Trink!«

Der Bote dankte, nahm an. Trank aus.

»Den Becher behalte.«

Der Mann blickte auf die Herren, auf den Pokal, auf Herrn Hagen, ob Widerspruch käme – sein Blick wie irre – verneigte sich hastig, ist hinausgeeilt, mit dem Gefäß. Kam gleich wieder zurück, den Pokal unterm Kittel, und rief, als sei diese Nachricht das Geschenk wohl wert: »Fünfzig Franken haben sie in dieser Nacht erschlagen! Nicht weit über Mainz, fünfzig ChlodwigMänner!« Und sprang davon.

Gunther setzte sich wieder. Der Waffenmeister bewegte sich nicht. Verschlug's ihm den Atem? Er hat dann schließlich gesprochen. Leise murmelte er, als rede er mit sich selber. »Gundomar«, sagte er, »habe ich einen Eid geleistet, das ist wahr. Jedoch keinen Eid gegen Dämonen, keinen gegen Feuerkräfte.« Ging dann zum Ausgang, wieder zur Tafel zurück, sah sich nach Bechern um, fand aber keinen, in dem noch zu trinken gewesen wäre. Kratzte sich und fluchte. »Zweimal fünfzig Köpfe – auf einen Schlag verloren – und obendrein den des Königs –«

»Was redest Du, wie rechnest Du! Fünfzig Feinde hat uns der erschlagen, der jetzt zu uns kommt – Du siehst, er steht auf unserer Seite!«

»Eine ganze Bauernschaft, fünfzig Kelten mußten wir liefern nach Troyes – für den Pokal, den Du verschenkt hast. Und wenn der NebelMann fünfzig Franken erschlug, dann sind das fünfzig verlorene Verbündete. Das sind zusammen zweimal fünfzig Köpfe weniger – samt dem Kopf, den offenbar auch Herr Gunther verlor.«

Er setzte sich. »Ich sehe wohl – gegen GrenzSpringer, gegen HeckenReiter, da helfen keine Eide. Auch nicht Eide am Sterbebett. Und keine Träume, Herr Gunther. Gegen Nebel, da hülfe allein ein Chlodwig.«

»Warum sollte, wer aus Nifelheim kommt wie unsere Väter, warum sollte der gegen uns sein? Wieso eignen sich nicht auch Nibelungen als Verbündete? Ob sie aus NiederLand kommen – oder aus Island –«

»Brünhild? Ist allein mit ihresgleichen im Bund. Und dieser SteinSchmelzer? Verbündet sich ebenfalls nur mit seinesgleichen. Wollte sich unsereiner zwischen die Riesen drängen – dann gäbe das –« – Hagen hat gezögert. Hat dann wieder das Wort gesagt: »Arbeit. Gäbe das.«

»Wegen dem, den Du Kraftklotz nennst? Seifenblase?«

Hagen ist zu ihm hinübergegangen, als sollte nun niemand mithören – obwohl nur noch die Pagen am Eingang der Halle standen. »Wenn er morgen wirklich hier eintrifft – dann kommt es darauf an, wie wir ihn nützen. Er ist kein Teufel, er ist kein Engel. Aber ob wir das wollen oder nicht, dieser Herr Eginhardt, der den Nibelungen als erster für sich hatte arbeiten lassen wollen, hatte vollkommen recht. Der Betrug war immer schon da, und die Welt ist eine RäuberHöhle. Der Nibelunge meint vielleicht, er habe NidGir getötet, und damit sei's gut. Aber sein Herr Ekkehart ist weiser: alles ist im Wandel, und die Bosheit jagt auch hinter Siegfried her wie ein tollwütiger Hund. Ob als GoldSchlange, ob als TarnKappe oder als WutSpeise. Dieser Mann vom unteren Rhein, der wird das für uns sein, was wir mit ihm tun.«

»Und was werden wir mit ihm tun?«

»Kriemhild hat es gesagt. Sie ›zog‹ sich einen Falken. ›Ziehen‹ sagte sie. Das ist der Weg.«

»Ziehen?« Gunther atmete schwer. »Die Kraft, nach der es mich zieht? – Mal heißt sie Siegfried. Mal Brünhild.«

»Fangen wir sie ein.«

»Beide?«

»Zwei Riesen kannst du – zur Not – gegeneinandersteuern.«

Als er dies gesagt hatte, schaute er sich um, ist dann hinausgegangen. In die dunklen Gänge. Die Schritte tönten noch lange in den Gewölben.

Gunther ist eine Weile sitzen geblieben. Allein in der fast finsteren Halle. Kein Getränk mehr auf dem Tisch. Am Ausgang noch die Pagen, unbewegt. Lichter tragend.

Hat die Harfe zu spielen versucht. Die Töne mißlangen ihm, wie immer. So ist er dann ebenfalls, wie nachtwandelnd, aus dem Saal hinaus, über die niedrigen Flure; vor und hinter sich, fackelntragend, die Pagen.

Was Gunther und Hagen, während sie einschliefen, beschäftigt haben muß? Den König, ganz offenkundig, verlockende Aussichten. Schmelzende, ›ziehende‹. FlugBilder. Bilder von NachtKraft, von TagesStärke. Neues, anderes, betörendes Leben, von dem Giselher sagte, es sei das alte, das ursprüngliche.

Hagen dagegen bedrückte, da darf man sicher sein, der Auftrag. Die Last, bei einer Sippe in Dienst zu stehen, die Kraft nur als das kannte, wonach man sich sehnte. Vielleicht wird er, wenigstens in seiner Kammer, Mutter Ute rechtgegeben haben. Besser wäre es jetzt, ebenfalls fortzuziehen. Weit hinüber, hinter sichernde Berge.

Danach ist immer noch nicht Ruhe gewesen. Im hinteren Teil der PfalzHalle, dort, wo unter den Arkaden die roten Vorhänge hingen, war Bewegung – kam zwischen den Säulen jemand in den Saal zurück. Ging in der Dunkelheit zum Kamin hinüber, hielt eine Pechfackel in das Glimmen, bis sie sich entzündete. Befestigte den Feuerstab über dem Pult, öffnete die Truhe wieder und, ich bin sicher, schrieb.

Thor, gefunden in Eyrarfjördar auf Island

II
Ankunft in Worms
Sachsenkrieg

Was ist das, was in uns
lügt, mordet, stiehlt?
Georg Büchner (an die Braut, 1834)

»Er stet in der gebære, mich dunket, wizze Krist,
es ensin niht kleine mære, darumb er hergeriten ist.«

Da zurnde harte sere der helt von Niderlant
er sprach: »Sich soll vermezzen niht wider mich din hant.«

Si muozen rede vermiden: daz was Gernotes rat.

(Hagen hat zum erstenmal Siegfried erblickt und sagt:) »Der sieht ganz so aus – mir jedenfalls, weiß Gott, kommt es so vor – als wenn der nicht wegen irgendwelcher Kleinigkeiten hierhergeritten wäre.«

Da zürnte der Held aus dem Niederland heftig und erklärte: »Paß nur auf, daß Du Dich gegen mich nicht übernimmst.«

Gernot riet, jetzt lieber nicht mehr weiterzureden.

Am anderen Tag stand die Wintersonne schon wieder tief, sank im Südwesten über den Hardtwäldern, als man in der KönigsHalle beisammensaß und überlegte, was es bedeuten könne, daß der Nibelunge sich mit fünfhundert Kriegern näherte. Man kam zu keinem Schluß, wußte von Gernot wie von Ortwin keine neue Botschaft, und da man sich ablenken mußte, beredete man die kargen und kalten Zeiten.

Wachen waren aufgestellt, Boten ausgeschickt, den Rhein hinab, doch kam keine Nachricht über das, was da heranrücken sollte.

Da hat Bischof Ringwolf seinen schreibkundigen Vetter Giselher gebeten, er möge, statt von Wildlingen und Tiermenschen zu erzählen, lieber berichten, was er sonst noch wisse von jenem Abt Eginhardt und seinem Klosterleben bei der Siegburg. Giselher antwortete, es habe sich dort, als er unter der Siegburg Gast war, einiges gewandelt gegenüber der Zeit, als der junge Nibelunge von Köln aus dorthingekarrt worden sei. Inzwischen habe sich unter denen in der schwarzen Kutte allein Herr Eginhardt durchgesetzt, seine Brüder nennten ihn ›Abbas‹, den Ältesten, und er habe strenge Regeln vorgeschrieben nach Johannes Cassian von Marseille, worinnen das Wichtigste etwas aus der Lehre der Alten sei, nämlich das *nequid nimis* des griechischen Apollon, was bedeute, ›nichts allzusehr‹ oder ›alles mit Maßen‹.

Als er, Giselher, das gehört und lange mit dem Abbas Eginhardt darüber gesprochen habe, sei ihm wohl klar geworden, warum es zwischen diesem Weisen und dem lebensgierigen Siegfried zu keinem Bund habe kommen können. »Eginhardt hatte inzwischen auch die Wilden unter seinen Brüdern überzeugt, die wie römische Legionäre für Christus hatten streiten wollen. Nun beteten und sangen auch sie. Und die *militia*, den Soldatendienst für Jesus, den vollbrachten sie nur noch darin, daß sie dem Abbas gehorchten wie einem Feldherrn, der die frommen Befehle gab. – Nachträglich glaube ich zu verstehen, wieso der junge Gast diesen weisen, aber harten Herrn nur ›Ekkehart‹ nennen wollte.«

Da wehrte Ringwolf ab und hat über die neue Gottlosigkeit geklagt, der allerdings nur mit Härte zu begegnen sei. Gottlos seien auch solche, die sich Priester des Christus nennten und die, nur um nicht vom Hofe verjagt zu werden, ihren halbwilden Fürsten zuliebe barbarische Gebräuche pflegten, ja, er selber sei Zeuge gewesen, wie einer, dessen Namen er nicht nennen werde, da er der ewigen Verdammnis angehöre, sich dem siegreichen Gotenkönig Totila angedient habe als neuer Papst. Und er selber habe mit ansehen müssen, wie dem Eroberer Roms zuliebe Tieropfer gebracht wurden vorm Altar des Herrn, wie man Rinder schlachtete in der Kirche des heiligen Petrus. »Manche von solchen sogenannten Christen treiben die keltischen Sitten soweit, daß sie mit Konkubinen leben, etliche mit fünf Frauen gleichzeitig, die sie aber wiederum teilen mit ihresgleichen, um sie gemeinsam als Maria zu verehren oder als Magdalena oder Elisabeth. Da ist mir die *militia* des Herrn Eginhardt hundertmal lieber als solche Hurerei, bei der die Behäbigen in Münstern und Klöstern allein ihre Leibeslüste genießen, statt von der Reinheit der Seele einen Gnadenteil zu haschen.«

Da lächelte Giselher und meinte, so ganz weltfern sei der Vetter Ringwolf nun auch nicht. Er sehe da statt *nequid nimis* einen wohlausstaffierten Leib. Und wenn aus solchem Bauch so reine Reden säuselten, dann erinnere ihn das an jenen SilberSchmied im Bayerischen, der für ein Kloster eine Glocke zu gießen hatte, aber statt des Silbers, das man ihm für die Glocke gegeben, eine Messing-Schmelze bereitete aus Kupfer und Zinn, um das edlere Metall für sich zu behalten und heimlich weiterzuverkaufen an Händler aus Basel. – Gerade als Giselher diesen Vergleich zog zwischen Ringwolf und dem GlockenSchmied, der am Ende von seiner eigenen falschen Kunst, als er sie im Kirchturm hatte aufhängen wollen, erschlagen worden sei, und gerade, als man darüber an der Tafel lauthals gelacht hatte, stürmte ein Geschorener in die Halle und berichtete, es würden Schiffe gemeldet.

»Schiffe?«

»Ja, mit schwarzen Segeln.«

Gernot, der Bruder, und Ortwin von Metz, die waren mit nur einem Schiff den Rhein hinab, im Segel den Adler. Wer kam da den Strom hinauf? Fremde?

Der Bote wollte eben eine Vermutung formulieren, da lief ein anderer Kahlkopf nach vorn, drängte den ersten beiseite und erklärte, alles sei falsch. Es näherten sich keine Feinde, es näherten sich Nibelungen.

Wieso das keine Feinde seien, herrschte Hagen ihn an.

Das könne er nicht beantworten, stotterte der Kelte, aber er wisse, es käme nun ein Dutzend Schiffe heran, die zeigten im schwarzen Segel den KuhSchädel, an die fünfhundert Kämpen – die näherten sich Worms.

Da entstand Unruhe, Hagen fragte, ob Giselher das KuhZeichen kenne, aber es meldete sich nochmal der erste Bote, man habe ihn nicht ausreden lassen, in Wahrheit sei, was der andere Sklave sage, das Falsche, so falsch, daß nun vermutet würde, es näherten sich Feinde, aber diese zwölf Schiffe – jawohl: zwölf – die würden geführt von Gernot.

Beide Kahlköpfe wollten nun Lohn, es hatte sich herumgesprochen, daß Gunther gute Nachrichten reich bezahlte, so begehrten diese nun den Pokal, aus dem Dankwarth ihnen zu trinken gereicht hatte, sie rangelten, jeder wollte das gute Stück für sich, bis Hagen ihnen den Humpen aus der Hand schlug und mit flacher Schwertseite die Sklaven aus der Halle prügelte. Von dem Geraufe war die Aufregung nicht geringer geworden, im Saal redeten viele durcheinander, riefen, fragten.

Kriemhild war zu ihrer Mutter an den kleinen Tisch gegangen und geleitete, zusammen mit mehreren Burgfräulein, die alte Frau aus der Halle. An der Tür hielt Hagen sie auf, wollte wissen, wohin sie sich entferne.

»Soll ich Gäste empfangen im Rupfen?«

»Wenn Gäste zu empfangen sind, besorgt dies Gunther. Von Dir wäre zu erwarten, Du hieltest Dich im Verborgenen. Bis man Dich ruft.«

»Ich begrüße Gernot, wann ich es für richtig halte.« Eine Weile atmete sie schnell und hat dann dem Vetter gesagt: »Und wenn außerdem Freunde kommen und sogar märchenhafte – also endlich keine Finsterlinge und keine Pfaffen und keine Würmchen, dann begrüße ich die mit um so größerer Wonne!« Ohne auf Antwort zu warten, verließ sie mit Ute den Saal.

Die Männer schauten sich an. Gunther erwartete Rat. »Fünfhundert Nibelungen? Was bedeutet das? Was bringt der, der Schlamm-Springer – der FeuerReiter?«

Der Waffenmeister ging zum Fenster – noch waren die Schiffe nicht zu sehen. Hagen hob sich den Bart vor den Mund. »In fast allen Wäldern besteigt der SauBär die Säue des Landmanns. Der WildEber das Haustier.«

»Fünfhundert?«

»Nun kommt der sogenannte Königssohn. Vom niederen Rhein. Von der LippeMündung, wo es bis heute kein Königreich gab. Nur das übliche keltische MischVolk. Ein Junker-ohne-Land. Der hofft, bei uns Säue und Land zu finden. Nimmt an, am Oberrhein sei noch nicht alles verteilt an Geistliche, sei noch nicht alles besetzt von Kriech-, Saug- und NagTieren. Was wollte er sonst.« Er blickte den König an. »Noch immer rechne ich mit SachsenRache. Wie wundersam lange sie sich gefallen ließen, was Gundomar bei Würzburg am Marienberg befahl. Oder weiß einer hier, wo Siegfrieds Nebelreich anders liegen könnte als im Sächsischen?«

Der König schien ungeduldig. »Gernot wird seine Gründe haben, einen Landlosen herzuschaffen – und wenn ich erinnere, was Du mir gestern abend rietest, so sollte seine Arbeitswut uns nicht gerade schaden –«

»Vergeßt die Waffen nicht. Meinetwegen hängt die Friesentücher drüber, die Mäntel. Kalt genug ist es –«

Kriegsknechte wurden gerufen, Helme, Schilde und Waffen geschleppt, die Rüstungen umgeschnallt und dann die Mäntel darüber gehängt. Die machten ihnen freilich Sorgen – denn als sie einander betrachteten, sahen sie, daß die dunkelgrünen Überzüge nicht einmal halbwegs passend oder gar prächtig aussahen und den Ankömmling schwerlich beeindrucken würden. Unsicher schauten sie sich um. Aber nun hatte der Waffenmeister Kriemhild, die sich auf Farben und Stoffe und Kleider am besten verstand, hinausgegrault.

Immerhin, die friesischen Tuche verbargen die Waffenrüstung, darauf kam es an.

Hagen rüttelte und polterte an seinem Eisenpanzer, der saß ihm zu eng. »Weh uns, womit wir uns befassen müssen. Wieder mit wirrköpfigen, mit sumpfhirnigen Sachsen. Als gäbe es nichts Wichtigeres.«

So redete der, während Leibeigene weiter an seiner Rüstung und Kleidung zu bessern suchten. Da war viel zu tun, denn so einer wie Hagen trug – wie Gunther und Giselher – ein dickes leinenes, von Kriemhild und ihren Hoffräulein gesponnenes und gewebtes Hemd. Darüber ein schweinsledernes Wams, das von einer seidenen Leibbinde zusammengehalten wurde. An den Beinen Strümpfe aus Wolle und Schuhe aus je einem einzigen Stück Rindsleder geschnitten. Den Überwurf um Schultern und Brust aus Otternfell hatten die Herren nun abgelegt und mit den Brünnen vertauscht. Hatten die Schwerter umgebunden mit goldenen und silbernen Griffen, steinbesetzt das Gehäng. Über allem aber nun die Mäntel, die ihnen als friesische LuxusTücher von Aachener Händlern verkauft worden waren, die jedoch, wie sich bald herausgestellt hatte, aus englischer Ware zugeschnitten waren und überdies viel kürzer, als selbst die englischen Mäntel gewöhnlich getragen wurden. Die Aachener Krämer hatten die Unwissenheit der Wormser in Winterdingen genützt und die vermeintliche Friesenware um je einen Meter beschnitten, so daß sich ihre Gewinne verdreifachten.

»Sehen wir zu«, meinte der König, »welche Eber Gernot uns zu jagen bringt.«

»Ich habe gehört«, sagte Giselher auf der inneren Treppe, »die Säue der Landleute, wenn sie nur oft genug der Saubär oder Wild-Eber bespringt, die würfen dann Ferkel, die besseren Widerstand leisteten gegen Krankheit, gegen Winterfrost. Mit ihren hohen dünnen Beinen und scharfen Eckzähnen sind die Bankerte dann selber wild genug und können sich wehren, notfalls gegen Wölfe, auch gegen Bären.«

»Also«, knurrte der Waffenmeister, »empfangen wir den nützlichen Bespringer«, und öffnete selber dem König das Tor zum Pfalz-Hof.

Gunther trat in die Kälte hinaus, seufzte. Gab den Pagen und Knechten ein Zeichen, sie sollten auch das Tor zum Hafen öffnen. Gleich dahinter, nur fünfzig Schritte unterhalb, floß der Rhein und war Platz freigehalten für wenigstens drei Schiffe von den zwölfen, die da nun kommen sollten. Das vorderste, so wurde gerufen, habe nur noch wenige Dutzend Klafter vor sich, die Segel seien gerefft, kräftig würde gerudert, tief liege der Kahn. Die Schiffe, die ihm folgten, legten schon unterhalb die Leinen fest.

Die fünf Herren im dunkelgrünen Loden standen in der Mitte des Hofs. Nicht, daß einer von ihnen mit den Zähnen geklappert hätte oder auch nur gezittert. Aber es war kalt. Darum standen sie nicht locker und leicht aufgerichtet, was zu allen Zeiten als überlegene Haltung gilt, sondern sie wirkten um ein weniges gebogen, nicht geradezu gekrümmt oder gar geduckt, aber doch, kaum wahrnehmbar, gebeugt. Wohl auch unter der Last der Eisenpanzer. Die buckelten sich auf dem Rücken, scheuerten an den Hüften.

»Ich bin begierig«, hörten sie Hagen, »zu erfahren, was wir für fünfhundert nibelungische Streiter zu zahlen haben.« Und sie sahen, wie er unterm Mantel dorthin faßte, wo sein Schwert hing. Als er, was er suchte, im Griff hatte, gab er den Knechten am Hofrand Kommando, die Helme bereitzuhalten. Gunther, Giselher und Dankwarth legten ebenfalls die Hand dorthin, woher in diesem Augenblick am ehesten Sicherheit zu kommen schien. So standen die Herren weiterhin da, mit verschränkten Armen, unter den englischen Tuchen, abwartend. Der Wind fuhr im Hof herum, hob die grünen Tücher, hob Hagens Graubart. Grimmig sah er aus, alt und ein wenig verdrückt.

Endlich zeigte sich in dem Hafenteil, auf den das offene Tor den Blick freigab, das vordere Schiff. Sie sahen den Rindsschädel im

Wappen, das Rot und Schwarz. Das Boot legte an, Leinen wurden geworfen, fremde, dunkle Rüstung schimmerte da, unbekannte Mannschaft hatte zu arbeiten, vom Ufer aus wurde geholfen, wurde vertäut. Dann lag das Schiff fest, der Holzsteg konnte an den Kai geklappt werden, schon sahen sie, wie Gernot herauskam. Aber gleich hinter ihm, ein größerer und breiterer. Der Nibelunge.

Als diese schwarze, hochgerüstete Gestalt herunterstieg aufs Ufer, hörten sie wieder den Waffenmeister. »So gewappnet, wie der daherkommt – weiß der Teufel«, murmelte er, »dem da, dem geht es um keine Kleinigkeiten.«

Der Fremde trug keinen Mantel. Zeigte sich unverhüllt, trug offen Schild, Schwert und Halbschwert, eine Art Dolch. Balmunk schien gut einen Meter lang. Der Harnisch von dunklem Eisen, ja, schwarz von den Fußschienen bis zur Helmspitze. Hinter ihm führte einer, ohne kahlgeschoren zu sein, ein Pferd vom Schiff, sicherlich Grani. Der Knecht trug zwar Langhaar, war aber unbewaffnet. Die Hufe des Rappen mußten mit Eisenstücken beschlagen sein, denn Granis unruhige, trippelnde Schritte klangen hell auf dem Wormser Pflaster. Um so gemessener bewegte sich der gepanzerte Mann. Dem reichte der Pferdewärter nun auch die Lanze.

So, die Lanze in der Linken, die blanke Spitze nach oben, blieb der Fremde stehen, mitten in dem breiten PfalzTor. Ließ Gernot den Vortritt. Der Burgunder redete mit dem Geharnischten, doch der bewegte sich nicht, redete aus dem Panzer heraus, aus geschlossenem Visier. Auch die Unterarme, sogar seine Hände waren von Schienen bedeckt, selbst die Schenkel.

»Ein SchuppenTier. Selber Drache. Eber aus Eisen«, knurrte Hagen. »Wunderbar. Der neue Arminius. Der hürnerne. Doppelt gepanzert. Aus Alberichs Werkstatt.«

Dann hat Gernot den Eisenmann stehen gelassen, ist nähergekommen, ist quer über den Hof auf sie zu. Dieser Gernot war nicht so hoch hinausgewachsen wie Gunther, sicherlich auch nicht zart und schön wie Giselher – eher in die Breite schien er gerichtet, stämmig wie Hagen, ja, breit und borstig sah er aus, trug die Haare stoppelig kurz, nicht etwa, weil er verwechselt werden wollte mit den Leibeigenen, sondern, so sagte er selber, weil so, wenn der Schopf beschnitten war, der Helm besser über den Schädel passe. Gernot, der Kurze, der Breitstämmige, hat sie alle, die da warteten, umarmt. Allerdings legte er um jeden nur den rechten Arm. Im linken trug er etwas, von dem er sich, obwohl Sklaven genug bereitstanden, um es ihm abzunehmen, nicht trennen wollte. Das war in Schaffell eingewickelt – Gernot trug es, wie Ammen einen Säugling tragen. Nahm nun Abstand von den Brüdern, von Hagen, Dankwarth und Ringwolf, sah alle an und sagte: »Ich habe eine gute, aber ich bringe auch eine schlechte Nachricht. Die schlechte ist diese hier.«

Er öffnete das SchafsPaket und zeigte einen Arm, einen MenschenArm. Blau aufgedunsen war der. Um den Arm steckte ein bronzener Reif, mit dem Adlerzeichen.

»Ortwins Arm.«

Gernot warf, um den Anblick nicht allzu schmerzhaft zu verlängern, das Schafsfell wieder über den Stumpf. »Sachsen haben mir dies geschenkt. Schon auf dem Hinweg. Kurz vor Koblenz. Da kamen sie nachts aus dem Lahntal, überfielen unser Lager. Haben alle zwölf Mann gefangen und geschlachtet. Gefesselt mußte ich mit ansehen, wie sie es machten. Geradeso, wie Gundomar es mit den ihren getan hat, auf dem Marienberg. Am Ende ließen sie mir dies hier. Nur diesen Arm. Ortwins. Alles andere ist den Rhein hinunter.«

»Weh. Aber was heißt, daß hinter Dir ein weiterer Sachse lauert?«

Gernot, der Stichelhaarige, tat, als hätte er Hagens Frage nicht gehört. »Erste Sachsenreiter, hörte ich, lagern inzwischen bei Frankfurt. Nehmen dort neue Krieger, kaufen Waffen von den Kölnischen, die sie von den Sieger- und Sauerländischen haben, kaufen oder rauben sie. Sie könnten übermorgen hier sein – wenn wir ihnen nicht zuvorkommen.«

»Und die gute Nachricht?« Gunther fragte das.

»Fünfhundert Kämpfer vom niederen Rhein. Unter Siegfried von Xanten.«

»Gegen die Sachsen?« fragte Hagen. »Er ist selber von dort. Ist westfälischer Sachse.«

Gernot schüttelte den Borstenkopf, sah zurück zum Tor, unter dem die schwarze Gestalt stand. »Gegen das Sachsenheer steht er uns bei. Obwohl es inzwischen viertausend Mann stark ist.«

»Womit bezahlen wir soviel Arbeit?«

»Fragt ihn selbst. Mir gestand er, der süßeste Dienst, den er je zu leisten hätte, den fände er in Burgund. Sein Schlaf habe ihm Schönheiten gezeigt, von denen in Nebelland nur zu träumen sei.«

»Warum, wenn ihm nach Dienst ist und nach Schönheit, kommt er gewappnet?«

»Er sagt, je römischer die Köpfe, desto falscher das Land. Vorerst traut er nur mir, nicht Euch. Er ist sicher, Königstöchter im ChristenReich erobere man im Kampf.«

»Und er bietet uns Christen an«, fragte Gunther, »die Sachsen zu bekriegen?«

»Das will ich von ihm selber hören«, befand Hagen.

Da gab Gernot zum Hafentor einen Wink.

Und nun? Jetzt hat sich der Nibelunge, Schritt für Schritt, zu den Wormser Herren begeben. Knecht und Grani dichtauf. Während der Schwarze langsam näherkam, trug Gernot das blutige Fell beiseite, dorthin, wo die übrigen Hofleute und das Gesinde standen. Als er auch denen zeigte, was in dem Fell war, wurde wieder das Schreien laut. Das FrauenSchreien.

Im selben Augenblick, da im Schatten der Mauern geschrien wurde, brach vorn, vor dem König und seinen Vertrauten, da brach der Mann aus Xanten in ein eisenrumpelndes Gelächter aus.

Bog sich vor Lachen. Riß sich das Visier auf, den Helm vom Kopf – schlug ein unmäßiges Lachen an. Warf unter Gepruste dem, den er »Walthari« rief, den schwarzen Helm zu, ließ sich den Panzer öffnen und abnehmen. Auch der Knecht grinste. Der Nibelunge drehte sich seinem Schildknappen ganz zu, bot den Burgundern den Rücken. Lachte, hustete, stieg aus Schienen und Gürteln. Und zeigte mit dem Daumen über die Schulter hinter sich, auf die Wartenden: »Ahi! Chuck Dik die Fichürkes an!«

Schließlich, frei von allen Teilen des schwarzen Harnischs, drehte der Fremde sich wieder um. Und stand nun da. In langem hellen Leinen, einem groben Kittel, der von einem dunklen Gürtel gehalten wurde, stand da, wippte lachend auf den Zehenspitzen, betrachtete die Herren von Worms. »Wie elegant! Ahi – Zierbengel!«

Er nahm Walthari wieder das Schwert ab, wirbelte Balmunk herum und ließ das Eisen unter Gunthers Mantelsaum hindurchsausen. Der König, im Schrecken, hüpfte vor der BalmunkSpitze zurück und hatte, unterm Manteltuch, die Hand schon wieder am Schwertgriff, als er erkannte, daß der Riese nur einen dunkelgrünen Faden vom Saum des Mantels geschlagen hatte.

Nach diesem ersten Treffer hörte der auf zu lachen. Mag sein, weil er bemerkte, wie im hinteren Hof geklagt wurde. Da reichte er ›GiftFraß‹ dem Knecht Walthari zurück.

Trat nun ganz nahe heran. Vor jeden einzelnen der Herren. Besah sich die Gesichter, als prüfe er interessante Kunst. Auch die Wormser versuchten, den anzublicken. Seine Größe. Seine hellen Augen. Sein Haar, war das blond? Eher schien es rötlich. Die Haut licht–

»Ist das hier alle Tag so? Allzeit Beerdigung? Hm. Ich hoffte, zu Wurms ist Tanz, Trommelspiel, stößt man Turnier – so wie Gernot, so ist hier sonst niemand, wie?« Er trat dicht vor den König. Der senkte den Blick.

»Yerra bijops! Oh Männiken. Bist wie ein Hintern ohne Backen. – Knörrip! wen muß ich hier beleidigen, bis einer sich auftut!«

Er blickte seitlich hinüber, zu Hagen. »StinkNickel, glubscht kniffäugig? Paßt Dik nit, dat mik NiedrigTeutsch aus'm Maul rutscht?«

Die Burgunder hatten zwar zu zittern fast aufgehört, aber in ihren Gesichtern und in ihren Haltungen zeigte sich eine seltsame Steifheit. Eine Lähmung, ja, eine eisige Starre hatte sich dieser Edlen bemächtigt. Um so lockerer redete der Fremde. Ging leichtfüßig hin und her, von einem zum anderen. Sah in die Gesichter, wippte auf den Zehenspitzen und redete Worte, die man nur zur Hälfte verstand und zur anderen Hälfte nicht zu verstehen wagte.

Ins Blaue hatte sich des Königs Antlitz verfärbt. Auch Hagen und Ringwolf zeigten verfrorene Gesichter, wie erstorben erschienen Mund und Backen. Um so lebhafter funkelte und zuckte dem riesigen Gast das Reden von den Lippen: »Kommt da so ein NebelKerl und verdirbt Euch den römisch christlichen Salat, wie? Unfein, ich weiß. Meine Mutter sagt, ich bin, wozu die RomKöpp ›Prolet‹ sagen. Siegfried Schmied! Teutsch Arbeitsvieh, gut fürs Gröbste. Für SachsenKampf, DrachenSchlachten, Pfaffen puffen–«

– da er gerade vor Ringwolf stand, tat er, was er sagte. Puffte und fragte: »Schmeckt nicht? Findst Du eher ekelhaft? Tut mir leid – wer Bruder Gernot rheinab schickt, in die Teufe, in Moor und Matsch – der muß dann auch mit Alb klarkommen, mit NifelKlumpen. – Hm. Keine Antwort. – Ich bin zu unhöflich, wie?« Er schaute sie alle an. »Nicht mal zu nicken traun sie sich, die Zierbengel. Und überhaupt – wer hier unhöflich ist? – Keiner von diese fröstelig bibberig GrünFilz stellt sich mir vor. Wie sich das wohl gehörte, in guten Höfen. Über mich brabbelt alles Pack deftig Döntjes – aber wer seid denn Ihr! Zum Beispiel Du hier, schwarz PfaffSack, mit dick KarfunkelStein vorm Bauch – muscha! kuckst Du schief! Wie die Münsterkanalljen von Köllen. Und aus Dei'm Fell hör ich Kullern? so fischigstinkich? Sag das nur laut! Was flüstert Dir Dein HimmelsVater? in diesem Augenblick?«

»Er sagt mir, daß Du der AntiChrist bist.« Ringwolf bekreuzigte sich.

»Bijobs! Kullert Dein KnubbelBauch wie FeenTümpel? weiß der weise Pfaff aus Rumpeln und Bumpern, woher Teufel kommen? und woher die lieben Nymphen und Undinen, Silvestren und Salamander? O wunderbarer KullerPriester, Dich schenk ich meiner Mutter, daß sie Dein Eingeweide zum Trocknen hängt und den wahren Christ draus liest!«

Ringwolf schlug abermals das Zeichen, gleich zweimal hintereinander, doch sein DoppelKreuz versagte. Dieser Hürnerne, der zersprang nicht; statt zu zerbersten, wandte der sich wieder dem König zu: »Und Du klapprig SchmachtBub? bist eine PfaffenHur? oder hätte der Herr Lust auf dreimal TjostKrawall? lieber nicht? lieber Zwerge werfen? Frauen schaukeln? Priester waschen?«

Da wollte Hagen dazwischengehen, zwei eckige Schritte trat er vor – aber da war Gernot wieder zur Stelle, hielt den Waffenmeister am Arm zurück.

»Hüte Deine Zunge, Schmied!« sagte Hagen. »Vor Dir steht Gunther, König von Burgund.«

»Ahi! – der CaputKopp? Gegrüßet seist Du, Künnek Gunther!« Der Riesige ergriff Gunthers Hand. Die war kalt. Vom Druck wurde sie dünn, knackte leis. Gundomars Sohn begann zu wanken.

»Ist Dir nit gut, Künneke?« Der Fremde ließ die Hand nicht los. »Ich habe Köllensch Wasser auf dem Schipp – o Künnek zu Wurms, wie willst Du ZierBub die RaufSäck packen aus Sachsen! die Dänen! die Hunnen! wir sollten üben gehn! auf Lanz und Schild, hier gleich im Hof – dat macht wohl warm!«

Endlich ließ er die Hand frei – die schimmerte blau zerkrumpelt. Der NiederLänder wandte sich den anderen zu. »Und dieser EichKnorz? hat auch der keinen Namen für so TeutschPack wie mich?«

»Hagen heiße ich.«

Auch Hagens Hand ergriff er. Und drückte zu. Und spürte Gegendruck. Eine Weile spannten sich Fäuste wie Arme, bog sich dieser Rumpf wie jener. Dann zitterte und seufzte der Waffenmeister, rötete sich sein SteinGesicht, schließlich ächzte er sehr, drohte in die Knie zu brechen. »Weh«, war zu verstehen, »büßen wirst Du's.«

Der Gast lockerte seinen Griff, ließ ihn sich aufrichten. »Büßen?

Herr Hagen, ich denk an ein andern Spaß. Wir zwei? wir kratzen gemeinsam die RomLäuse aus den Köpfen!« Er gab ihn frei, nahm Abstand. »Die schmücken auch Dich nicht – so wenig wie Dein Mäntelchen.«

»Bist Du ein Schneider? Ich hörte, Du seiest Siegfried Schmied. Schneider also auch?«

Wieder legte Gernot beruhigend seine Hand auf Hagens Arm, der Bürstenhaarige suchte abzulenken: »Neben dem Waffenmeister siehst Du meinen jüngsten Bruder, Giselher. Er kennt die Schriften und die Sprachen, die lateinischen wie die nebelländischen.«

Der Fremde ging auf den Schreiber zu, betrachtete ihn mit Neugier, drückte ihm nicht die Hand, legte aber, wie in Freundschaft, seinen Arm auf Giselhers Rücken. Da schob sich dort Rüstung zusammen. Quietschten ein bißchen die Teile.

»Yerra! – Gislahari – mit hölzern SchulterBlättges? Herings-Schüppges? Mit HanfSchnür giknüppt? – und so wollt Ihr siegen? ein RheinRom baun?«

Er besah sich die Wormser Herrschaften insgesamt. Schüttelte den Kopf. »Wie wacklig stehn die berühmten Mauern. Bruchplatt und steif. Zum Umpusten rostig dürr Hohlzeug. Kropp und Schamott – bis auf – bis –«

Er konnte die Bemerkung, mit der er Gernot gerne ausgenommen hätte, nicht beschließen – nun mußte er in den hinteren Hof schauen. Denn von dort näherte sich, begleitet von ihren Kammerfrauen, Utes Tochter. Im roten Mantel kam sie, der war goldbestickt, an den Rändern weiße Felle, unter Goldlitzen.

Die Hoffrauen blieben stehen, ihre Herrin ging alleine weiter. Kam quer über den Hof, geradewegs auf den Gast zu. Hagens Zähneknirschen war zu hören, aber da Gernot den Mann auch jetzt beim Arm faßte, blieb er ruhig. Spuckte nur auf den Boden, ließ den Kiefer knacken.

»Ja irwachit min Troum? – Ein menschlich Anblick? – Ich dacht' schon, zu Burgund ist alles Essig, tausend Tränen, römisch Rülps und Raibach – und nun? – geht da nochmal die Sonne auf? – sag bloß, Gernot, das ist sie? – Herr Gernot nickt, kann vor Stolz nur nicken, nichts sagen – wie ich –«

– nun wurde er still, nun schien durch seine Gesichtsfarbe ein Feuerschein zu spielen, und Kriemhild, die zwei Schritte vor ihm stehengeblieben war, konnte nicht vermeiden, daß auch in ihrem Antlitz sich etwas änderte, fernes Flammenlicht, im Widerschein –

da sprach sie rasch, wie um das zu verjagen, redete schnell und sagte: »Seid willkommen, Herr Siegfried, berühmter Ritter.«

Der atmete tief, fand kein Wort mehr, wagte nicht, etwa auch ihre Hand zu ergreifen, schien einen Moment lang nur benommen und raunte dann »Dank«, mehr redete er zunächst nicht, versuchte stattdessen sowas wie eine Verbeugung. »Dank für das Stück Licht – mitten unter SchrottSchränk.«

Der Wind zog an den Filzmänteln, dem König Gunther hob er das dünne Tuch, wulstete es hoch zur Glocke, so daß jeder sehen konnte, wie er die Hand an den Schwertgriff geklemmt hatte und wieder zitterte. Als Gunther merkte, daß man ihn beobachtete, sagte er rasch: »Ich denke, wir sollten unseren Gast nicht länger hier draußen im Zugwind stehen lassen. Kriemhild, führ ihn hinauf.«

Der, die Augen eh auf nichts anderes gerichtet, folgte ihr, ging neben ihr her, die Frauen schlossen sich an. Die Männer blieben stehen, schauten sich an.

»Ich denke«, sagte Hagen, »wir sollten zusätzlich Wachen stellen.«

»Auf der Pfalz?« fragte der König. »Am Hafen? – Wachen sollten wir ausschicken nach Frankfurt. Gegen die, die blutig Fehde angesagt haben.«

»Nein«, sagte Gernot, »wir brauchen nicht mehr Wachen als die, die schon den Rhein entlang stehen, die Gefahr ist nicht gewachsen, im Gegenteil –«

Hagen riß sich das grüne Aachener Tuch vom Leib. »Der uns hier mit Spott überschüttet, der ist aus Lokis Brut. Aus Dreck und List gebacken ist der. Denkt an die *historia* von den Alten, wie eine Stadt erobert wurde durch ein hölzern Pferd. Das hatte in seinem Bauch Bewaffnete – mag sein, schon damals waren es fünfhundert.«

Gernot beugte sich an Hagens Ohr: »Kann sein, der, den ich mitgebracht, ist ein hölzern Pferd – aber glaub mir, seine Leute in den SchiffsBäuchen, die in den schwarzen Waffen, die kämpfen auf unserer Seite –«

Hagen schaute unter den grauen Brauen mit viel Verdrießlichkeit. »Sachsenland ist NibelungenLand. Das eine wie das andere – NiederLand.«

Da ging Gernot, statt zu antworten, hinüber zum Gesinde und besorgte, daß noch diese Nacht die Wachen verdoppelt wurden. Rings um die KönigsPfalz, aber auch nach Mitternacht und Morgen, gegen die Sachsen.

Seit Kriemhild unter die Männer gekommen war, hielt der Fremde sich zurück mit seinen Reden. Die Grobheiten und das ruppige Sprechen versuchte er zu unterlassen oder abzumildern, schien in veränderter, in empfindsamer Stimmung.

Oben in der Halle wurden die Rüstungen abgelegt, dem Mann aus Xanten trug Walthari die dunklen Waffen nach, lehnte sie, zwischen den Brünnen der Burgunder, gegen die rote Hallenwand; ja, Schwerter und Schilde blieben, so hatte Hagen verfügt, dicht bei der Tafel, an den Wänden. Die Wormser Herren trugen jetzt wieder ihren Überwurf, der war von Ottern- oder Lammfell. Der Nibelunge ging weiterhin in seinem Hemd ohne Kragen, im schmalen schwarzen Gürtel, überall auf dem hellen Leinen sah man Zeichen eingestickt, Zeichen in den Farben des Regenbogens, wie von Feuergirlanden. Umrisse wohl auch von Tieren, von Kühen.

An der Tafel wies ihm Dankwarth den Sessel neben König Gunther. Der Gast setzte sich, schien aber nur Augen für Kriemhild zu haben. Die hatte mit ihren Frauen bei Ute Platz genommen, am Nebentisch.

Die Hallenfeuer brannten, von den Wänden sprang Nachtlicht über den Gast, von dem man so märchenhafte Taten wußte.

Rumolt setzte ihm zu essen vor, ihm und auch Walthari und anderen Gästen an einem dritten Tisch, reichlich wurde serviert, die Küche hatte vorgesorgt.

In den Saal hatte man neue Tische gestellt – gleich auf dem ersten setzte man die Platten ab mit den Wildschweinbraten, den gemästeten Enten und Gänsen, den Bücklingen, Forellen, Karpfen – als das TischHolz unterm duftenden Fleisch schier verschwunden war und Gurken und frisches Brot nicht fehlten, gab der Nibelunge seinen Kämpen einen Wink, ließ den bepackten Tisch anheben und aus der Halle tragen.

Da hielt Dankwarth sie auf – aber der NiederLänder erklärte, die dampfende Last gehöre in den Hof hinunter, zu seinen fünfhundert Kriegern und Ruderern.

»Sie bekommen alle! wir haben vorgesorgt!« rief Dankwarth.

»Ja Mehlsuppe, Grütze von Saubohnen«, lachte der Xantener.

Es half nichts, der Gast bestand darauf, daß die Ruderer den heißesten Hunger hätten, das beste Essen verdienten.

Rumolt, der Küchenmeister, vom Lärm in die Halle gelockt, beschwichtigte, es sei genügend Gutes vorbereitet – wenn der Fremde so wolle, sollten halt die Ruderknechte die Mastvögel verspeisen.

Also trugen Walthari und seine Gesellen den Tisch endgültig hinaus, unter den Augen der burgundischen Herrschaften, denen das Mundwasser lief – trugen ihn über Treppen hinab in den Hof. Von dort dröhnte Willkommen.

Bald tafelten aber auch die da oben. Für die gab es Kapaune, krustig gebraten, man tischte vom Schwanen auf, am Spieß gedreht, Forellen dazu und dann, als Luxusgabe, extra für den Gast aus NiederLand, vom Fleisch des Pfauen. Der, nachdem er einige kaum verständliche Bemerkungen getan und gefragt hatte, ob im RomLand nicht ebenfalls Mondmischungen bekannt seien von Schwindling und Röhrling, sprach allem Fleisch tüchtig zu, trank vom jurassischen Wein, aß ausführlich, vergaß jedoch keinen Augenblick, zum Tisch der Frauen hinüberzusehen.

Mögen nun die Wormser besorgt gewesen sein, es werde dieser große Mensch mit dem rotblonden Haupt weiterhin Tische rücken? Oder, wenn er genügend getrunken, die SteinSäulen knicken? Zum Essen nicht nur die letzten Pokale aus dem Fenster schleudern, sondern auch den einen oder anderen Sklaven? gar den einen oder anderen Herren? mindestens außer den Braten auch die silbernen Platten zerbeißen? Wie hätte auch ein WaldMann aus den MitternachtsLändern wissen sollen, zu welch sorgfältigen Sitten der Hof am OberRhein sich entwickelt hatte, wie hätte so einer auch nur ahnen können, daß Worms selbst unter den römischen Residenzen inzwischen als Zierde galt und von manchen geschätzt wurde als ein Vorbote des allerprächtigsten OstRom, als neues Konstantinopel. Mit den Namen Roms und Worms trieben die Spielleute seit langem ihren verdrehenden BuchstabenSpaß.

Aber da aß nun der Ränkebold, der HexenFreund, der hürnerne, saß so groß wie vergnügt da, hockte so leicht wie schwer auf dem Sitz aus Eichenholz und aß reichlich und hielt sich sonst nahezu ruhig. Warum nun ruhig? Das hatten zum einen mit ihrer Güte die Speisen des Herrn Rumolt von Straßburg getan. Zum andern besorgte das die junge Frau, zu der er bei fast jedem Bissen und Schluck hinübersah. Auch hier oben im Saal hätte er sicherlich gern gepoltert, etwa die Frage, wieso die Frauen nicht bei den Herren, sondern am niederen und kleineren Tisch zu speisen hätten – weniger wohl deswegen, weil ihm der Sinn stand nach Gerechtigkeit, als darum, daß ihm nach Kriemhild war.

Aber statt Plattsprache zu knarzen, ahnte er auch hier – wie damals, als NidGir näherschlich – daß seine Umgebung sich verändert hatte. Auch hier merkte er immerhin rechtzeitig, daß VolksArt sich unter Burgundern kaum schickte. Er erkannte das, nicht weil er von HofSitten allzu viel gewußt oder gehalten hätte, sondern weil er spürte, daß dort, wo Frauen so zerbrechlich wie geschmeidig anzusehen waren und ihn auch ohne Mondmischungen berauschten, wo sie ihn nur vom reinen Hinsehen verzauberten, daß dort auch seine eigene Stimme, Gebärden und Wörter ein bißchen zarter sein und sich einschmiegen müßten.

Als er endlich langsamer zu essen anfing, streute er Bemerkungen ein, redete er über die Schwäne und ihre Dummheit und über die Pfauen und ihren Männerstolz. Auch über die kastrierten Hähne machte er Anmerkungen, von denen man am Tisch der Herren lieber nur jedes fünfte Wort verstand, zumal der Gast, wenn er von den beschnittenen Masthähnchen sprach, mit Behagen den Bischof von Worms betrachtete. Und aß dazu aufs neue, offenbar endlos hungrig.

Dann wischte er sich mit einem Tuch, das er sich aus dem Gürtel zog, den Mund und foppte, Roten trinkend, wiederum den Bischof, fragte ihn, ob er nicht in Wahrheit ein Juwelier sei und seine Kutte nur trage, weil er darunter Schätze an den ZollDrachen vorbeischmuggele.

Gernot, der vom Aufstellen der Wachen in die Halle zurückkam, hörte den BischofsSpott und da Ringwolf etwas erwidern wollte, legte Gernot seine Arme um dessen Schultern, sorgte abermals für Beschwichtigung und erklärte – als ob es hierum gegangen sei – die Posten seien nun verstärkt, die Gefahr vorerst gebannt. Verwirrt besann sich der Bischof.

Der NebelRiese jedoch, aufs neue essend, wollte nun Auskunft von den BücherMenschen. Von Ringwolf wie Giselher wollte er wissen, ob es denn wahr sei, daß Roms Herrlichkeit damit geendet habe, daß der letzte Kaiser des Weltreichs Hühnchen gezüchtet hätte, Kapaune auch. »Sagt mir, Ihr KlugMolche, was ist wahr? Als Herr Totila ins TiberStädtchen kam, lag da nicht Euer Herr Kaiser Romulus Augustulus mit einem feisten Jungchen warm im SuhlWasser? wie? habt nichts davon gehört? Auch Frau Kaiser hatte hinterm Haus einen furchigen Acker? für süße Knoblauchstecken, bittere KohlRüben, Gurken und Rettich? stimmt's? O ja, und Euer Herr Papst selber, der ist dem gotischen Herrn Totila bis an das Stadttor entgegengekommen mit einem feinen Kuchen – Mohrenbrüstchen nannt er den und hatte ihn selber gebacken, mit Eiern von eigenen Hühnchen – o doch, ist wahr! und in dem goldbraunen MohrenKuchen stäk, hörte ich, ein Ringlein, und derjenige, der beim PapstMahl das Ringlein fand in seinem Stück, der durfte mit des Papstes jüngster Tochter die LustReise fliegen, dreimal zum Mond und zurück – ist nicht wahr? Hm. Der Bischof sagt nichts. Zieht sich seine TarnKutt bis übers Gesicht.«

Er lachte, schaute unter den Leuten herum, die, sofern sie nifelheimisch waren, ebenfalls feixten, und die, sofern sie oberrheinisch waren, sich gegenseitig dolmetschten, was da gemeint sein könnte mit Rettichen und furchigen Äckern und je mehr man übersetzte, desto ärger schienen die Wormser zu frieren, obwohl längst KaminGlut strahlte.

Schließlich bemerkte Sieglinds Sohn, daß neben ihm der König nur wenig gegessen hatte. Ein bißchen vom ForellenFilet.

»Sorgen?«

Da hatte der König zu antworten. Konnte schlecht weiterhin schweigen und ausweichen vor diesem schwer zu wägenden KlabauterKauderwelsch. Gunther sprach leise. Aber man verstand deutlich, wie er dem Gast etwas zu erklären versuchte. Das Burgunderreich – als ein Land zwischen mächtigen Nachbarn – sei ein Sorgenreich. Gegen die Hunnen habe man vor Zeiten eine Schlacht verloren, trotz römischer Hilfen. Seither sei das Volk geteilt. Die größere Hälfte sei nach Süden weitergezogen, unter römischen Schutz. Sie hier in Worms hätten sich zu wehren gegen Bayern wie Franken, gegen Sachsen und Hunnen – und die Aussicht, schon morgen vor die Sachsen zu geraten, die verschlage ihm den Appetit. Da brauche er nur an Ortwins Arm zu denken.

Der Nibelunge nickte, legte seine Hand auf Gunthers Schulter.

»Sieh mich an – mik hat's geschmeckt. Und das sagt: Morgen wird der Sachs geschlacht'.«

Nachdem er so die SachsenSorge für erledigt zu halten schien, fragte er, ob er außerdem die frechsten Kaufleute ausplündern, rädern und in Essig einmachen dürfe? – die aus Köln seien die fettesten, die aus Frankfurt die gierigsten. Oder solle er Mainzer GetreideKrämer zu Haferbrei verrühren? – er stehe bereit. Besser allerdings, er hülfe der kläglichen Wormser SchmiedeKunst auf die Beine – mit Blech und mürbem Leder könne keiner gegen Ost- und Westfalen bestehen, die verstünden sich auf Alberichs HammerZauber. »O zierlicher Herr BurGunther – das Wichtigst von allem, das ist das unzerhaubar RüstZeug!« Der Schmied trank und schaute zwischen der jungen Frau am Nebentisch und ihrem bekümmerten Bruder hin und her.

»SorgenReich? Ahi, ich will Euch zwölf deftig Schiff auf Kiel legen! Schiff mit Rollen drunter! so daß Ihr zu Schiff über Land fahrt! RennSchiff als StreitWagen!«

Er sah wieder zu Kriemhild hinüber. Und machte dann einen Vorschlag, von dem später viel geredet wurde, der noch lange Verheerendes anrichtete.

Zehntausend Sachsen und SachsenKelten wolle er für Gunther gefangennehmen: »Zur SchanzArbeit! die baun den WeltkreisKanal! rataplui – ein Wasserlauf, der führt vom Rhein über den Main bis hinauf zur Donau! Dann braucht Ihr kein Rad unterm Boot – zu Schiff segelt Ihr dann bis Regensburg, bis Passau, Salzburg, bis Wien, ja bis hinein ins HunnenLand – hm – gefällt Euch nit? – Möfflak Mürspriem, virquürkilt.«

Da murmelte Hagen. Soviel aus seinem Bartgesicht zu verstehen war, hieß das: »Zu gute Bezahlung.«

»Zu gut bezahlt?«

»Zu gut. Zu viel – ein WeltwunderKanal für eine Mahlzeit?«

»Was heißt hier ›für eine Mahlzeit‹! Ich will mehr! wusilich bijobs verlang ich mehr! – mehr als bloß die elf Happen Flügelvieh!« Der Fremde wischte sich noch einmal den Mund mit dem Tuch, das er in seinem Gürtel trug und nun sorgfältig wieder dort einsteckte. Die Frauen beobachteten es mit Interesse. Dies Gewebe war geziert mit Spitzenrändern. Innen schien es gezeichnet in Regenbogenfarben, mit Kuhzeichen, mit Flammenbildern.

Als er das zarte Tuch versorgt, ließ er noch einen Räusperer hören, schaute wieder zu Utes Tochter hinüber – und dann sprach er: »Ich hoffe, Ihr fallt nun nicht gleich in UnKraft. Wenn ich jetzt rauslass aus meinem DeutschMaul, was ich will. Eure Schwester, mein Herr Gunther, Kriemhild – die will ich. Die möchte der Schmied aus PlattLand. Liebendgern nimmt er die zur Frau.«

Eine Weile sagte da keiner was. In der menschengefüllten Halle – kein Wort fiel jetzt. Kriemhilds Gesicht? Verborgen hinter Ute. Die Pause dauerte lange. Der NiederLänder schaute sie alle der Reihe nach an, lächelnd, als genieße er die Verlegenheiten.

Dann, weil er die Stille nicht ertragen konnte, redete der junge Giselher. »Zwar ziemt es mir nicht, Antwort zu geben, aber ich will äußern, daß ich froh bin über solchen Antrag. Und will Euch sagen, Herr Siegfried, an diesem Hof erschrickt nicht jeder über Leute-Wörter, über deutsche Deutlichkeit. Zu Worms wie in Metz – und weiter hinüber im Frankenland – da werden die besten Geschichten nicht in Latein erzählt. Die meisten wissen, daß die gelehrten Lateiner nur Unheil brachten. Nein, da werden die Anträge und die

Historien, wo nicht teutonisch oder diutisk, in Romanz vorgetragen. Romanz ist das VolksLatein, das die BischofsOhren erröten läßt und die der Schriftgelehrten zuschwellen. Redet also auch Ihr, Herr Gast, wie Euch die Worte kommen wollen – nur möchte ich aber auch fragen, berühmter Ritter – entschließt Ihr Euch überall so rasch?«

»Yerra! Ist Lieb nicht auf der Stelle, dann ist sie nicht da! Hör, Schreiber, als ich Deine Schwester sah, vorhin im Hof, wußte ich im selben Augenblick – die! die ist es! Ach goldiger Herr Giselher – Ihr könnt viel reden von Romanz, von Diutisk – ich riech hier längst: offenes Wort, das ist zu Wurms unhöflich, ist pöblig leutig –«

Da ist plötzlich Kriemhild aufgestanden. Hat sich erhoben und folgendes gesprochen: »Falls auch mir zu reden erlaubt ist – ich weiß, die Herren gestatten es ungern – so soll nicht nur Giselher die Antwort geben. So spreche hiermit auch ich und sage: Diesen Königssohn, egal wie unhöflich er redet, auch ich nehme ihn. ›Liebendgern‹.«

Da schlug was in die Gesichter. Wie kalter Blitz.

FrostStille zwischen den roten Wänden. Nur aus den hinteren Reihen, von dort machte sich allmählich fröhliches Gezischel auf die Reise; die Leute tuschelten, die freuten sich.

Da ist der NiederLänder aufgestanden, trat dicht vor die junge Frau, beide schauten sich an – und wie sie sich aus den Augen genügend fröhliche Geschichten herausgelesen hatten, setzte die UteTochter einen Fuß vor, hob sich auf die Zehenspitzen und küßte den großen Mann auf den Mund.

Der Ritter seufzte, wankte ein bißchen. Und sagte dann: »Yerra, so liebliche Schwester – ich weiß – die ist Euch tausend GoldStein wert. Mindestens. Ich spür's. Da gibt's nun viel zu denken in Eure lausig HandelsKöpp. Aber König Sorgenreich – ich biet ein GegenGift! Ich schenk, was ich habe und was ich kann – alle meine Arbeiten. Die gehören Euch! ich stell dieses GammelWurms auf neue Beine – Sachsen, Hunnen – was immer Euch zusetzt – die römische KopfPest zuallererst – ich schaff sie weg!«

Da half dem König nicht mehr der Blick hinüber zu seinem Waffenmeister, da mußte er nun schon selber antworten. Herr Gunther faßte sich also ein Herz und sagte: »Wunderbarer Gast. Auch ich könnte mir keine bessere Freundschaft denken als die mit Euch. Mit einem, von dem es heißt, er sei unbezwingbar. Er habe das Allergierigste bezwungen, den RheinDrachen. Wenn Ihr aber unsere Schwester freien wollt, dann – dann müßten wir zuvor wohl wissen, ob Ihr denn, wie Gerüchte wissen, nicht längst versprochen seid?«

»Versprochen?«

»Einer fernen FeuerReiterin – auf Eisland.«

Da sanken die zwei Hände aus den Gürteln. Kriemhild ging langsam zurück zu ihrem Platz, setzte sich neben Ute.

»Knörripp! Es gibt keinen Bund! – Auch nicht auf Island.«

Nichts war zu hören als das Feuerknistern im Kamin. Dann setzte sich der Mann – setzte sich an den Tisch der Frauen. Nahm Platz zur Linken Utes, zu deren Rechten Kriemhild saß. Da legte die alte Frau ihre Hand auf den Rotschopf und sprach:

»Thu biguolen Sieglind
Suma era suister
thu biguolen Frija
mana era suister
thu biguolen Unodan.«

Für Ringwolf sprach Giselher das leise im höfischen Deutsch nach:

»Da besprachen Dich Sieglind
und ihre Schwester, die Sonne.
Da besprachen Dich Freia
und der Mond, ihre Schwester.
Da besprach Dich auch Wotan.«

Da es noch immer keinen Bescheid gab auf den Ehe-Antrag, begann nun wieder der König: »Wenn das, was der Nibelunge hier, vor allen, die es hören können, gesagt hat, wenn das zutrifft, daß er noch frei ist, dann will ich folgendes vorschlagen. Auch ich hege einen Wunsch. Wir haben von dieser Isländerin, von der RanTochter, vieles gehört. Auch weiß ich, daß gegen jeden, der um sie werben will, ein Schutzwall errichtet wurde – aus Flammen – von höheren Mächten, vielleicht von SternenKräften, von GötterGewalt. Jedenfalls verfügt diese Frau über Geister – und hat eine übermenschliche Mutter. Seit ich aber weiß, daß diese so gut Behütete auf der Insel der Riesen gezeugt wurde, auf Bornholm, woher wir alle stammen, weswegen in uns die Sehnsucht ist nach dem Riesenblut–« – Gunther zögerte, ließ eine Pause. Schien Scheu zu haben vor dem, was er nun aussprechen wollte– »–so bin ich entschlossen, um eben diese Frau zu werben.«

Denen im Saal stockte der Atem. Aber Gunther selber hatte sich bald wieder gefaßt, rückte sich im Sessel zurecht, stand schließlich auf und erklärte: »Ich schlage also vor: Wenn der Gast aus Nibelung uns mit seinen Streitern hilft, die Sachsen abzuwehren – und wenn er mir dann beisteht, Frau Brünhild zu gewinnen – indem er mit seinen unübertrefflichen RüstungsKünsten den FlammenVorhang zum Erlöschen bringt – wie er das schon einmal fertiggebracht haben muß – dann, ja – dann wäre dies wohl eine gebührlich lange Bräutigamszeit, zwischen ihm und Kriemhild. Dann wäre ich einverstanden, wenn wir den Gast aus Nifelheim nicht nur zu unserem Verbündeten gewännen, sondern auch zu unserem Schwager.«

Da stand der NiederLänder wieder auf, ging dorthin, wo der König stand – nahm Gundomars ältesten Sohn in die Arme. Und küßte ihn auf den Mund. »Dösbaddilig Künnek – ahi! su wird dat gitan!«

Dann ist er zu den Frauen zurück, hat Kriemhild bei der Hand genommen, küßte auch sie – und führte sie vor den Platz neben den seinen, umarmte sie dort. »Ich glaub, wir zwei sind – auch wenn der schiefäugige KarfunkelSack still bleibt und der andere KnorzVetter ebenso – wir zwei sind nun versprochen.«

Da wagte es Kriemhild abermals, sich in den Männer- und Rechtshandel einzumischen und zu sagen: »Daß der Bischof schweigt, das bedeutet: Wir sind auf gutem Weg, lieber Herr Schmied!«

Und wie um die Änderung des Gebräuchlichen, ja um die Frechheiten auf die Spitze zu treiben, löste sich die junge Frau wieder von dem Riesen, ging zurück zum Tisch der Mutter und holte Frau Ute, führte die Blinde zur großen Tafel, zum Tisch der Herren, und ließ sie neben sich Platz nehmen. Setzte sich selbst zwischen Ute und Siegfried.

Da war nun alte Ordnung, da war gute Sitte umgestülpt. Da lag über Wormser Gesichtern ein Schrecken, als beginne der Rhein schon jetzt, den Burghügel wegzuschwemmen. Welche Tollheit hatte man aber auch vom eigenen König zu hören bekommen. Kein Wunder, daß die Weiber aufstanden, wenn selbst den König Sehnsucht trieb nach NebelLand. Nach Mitternacht und Riesenblut, ins eisig Schwarze hinab, in die Feuersbrunst – verwirrt blickten der Bischof und die anderen Herren, auch die meisten HofFrauen.

Das war geradewegs so, als habe Gunther den Wunsch geäußert, über den TodesFluß hinüberzuwollen. Freilich, hätte man gewußt, was alles am Ende seiner Sehnsuchtsreise geschehen würde, wären die meisten vor Entsetzen von den Bänken gefallen. So aber erhob sich allmählich wieder das Getuschel, vor allem die nibelungischen Gäste raunten, munkelten von Eisland und Island und Isenstein, verwandelten den Namen Brünhild in Brünne und Brust und Brunst und Feuersbrunst – da schien sich schon jetzt dichter Rauch über die Köpfe zu legen. Darum hätten kluge Wormser wie Gernot oder Herr Gere, Markgraf von Speyer, jetzt gern ein klares Wort vernommen. Von Hagen. Oder vom Bischof.

Doch hockten Gunthers Vettern immer noch fest auf ihren Eichensesseln. Taten so, als müßten sie beobachten, wie Dankwarth Süßspeisen verteilen ließ, Kuchen und Gebäck. Da dachte fast jeder Burgunder, nun sollte besser Herr Hagen seine Meinung auftischen. Oder wenigstens der Bischof. Und diesen Wunsch hätte Herr Gere von Speyer im nächsten Augenblick auch laut ausgesprochen, wenn sich jetzt nicht plötzlich eine andere Stimme gemeldet hätte. Nun hörten sie Ute. »Ringwolf, das RabenAas! Das LeichenFraß! Das mag kakeln, was es will. Doch von Hagen – von Herrn Hagen erwart ich Bescheid!«

»Bescheid?« fragte der zurück und lachte. »Bescheide? Erklärungen? Die erwarte ich von unserem wunderbaren Herrn aus NiederLand! Das allgemeine Umarmen – das geht mir hier zu rasch! Wir haben zwar vieles über den hürnernen Xantener gehört, das stimmt, allerlei Geschichtchen sind im Umlauf. Doch hab ich mich bei fast allem, was Giselher erzählt hat, gefragt, ob das Märchen waren oder wahre Chronik und *historia*. Nun, da der Schmied selbst hier ist und unser Gast ist und sogar unser Schwager sein will – und nun, da unser König mit seiner Hilfe, mit Kraft aus Nifelheim eine Königin gewinnen möchte – da sollten wir ihn wohl fragen, ihn, das ArbeitsVieh, wie er sich genannt hat.«

Obwohl er zu wissen schien, was er den Nibelungen fragen würde, zog er sich den Becher heran und trank. Und sprach erst dann weiter. »Der SchmiedGesell, der nennt unsere Pfalz immerzu ›Wurms‹. Das ist fast so betrüblich wie der Umstand, daß der LindWurm, statt ihn zu verschlucken – ach! wir wissen von all dem viel zu wenig! schier nichts! allein ›Döntjes‹, ja ja, mehr nicht–«

Es entstand eine Pause. Der Waffenmeister schabte sich Kniest unter dem linken Arm.

»Was willst Du hören.«

Da Hagen mit der Antwort zögerte, nur weiter den Schorf kratzte, winkte der Nibelunge seinen Kumpan heran, den Walthari. Der kam, beugte sich zu ihm – sein Herr flüsterte mit ihm, Walthari nickte. Ging hinaus. Man sah dem Knecht nach. Wieder war es still. Bis Hagen folgendermaßen sprach: »Wie feurig der auch sein mag, der aus dem Plattland zu uns heraufgekommen ist – was immer er im Schilde führt, wenn er mit seinem Schildknecht flüstert – mich dünkt: Die Sachsen zu schlagen, Kanäle zur Donau zu bauen und räderne Schiffe und bessere Rüstungsschmieden – und sogar gegen die mächtige Brünhild uns beizustehen – das alles wäre zuviel Dienst für ein Gastmahl und für eine Herberge. Aber das ist vielleicht noch immer zu wenig Arbeit – für eine Königstochter. Bleibt nur ruhig sitzen, Herr Siegfried Schmied. – Ich sagte ›vielleicht‹. Denn es könnte ja sein – halte Dich nur gut fest an Deiner Tafelplatte – es könnte immerhin sein, unser Goldfuchs wäre in der Lage, zu erklären, ob er MenschenEltern hat. Und wenn ja, welche. Oder ob es stimmt, wie man hören konnte, Waldschrat Schmied sei, statt von einer Mutter, von einer Bärin erzogen.«

Auf sprang da der NidgirSieger, so heftig fuhr er hoch, daß hinter ihm der Sessel auf den Steinboden stürzte. Stieß den Becher mit den roten Emaille-Ringen so hart auf die Eichenplatte, daß er zersprang und Rot und Gold und Wein über die Tafel rollten.

Doch der Mann, so erregt er war, blieb stehen, ging keinen Schritt auf den Waffenmeister zu, atmete nur heftig und blickte mit engen Augen auf das Zerstörte und Verschüttete, holte noch einmal tief Luft, sagte »For unskült«, legte seine Hand auf die zarte Schulter neben sich und sagte: »Dem Himmelstier hier, dem verdankt Ihr, daß jetzt vom HagenKlotz nicht die Holzfetzen fliegen. Aber ist nur gut, daß der so Fragen stellt, das schafft weg den Quaddeldidod! Und er hat sogar recht, ich trug auch BärenFell, auch WolfsPelz. Und auf meinem Kopf die NarrenKappe als BischofsKappe. Solang, wie ich als Irrwisch ritt, ohne eigene Brünne. Schon da schlich sich durchs Land, meine Mutter wäre Bärin. Solche LulleLiedchen, die singen sich KullerSäcke, AngstBäuche, solcher KriechKram kommt aus SchacherSeelen. Aus Furcht um goldenen Glitz. Mag sein, solcher AmmenQuack ist gut für Wurms – von dem es heißt, es würde das neue Byzanz. Und ist doch bloß das elend StinkLoch für die TarnKutten.«

Er bückte sich, holte den Stuhl zurück, setzte sich. Kahlgeschorene wischten den Tisch. Dankwarth stellte ihm einen anderen Becher hin, einen irdenen.

»Auf daß die Prattelei gestopft wird, sage ich hiermit, meine Mutter, die Sieglind – die kommt von den ExternSteinen. Von denen weiß sie HeilKunst und SternLauf. Und viel Witz. Sie allein hat mich genährt, keine Amme, keine Bärin – so gut tat sie's, daß sie mich mit Gewalt losmachen mußten von den Brüsten.«

Da meldete sich Ringwolf und fragte mit List: »Bei jener Rauferei in Köln, nach welcher die Narren- oder BischofsKappe getauscht wurde mit dem schwarzen Helm – worum ging es bei diesem Streit in der heiligen Stadt?«

»Heilig?« Der Fremde lachte. »In der Stadt Köllen sind stapelweise die Häuser voll von römischer Gewalt. Und von allen die vollsten, stoppelvoll, sind die heiligen, die ChristenHäuser. Drei kolonnische Klüngelköpfe, die riefen mich ›Riesenkind‹ – ›Da kommt das Riesenkind aus NebelLand‹. So sagten sie. Mein Mutterland, so sagen sie alle, ist NebelLand. UnterLand. NiederLand. PlattLand. Alle Schnapparliererei in Köllen ging darum, daß die Stadt umschlossen wäre von nifelheimischen Trotteln, von Tölpeln, Tollpatschen. Und die drei HerbergsFrösche vorm StapelHaus, die quakten, im dunstigen DuitsLand, hinter Deutschburg, da wäre aller Witz so kurz, daß er bloß vom linken bis zum rechten Nasenloch reichte. Da zeigte ich denen, wie weit mein Witz langte – so weit holte er aus, daß am Ende ihr eigenes RiechLoch ein rotrotzig Klumpen war. – Der schwarze Abbas auf der Siegburg, der mich hernach für sich gewinnen wollte, dieser Herr Ekkehart riet, mein Glaube sei zwar falsch, aber mein MutterLand sei richtig und auch die Sprache – und so ist es, daß ich, seit ich den ErlenKönig Alberich bezwang und den LustFraß NidGir, seitdem nenn ich mich selber so, wie mich die in Köllen schimpften, seither bin ich von Nibelungen. Denn nicht von Latein und SchriftGelehrten hab ich Kraft, nein, aus MutterWitz und ExternStein. Weil Sieglind wußte, nur aus dem NifelWald kommen Kniffe, wächst Geriebenheit.«

Er trank. Schaute sich um. Schien zu fragen, ob noch jemand Auskünfte wollte.

»Was war mit Baldinai.« Der König hatte gesprochen.

»Ahi!« lachte der Gast zurück, »Was willst Du hören.«

»Diese SchlammFee – hatte auch – NebelKraft?«

»Sie war so hell wie Kriemhild – nur halb so schön.« Und während er von dem Wasserweib erzählte, von ihrem Vater, der das Feuer schlug aus schwarzen Steinen, der wie ein römischer FalschGeist seine Töchter tief hinten im Wald eingesperrt hätte, in einer Kluse mit Namen ›Asnithi‹, da erschienen mit einem Mal Gestalten in Gundomars Halle. Wohl ein Dutzend Männer traten ein, geführt von jenem Schildknecht Walthari, den der Nibelunge ausgeschickt hatte. Die Schiffs- und Kriegskumpane trugen Lederschürzen. Und jeder schleppte einen dunkelbronzenen Kessel, in denen Steine schimmerten. Der Xantener stand auf, winkte die Träger vor den Kamin, griff sich aus dem vordersten Kessel einen der dunklen Brocken und hob ihn gegen das Pechfackellicht – zeigte den Versammelten, wie der schwarze Stein im Flammenschein silbrig glitzerte. »Albarichs Karfunkel! Zauberstein vom Ruhrwald.« Er gab den Nächstsitzenden je einen Brocken in die Hand. »Ist mehr wert als der Klunker am Bauch von Eurem heiligen Strohsack. Dies hier, das ist KraftKlump!«

Er schaufelte sich mit breiten Klauen einen Haufen Steinkohlen aus dem ersten Kessel, ging damit zum Kaminfeuer, warf die Brokken hinein. Aus dem Staub sprühten violettgelbe Flammen. »Das wird Burgunds SchmiedeStümperei umkrempeln.« Man sah, wie rotblaue Flämmchen leckten, die züngelten um die schwarzen Steine herum, breiteten sich rasch aus.

Die in den Lederschürzen stellten die BronzeKessel auf den Boden, verließen die Halle. »Und dies also – das ist der Hort?« entfuhr es dem Bischof.

»Warts ab, Krämer, verkappter!«

»Wahrscheinlich ist das DrachenSaat«, bemerkte der König. »Giselher las bei Ovid, wie ein riesiger Ritter einen Drachen erschlug und dessen Zähne aussäte ins Feld. Und wie übers Jahr aus dem Feld Krieger erwuchsen, die standen auf und erschlugen einander.«

»Nicht alle!« rief Ringwolf. »Zwei blieben übrig. Ha! Die gründeten die Stadt Rom. Wird also auch aus Drachenbrut nicht immer nur wieder DrachenTrachten.«

Das schien den anderen an der Tafel so gewiß nicht wie dem Bischof. Man schwieg einige Zeit. Bis Hagen den Gast fragte: »Stimmt es, daß der Drache Dich gleich zu Beginn des Kampfes am Ruhrfluß eingeatmet hat, hineingezogen, eingesogen?«

Der Waffenmeister nahm einen Schluck Wein. »Natürlich mochte der Dich nicht bei sich behalten. Ihm wurde übel. Der Lindwurm drohte zu ersticken – mit Hängen und Würgen spuckte er das aus, was selbst für NidGir unverdaulich ist.«

Siegfried ging langsam hinter den Stühlen vorbei, bis er hinter Hagen stand. Im Feuer prasselte es heftiger. Kein Husten war jetzt zu hören, nicht einmal Atmen. Darum bekam jeder mit, was der Fremde murmelte. »Düse Kopp – as 'n Amboß. Zom Droppschlagn.« Und laut erklärte er: »Hör, Kotzbrock! Wäre ich Nebelvieh nicht gefesselt, in Liebe, würdest Du nun zermanscht. Zu

HackenHagenBrei. Dank Du Dein Leben ihr! Nur – Du zierlicher, Du haariger Krummknorz – ich kann nit schwörn, daß sie mich jedesmal abhält, Dir die AmboßRübe einzudrücken.«

»Hagen«, hörten sie da die Stimme aus dem blinden Gesicht, »was Du redest, das paßt nicht zum Schwur vor Gundomaris.«

»Das, Frau Ute, das wird sich weisen, wie gut das paßt.«

Noch immer stand der Nibelunge hinter Hagens Sitz. Da sprach Gernot: »Auch ich finde, unser Gast, der uns helfen wird gegen die Sachsen, obwohl er mit denen eher verwandt ist als mit uns, dieser Freund hat nicht verdient, daß Hagen ihn als des Drachen Kotzbrocken hinstellt.«

»›Kotzbrocken‹ hat zuerst der Herr aus NebelLand gesagt«, bemerkte Ringwolf.

»Unser Gast hat eine andere Art zu reden«, sagte Gernot.

»Und Hagen hat seine HagenArt«, antwortete der Bischof.

Giselher mischte sich ein: »Hagen- und Hecken-Arten, die haben sich noch immer vertragen.«

Der Nibelunge lachte, ging wieder zurück an seinen Platz. Und hat sich wieder neben die junge Frau gesetzt, hat sie, als wären sie beide allein im Saal, lange geküßt. Als sie damit nicht enden wollten, war es Gunther, der unruhig wurde – er saß neben dem neuen Nachbarn – rutschte herum, räusperte sich und fragte schließlich mit fast kräftiger Stimme: »Du willst uns für unsere Schwester – Du willst uns für Kriemhild auch den Hort lassen? Die DrachenSaat? Die Hälfte davon?«

Da fuhr der NiederLänder herum: »Pottvirdicki! Was will ich? Krämer! Schacherer! Du bist just so aus DraakeBlut wie die Kaufleute von Mainz und Köllen und Soest. Verkaufst die eigene Schwester! Du backenlos Loch! auch ich bin nur ein Sack voll Dreck wie alle – aber KaufGier? Yerra! den römischen Schmierlapp Gunther hab ich geküßt? das SchmachtsuchtMäulchen, den Habgier-Schlappmund, ba!« Als müsse er die Erinnerung an Gunthers Kuß wegspülen, trank er besonders lange Schlucke, sog Roten aus dem Helvetikum, setzte aber plötzlich ab und rief: »Ahi! – dann grabscht sie auf der Stelle, die Zähne, freßt ihn doch, den Hort! – ich bin ihn los! hopp Burguntherchen, hopp RomPriest LeichenBiest – steckt ihn Euch all in den Hintern – alle zwölf Schiffe, ich schenk sie Euch – hurräi! ich bin der Wicht im Glück! bin wieder frei! frei vom BrutBrast! vom KirchRaub, vom SteinKrempel.« Er trank leer, verlangte neuen Zufluß.

Fassungslos starrten die Burgunder. Dankwarth hatte den Becher zu füllen, die anderen ihre Gedanken zu ordnen. Gernot vor allem sorgte sich, wie nun am nächsten Tag die Gefahr noch zu bezwingen sei, die von Sachsenland über den Main näherzog.

Im Schutz der Dämmerung schlich sich, hinterm Wormser Pfalzhügel, dort, wo in den Lößwänden die Höhlen waren, eine Gestalt, die tappte über den gefrorenen Schlammweg, im Schatten der Steilseite, wo vormals ein RheinArm den Hügel halbiert hatte, bewegte sich vorsichtig, sicherte sich ab, von Eingang zu Eingang, schien in die Behausungen zu spähen, hineinzuhorchen. Jetzt, wo ein Schneeschauer niederging und das Tageslicht fast erloschen war, sah es aus, als suchte die vermummte Figur unter den Wohnlöchern eines, in das sie einbrechen, in dem sie stehlen konnte. Oder auch nur ein leeres, für die Nacht.

Schließlich blieb sie vor einem der Eingänge stehen, der war mit Stöcken und Pfählen versperrt, dahinter brannte Feuer, Rauch zog ab. Die Gestalt rief etwas. Von innen, nach einer Pause, kam Antwort.

Offenbar war das die gewünschte Auskunft, denn die Gestalt, ohne zurückzurufen, tappte gleich weiter, in derselben Richtung vorwärts wie zuvor, noch an fünf anderen Höhlen vorüber, darunter waren drei leere, deren Eingänge zerfielen.

Und gelangte wieder vor eine Palisadenwand, die war sorgfältiger gebaut als die anderen. Auch hier schimmerte Licht zwischen den Pfählen, die standen eng beieinander und dreifach hintereinander, waren mit SchilfRohr vielfach verflochten.

»Hirsch!« rief die Gestalt.

Und nochmal »Hirsch!« und dann, als keine Antwort kam, die Frage: »Willst Du keinen Zahn vom Drachen?«

Eine Weile trieb nur der Wind. Über das Feuerlicht, in den lotrechten Ritzen, hat sich dann ein Schatten geschoben. Und ist an einer Stelle in der Holzwand, in Kopfhöhe, eine winzige Klappe aufgegangen. Kaum größer war die als ein Auge, und wurde darin der Feuerschein sichtbar und ist gleich wieder verdeckt worden von jenem HirschAuge, das sie nun erblickt hat, die vermummte, die gebückte Figur im Eistreiben, die Gestalt im Zwielicht.

Die Stimme hinter den Palisaden hat gefragt, wieso der Nachtwanderer sich krümme, was er unterm Mantelfell verstecke.

»Keine Waffe, wie Du glaubst. Einen GoldZahn.«

»Kenn ich Dich?«

»Ich bin aus Mainz.«

»Was nennst Du einen Drachenzahn.«

»Laß mich ein, ich zeig ihn dir.«

»Das ist eine Waffe, ein Ochsenjoch, Du wirst mich erschlagen.«

»Ich zeig es Dir. Laß mich ein.«

»Ich kenne Dich nicht.«

»Ich hab das vom König.«

»Was ist es.«

»Hier erkennst Du das nicht, es ist zu dunkel.«

»Komm morgen wieder, bei Licht.«

»Laß mich ein, Hirsch. Ich zeig's Dir an Deinem Feuer. Yerra! Mach endlich auf, mich darf niemand hier sehen.«

»Dieb! ich kenne Euch Gesocks. Ich höre, wer Du bist. Du bist ein KahlKopf. Du verbirgst ein Krummholz. Du bist ein Erschläger, bist das, was Euresgleichen den Schacherer nennt, ein Räuber. Pack Dich!«

»Dummkopf! Dann sieh ihn Dir doch an! den Zahn!« Und hat den Mantel geöffnet und dem Auge in der Palisade entgegengehalten, was ihm der König in der Nacht zuvor, in seiner Verwirrung, hergeschenkt hatte. So dunkel es schon war, hier blinkte etwas, schimmerte glitzrig, da funkelte vielerlei. Und waren keine Eiskristalle.

Da haben im Palisadentor die Riegel geklappert, ist aufgetan und in dieser Nacht noch viel verhandelt worden in der warmen Erdhöhle.

Oben in der PfalzHalle hatte Dankwarth die Lichter aufstellen lassen. Die vielerlei Feuer beleuchteten eine verwirrte Versammlung. Da wußte kaum einer, ob er es glauben durfte, daß der Gast ihnen den DrachenReichtum geschenkt hatte und was davon zu halten war. Siegfrieds Fröhlichkeit erschien wie ein dünnes Eis, auf dem außer ihm selbst kaum jemand gehen konnte.

Daß nun fast alle im Saal schwindelerregend nachzusinnen hatten über die Vorteile und die Höhe des Gewinns, den ihnen der rheinische Schatz verschaffte, dies alles spürte am deutlichsten diejenige, die nichts sah. Die gebrechliche Frau Ute, als sie nach dem Hortgeschenk nur Seufzen hörte, Bechersetzen und Räuspern und weil auch ihr Giselher nicht mehr zu vernehmen war, wollte sie die Versammlung auf verträglichere Gedanken lenken, auf fröhlichere. Und erkundigte sich, warum sie den Gast vom NiederLand gleich nach seiner Ankunft im Hof so schallend habe lachen hören.

Man zögerte mit der Antwort – bis Giselher die Verlegenheit beendete und der Mutter die Umstände von den Aachener Kaufleuten und den englischen Tuchen, die für friesische gehalten worden waren, mitteilte.

Die Mutter nickte.

»Wieso nickst Du? Kanntest Du die Mäntel?«

»Hättet ihr mich gefragt.« Ob sie vergessen hätten, daß sie aus Aachen komme. Und erklärte den verblüfften Herren, an deren Tafel sie an diesem Tag zum erstenmal saß, sie habe sogleich bemerkt, mit wem die Aachener Krämer zu tun gehabt hätten - jedenfalls nicht mit Friesen. »Die wußten SagenSachen aus Engelland. Erzählten soviel gälischen KauzKram, daß mir wohl klar war, mit wem die Handel trieben.«

»Hättest Du's nur gesagt!« rief Gernot, »das hätte Spott erspart.«

»Habt Ihr mich gefragt?«

Da lachte der Gast. »Schlau HagenDiss! die Luft ist dick unter Euerem güldinen SaalDeckel – bevor Deine Männer sich ihre Kapul zerdenken, bring Frieden rein, erzähl uns! erzähl engelländische Tückeboldgeschichten!«

»Englische Mären erzählen? Das ist nicht angenehm zur Nacht.« Da bekam sie zur Antwort, gerade etwas Unheimliches, das benötige man nun – jetzt, wo im Kamin die neuen schwarzen Steine Wärme strahlten.

»Nun ja dann. Dann wenigstens die eine. Auch da geht's um überreiche Gabe. Zwar nicht um Hort, doch hört nur zu. Die Sage kannte ich schon als Kind, als Kaufleute aus England abends in Aachen redeten. Und später wieder, oft eben dieselbe Wundergeschichte, nur immer anders. Und kürzlich noch ein weiteres Mal – von diesen Tuchkrämern aus Aachen, die in Wahrheit aus England kamen.«

Still war es im vollen Raum. Von ›überreicher Gabe‹ wollte jeder Genaueres wissen. Den Rheinstrom hörte man und das Feuer in den Ruhrsteinen.

»In den frühesten Zeiten, als Wunder und Märchen noch nicht im Zwist waren mit den Chroniken – mit den sogenannten wahren *historia* – da lebte in Buchenheim, wo man von den Buchen Buchstaben und Bücher zuallererst gemacht hat und von dem einige sagen, der Ort liege, ob man das wolle oder nicht, im Norden, unweit der Externsteine, wohl zwischen Ruhr und Lippe – da lebte in diesem Buchenheim ein Mann, der kannte alle Sprachen. Alle, die seit dem Turmbau zu Babel gesprochen werden, er kannte die in

RomLand wie die im NebelLand. Der Mann wußte die Wörter für die Steine und für die Gewimmele im Wasser und in der Luft und in den Bäumen. Diese Wörter schrieb er alle in ein Buch, das in schwarzes Leder gebunden und mit Silber beschlagen und verschlossen war und wohlverwahrt – in Buchenheim.

Wenn der weise Mann in seinem Werk las oder neue Wörter eintrug, öffnete er es mit einem eisernen Schlüssel. Niemand außer ihm wußte, wo er diesen Schlüssel verwahrte. Und so wußte auch niemand, wieviele Blumen es im Weltkreis gibt und welche von ihnen Heilkraft spenden und welche Gift. Wieviele Steine man brechen kann und welche von ihnen Mut geben und welche Liebe und welche Unglück. Auch, wieviele Feen und Elfen und Sylphen leben und welche von ihnen Dienst tun und welche Schaden und welche einen Mischmasch aus beidem, also die Gaukelei.

Der weise Mann hatte aber einen nibelungischen Lehrling mit Namen Safran, der war täppisch, so daß der Meister ihn nie in sein Buch schaun ließ, ja, Safran durfte nicht mal in das Gemach, in dem es verwahrt wurde.

Eines Tages mußte der weise HeckenReiter ins Gälenreich, mußte übers Meer nach Irland, weil er sich in eine Luftfee verliebt hatte. Kaum war er fort zu seiner Sylphe, da hatte der nifelheimische Bursche nichts Bessers zu tun, als in die Kammer einzudringen, wo der weise Mann die Elemente mischte und aus Kupfer Gold schmolz und aus Blei Silber. Dort hing auch der Spiegel, in dem Safran hätte sehen können, was auf der Welt passiert. Dort lag auch die Muschel, die er nur ans Ohr hätte halten müssen, um zu hören, was irgendeiner zum anderen sagt. Aber diese Künste verstand nur, wer das Buch kannte, und das kannte nur der Meister.

Was mein Meister kann, das werde ich nie können, sagte sich Safran. Jedenfalls solange nicht, wie ich die Wörter nicht weiß für jedes Ding. Vorsichtig besah er das schwarze Buch. Und siehe, der weise Meister, in seinem Liebesrausch hatte er vergessen, das Buch abzuschließen. Safran schlug es auf, legte den Finger auf ein Wort und begann, laut zu buchstabieren, gierig und laut. Da wurde es dunkel im Gemach. Das Haus erzitterte, ein Donnerschlag rollte über Buchenheim – und vor dem Jungen stand ein Riese, mit einem Atem wie Feuer.

Safran hatte den FeuerKönig selber gerufen. Mag sein, das war der SchadAlb Alberich, damals, als er noch groß war von Gestalt – mag sein, er war es, denn seine Stimme fauchte wie ein Schmelzofen. »Gib mir Arbeit!« schrie der Unhold, »oder ich erwürge Dich!«

Der blöde Lehrling konnte nicht antworten. Da trat der FeuerGeist auf ihn zu, griff ihm an die Gurgel. »Gib mir Arbeit!«

»Gieß mir die Blumen!« rief der Junge – denn das war, was Safran hätte tun sollen, solange der Meister in Irland war.

Das FeuerScheusal flog aus dem Raum. Ebenso schnell kehrte es zurück, mit einem Faß auf dem Rücken, das goß es aus über die Blumen, und wieder kam der Alb mit einem Faß – die Blumen trieben davon, das Wasser strömte durchs Haus. »Genug!« schrie der Junge, aber der ArbeitsGnom verschüttete fässerweise Wasser, das reichte dem Safran bald an den Hals, er kletterte auf den Tisch, rief um Hilfe, aber da schwoll nur neues Wasser und hätte ganz Buchenheim ersäuft – wäre da nicht der Meister, weil ihm seine süße Sylphe von Loki abgelistet war, dem witzigsten und lüsternsten unter allen Göttern, wäre der unglückliche Meister nicht vorzeitig heimgekehrt. Den FeuerGeist vertrieb er, das Wasser verwandelte er in Nebel, der lastete fortan über Nifelheim, weswegen wir von den Nibelungen reden. Den Lehrling aber verwandelte er in ein Hämmerchen. Mit dem schmiedete der weise Mann seither die kunstvollsten Kleinodien und Silberfiligran. Wann immer im NebelLand ein Lehrling ein wenig blöd ist, sagen die Gesellen dort, der sei behämmert. Mit seinen Kunststücken aus dem Silberfiligran, mit denen hat der gelehrte Buchenheimer Mann nicht nur seine Bücher künftig besser gesichert, sondern damit verschloß man von nun an auch die gelüstigen Frauen. Damit kein Loki ihnen zu nahe kommt.«

Als Ute geendet hatte, schwieg man, hatte zu denken. Von Gunther kam schließlich die Frage, ob Buchenheim nicht doch, statt hinter der Deutschburg, in Wahrheit in Ägypten liege.

»Nur im BuchenWald zwischen Ruhr und Lippe«, sagte Ute, »nur dort, wo die Grenze geht zwischen den römischen Franken und den heidnischen Sachsen, nur dort kann Buchenheim liegen. Weil es allein dort Gelehrte geben kann, die das Nifelheimische ebenso sprechen wie das Lateinische und die, obwohl sie die Bücher verstehen, zugleich die ZauberWörter wissen. Nur dort machen sie keinen Unterschied zwischen Märchen und Historien.«

Giselher nickte und sagte: »Ich habe die Geschichte wiedererkannt. Die ist tausend Jahre alt und angelsächsisch. Nur meine ich, die Aachener Kaufleute beendeten sie anders. Bei ihnen wußte der Meister einen Spruch, den er dem Lehrling verriet. Und auch der sagte ihn später weiter, seinen eigenen Lehrlingen. Und nie mehr erschien ein SchadAlb in Buchenheim.«

»Selten sind Menschenfreunde unter den Meistern«, murmelte Ute. »Kaum einer kennt noch die Sprüche, die helfen. Darum wachsen auch in Buchen- und in Niflheim wieder NidGirs vielfache Vettern, wüten wie früher die SchadGeister.«

»Mir scheint«, meldete sich Ringwolf, »die Geschichte, so oder so beendet, ist lehrsam, auch wenn es eine BarbarenMär ist. Lehrsam nicht nur über Bücher und über Weiber, die man beide hüten muß. Mancher wird auch die Gespenster, die er rief, nie wieder los. Und seien sie noch so dienstbar, und noch so arbeitswütig.«

Da schmunzelte Hagen, schaute den Bischof gemächlich an. »So redet nun unser SeelenRäuber. Von dessen Gespenstern niemand mehr freikommt, seit er uns als Vetter im Pelz sitzt.«

Ringwolf faßte an seinen Bergkristall, spürte wohl, wie hohl der Boden war, über den Utes Geschichte auch ihn hatte reiten lassen.

»Von Sieglind weiß ich Arbeitswütiger«, sagte der NiederLänder und sah den Kirchenmann mit vergnügten Augen an, »je tiefer die Christen ihre BauchLust wegstecken, desto tückischer wird ihre MachtLust.«

Da nickte Giselher wieder und mahnte, lieber an den kommenden Tag zu denken, der brächte Prüfungen für alle – er, Giselher, wisse zwar über den ListGott Loki und seine BauchLust einige Geschichten, auch über seine Liebe zu den Sylphen oder LuftGeistern, doch die erzähle er lieber am Abend vor einer Hochzeitsnacht – in dieser Nacht dagegen, vor der Schlacht gegen die Sachsen, da ginge es wohl um die andere Lust. Da wolle er der Runde, ehe man schlafen gehe, Mut machen mit einem Lied, das er aus mehreren älteren neu zusammengeleimt hätte.

Von der Wärme, die sich aus der Kohlenglut im Wintergemäuer verbreitete und über Giselhers KampfGesang kam verwegene Stimmung in die Gemüter – nicht lange, nachdem das altneue Lied verklungen war, gingen sie alle mit außergewöhnlichen Hoffnungen über die Gänge, suchten ihre Schlafstellen, legten sich nieder hinter den HallenBögen und auf den Schiffen; noch im Einschlafen summten und hörten sie Giselhers Schlachtrufe.

Der war zur Truhe gegangen, hatte die sieben Schlösser wieder geöffnet, die Fiedel hervorgeholt und gespielt und folgendes gesungen:

Die Kunde flog den Rhein hinauf:
Nach Frankfurt zieht der Sachs!
Und mancher ritt und zog zuhauf,
freut sich des SachsenPacks!

Grad hinterm Fluß, am Uferrain,
lag der Westfalen Troß.
Dort gibt's die Schlacht! Grad dort am Main
– die Kaufleut 's nicht verdroß.

In Frankfurt nahm man hohen Zins,
für Rüstung, Knecht und Schwert,
die Stadt blüht' auf ob des Gewinns
und wuchs um Goldes Wert.

Ins Feld vor einen grünen Hain
ritt SachsenFürst und -Mann
und hörten dort Herrn Hagen schrein:
›Zieht harte Brünne an!‹

Da stieg wie Feuer Siegfrieds Helm,
der Sachs, der hielt's für Spiel –
noch schreckte keinen, welcher Schelm,
ob der, ob jener fiel.

Da biß sein Balmunk, hieb sein Schwert,
aus fuhr sein langer Spieß,
Blut watete Herrn Gunthers Pferd,
Blut tranken Sand und Kies.

Der Sachse stritt nur kurze Zeit –
so Knecht als Ritter lief!
Das Feld vorm Wald ward überstreut
mit Leichen Kniees tief.

Der lief zum Strauch – der floh zum Hain –
vorm Nibelungenlicht –
die sprangen in den Strom hinein
und dürsteten doch nicht.

Die zappelten wie Entenschar
im Wasser hin und her,
als wärn die Weihnachtsgänse gar,
stieß man sie ins Geröhr.

Herr Hagen fuhr noch auf den Fluß,
schlug sie mit Rudern tot.
Dies ihres Lebens letzter Kuß!
Das war der Sachsen Not.

Am anderen Morgen kannten fast alle, die nun fortziehen mußten in die Schlacht, das Lied auswendig. Man sagte sich's weiter, die Pferdeknechte wie die Schildknappen, die Nibelungen wie die Burgunder, der Feldscher wie die Köche. Auch die Herren, wenn sie nicht versuchten, sich zwölf Schiffsladungen aus Gold und Edelsteinen vorzustellen, auch die Ritter liebten es, sich die kommende Schlacht angenehm zu machen und nutzten dazu das leichtfertige Lied; die Herren wie die Kahlgeschorenen, die Schiffer wie die Bauern am Weg, die alle holten sich Mut aus diesem Gesang, freuten sich über die blutigen Bedeutungen von ›Geröhr‹ wie von ›Spieß‹ und wiederholten immerzu ›Zieht harte Brünne an!‹ und ›als wärn die Weihnachtsgänse gar‹ und wollten darüber ohne Angst lachen. Nein, keine Angst hatten sie, Angst ›war der Sachsen Not‹.

Von den Wachen, die zu beiden Seiten den Rhein hinab bis kurz vor Frankfurt aufgestellt waren, kam gute Nachricht. Der Feind lagere noch immer vor der KaufleuteStadt, auf dem südlichen MainUfer, ahne offenbar keinen Überfall.

Im Hof, beim Abschied, da wieder der Nordwind blies, schenkte Siegfried den Königsbrüdern drei schwere Mäntel vom Fell des Auerochsen. Die Herren von Worms, besonders Gunther, genierten sich ein wenig, so barbarische Kleidung tragen zu sollen. Aber da sie in ihren modernen, aber zu kurzen Friesentüchern, die in Wahrheit aus England stammten, wieder zu frieren anfingen, nahmen sie die wollig gelockten Felle endlich an und waren dankbar.

Hagen dagegen griff nach Gunthers Tuchmantel, hüllte sich doppelt ins Kaufmanns-Gewand, schnaufend und ein bißchen umständlich, so daß der Nibelunge nicht anders konnte, als über seine Schulter auf den Waffenmeister zurückzublicken mit schadenfrohem Lächeln. Dann wandte er sich an Gernot: »Habt Ihr in Euerem Kriegshaufen einen Juden?«

»Einen Juden? Die haben kein Waffenrecht«, antwortete Gernot.

»Holt mir aus Wurms einen HandelsJuden.«

»Warum?« wollte der König wissen.

»Juden sind aus Buchenheim. Sprechen aller Welt Sprachen, auch Sachsensprachen. Mag sein, vor Frankfurt warten Ostfalen, Angelsachsen, Dänen – und Ihr wollt wissen, was die schreien. Und traut mir nicht, wenn ich dolmetsche.«

»Vor Frankfurt wird geschlagen«, bemerkte Hagen, »nicht gedolmetscht.«

Gunther blickte ratlos zwischen Waffenmeister und Gast. Schließlich gab Giselher zu verstehen, er wisse solch einen Mann, den werde er holen.

Unterm Pfalztor, dort, wo der Hof sich zum Hafen öffnete, hörte der NiederLänder über sich einen Ruf, schaute nach oben und sah am Fenster der Halle Kriemhild; ritt unter die Mauer und fing auf, was sie ihm zuwarf. Hielt, mitten im Winter, eine Blume in der Hand, die war aus Tuch geschnitten und gefaltet, vom Saft der Blutläuse rot gefärbt, die zog er seinem Fellmantel durch die Schlaufe.

So ritten sie fort. Einen halben Tag lang linksrheinisch, über die Höhen in Richtung Mainz. Bekamen alle Stunde Nachricht von den Wachen. Immer dieselbe Kunde, daß alles noch still sei, zum Main hin der Wald wie im Schlaf. Die Sachsen weiterhin im Lager vor Frankfurt, keinen Angriff aus Worms erwartend. »Dies ihres Lebens letzter Kuß«, summte Gernot, der Breitstämmige, den Schild hielt er auf dem Rücken, den Stoppelkopf schon jetzt unterm Helm. Vorn, in der ersten Reihe der Reitenden, leuchtete in blasser Wintersonne die Blume auf Siegfrieds Schulter.

Schiffe, mit Kriegern gut besetzt, waren gleichauf mit ihnen über die Rhein-Arme hinabgefahren. Nun legten die an und fuhren die Ritter durch die AuWälder hinüber ans rechte Ufer, achthundert Reiter insgesamt. Wieder an Land, drangen Nibelungen wie Burgunder auf einem alten Handels- und Heeresweg weiter vor, nun direkt in Richtung Frankfurt, durch Wald von Kiefern und Tannen. Die Schiffe sollten über den Rhein weiter hinabfahren, bis an die Mainmündung, dann den Main aufwärts bis vor die Handelssiedlung.

Unterwegs, da Giselher neben ihm ritt, fragte ihn der Nibelunge, wie groß dieser Wald sei. Der Wormser antwortete, dieser Forst wachse vom Main bis zum Neckar. Wieso mit dem nichts Hilfreiches angestellt würde, keine Rodung, keine Siedlung, schier nichts. Wem dieser Wald gehöre.

»Unserem Kloster in Lorsch. Ringwolf ist der LandHerr. Der duldet keine anderen. Aber sieh doch den Boden! der ist sandig, was soll anderes wachsen als Nadelholz.«

»Wo habt Ihr Eure Augen!« rief der Nibelunge. Er sehe wohl, daß hier meist Sand sei, aber zwischendurch auch bessere Streifen, guter Ackerboden. »Dies hier ist nicht bloß Quarz. Knapp Brot und Hunger im WurmsVolk, und hier könnten Domänen sein, Landgüter! Laßt Mönche ackern! Krämer!«

Giselher schüttelte den Kopf. »Das sind Bannwälder. An allen Grenzen – nach Franken, Alamannen, Bayern – ist es zu unsicher. Überfälle alle Jahre. Hat Chlodwig erst die Römer verjagt, wen hetzt er wohl als nächsten? Herrn Gere von Speyer hat er schon überfallen. Welcher Landmann wollte hier siedeln?«

»Die Ritter müssen mitackern, mitsiedeln!«

Wie sie so redeten, war hinter ihnen Bewegung entstanden, Unruhe. Sie ritten den langen Zug zurück, ja, dort sorgte eine Botschaft an Gunther für Palaver: Vom Südufer des Mains sei, so hatte ein burgundischer Reiter gemeldet, eine kleine Schar aufgebrochen, auf Kundschaft offenbar, zwölf Bewaffnete, nach Mittag zu und halb nach Abend, ihnen geradewegs entgegen. Über Abkürzungen sei der Bote dem Sachsentrupp vorausgeeilt, binnen kurzem wären die hier.

»Zwölf Mann?« fragte der NiederLänder. »Das paßt! Just soviel hat Gernot verloren, samt Ortwin von Metz!« Und bat die Burgunder, dieser Vorhut allein entgegenreiten zu dürfen. Er freue sich, endlich bekomme Balmunk zu tun. Nur Giselher solle ihn begleiten und der Jude.

Gunther blickte auf seinen Ratgeber. Dem war dieser Vorschlag zwar nicht geheuer, doch aus Hagens verfrorenem Gesicht kam kein Widerspruch. Nein, kein Gemunkel von Verrat, von Sachsen-Falschheit.

Da nickte Gunther und wünschte dem Nibelungen Glück. Das Heer blieb zurück, machte Rast.

Siegfried, auf seinem Rappen Grani, und Giselher auf seinem Schimmel, ritten den Weg weiter wie bisher. Immer in die Waldschneise hinein. Hinter ihnen, auf einem Esel, trabte der Wormser Jude. Das war ein kleiner, ängstlicher Mann, auf dem Rücken eine verschließbare Kiepe, aus Weidengeflecht. Der Mann murmelte. Schaute dabei auf seine Hände und redete in Worten, die nicht zu verstehen waren.

Der Nibelunge drehte sich um. »Wie ist Dein Name?«

»Hirsch.«

»Hirsch? Ein nützlicher Name im Dickicht. Kommt Gefahr, springt hinter uns Herr Hirsch davon. Sag, Herr Hirsch, wozu dient die Kiepe?«

»Falls, wie ich denke, das SachsenHeer geschlagen wird, so wollte ich wohl zum Lohn in Frankfurt dies und jenes gleich besorgen.«

»Ahi! ji ListMolch – Ihr wißt selbst am besten, Herr Kiepen-Hirsch, daß die Sachsen ihren Namen haben nach ›Sachs‹, dem Schwert. Berg- oder ÄckerFrüchte sind mit solchen Wüterichen nicht zu händeln.«

Der Mann sagte dazu nichts, schien aber zu nicken.

»Der SchlitzKnitz ist scharf auf blanke Steine, von glitzrigen Griffen – mit denen will er seine Kiepe füllen.«

Auch dazu sagte Herr Hirsch nichts, schien wieder nur zu nicken. Mochte aber sein, daß es nur der TrabSchritt seines Esels war, der seinen Kopf zum Nicken brachte.

»Kaum ist die Schlacht vorbei, da seh ich, wie Herr Hirsch sich Beute ausspäht, an Schwert und Schild, und knappst sich ab, was Goldwert hat.« Wandte sich wieder um an Herrn Hirsch und rief: »Gebt acht mit solchen Sachen, das macht die Räuber lüstern, mancher Herr Hirsch kam nie heim.«

»Ich bin ein schwach Mensch. Die Kiepe kuckt brav. Sieht aus, wie wenn sie KohlRüben birgt. Oder dicke Bohnen. Kein Räuber ahnt, was ich davontrag.«

»Hab ich's nicht gesagt? Ob Kutte oder KrämerKiepe – Verkappung ist die Mode. Rheinauf, rheinab.«

Derweil drangen sie tiefer auf dem überwucherten Wegstreifen, immer weiter in die wechselnd dichten Waldungen.

Sprachen nun nichts mehr. Suchten zu erkennen, ob vor ihnen, in den Lichtungen, zwischen Buschwerk und Bäumen, Bewegung zu erkennen sei. Wieder ritten sie über meist sandige Strecken. Auf alten Dünen stand der Wald. Aber in den tieferen Stellen war mooriger Grund, rieselten Bäche. Zu dieser Jahreszeit waren die eingefaßt in glitzernden Schmuck, aus Eis.

In einem der Tälchen, das besonders tief war und in dem der Bach sich bis an den alten Steingrund durchgearbeitet hatte, führte sie der Weg an einer Felsgrotte vorüber. Das war eine enge kleine Höhlung, in der ein Quellwasser über die Steinwand sprang. Der Nibelunge saß ab, ging zwischen die Felsen, beugte sich über das frische Wasser und trank.

Giselher war auf seinem Pferd geblieben, betrachtete den Mann im wilden Fell, den roten Lichtpunkt auf der Schulter. Wie er so nachsann und sich fragte, ob Handform oder Lindenblatt darunter verborgen sei, hörte er aus der Ferne ZweigeKnacken. Dort, auf dem Weg vor ihnen, noch weit, brach morsches Geäst. Die sächsischen Reiter näherten sich.

Er rief dem Nibelungen zu, warnte ihn. Der trat aus der Grotte, sah nach vorn, den Weg entlang und nickte. »Das paßt!« rief er wieder. Band sich den Fellmantel auf, unter dem er gerüstet war, warf den Ochsen-Umhang auf sein Pferd und bat Giselher, Grani auf guten Abstand zurückzuführen. Er werde ihn rufen, wenn er Hilfe brauche oder den Dolmetsch.

Giselher tat nicht ganz, wie der Mann aus Xanten geraten, ritt mit dem Herrn Hirsch und mit Grani nur um weniges zurück, suchte sich hinter dicht stehenden Bäumen zu bergen, um zu beobachten, wie es dem Nibelungen ergehen würde.

Der stand nun allein in der Lichtung, wartete vor der Grotte. Den Helm hatte er aufgesetzt, aber noch mit offenem Visier, den Balmunk noch in der Scheide, den Schild zu seinen Füßen.

Erst wenige Schritte vor dem Felsengrund, da sie hier mit niemandem gerechnet und am wenigsten mit einem Einzelnen, bemerkte der Reitertrupp den Mann.

»Wohin!« wurde ihnen zugerufen. »Nach Wurms kommt Ihr diesen Tag nicht mehr.«

Die Sachsen hielten an, berieten sich. Bis einer von ihnen vom Pferd sprang, vortrat und zurückrief: »So as Do stahs, magst Do wohl Sivrit sin – sech an! Stahs Do allein?«

»Jau, SachsenSaubär, plustrig Platzhirsch – hier steht Siegfried!«

»Vör wen stahs Do hie?«

»Für König Gunther und seine Schwester stehe ich. Nach Wurms? – Nur über mein Leben!«

Der mit ihm gesprochen hatte, ging wieder zu den anderen zurück, die Schar beriet sich. Dann wandte sich derselbe Mann wiederum von seinen Kumpanen ab, diesmal kam er mit allen Waffen heran, trat weiter vor als beim ersten Mal. »Pfui über Dich unterm Adler aus Rom! Das WurmsReich erschacherst Du mit Drachen-Geld! pfui über Siegmunts und Sieglinds Sohn, pfui über solchen Dienst! Sklav bist Du! RomSklav! Knecht beim WaldFraß!«

Auch die anderen Männer zogen zu solchen Verwünschungen ihre Schwerter, schlugen heftig gegen die Schilde. »Daß Dich die Schlang fressn! daß Dich die Nattern fülln mit NidGift, mit GierJauch!« Wieder und wieder trommelten sie gegen ihre Schilde, klapperte Metall auf Metall, das dröhnte düster durch den Forst. Mit Siegfried wollten sie nun das machen, so riefen sie, was sie mit

Ortwin von Metz getan, oh ja, »metzen«, zerschneiden, niederhauen würden sie nun ihn.

Da hob auch der Nibelunge den Schild auf, ließ das Visier herunter, zog sein Schwert. Hieb Balmunk ebenfalls, mit der flachen Seite, gegen den stählernen Schildbuckel, daß es klang wie Glokkenschlag.

Giselher dürfte gewußt haben, warum sie vor dem Kämpfen die Töne der Schmiede wiederholten und das Eisen schwingen ließen – um das Angstklopfen des eigenen Herzens zu übertönen, um den Widersacher einzuschüchtern. Und weil Erz, wenn es tönt wie in den Glocken und in den Höhlen der Schmiede, die Götter und die Geister auf die eigene Seite ruft.

Den Nibelungen schien die zwölffache Überlegenheit keineswegs zu entmutigen. Als hätte er soeben vom Born der ErdGöttin getrunken, war nun er es, der vortrat und sich offensichtlich überlegen fühlte. Heftiger als alle anderen schlug er Schild und Waffe gegeneinander. Und schrie: »›Erschachern‹? YerraFickament, dann kommt her, Ihr KackSäck – wir werden sehn, wer hier wen metzt!«

So ging es eine Weile wüst hin und her, mit Zurufen, mit Lärm und Schimpfereien, die freilich in Siegfried empfindliche Stellen treffen mußten, da die Sachsen ihm immer unverblümter vorwarfen, Irmins Nebelländer zu verraten und zu verkaufen, die heilige Kuh an den Adler, an das RaubTier, an die römischen ›Christknechte‹, an das ›latinsche Otterngizücht‹. Er sei, so hallte es durch den Wald, ein Hundsföttischer, ein Speichellecker vor den Papstkriechern, vor den ChristSklaven – die Drachentat hätte ihm den letzten Verstand geraubt, da seien Bären und Wölfe witziger als er, der GuntherKnecht, der niedrigste von NiederLand! Oja, auch ihn werde man schlachten wie Ortwin von Metz – so bullerten sie, schrien, höhnten.

Darüber war der Zorn auf beiden Seiten zu solcher Hitze aufgeladen, daß der vorderste der zwölf Sachsen vorsprang und mit Siegfried erste Schläge tauschen wollte. Doch schlug er zunächst nur Geäst herunter, köpfte Farn, als brauche er freie Bahn.

»Komm endlich ran, Löwenmäulken!« brüllte der Xantener. »Du Großmütterkenwind! Du Drachenfurz! Du Bischofsfick! – schlag zu!«

Da klang nun abermals der Gesang aus den Eisenhütten – aber aus Schädel- und Schulterstahl sang er jetzt, aus Arm- und Beinschienen. Da hieb Balmunk zum erstenmal in Menschenfleisch, da dröhnte und blitzte es zwischen den Bäumen – und brüllte alsbald der sächsische Ritter auf, tat seinen letzten langen Schrei.

Als die übrigen Elf sahen, wie schnell ihr Bester unterlag, berieten sie sich und beschlossen, gemeinsam auf den einzudringen, der, wie man wisse, mit den SteinDämonen im Bund stehe. Zusammen rückten sie gegen den AlberichGesellen vor – der wich nun zurück, bis in die Grotte hinein, so daß er seinen verwundbaren Rücken gesichert hatte und zu den Seiten geschützt war von den Felsen. Da konnte weiterhin immer nur einer den Angriff gegen ihn führen.

Als die elf Sachsen das erkannten, spotteten sie über seinen Rückzug, ob er sich anders nicht zu helfen wisse – wieder schimpfte der schwarze Ritter zurück, wieder toste es durch den Wald von singendem Erz. Die Rüstungen der Angreifer barsten schnell unter Balmunk.

Als abermals zwei gefallen waren und der Bach zwischen den Dünen sich rot färbte, besprachen sich die restlichen neun. Schließlich meinten sie, sie dürften vor einem Einzigen nicht feige sein und fliehen, sondern sollten hoffen, auch diesem Gegner müßten irgendwann die Kräfte erlahmen. Einem unter ihnen würde schon der entscheidende Streich gelingen – vor allem dann, wenn sie einander geschickt abwechselten und jeder nur solange auf den Verräter einschlage, wie er bei vollen Kräften sei – sobald sie nachließen, sollte der nächste an die Reihe kommen und für ihn einspringen.

So hielten sie es nun, so ging der Kampf weiter und tobte wohl noch eine volle Stunde, erbittert, ohne Unterbrechung. Da krachten die eisernen Gelenke, sprangen Schwerter in Stücke, brach ein Sachse nach dem anderen, ehe er zurückweichen und dem nächsten den Vortritt lassen konnte, in die Knie, tönten Wehklagen und immer wieder Schreie, aus Schmerz, aus Angst, aus Wut. Keinem der Angreifer gelang der erhoffte Treffer. Wie immer sie es auch versuchten, mit Drohungen und wildem Schlag, ob nun mit langer Lanze oder mit KurzSchwert und Dolch – stets endete das mit dem Ächzen eines Getroffenen, mit dem Wimmern eines Sterbenden. Der letzte Jammer, fand Giselher, klang immer wie ein Kinderschrei – und jedesmal war es einer der Sachsen, der geschrien hatte. Als einer von denen, die schon am Boden lagen, sich noch einmal aufrichtete und röchelte, schlug Siegfried ihm den Kopf ab.

Bis in die Dämmerung dieses kalten Tages dauerte das Gemetzel. Am Ende lagen zwölf Männerleiber vor der Grotte. Durchbohrt, aufgeschnitten, blutend, zerstückelt.

Der Nibelunge, wankend, ging an die Quelle. Diesmal schluckte er mehr als vor dem Gefecht. Trat dann hinaus, wollte über die toten Recken hinweg, blieb stehen, sah diesem ins Gesicht. Jenem. Schüttelte den Kopf. Schaute zu denen hinüber, die ihn beobachtet hatten. Näherte sich dann Giselher und Herrn Hirsch. Blickte die an, mit weit geöffneten Augen. Zögernd hatten die sich hervorgewagt, wußten von dem, was sie gesehen hatten, nicht recht zu jubeln.

Der SiegmuntSohn betrachtete ihre bleichen Gesichter. Und nickte. Kühlte sich die Stirn mit seinem Tuch, das hatte er an der Quelle genäßt. Und nickte. »Nu sört ji. Ji Klotsäck. Hm. Das ist andere Arbeit als BlutLiedchen singen! Irrwitz ist das. Aber so – mein Gislahar, mein Herr Hirsch – so zerbläu ich jedes Hirn, das mich runterschimpft zum Arsch der Welt. Ich bin kein Speichelleck. Hab niemanden verkauft. Auch mich selbst nicht.« Wieder wischte er sich Stirn und Nacken. Begann dann, den Panzer sich aufzuschnüren, vom dampfenden Leib zu nehmen.

»Mag sein, besser wäre mehr List. Mehr ›Giribinheit‹. So rät Sieglind. Auch Baldinai.« Und wiederholte seufzend dieses Wort »›Giribinheit‹.«

Danach hielt er inne, weil er wohl bemerkte, wie sprachlos die anderen waren, Giselher wie der Wormser Handelsmann. Da warf er die schwarze Brünne zu Boden, packte den Herrn Hirsch bei den Schultern, schüttelte ihn und sah ihn an, noch immer rot vor Hitze, schweißnaß vor Anstrengung: »Du Klugwurm! gib Acht! Als das Wort kam: ›erschachert‹ – ich erschacherte mir das WurmsReich – dies Wort! hörst Du, Hirsch? – das ist SterbensWort!«

Der Herr Hirsch nickte. Suchte sich aus den Fäusten zu lösen.

»Jude, ich laß Dich los – aber gib mir Deine Kiepe!«

Ehe der Handelsherr recht verstanden hatte, nahm ihm der Nibelunge den Korb vom Rücken. »Diesmal wird's nix mit Krämerei in Frankfurt«, setzte er hinzu und ging mit dem Weidengeflecht zurück, verschwand in der Grotte. Hinter den Steinen hörten sie einen Schrei. Ein Flügelflattern. Dann kam der AlberichGeselle mit dem Korb wieder heraus, kehrte zurück, öffnete den Deckel und ließ sie hineinschauen. In der Kiepe hockte, zitternd, eine weiße Eule.

Rings um eine Fischerhütte war das Rastlager aufgeschlagen. Dort berieten sich nun die Herren aus Burgund mit dem NiederLänder und beschlossen, am nächsten Tag früh aufzubrechen und noch vor

Mittag das Sachsenheer zu überfallen. Man schickte Boten, den Schiffsleuten auf dem Main Bescheid zu sagen.

Giselher hatte beim Feuer Bericht zu geben. Erzählte vom Sieg des Nibelungen. Als alle wußten, wie der Xantener die zwölf Sachsen erschlagen, hob sich die Stimmung; jedenfalls bei denen, die nicht dabei gewesen waren. Wieder schallte an den Abendfeuern das Lied von der Sachsen Not; vom Blut, das der MainStrand trinken werde.

Da sah man den AlberichGesellen, wie er mit seinem Dolch den Ast einer Esche spaltete, über die halbe Länge des Holzes. Die andere Hälfte des Astes ließ er unaufgeschnitten – Giselher, der wissen wollte, was das werden solle, bekam zu hören, dies sei einer von des Baumkönigs AsnithiKniffen. Und mußte dem Xantener eine Hand reichen – der ließ die beiden Asthälften zusammenklappen, daß sie Giselhers Hand einklemmten. »Morgen«, sagte er, »holt sich Kriemhilds GreifVogel den ersten Fang.«

Am andern Tag, noch vor der Dämmerung, wachte Giselher in der Fischerhütte auf, hatte unruhig geträumt – weniger vom eigenen blutigen Lied als von dem, was er an der Felsengrotte mitangesehen hatte.

Da es hell wurde, stand er auf und wollte hinausgehen und bemerkte, daß der Nibelunge fehlte. Vor der Hütte fand er Walthari – der wies ihm den Weg. Und bald sah Giselher den Ritter. An einem Waldrand versteckte der sich vor dem Morgenlicht, duckte sich in ein Gebüsch und bedeutete ihm, sich gleichfalls zu verbergen.

Der NiederLänder hatte das längs gespaltene Holz zwischen zwei nahen Bäumen in Astgabeln gelegt wie ein Reck. In die beiden Asthälften hatte er ein Holz geschoben, das sie weit auseinandersperrte. Zwischen diesen klaffenden Hälften hockte die Eule aus der Grotte, auf einem zweiten Ast unter dem ›Reck‹ saß sie und rührte sich nicht – das Tier, am Tag blind oder in Furcht vor Raubvögeln, blieb unbewegt, mochte aber auch sein, der Nibelunge hatte den Nachtvogel festgebunden. Besser zu erkennen war der aus Pferdehaaren geflochtene Zug, der von dem Holz, das die beiden Asthälften auseinanderhielt, bis hinunter in das Gebüsch reichte, wo der AlberichGeselle das Ende in der Hand hielt. Giselher hockte sich neben ihn, beobachtete die Vorrichtung; und sie brauchten nun nicht mehr lange zu warten – wie ein Schatten fiel es vom Himmel, ein Raubvogel stieß auf die Eule und war aber, bevor er seinen Hackschnabel in den Nacken des Opfers schlagen konnte, selber gefesselt, der Jäger hatte an der Leine gezogen, das Holz war herausgesprungen, die Asthälften hatten dem Raubtier die Fänge gefangen. Eingeklemmt schlug der GreifVogel um sich – der Nibelunge, die Hände mit zweifacher Lage Rindshaut geschützt, holte sich beide Tiere.

Nun kam, statt der weißen Eule, das Raubtier in die Weidenkiepe. Der Ritter selber schnallte sie dem Kaufmann auf den Rükken.

Doch auch den Nachtvogel ließ er mitnehmen.

Wenig später zog das Heer der Burgunder und der Nibelungen weiter, rückte gegen den Main vor. Dabei kamen sie an den Toten vor der Felsgrotte vorüber und bemerkten, daß die Wildtiere schon bei ihnen gewesen waren. Als er das sah, beschied der Nibelunge, die Erschlagenen zu begraben, auch wenn sie ihn zu ihren Lebzeiten einen Räuber genannt hätten, Verräter, Verkäufer sogar.

Als die Toten in Felsbetten lagen, der aufgehenden Sonne zugekehrt, machten sich die achthundert Krieger wieder auf den Weg, ritten durch die verwachsene Waldschneise. Nach anderthalb Stunden erblickten sie gegen den hellen Winterhimmel die neuen Tore und Türme von Frankfurt, errichtet auf Resten des aufgelassenen RömerKastells. Ortskundige verteilten die Kämpfer rings um das Sachsenheer. Das lagerte in der Tat bei einem Wald, am Südufer des Main – vor dem Gehölz war freies Feld, wohlgeeignet zur Schlacht. Giselher, der sich auszukennen schien, hatte sein Lied auf diese Ebene hingesungen. Doch lief dann auf diesem Feld anderes ab, als es der Sänger vorausgewünscht hatte.

Es kam so, daß Siegfried, während die Angreifer sich noch im Verborgenen hielten, darauf bestand, man solle nun nicht einfach über die Eindringlinge herfallen, sondern zuvor, mit Hilfe von Herrn Hirsch, erkunden, welcher Herzog sie führe, woher sie seien, was sie wollten.

Darüber kam es zum Streit zwischen Hagen und dem Mann von Niederrhein, zu Wortwechseln, die Gernot nur mit knapper Mühe und schnellen Griffen an den Arm schlichten konnte. Der Xantener erklärte, was die Burgunder bei Würzburg auf dem Marienberg angerichtet hätten, das sei nicht so lobenswert, als daß es unbedingt wiederholt werden müsse. Die Untat an Ortwin und den anderen elf erschlagenen Wormsern sei gerächt, jetzt sei Schluß mit Fehde wie Gegenfehde.

Was er stattdessen vorschlage. Da antwortete er, die Sachsen pflegten von einem Herzog geführt zu werden, den sie in freier Wahl bestimmten. Mit diesem Haudegen, der sicher ihr bester sei, wolle er kämpfen – stellvertretend für beide Heere. »Wenn sie erkennen, daß sie umzingelt sind, werden sie sich schon auf den Zweikampf einlassen.« Und da er, der Hürneme, siegen werde, würde weiter kein Blut mehr vergossen. Und könnte alsdann frei überlegt werden, was danach geschehe – nur für einen neuen Volksmord, wie Hagen ihn im Schilde führe, gebe er sich nicht her.

Diesen Vorschlag erwogen die Königsbrüder lange. Giselher und Gernot stimmten endlich zu, Gunther verließ sich auf Hagens Rat. Auch der willigte schließlich ein, wenn auch mit Mißtrauen. Da der Nibelunge mit den zwölf Kundschaftern nicht paktiert, sondern sie erschlagen hatte, wollte er ihm auch hier das Feld überlassen, in Gundomars Namen.

Da war der König froh und bat den Nibelungen, auch diesmal vorauszugehen – auch in den Wortgefechten sei er, wie Giselher berichtet habe, unzweifelhaft der Beste. Notfalls, brummte Hagen, werde der Herr Hirsch Siegfrieds friesischkeltische Flüche ins Sächsische dolmetschen.

So wurde denn, noch aus dem Versteck heraus, das KriegsHorn geblasen. Und alsbald war die Luft erfüllt vom wilden Geschrei der Kämpen und der Schildschläge, dem Klappern und Klingen von Schwertern und Lanzen. Die Sachsen waren überrascht und bald überrumpelt – wo immer einer ihrer Krieger ein Schwert hatte greifen wollen, war es ihm abhanden gekommen, wo einer ihrer Edelinge noch nach Knappe und Lanze schrie, da erhielt er einen Hieb über den Schädel, wo gerade einer noch nach Schild und Dolch greifen wollte, trat ihm ein Nibelungenfuß auf die Hand – die Sachsen hatten sich zu ergeben.

Ihrem Herzog – dem als einzigem – ließ man die volle Rüstung. Doch als er sah, wie es um die Seinen stand, senkte er das Schwert, warf den Schild.

Der Xantener, ebenfalls zugerüstet bis über den Hals, trat vor den Heerführer der Sachsen: »Nicht so! Wie Du Herzog bist, bin ich es auch – nun wollen wir zwei uns schlagen an Heeres statt! Komm! pack deine Zinken! schnapp Deinen Eisendeckel! Du mickrig Memmeken, Du SachsenSchwänzgen, nun hack endlich zu! sonst zerrupp ich Dich wie'n Hering!«

Aber der SachsenHerzog, verborgen hinter Eisen, stand wie starr. Obwohl der NiederLänder spottete und spuckte und das Gelächter der zuschauenden Nibelungen und Burgunder immer lauter wurde – der Gegner rührte sich nicht. Statt Schild und Schwert wieder aufzuheben vom Sand, klappte er im dunklen Helm das Visier hoch – und betrachtete aufmerksam sein Gegenüber.

»Ick sull virflucht sin oddar heff ik mik virhört? is dat nit Sivrits Stimm? Sivrit vun Xanten? vun Siegmunt und Sieglind? mit dem ik tosamm in Lehr was bi düsen lausig Herr Erlerich Ahlerich?«

Da klappte sich auch Siegfried seinen Helm auf, riß ihn sich vom Kopf und breitete die Arme aus – zur Verwunderung beider Kriegshaufen, die auf einen erbitterten Waffengang gehofft hatten, lagen sich die Kriegsführer in den Armen, schrien ein ums andere Mal »Yerra!« und »Bejobs!« und »Pottvirdicki!« und dergleichen und »Ahi!« und schlugen sich dazu mit den beschienten Pranken auf die SchulterBrünnen, daß die Scharniere quietschten. In diesen krachenden Umarmungen fielen sie schließlich beide um, ja, da wälzten sich die FeldHerren nunmehr eng umschlungen im Sand, freuten sich wie die Kinder. »Dösbaddil, dusslig!« und »Old Kumpl virwämsin? wu gibt dat suwat!«

Siegfried und Herzog Liudger, der Führer des WestfalenHeers, die hatten beide, so wurde bekannt, in der Eisenhütte an der Ruhr das Waffenschmieden gelernt, kannten sich von Asnithi, waren eng befreundet und dachten nicht im Geringsten daran, sich nun die Helme zu spalten und die Schädel.

Da sah man in Hagens Antlitz Bitterkeit. Eben so etwas hatte er vorausgesehen. Nun erhob sich ein vielstimmiges Hin und Her und Palavern und wurde Siegfried befragt von allen Seiten – zuerst von Liudger, noch als er dem WestfalenHerzog in den Armen lag: Wie denn der Xantener sich unterstehen könne, diesen Heuchlern und Meuchlern zu dienen, den Wormsern, die am mittleren Main, auf dem Berg, den sie Marienberg nennten, fünfhundert ostfälische Sachsen abgeschlachtet hätten, so hinterhältig, wie es allein und für immer die Römer verdienten, aber nicht ein Gegner Roms durch den anderen. Da richtete sich der NiederLänder auf, wehrte ab und sagte, er diene schon auch dem Sachsenvolk – soeben noch habe er verhindert, daß ein zweites Gemetzel stattfinde wie am Marienberg. Stattdessen habe er den Zweikampf zwischen ihnen beiden verlangt, freilich hätte er nicht ahnen können, wen die Westfalen sich als Herzog gekürt hätten.

Zur selben Zeit zürnte Hagen den burgundischen Königsbrüdern: Da sähen sie, auf welchen Berater sie sich eingelassen. Ein Sieg sei verschenkt worden, weil dieser Halbwilde von der unteren Lippe in der Tat eher ein Sachse sei als einer der ihren. »Diese Nebeljungen, da seht Ihr sie, nun mauscheln sie, hecken neue Schmach aus für Burgund – o hätten wir nur zugeschlagen!«

Da trat der Xantener in die BurgunderRunde, brachte Herzog Liudger mit und erklärte, der Herr der westfälischen Sachsen ergebe sich kampflos, erwarte den Spruch der Burgunder.

»Fürwahr«, seufzte Liudger, »ik will him hörn, ürn Spruch, abbar vum NidgirZwinger Sivrit will ik him hörn, nit vun düsn Finstarlink.«

Da mußten Siegfried und Gernot gemeinsam den Waffenmeister im Zaum halten, der nach Rache schrie für Ortwin von Metz, für zwölf burgundische Leute.

Als einigermaßen Ruhe hergestellt schien, erklärte der Nibelunge, für Ortwin und die anderen elf sei Rache genommen, die seien auch nicht von Liudgers Stamm ermordet worden, sondern von Ostfalen. »Trotzdem, ich sehe wohl, wie Ihr beide, Liudger und Hagen, gegeneinander soviel Groll hegt, daß ein Schiedsspruch gefunden werden muß, einer, den Ihr beide annehmen könnt, ohne daß der eine ihn als Niederlage und der andere ihn als Schmach und Raub empfinden muß, woraus, wie man seit Urzeit weiß, Streit wächst.«

Als sich alle mit dem Herzog niedergesetzt hatten auf Decken, die Dankwarth herbeischaffen ließ, als dann ein Trinkbecher zu kreisen begann in Sonnenrichtung, da sprach Liudger folgendermaßen. »Wenn ik bidenk die Ursach vun use Plag, warum tusind Sachs sind zirstochn – abar ook Gundomar ond viel BurgundarholmMann – alsdann zwöllif ChernotDegn zi Rheine – ond nu zwöllif OstfalKämp im Wald op Wurms – wenn ik dat bidenk, find ik – die Ursach all dess is Gier om Land. Üt Orient ziehn Hunn, Slaw, Awar, die raubn Platz. Die Ursach allar Plag – is RaubGier.«

Er unterbrach sich, der Trinkbecher kam zu ihm; den hielt er hoch und sagte: »Ik trink op die Ostfal!« Dieser Stamm der Sachsen sei nun nahezu ausgerottet. Die zwölf, die jetzt ebenfalls tot seien, hätten nicht warten wollen, bis die Dänen aus Trier nachgekommen wären zum gemeinsamen Sturm auf Worms. Die hätten auf eigene Faust Rache nehmen wollen für den Marienberg, wo ihre Väter und Brüder erschlagen wurden. »Ik trink op die Ostfal!«

Der SachsenHerr trank lange, schluckte laut. Schließlich begann der Nibelunge folgendermaßen zu reden. »Derweil hab ich einen

Spruch vorgegoren. Ich denke, mein Plan paßt. Wie ein geschmiedeter Bolzen paßt er, mitten hinein in Liudgers Rede von der RaubGier. Und dieser Spruch geht so: Wir alle gehören der Erde, und die Erde gehört uns allen. Darum soll, unter NibelungenSchutz, an dieser Stelle, auf der wir jetzt sitzen, eine sächsische LandSiedelei beginnen, unter NibelungenSchutz sollen die Westfalen Ackerbau tun und Obstbau. Der Boden ist gut, das sieht Freund Liudger, das hat er gelernt bei Erlenkönig Alberich. Holt Eure Frauen und Kinder von Lippe und Ems – mag sein, die Burgunder wissen noch andere Plätze, die Siedlung brauchen. Platz gibt's dick und satt, rund ums rheinische Burgund!«

So hat er geredet. Und so ist es am Ende geschehen. So mußte es, nach langem Gespräch mit Liudger, selbst Hagen gutheißen. An den Rändern des Wormser Reiches, in den unsicheren Bannwäldern, wurden sie angesiedelt. Zuerst südlich von Frankfurt, in ›Sachsenhausen‹. Auf eben dem Gelände, das Schlachtfeld hatte werden sollen.

Danach aber auch an anderen Orten. Als nächstes bei einer Stelle, die hieß seit jenen Zeiten ›Sachsenheim‹. Die liegt nicht allzu weit hinter Pforzheim, beim Eingang zum Schwarzwald, dort, wo selbst die Römer sich geweigert hatten, weiter vorzurücken ins Gebirge.

»Dies war Herrn Siegfrieds Externstück, dies war der Sachsen Glück« – so endete von da an Giselhers abermals erneuertes Lied. Noch lange ging an den Lagerfeuern das Nachdenken, welche Tat dem Namen des Fremden mehr Ehre gemacht hätte – diejenige, in der er zwölf Ostfalen besiegt, die Mörder des Ortwin von Metz, oder diejenige, in der er den Frieden hatte siegen lassen.

Am nächsten Abend, bei der Ankunft in Worms, obwohl es zu schneien begann, liefen viele Leute vor die Königsburg, die Heimkehrenden zu begrüßen und mit Strohblumen zu bewerfen. Wer diese Menge, die da die Jubelgasse bildete, betrachten konnte, wäre nie auf den Gedanken gekommen, die Menschen im Mittelalter seien finster gewesen oder alle klein von Wuchs, sondern der hätte sich gewundert über soviel Lebendigkeit und auch darüber, wie verschieden groß die Leute waren. Die Edlen, die Herren ragten heraus, Siegfried wäre auch heute als ungewöhnlich groß erschienen. Doch man kann diese Menge noch immer betrachten, die Knochen gibt es. Zum Beispiel ist da der eine Oberschenkel um die

Hälfte größer als der andere – der längere ist Herrenknochen, ist Rittergebein. Die da oben waren schon immer fein heraus und höher hinaus, der Mann aus Xanten gut zwei Meter hoch. Die burgundischen Fürsten freilich ein wenig zierlicher, doch immer noch größer als jene, die von Kind an selten Bohnen, kaum Fleisch zu essen hatten. Klein blieb die Menge der Kahlgeschorenen, der Keltenblütigen, der Fronbauern, der Unterlegenen, der Abgabepflichtigen, der Leibeigenen. Nun aber jubelten sie, warfen Blumen und gafften.

Vorm Burgtor sprang der Nibelunge vom Pferd, lupfte die Kiepe von Herrn Hirschs Rücken, wies Walthari an, aus einem der HortSchiffe ein goldenes WeibStück zu holen, eine Frauenfigur ganz aus Gold, zahlte Herrn Hirsch mit der Figur reichlich die entgangenen Geschäfte in Frankfurt – und näherte sich dann, mit dem Korb, der Königstochter. Die erwartete ihn im Pfalzhof. Auf dem frischen Schnee stand sie, in schmalem Gewand aus Rot und Gold, nun auch mit einem Umhang aus dem Schwarz des Biberfells. Ihr überreichte er sein Geschenk, den Korb.

Als Kriemhild den Kiependeckel öffnete und das Raubtier erblickte, wurde sie rot, dankte sehr und fragte verwirrt, was Siegfried darauf gebracht habe, ihr einen so wunderbaren Falken mitzubringen.

Der Nibelunge verneigte sich und antwortete, für sie sei ihm nichts wunderbar genug. Den JagdVogel habe er deswegen gefangen, weil Giselher ihm von ihrem Traum erzählt habe und weil er wünsche, daß dieser Traum sich in aller Pracht erfülle. Dazu verneigte er sich abermals, wie es höfische Sitte ist und wie er sie nun offenbar zu erlernen begann. Bei dieser Verbeugung bekam er nicht mit, wie Kriemhild die Farbe gewechselt hatte, wie aus dem Rot die Schreckensfarbe geworden war. Sie schloß aus seinen Worten, daß Giselher von ihrem Traum nur die erste, die schönere Hälfte erzählt hatte. Während sie sich zu fassen suchte, behielt er seinen Kopf leicht geneigt und sagte leise, er, der Falke, erwarte ihre ›Erziehung‹. Und blickte dann auf, ebenfalls ein wenig rot, und fügte rasch hinzu, die nebelländischen Falken seien schwer zu zähmen, blieben stets begierig auf weiteren Beuteflug.

Sein erster Ausflug sei ihm vorzüglich gelungen, antwortete Kriemhild und hat dies schon wieder laut gesprochen, so daß die Umstehenden es hören konnten. Da sagte der Nibelunge, dieser erste Ausflug habe ihn noch nicht sehr weit geführt, sei noch nicht ertragreich genug ausgefallen. Ihn dränge es zu fernerem Flug, zu weit edlerem Fang.

Die Umstehenden spitzten die Ohren, dieses Gespräch schien ihnen aufschlußreich; auch die Antwort, die Kriemhild nun gab: Sie bedankte sich abermals für ein so prächtiges Tier, doch bezweifelte sie, ob ein ausgewachsener Falke noch zu erziehen sei.

Der SieglindSohn hat dazu gelächelt und gemeint, sie solle es versuchen und ihre Künste ausprobieren – in verdunkelter Kammer werde auch ein erwachsenes Jagdtier schon noch zahm. Zartes Lockfleisch und sanfte Töne seien da überaus hilfreich, auch beruhigendes Streicheln und viel Freundlichkeit hätten schon Wunder gewirkt, selbst bei dem wildesten Greiftier.

Da fast alle, die alsdann in der Halle beisammen saßen und gut Straßburgisch zu tafeln hatten – mit den Soßen und den Gewürzen aus dem Alemannischen wie aus der *Sapaudia*, dem heutigen Savoyen – da fast alle diese Bemerkungen selber gehört oder erzählt bekommen hatten, war nun viel zu denken und zu reden. Vor allem darüber, was der Nibelunge gemeint haben mochte mit dem ›weit edleren Fang‹.

Ungewiß war nämlich noch ein weiterer Sorgenpunkt. Von Liudger hatte man gehört, daß die Sachsen verbündet waren mit ihren nördlichen Brüdern in Jütland, mit den Dänen. Wo aber waren diese schiffstüchtigen Leute geblieben? Herzog Liudger, als er nach dem DänenHerzog genauer befragt worden war, hatte erklärt, die Dänen hätten sich an der Lahn von ihnen getrennt, sie, die Westfalen, seien über Land gezogen, über Fulda und durch die Wetterau. Der JütenHerzog Joringel sei ein eigensinniger Herr, der habe seine Schiffe keinen Augenblick lang verlassen und außerdem ausnützen wollen, daß die Rheinpassage frei geworden war, die Enge bei *bonna*. Darum habe er weitere DänenBoote den Strom heraufrudern lassen – mit denen wollte er moselauf fahren und das alte Trier plündern, weil er dort, wohl mit Recht, vermutete, daß römische Schätze gehortet würden. Erst also wollte der Trier belagern, danach wieder moselabwärts und den Rhein und Main hinauf und mit den Westfalen dann gemeinsam gegen das neue Byzanz. So war der Plan. Nur darum habe man vor Frankfurt das Lager bezogen und gewartet. Er fürchtete, dieser Herzog von Jütland werde den Nibelungen wie den Burgundern weniger freundschaftlich begegnen als Siegfrieds alter RuhrGenosse. Vorm Herrn Joringel und seinen Kriegern sollten sie sich vorsehen.

Meinte der Nibelunge mit seinem Falkenspruch diese neue Gefahr? Galt sein ›fernerer Fang‹ der Drohung aus Dänemark? Wie lange würden die Jütländer brauchen, um Trier zu erobern? Waren noch die Treverer dort oder schon Chlodwigs Merowinger, wer würde die Flußräuber zurückschlagen? Darüber wurde nun an der Abendtafel im Burgundenhof gemutmaßt.

König Gunther dagegen versuchte, Liudgers Bericht zu vergessen. Ihm wollten Siegfrieds Ankündigungen eines ›weiteren Fangs‹ lieblichere Aussichten öffnen, ihn erinnerten sie an Eisland und Brünhild. Der Hausherr, der wieder kaum etwas aß, träumte von anderen Genüssen, ersehnte sich die mächtige, die Zauberfrau auf Isenstein.

Andere im Saal, wahrscheinlich nicht nur Hagen, überlegten, wie ernst Liudgers Warnungen vor den Dänen zu nehmen waren – oder welche weiteren Abenteuer der Nibelunge gemeint haben könnte. Und welche Gefährtinnen und heimliche Lieben bereits zu seinem ›edlen Fang‹, zu seiner Strecke gehörten.

Bischof Ringwolf begann zu mahnen, nach so guten Mahlzeiten solle man nicht wieder nur den Gefahren und Lüsten des Leibes nachhängen, ob es dem Menschentier nicht besser anstünde, auch einmal die Seele einzufangen. Da fuhr Giselher vom Tisch auf und verlangte nach Rumolt, dem Küchenmeister – der wisse, was Leib und Seele einfange und zusammenhalte. Rumolt von Straßburg erschien, noch im KochLeder, schwitzend, und fragte, woran es fehle.

»Uns fehlt«, sagte Giselher, »nachdem wir Deine vorzüglichen Truthähne und Lammkeulen genossen und den Wein – uns fehlt jene Geschichte, die Du mir berichtet hast vom *silva nigra*. Erzähl sie dem Bischof hier, der nicht erkennen will, wie gerade der gelüstigste Leib zugleich der frömmste ist und der seelenvollste.«

Da lächelte der Koch und legte langsam die lederne Schürze ab. Dankwarth ließ einen Stuhl in die Hallenmitte rücken und Rumolt einen Becher reichen. Man legte im Feuer Scheite nach und schwarze Steine, denn von Mitternacht her stürmten Eisnadeln um die Burg, fuhren durch die Mauerlöcher bis in die Gänge und Kammern. Den Rhein hinab standen alle tausend Klafter eine Wache, auf die Dänen zu achten, auf den JütlandHerzog.

Und dann erzählte der Küchenmeister die Geschichte vom Hirschsprung. Die er allerdings ebenfalls, so gestand er, für eine

Geschichte der Gelüstigkeit halte. Er trank tiefe Schlucke, sagte dann, als er sie zum erstenmal erzählt habe, hätte Herr Giselher gemeint, wer diese Geschichte kenne, verstehe einen wie den Nibelungen besser. Darüber zu urteilen stehe aber einem Koch nicht zu, nur einem Gelehrten wie Giselher. Und er begann.

»Da war mal, noch vorm Anfang unserer Zeiten, ein Dorf am oberen Rhein, in dem lebten die Leute vom Fährdienst und vom Fischen, hatten aber jährlich Kummer mit dem Fluß. Der wilderte, änderte immer wieder seinen Lauf und überflutete die Ebene zwischen Waskenwald und *silva nigra*.

Als wieder mal im steigenden Rheinstrom Hütten und Schuppen wegbrachen, Vieh und Vorräte davontrieben und die Menschen sich nur mit Not an das Ufer retteten, da sagte der Lauser, dem Eltern und Geschwister ertrunken waren: ›Nun reicht's. Erzählt, was Ihr wollt, ich bleibe nicht hier. Mehr Unheil als hier unten wartet auch im Gebirge nicht.‹ Und wollte hinaufsteigen in die Wälder. Da begannen die anderen Tölpel zu zetern und malten ihm die Gespenster aus. Die WaldBerge habe noch niemand durchquert, nicht mal die Römer.

Lauser schlug sich mit der Kappe die Mücken aus dem Gesicht, hängte ein Bootsseil über seine Schulter und stapfte davon. Stieg über die vorderen lichten Hügel geradewegs auf den obersten der schwarzen Berge zu. Nun lief ihm noch sein Freund nach und beschwor ihn, er sei des Wahnsinns, er marschiere reinweg in sein Unglück, ob er nicht wisse, daß auf der höchsten Kuppe die Scheusale des Nachts ihre Grubensteine öffneten und, was an Lebendem umginge, aussaugten. ›Ich weiß‹, nickte Lauser und ging weiter. Ob er denn nicht gehört habe, daß dort oben Hornissen surrten und ihn in die Moore jagten und stächen, daß er giftgelähmt im Sumpf läge bis zur Nachtstunde, in der die Insekten wiederkämen als Vampire, um sein warmes Blut zu trinken.

›Ich weiß alles über den SchwarzWald‹, rief Lauser zurück, ›ersauf Du in Deinem Rhein!‹

Und drang hinein, unter den dunklen Tann. Da war es zwar dunkel, aber auch voller Bewegung, da schreckten Wildtiere auf und flohen, Vögel flatterten hoch mit aufgeregten Schreien. Lauser stieg wie in Ruhe die düsteren kalten Hänge hinauf. Bis er dorthinkam, wo er schon von weitem die Hornissen hörte.«

Rumolt nahm einen Schluck vom Goldküstenwein, man sah, daß ihm heiß war; hier in der dunstigen Halle schien er stärker zu schwitzen als über seinen Pfannen. Er trank nochmal und erzählte weiter: »Lauser setzte sich auf einen gefallenen Tannenstamm und lauschte. Vernahm im Forst die Klagen der Kreatur. Das Drohen der Insekten. Sah aber auch schon die kahlen Höhen des Gebirgs leuchten, geradewegs über sich.

Neben dem Tannenstamm wuchsen Beeren, schwarze und rote, von denen aß er und fand sie süß. Und wie er die gegessen hatte und so dasaß und die Sonne ihre Strahlen schräg bis in den Hochwald senkte, erblickte er auf einer Lichtung zwei Wilde. Die drehten eine Holzwinde und wickelten darauf, was hervorgezogen wurde aus dem Leib einer Frau. In langer Reihe ordneten sie den Darm auf die Winde, daß Lauser sich anstrengen mußte, bei Verstand zu bleiben. Und sah abermals dorthin und erkannte, daß die Wilden riesige Vögel waren, prächtig gefiedert wie Falken, die das Gewickelte aufpickten. Über dem Verschlingen gerieten sie jedoch in Streit, so daß sie aneinander hochsprangen und nicht darauf achteten, wie sie mit ihren Krallen den Leib der Frau zerhackten.

Aus dem Baum, auf dem er gesessen, riß Lauser einen Ast, der war armdick. Mit dem sprang er schreiend auf die Lichtung – fand aber nur einen einsamen blauen See.

Kreisrund war der und hell wie der Himmel. Nur hinten, unter den höheren Tannen und alten Lärchen, blieb das Wasser schwarz. Vor ihm dagegen glitzerte es, murmelte und schlug in kleinen Wellen gegen das Ufer, als sei da soeben jemand hinabgetaucht.

Von der dunklen Waldseite rumorten wieder die Insekten – da fuhr Lauser mit seinem Ast durch die Luft herum und schrie: ›Grindeln kann auch ich! schnurchen und fuchtig fauchen kann ich am besten!‹ Und wirbelte das Holz über seinem Kopf, bis das winselte und sich schwer machte und er bemerkte, daß er einen Frauenleib herumschleuderte. Er hielt an und legte den Körper vorsichtig ins Ufergras. Da rutschte das Weib halb in das Wasser hinab, aber er hatte wohl gesehen, daß es statt zweier Menschenbeine einen Fischschwanz hatte, mit dem plätscherte es in den Wellen. ›Danke‹, sagte die Geisterfrau, ›danke, daß Du mich gerettet hast vor den Darmwicklern. Und weil Du mutig bist, will ich Dir zeigen, wie man sich vor den Hornissen schützt. Komm her!‹

Als Lauser kam, umfing sie ihn mit ihren Armen und zog ihn in den See, daß es ihm war, als wäre der nicht aus Waldwasser, sondern aus Mohnduft und Krautsalben und Milch und Honig. Nie meinte er leichter geschwommen zu sein und mit so vieler Wonne.«

Rumolt trank wieder, lächelte und ließ sich den Becher neu füllen. Da nistete sich Behagen ein in fast allen Zuhörern, im Kamin sprang die Glut. Nur der Bischof war, die Hand vor der Brust, im Dunkel hinter den Säulen verschwunden.

»Nach diesen Wonnen mußte Lauser wohl geschlafen haben, denn er fand sich am Ufer liegen, als die Sterne schon schimmerten; gerade so lag er, wie er die Wasserfrau gesehen hatte, halb noch in den Wellen. Nur daß seine Beine keineswegs zusammengewachsen waren. Den Pilz- und Krautgeruch roch er überall, an den Händen, auch in seinen Kleidern. ›Dank, Murmelfrau‹, rief er über den See, ›Dank für die Salbung!‹ Aber es kam keine Antwort. Die Schwärze des Hornissenbergs blieb still.

Gestärkt zog Lauser fort, ging weiter bergauf und wünschte sich, eine wie diese Seefrau öfter zu treffen. Wie er so fortkletterte, entdeckte er im Dunkel vor sich zwei Kapuzen. Die hatten jede zwei schwarze Augenlöcher und knurrten ihn an aus dem Gezweig, wie Hunde. Doch näherten sie sich höchstens auf zwei Sprünge, wichen jedesmal so zurück, wie er selber vorwärtsging. Und als sie bei jedem von Lausers Schritten aufjaulten, merkte er, daß es die Düfte der Wasserfee waren, die ihm diese Flurzer vom Leib hielten. ›Macht Platz, Stinktiere!‹ schrie er. ›Verduftet!‹

Da begannen die, Bäume aus der Heide zu ziehen. Die Fichten ächzten, doch das Klagen half ihnen nicht, sie wurden herausgerissen zum Schlag gegen Lauser.

Wie der noch meinte, gleichfalls einen Baum oder wenigstens wieder einen Ast packen zu sollen, flackerte aus dem Himmel ein Irrlicht, das senkte sich zwischen die Büsche und zeigte dem Lauser wie den Kapuzenmännern einen seltsamen Schrecken. Der war so, daß die Kobolde ihre Stämme fallen ließen und auch Lauser keinen Schritt mehr zu gehen wagte. Denn dicht neben den Kerlen, gleich neben ihren vier dunklen Augenhöhlen, hing im Schimmer des GeisterLichts eine Gestalt. Die schien gehenkt. Hing, mit einem Seil um den Hals, an einem Baum. Und kam dem Lauser bekannt vor. Ja, seine Seefrau baumelte da zum Schabernack für die Mützengeister und hatte statt des Schwanzes zwei Beine, mit denen zappelte sie plötzlich, dicht vor den Kapuzenköpfen, so daß die aufheulten, sich duckten und abwärtsklabasterten, weg durch die Büsche.

›Danke, Narri Narro!‹ rief er. Doch da war auch das Licht erloschen, die Gehenkte nicht mehr zu sehen. ›Dank, Narrenfrau‹, flüsterte er. Und ging weiter. Kletterte und hoffte, noch mehr Gespenstern zu begegnen, deren Duft ihm den Leib wärmten wie die Seele, der die SchadAlben fernhielt.«

Rumolt wischte sich wieder die Stirn und trank. Da fragte Giselher, ob jemand merke, was am alamannischen Lauser anders sei als am nifelheimischen. Gernot gab zu denken, der oberrheinische habe nicht in Drachenblut gebadet wie der niederrheinische, sondern in lieblicheren Säften.

Darüber lächelte man rings in der Halle. Rumolt erzählte zu Ende:

»Lauser merkte, daß er, obwohl es Nacht war, schnell vorwärtskam. Selbst aufwärts ging das leicht wie im Traum. Bis er erkannte, daß er keineswegs träumte und auch längst nicht mehr zu Fuß unterwegs war, sondern beritten und auf die angenehmste Weise. Ein Tragtier hatte sich zwischen seine Schenkel gezwängt, das ließ ihn schweben, wie im Falkenflug. Vor ihm, im Finsteren, wehte eine schwarze Mähne. Und hinter ihm, im Licht der Sterne, schimmerten zwei runde Kuppen. ›Narri Narro!‹ lachte er, ›Du verscheuchst nicht nur die Hornissenhunde, Du bringst mich auch höher hinauf und vorwärts, als tauchte ich durch Deinen See.‹

Auf wiegendem Rücken ritt er, sah über sich den gestirnten Himmel und fand ihn so klar, wie er ihn im Dunst der Rheinsümpfe nie bemerkt hatte. Vom warmen Körper unter ihm stieg Dampf auf wie von gekochtem Bilsenkraut.

Da brach vor ihnen aus dem Dickicht ein Hirsch. Im Himmelslicht erkannte Lauser das mächtige Geweih. Endlich ein Jagdfang, rief er und klatschte seinem Reitgeist den blanken Hintern, so daß die Fahrt sprunghaft schneller ging; wie im Flug setzte das hinter dem Tier her, über Bäche, Felsen, über lange Ödnisse auf den Höhen. Vor ihnen, im Sternenglanz, floh das Wild, das er mit seinem Seil einzufangen hoffte. Das schwang er als Schlinge, schnalzte, hetzte, schwirrend raste die Jagd über die Heide in die Moore hinein, wieder hinaus, das heulte ringsum, spritzte von schwarzem Wasser.

Plötzlich stand der Hirsch – zitternd – hatte unter sich ein Tal, aus dessen Tiefe es dröhnte. Schon sirrte das Rheinseil ums Geweih, da setzte das Tier den Steilhang hinab, daß die Steine polterten, jagte hinunter, auf die Schlucht zu und unten, am Felstrauf – sprang es hinüber.«

Rumolt trank. Wischte sich den Mund, die Stirn. Schien zu grübeln.

»Heil sei der Hirsch drüben angekommen, erzählten Rheinschiffer und Flößer. Und wußten noch vieles vom Lauser. Wie er nach und nach ganz betört gewesen sei von der Frau und ihren Künsten. Nur sein Ende blieb ungewiß. Die einen, die Lauser schon immer weniger wohlwollten, die haben ihn bei der Jagd dem wilden Tier nachspringen und abstürzen lassen in die Schlucht. Die wollten den Notschrei genau gehört haben.

Andere beteuerten, den Lauser habe im Winter des Jahres, in dem der neue Herr Christus im Stall zu Bethlehem geboren wurde, der große Eisregen überfroren. Davon sei noch lange, wenn Nebel wehten, Klagen und Klirren umgegangen am Glaswaldsee.

Wieder andere – solche, die ihm schon immer eher wohlwollten, sein Freund vor allem – die schätzten den Zauber der Narren- und Geisterfrau hoch ein. Die versicherten, sie habe Lauser auch über den Winter im Jahr der Christgeburt geholfen. Lauser habe Kinder gezogen und Tiere gejagt, Holz zu bearbeiten gelernt und hätte selbst die Eisregen immer besser überstanden, sei der erste Bewohner gewesen, oben auf dem SchwarzWald.

Freilich, die Ängstlicheren haben ihn noch lange wandern sehen. Wann immer einer von ihnen sich im Dämmerlicht zu dicht beim Gebirge aufhielt, hat er deutlich den Schatten erkannt, hat beobachtet, wie aus dem Wald das Dunkle auf Menschenbeinen daherkam, – ja, wer das gesehen, dem sei es schwarz geworden vor den Augen. Und die wandernde Wand habe die Beine vom Lauser gehabt, der sei nur noch sein Geist gewesen, ein Schatten seiner selbst. Ruhelos und für immer fortschreitend, auf der Suche nach seiner Zauberfrau. Und könne doch nie etwas anderes finden als den Widerschein der Sterne und des Mondes im eigenen Wirrkopf.

Nach einer alten Weiberrede habe der Lauser nicht als Geist weitergelebt, sondern aus Leibeskräften. Und in einer klaren Oktobernacht, als unterm Vollmondlicht in der Ferne die eisigen Alpen geschimmert hätten und in der Nähe alle Tiefen mit dichtem weißem Nebel gefüllt gewesen seien, da, als er auf die höchste Kuppe des Gebirges hinaustrat, hätten den WaldEroberer die hellen weichen NebelRundungen begeistert wie nur Lauser zu begeistern gewesen sei. Ja, weil er die Wolkenwallungen für Weiber gehalten, nur deswegen hätten sie ihn entrückt - so sehr, daß er, geradeso wie jenes gejagte Tier, den herrlichsten Sprung getan. Und sei, für immer, in den Tiefen selig verschollen.«

Rumolt trank den zweiten Becher leer, achtete nicht auf das fröhliche Gemurmel rings, erhob sich und wollte aus der Halle hinaus. Da stand der Nibelunge vor ihm. Als der Küchenmann aus Straßburg erstaunt aufblickte, hörte er den Riesen sprechen: Früher habe er Leuten, die ihm weismachen wollten, was er für einer sei, die Nasen plattgedrückt und die Hintern und habe die im Rhein saubergewaschen. Heute, vor Rumolt, gelinge ihm das nicht. Und umarmte den Koch heftig und küßte ihn, so daß man sich wieder zu wundern hatte über den vom NiederRhein.

Da blieb jetzt keine andere Wahl, nun hatte Giselher wieder seine Truhe zu öffnen, die Fiedel zu stimmen, nun mußte auch der den ›Sprung‹ besingen. Und hat folgendes alte Lied vorgetragen:

»Als ich sihe daz beste wip,
wie kume ich daz verbir,
daz ich niht umbevahe ir reinen lip
und twinge si ze mir.
Ich stan vil dicke ze sprunge, als ich welle dar,
so si mir so suoze vor gestet.
Naeme sin al diu werlt war,
so mich der minnende unsin ane get,
ich mohte sin niht verlan,
der sprunc wurde getan.
Truwet ich bi ir einer hulde durch disen unsin bestan.

Wann immer ich die Schönste sehe,
kann ich mich kaum bezwingen,
nicht ihren reinen Leib zu umarmen
und sie an mich zu ziehen.
Oft steh ich so auf dem Sprung. Als müßte ich dorthin,
wo sie so süß vor mir steht.
Und sähe das alle Welt,
wie mich der verliebte Wahnsinn schüttelt –
ich könnte es nicht lassen!
Der Sprung würde getan!
Wenn sie nur meinen Wahnwitz mit ein klein wenig Liebe kühlte!«

Kriemhild, die mit ihrer Mutter wieder an dem Tisch saß, der bislang den Herren vorbehalten war, neigte sich dicht gegen den Nibelungen. Die junge Frau sprach plötzlich leise, daß es sonst niemand verstehen konnte, wollte von ihrem Nachbarn wissen, wieso er so tief atme. Der Gast lächelte und antwortete, wohl nur deshalb, weil er sich in Giselhers Lied ebenso erkenne wie in der Geschichte des Straßburger Küchenmeisters. Da spürte er unter dem Tisch ihre genaue Hand. Und hörte sie wiederum fragen: »Würde es Deinen Atem beruhigen, wenn ich Deinen offenbaren Wahnwitz bald mit ein klein wenig Liebe kühlte?« Er betrachtete sie mit Vergnügen. Und meinte, den Weg, wie sein Atem zu beruhigen sei, den wolle er nie kennenlernen.

»Dann lerne weiter all die anderen, die UnruhWege kennen«, antwortete sie und öffnete ihm, ohne daß sie die Blicke der anderen kümmerten, ihren Mund. Von diesem Kuß heißt es, daß er noch in derselben langen Winternacht vielerlei Fortsetzungen fand.

Soviel vorerst vom Falken.

Und die weiße Eule?

Von diesem nachtgesichtigen Tier, das dem Raubvogel entging, geht die gewisse Sage, daß Siegfried es seinem lippischen Freund Liudger als Geschenk vermacht hat. Der wußte um die Bedeutung des weißen Vogels so gut wie der SieglindenSohn, der nahm ihn als Segenszeichen, führte das Tier mit ins neue Siedelland vor dem Schwarzwald, wo es, unweit Sachsenheim, seinen Platz fand im Limes, in einem aufgelassenen römischen Wachtturm, der, so heißt es, noch Jahrhunderte gestanden habe und dem Weisheitsvogel und seinen Nachkommen über die Zeiten sichere Behausung bot.

Andere setzen diese Kunde fort und erzählen, daß exakt tausend Jahre danach an diesem EulenOrt, der inzwischen Knittlingen hieß, die beiden weisesten deutschen Männer zur Welt kamen. Der eine hieß Till Eulenspiegel. Der andere war Doktor Johann Faust. Später freilich lebte in Knittlingen bei Sachsenheim auch Johann Gottlieb Biedermaier.

III
List gegen die Dänen, Fahrt nach Island, Werbung um Brünhild

lodern *emporflammen, ist durch Metapher zu seiner heutigen Bedeutung gelangt, begünstigt durch den Gedanken an* Lohe *(zum einen: abgelöste Baumrinde als Gerber*lohe, *zum anderen: Flamme; s. auch* Loki*). Ursprüngl. bedeutet* lodern *›emporwachsen‹ wie westfäl.* lodern: *›üppig wachsen‹, das mit* lode *(Schößling) zu der unter* Leute *vorausgesetzten Wurzel* lud *›wachsen‹ gehört*
Friedrich Kluge, Etymologisches Wörterbuch der deutschen Sprache (1. Aufl. 1883)

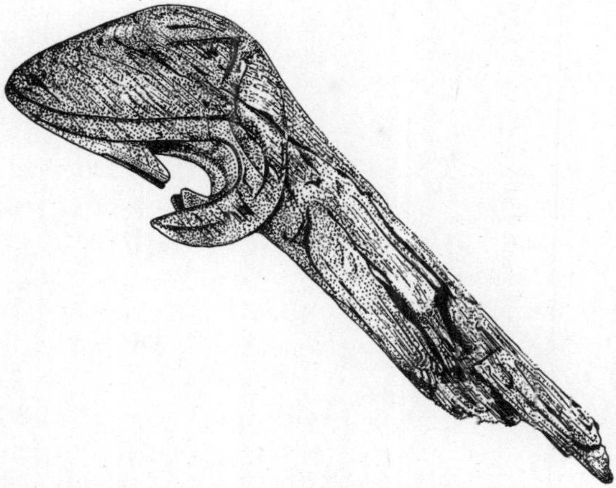

Vorder-Steven eines Schiffes, gefunden in der Schelde

»Diu mære wess ich gerne«, sprach der künec do,
»e daz wir hinnen füeren (des waer ich harte vro),
waz wir kleider solden vor Prünhilde tragen,
diu uns da wol gezaemen: daz sult ir Gunthere sagen.«

Also der starke Hagen den schild dar tragen sach,
mit grimmigem muote der helt von Tronege sprach:
»Wa nu, künec Gunther? wie vliesen wir den lip!
der ir da gert ze minnen, diu ist des tiuveles wip.«

»In einem wüßte ich gar zu gern Bescheid«, sprach der König, »eh wir von hinnen fahren – ich kann es gar nicht mehr abwarten, so sehr freue ich mich – was sollen wir denn überhaupt anziehen, wenn wir vor Brünhilde erscheinen? Kleider, die uns dort gut anstehen! Das müßt Ihr mir nun unbedingt auch noch verraten.«

Als der starke Hagen sah, wie sie den Schild herbeischleppten, da sprach der Held von Tronje mit grimmigem Mut: »Was nun, König Gunther! Wie verlieren wir nun das Leben! Die Ihr da zu lieben begehrt, die ist die Frau des Teufels.«

Die nächsten Tage und Wochen entwickelte sich in Worms eigenartige Emsigkeit. Einigen schien es, als sei nun ganz Burgund ›auf dem Sprung‹.

Lärm hörte man aus den Hütten und Werften und Schmieden, Unruhe rumorte im Pfalzhof wie in den Straßen. Ruhrwaldsteine glühten, Nibelungen gingen um und lehrten Feuerkunst, die Wormser lernten, mit den ›Kraftklumpen‹ zu arbeiten, besser anzufeuern, die Hitze hochzutreiben, mit Luftschläuchen und Blasebälgen.

Man beobachtete auch, wie der NiederLänder mit seinen Nebelleuten eine neue Schmiede einrichtete, am Hafen. Die folge Alberichs Vorbild, hieß es, die richte er ein wie die Eisenhütte an der Ruhr, die nutze die Rheinkraft: der Fluß selbst hob den schweren Hammer, der, wenn er niederfiel, die Kaimauern zittern ließ. Und was da entstand, das waren nicht nur Rüstungen und Waffen oder SchiffsTeile. Da wuchs etwas, von dem behaupteten die Wormser, es handele sich um einen eisernen Lindwurm. Eine stahlharte Schlange entstehe da, ein Ungeheuer, von vielfacher Schiffslänge.

Jedenfalls hatte man zu reden und zu rätseln; wo immer zwei beieinander standen, kreisten Gerüchte und drehten sich fast alle um den Gast. Um den Nibelungen und die Sachsen, um den SieglindenSohn und seine Taten – aber auch schon um das, was nun kommen sollte, um die Fahrt zu Brünhild.

Nun lernten die burgundischen Schmiede endlich, wie ein Schwert hart und zugleich biegsam werden konnte, so daß es nicht, sobald es im Kampf auf andere Härten traf, zersprang. Der Nibelunge zeigte ihnen, wie sie sieben Lagen von abwechselnd festem und weicherem Stahl zu mischen hatten. Zur Glut gebracht, wurde diese siebenfache Schichtung mit schwerem Hammer auf dem Amboß ausgereckt, dann aber wieder zusammengeklappt, neu durchgeglüht, nochmals ausgetrieben, abermals zusammengebogen, ein weiteres Mal wurden die verschiedenen Härten erhitzt und wieder unterm Hammer ausgereckt und immer so fort – erst wer bereit sei, auf diese Weise ein so gemischtes Material dreimal sieben Tageszeiten lang zu bearbeiten, werde ein Meisterstück vollbringen, ein Schwert, das denen der Kelten nicht nachstünde, die solche Kunst zum erstenmal geübt hätten, weil sie bei FeuerGeistern in der Lehre waren. Eine solche Stich- und Schlagwaffe oder ›Sachs‹, die sei den Stummelschwertern der Hunnen und der Römer im Fußkampf wie im Pferdkampf siebenfach überlegen.

Wie man freilich diese hart schwingenden Stücke vollendete,

indem man sie in tierischen Säuren ätzte, das verriet der Mann von Ruhr und Lippe vorerst nicht. Nur auf seinem eigenen Stahl, auf ›Balmunk›, führten verschiedene Schatten und zartfarbene Äderungen ein irisierendes Spiel, so wie man es auf seinen Kleidern beobachten konnte. Seine Kunst, solche schillernde, in sich gemischte und unzerbrechliche Schwerterklingen einundzwanzig Tage lang zu schmieden, die zeigt noch heute, in Hagen an der Ruhr, ein Meister mit Namen Sachse.

Der Zweck der großen SchmiedeArbeiten? Galt das alles der Fahrt ins Eisland?

Gegen Rom sei das gerichtet, wußten manche von den Kahlköpfigen, von den keltischen Sklaven, aber auch die, die mit dem Xantener zu arbeiten hatten unterm StahlKlang und im FeuerFauchen, die machten solche Andeutungen. Auch einige Herren vermuteten so etwas. Die neuen Schwerter seien ›RomVertilger‹, da entstünden viele neue ›Balmunks‹ – ›Giftbeißer‹. So hatten es jedenfalls die SchmiedeKnechte gehört und bewegten das nicht nur in ihren Kahlschädeln, sondern ließen es abends, wenn genug getrunken war, laut heraus. Ob man nicht die Gänse gesehen hätte auf den Tümpeln am Stadtrand, die habe der NiederLänder herbeikarren lassen, damit sie die neuen Schwerter fräßen, wenn sie zerfeilt seien – erst die GänseGier mache die Klingen wahrhaft scharf, gefräßig wie Balmunk.

Wenn schon ein Weltreich, dann müsse das erarbeitet werden, habe der Herr aus Xanten gesagt, erarbeitet gegen die Besatzer – vor allem gegen die Besetzer der Köpfe. Gegen ein Denken, das stinke, helfe weniger Kraft als List. Auch gegen Chlodwig, den merowingischen Frankenkönig, helfe nicht Schönheit, nicht Gold und Rot, sondern nur eine neue Geriebenheit – so nenne der Herr aus Nifelheim das Rezept, das ihm Erfolg bringe.

Über solche Äußerungen gab es nächtelang zu munkeln, unter denen in der KönigsPfalz wie unter den Knechten. Der wiedererstandene Arminius, der habe Pläne. Der diutiske Herkules würde den Rhein mit der Donau verbinden, ja, er werde von den Sachsen einen riesigen See bauen lassen, von den Westfalen und ihren Wassergeistern: dieses neue Meer reiche von Sachsenhausen bei Frankfurt bis hinüber nach Sachsenheim und noch weiter, bis an die Donau. Siegfried, so wußten einige Sklaven, werde die Kleinen groß machen und die Großen klein. Andere fragten, was daran neu sei – nur die Figuren hätte er dann vertauscht; nein, der NiederLänder habe anderes im Sinn, ein externsteinisches, ein MütterReich, wo weder Klein noch Groß regiere und auch nicht Schuld und HöllenSchlund der RomChristen, sondern das Zeichen der Kuh, unter dem allen alles gehöre und keiner zu gieren habe.

Wenn dann gefragt wurde, wie er das anfangen wolle, wurde geantwortet, indem er ein NordRom schaffe, das wahre Byzanz und GegenRom. Käme nur darauf an, wandten einige ein, wer sich am Burgunderhof durchsetze, der Schmied mit den KuhZeichen oder der Herr Ringwolf, der sei mindestens so gerieben.

Schnell flackerten da die Träume. Als erstes, so glaubte man, werde dieser Nibelunge Burgund mit Nebelland verbünden – die NordReiche mit dem MittelReich. Danach wäre er mächtiger als der Nachbar im Westen, stärker als Chlodwig, und werde auch den für sich gewinnen. Was Gundomar angefangen habe, wovon Gunther träume, das werde dieser hier vollenden. Die Fahrt nach Island, die sei der Beginn. Nein, die List gegen die Sachsen, schon die sei ein Anfang gewesen. Und die Fahrt zum Isenstein sei nicht nur Brautwerbung. Man werde sehen. Wieso verzichte er selber auf die Herrin dort? weshalb überlasse er sie Gunther? warum nähme er stattdessen Gunthers Schwester? Und die drohenden Dänen, die Trier besetzt hatten? Man werde sehen.

Aus all diesen Debatten hielt Hagen sich heraus, stapfte im zu knappen Grünfilz der Aachener Händler durch die Flure und unter den HofArkaden, am Hafen vorbei, zwischen den Zelten der Kämpfer, beobachtete die Schmiede, fragte, kontrollierte und hielt Gericht.

Als ersten ließ er einen Mörder und Pferdedieb aufknüpfen, hinterm Münster stand das Gerüst, gerade über der Lößwand. Der Delinquent wehrte sich, beteuerte, er habe weder das Pferd gestohlen noch dem RheinWächter, der es zu treuen Händen hatte, die Kehle durchgeschnitten, es half ihm sein Geschrei nichts, man hatte das vermißte Pferd diesen Morgen in Worms am selben Pflock gefunden, an dem auch sein Esel festgemacht war, und, was die Entscheidung gab, im burgundischen Sattelzeug entdeckte man ein blutiges Messer.

Dennoch, der Kelte stritt ab, beteuerte, er sei in jener Nacht in der Hütte bei den Seinen gewesen, er wisse nicht, wie das Pferd auf seine Koppel gekommen, seine Sippe holte den Priester Kilian, der befand, hier, wo es keinen Zeugen gebe für den Mord, müsse nicht der Mensch urteilen, sondern Gott, man solle den Verklagten eine

Nacht lang mit dem gefährlichsten Stier zusammensperren: lebe der Mann bei Sonnenaufgang, so sei klar, daß er kein Dieb sei und kein Mörder. Diesen Rat nannte Hagen KeltenKrempel und teilte mit, zu Worms gelte, nach wie vor, römisches Recht.

Alles Gälen- und KeltenVolk hatte Hagen hinter das Münster befohlen, der Kahlkopf schrie bis zuletzt, mußte von vier Sklaven festgehalten werden, damit ein fünfter ihm den Strick um die Gurgel schlingen konnte. Kilian beschwor die Erdmutter Maria, die Leute hörten Wunnibalds Rufe, hörten die Schreie, alle mußten solange zuschauen, bis der leblose Körper vom Galgen genommen und über die Lößkante geworfen wurde, nicht weit von dort, wo Herr Hirsch hinter der dreifach verflochtenen Palisade hauste.

Unter den Gaffern, die dann wieder zurückgingen zu ihren Hütten, Löchern und Zelten, unter denen war, daran ist kein Zweifel, auch der nächtliche Reiter, jener, der den Pokal bekommen hatte.

Bei denen da unten war immer wieder die Rede vom milden Kampf des NiederLänders mit Herzog Liudger. Nicht oft genug konnte man überlegen, warum Siegfried, statt auch den Westfalen und seine eroberungswütigen Leute zu erschlagen wie die zwölf Mörder des Ortwin von Metz, warum er ihn stattdessen umarmt habe. Andere fanden mindestens so erwägenswert, warum der Xantener am nächsten Abend auch den Küchenmeister umarmt hatte, Rumolt von Straßburg, der die Geschichte vom Hornissenbezwinger wisse. Fraglich bliebe allerdings, ob am Ende jene Unken recht behielten, die schon den Lauser hatten abstürzen sehen und nun von Karten und Träumen einen ähnlichen Untergang für den Nibelungen wußten. Oder ob jene recht hatten, die voraussahen, daß auch der NiederLänder, wie Lauser, das Wilde urbar machen werde, so wie er es schon jetzt am Limes beginne, im Bann vorm Schwarzwald.

Wo immer das hinführte, auf jeden Fall hatte der Mann von Ruhr und Lippe einen Frieden gestiftet, hatte das Sorgenreich sicherer gemacht. Über diese neuen Sicherheiten an den Grenzen wollte sich auch der Bischof freuen und hatte heimlich Missionen ausgesandt, nach Sachsenheim und Sachsenhausen. Doch Ringwolfs Mönche wurden von Siegfrieds Leuten abgefangen, verprügelt und heimgeschickt nach Lorsch. Da beschwerte sich der Bischof. Der Nibelunge riet ihm, den Westfalen ihre Erd-, Feuer- und Wasser-Götter zu lassen.

Um Ringwolfs Absichten endgültig zu vereiteln, erdrückte er sie, der neue ›Geriebene‹, in einer listigen Umarmung: er selber fuhr eines seiner zwölf HortSchiffe über den engen Rheinbogen hinunter nach Lorsch und ließ dort, direkt vor dem Kloster, nicht nur alle Steinkohlen ausladen, sondern auch die Edelsteine und Geschmeide, in sagenhaften Mengen. Mit denen solle der Herr Vetter endlich zufrieden sein und mit dem »glitzrich Giklump« seinen HErrn, wenn es IHN denn freue, ehren. Mit den schwarzen Glutbrocken habe der Bischof überdies für fünf Winter Wärme im Kloster.

Es heißt, Bischof Ringwolf habe die Gaben mit verwirrtem Dank in Empfang genommen, habe sie sehr gut versorgen und verriegeln lassen – ja, dem HErrn zu Ehren sollten diese Schätze dereinst glänzen, beim Gottesdienst. Und habe danach seinen Ordensleuten vertraut: »Von Sankt Matthäus wissen wir, daß unser HERR gesprochen hat: Wer hat, dem wird gegeben werden. Es gibt keinen Grund, an diesem GottesWort zu zweifeln. Doch seht diese Heiden, diese Wilden, diese Steingläubigen! Sie meinen, uns mit Äußerlichkeiten gewinnen zu können, mit Hitzekünsten, mit Felsenkunde – aber seht in ihrem Feuerstein das KohlSchwarz! Und haltet diesen Kristall des Vaters in Rom dagegen, die lichte Reinheit vor meinem Herzen!« Da hätten die frommen Herren genickt. Hätten aber noch diesen Winter die heidnische Wärme in ihren Gewölben gerne genossen.

Kenner der alten Quellen wissen, daß es unter den Feinden Burgunds außer den Sachsen und Hunnen und Franken und Bayern in der Tat auch die Dänen gegeben hat, die mindestens so eroberungslustig waren wie Liudger und seine Westfalen. Und man weiß, daß diese Herren aus Jütland mit dem neuen Irmin vom NiederRhein weder verwandt noch befreundet waren. Liudger hatte wohl recht, mit diesen Dänen war der Friede nicht so wunderbar zu erreichen wie mit denen, die an Ems und Weser wohnten oder ebenfalls, wie Siegfrieds Leute, an der Lippe.

Die Dänen hatten, so wurde bestätigt, die Moselstadt Trier geplündert. Und nun?

Noch im Januar meldeten die Wachen, die bis nach Mainz hinunter alle tausend Klafter am Ufer aufgestellt waren, nun käme ein gewaltiges RuderHeer den Strom herauf. Jetzt näherten sich die Dänen. Joringels Mannen hätten die ersten burgundischen Wachen überfallen, gepfählt und geteert, wollten Rache nehmen für die entwaffneten Sachsen. Deren Ansiedlung vorm Odenwald und vorm Schwarzwald sei eine Schmach; so wie Gundomar mit denen bei Würzburg umgegangen, so wie schon Irmin an der Weser die Römer geschlachtet habe, nicht anders erginge es nun denen in Worms.

Da regte sich Gunther von Burgund sehr auf, verwünschte, daß man die Westfalen nicht ›gemetzt‹ habe, zur Abschreckung für die Dänen, zum Verscheuchen dieser und aller weiteren Maden und Würmer. Der König wollte verzagen, ja, Hagen habe wahrgesprochen, als er vor dem Bündnis mit Liudger gewarnt hatte.

Da trat der Nibelunge zu ihm und sagte: »Künneke BurGuntherken – sorg Dich um Deine Reise ins Eisland – Dein neuer Geselle wird auch den Dänen zeigen, wohin sie gehören.«

Und belud noch in derselben Nacht jenes Schiff, das leer war, weil die Ladung dem Bischof geschenkt worden war, mit dem Ding, das die RheinKräfte geschmiedet und das die Wormser für eine eiserne Schlange gehalten hatten. In der Finsternis rasselte das allerdings schauerlich, polterte hohl und mit Rumpeln in den Schiffsleib hinunter. Noch in der Dunkelheit legte das Boot ab, zog der Xantener mit fünfzig seiner nifelheimischen Kumpane den Rhein hinunter, den Eindringlingen entgegen.

Fuhr also stromab, bis dorthin, wo heute Pfungstadt bei Darmstadt liegt – im fünften Jahrhundert dachte niemand an Pfungstadt oder an Darmstadt – ließ dort das Schiff festmachen und schlang dann selber, erst auf der einen, dann auf der anderen Seite des Rheins den ›Lindwurm‹ um zwei besonders mächtige Eichenstämme. Die Schlange, die er da hatte schmieden lassen, das war eine armdicke Eisenkette. Die hatte das Schiff bis fast obenhin gefüllt, die reichte nun doppelt von Ufer zu Ufer, einmal hin und einmal zurück und sperrte so, schwer und unzerreißbar, Glied für Glied, die Fahrrinne vollkommen ab.

In der Morgendämmerung kamen sie heran, die dänischen Schiffe. Stromauf arbeiteten sie sich vorwärts, die rudernden Krieger. Und fuhren auf. Blieben hängen.

Da war ein Hindernis. Ein doppeltes, eins knapp über, das andere knapp unter der Wasseroberfläche. Sie schlugen mit Schwertern auf die Sperre ein, arbeiteten mit vielerlei Gerät, stießen mit Lanzen, hieben mit Keulen und Hämmern – gegen die EisenSchlange half keine Kraft. Als man versuchte, die Doppelkette hochzustemmen, um drunterherzufahren, tauchten unter der Last gleich zwei

Boote so tief ins Wasser, daß sie versanken und die Mannschaften, soweit sie nicht ertranken, sich aus dem eiskalten Strom auf die Nachbarboote retten mußten.

Wütend rammten sie und ruderten immer nochmal gegenan – die später als Wikinger berühmt wurden und die Flüsse Europas beherrschten, hier, beim ersten Versuch, mußten sie schließlich aufgeben. Fuhren ans Ufer, erschöpft.

An Land erwartete sie der NiederLänder, empfing sie mit Hohn, mit gezielten Beleidigungen, die alle dem Herzog galten. »Knipskidicki!« schrie er ihn an. »Du eklig RaubBiest! Wat wilz Du Gierjaps in Wurms?« Ob der Herr Joringel eine Abreibung brauche, da er offenbar nasse Hosen habe: »Chuck dat bidröppilt schlackarich Gischnakel an! Komm, ich reib Dich trocken, JütLandBub!« So, mit Spott, zwang er den dänischen Herzog zum Zweikampf – umging auch hier das Gemetzel für Hunderte – stellte den Herren der Dänen, den er als »halbgar« und »Schwachkopf« bezeichnete, als »Lappes«, »Lauser« und »LokiBrut«, zum Kampf. »Haujiback!« schrie der NiederLänder. Joringel mußte, um seiner Ehre willen, die Forderung annehmen. Und wurde jämmerlich zerbläut. Mit zerknicktem linken Arm gab er auf, hatte den rechten zum Eid zu heben und das Versprechen zu leisten, friedlich mit den Seinen wieder den Rhein hinabzufahren, heim nach Jütland. Für WikingerSiege auf den Flüssen war noch nicht die Zeit. Auch heißt es, mit dem DänenHerzog habe Siegfried nachher noch ganz freundlich gesprochen, eine Nacht lang hätten sie geredet. Der Xantener habe dem Unglücklichen die Wunden gesalbt, verbunden und ihm klargemacht, wer im RheinLand der wahre Nager sei, der Wurm unter der WeltenEsche Yggdrasil. Beide schieden, heißt es, in Freundschaft, hätten sich verbrüdert. Für ein neues, für ein NordRom?

Erst Lucio Mansilla, General und Literat, versperrte 1845 wieder mit einer Kette einen Fluß, den Paraná – als es galt, englische Eroberer aufzuhalten. Die wollten das soeben erstandene Argentinien als Kolonie kassieren. Burgund wie Argentinien – beide blieben frei. Die besten Geschichten – die Leben bewahren, statt es zu verbluten und die deswegen nicht blutleer sind – welches Denken war es, das sie ins Vergessen trieb.

Nun gab es unter den Wormsern abermals zu erzählen, blühten neue Gerüchte – schon damals leuchteten die SiegfriedGeschichten, als wüchsen den Kahlgeschorenen Blumen aus dem Kopf. Als spürten die Leibeigenen eine ungeheure Kraft – die ›neue Geriebenheit‹. Nach der List gegen die Dänen glaubte man endgültig zu wissen, warum Sieglind ihrem Sohn den Namen Siegfried gegeben hatte.

Derweil lehrte der Nibelunge, zeigte, war ständig unterwegs, zwischen Worms und Straßburg und Speyer und Alzey und Lorsch und Metz und Trier, war unentwegt dabei, den Handwerkern vorzumachen, wie sie Luft unters Feuer mischen, Wasserkraft nützen für die Hämmer und wie sie mit den Steinkohlen vom Ruhrfluß die Erze aus Metz so schmelzen konnten, daß Rüstungen und Waffen entstanden, die denen der Westfalen, Dänen und NiederLänder nicht nachstanden und von denen die Älteren behaupteten, selbst die Römer hätten so hartes Gerät nie besessen.

Nun sprühten andere, hellere Funken in den schwarzen Schmiedehöhlen, tosten neue, wildere Klänge, die AlberichKunst. Solche Dienste sah Hagen gern, wann immer er den Mann vom Niederrhein erblickte, empfand nun auch er zum erstenmal etwas wie Wohlbehagen – wenn auch sein Mißtrauen keinen Augenblick verschwand.

Ganz andere Gedanken bewegten Gunther. Erst recht nach dem neuerlichen Überfall aus dem NordLand. Den König schien die Aufgabe immer mehr zu bedrücken, in diese Mitternachtsrichtung auf Brautwerbung zu fahren. Mochte Gundomars Stamm auch aus RiesenLand kommen, aus Bornholm oder Burgundarholm – Gunther fühlte in sich immer weniger vom Blut der Halbgötter. Eines Tages überraschte der Nibelunge den König dabei, wie er in seinem Gemach auf Wunnibalds Harfe ein Lied übte. Die Töne kamen dem NiederLänder bekannt vor, als er wissen wollte, was das bedeute, gestand Gunther, er wolle das Instrument mit auf die Fahrt nehmen. Auf Island werde er der Feuer- oder EisKönigin, wie es sich für einen Freier wohl gehöre, ein Lied vortragen. Er dächte an das, was Giselher zuletzt gesungen, an das Lied vom ›Sprung‹. Freilich, wenn es ihm nicht gelänge, sollte lieber Giselher an seiner Stelle singen.

Da lächelte der Mann aus NiederLand und meinte, er müsse ihm abraten. »Auf Island, fürchte ich, werden andere Fertigkeiten erwartet. Kein zartes Gezupfe. Und sei es zu so deutlichen Worten wie denen im ›Sprung‹. Nein, vom Werber verlangt Brünhild andere Künste. Ich gehe mit Dir gern auf den Turnierplatz und übe schon mal –«

Da seufzte Gunther. Selbst Siegfried schien für einen Augenblick ratlos und sagte schließlich, man werde sehen. Er wolle ihm beizeiten helfen und raten – mit Wunnibalds Harfe aber solle der König warten bis nach ihrer Rückkehr. »Zu Wurms ist dann genug Zeit, dem zauberischen Feuerweib was zu zupfen.«

Nur um so verzagter blickte der König. Sah auf sein zierliches Instrument.

Den anderen Tag, beim Mahl, da Gunther wieder kaum essen mochte und vom nibelungischen Kämpen befragt wurde, was ihn bedrücke, schob der Herrscher Tafelplatte und Messer beiseite. Und sprach schließlich: »In einem muß ich nun endlich Bescheid wissen, lieber Freund. Ehe wir aufbrechen nach Norden – ich kann es kaum mehr erwarten, ich schlafe kaum mehr, träume die wirrsten Geschichten – ehe wir abfahren, muß ich von Dir wissen, was wir auf Island eigentlich anziehen sollen. Welche Kleider sollten wir tragen, wenn wir vor die Königin hintreten! Was ziemt sich auf Eisland? Die Rüstung? Eher Freundliches? in Seide oder in arabischem Tuch? Weiß man dort von Byzanz? Wer ist auf Isenstein willkommener – der Reiche oder der Kriegerische? der Schöne oder der Kühne? Bitteschön, darüber mußt Du mir nun doch einiges erklären, lieber Weltenfahrer. Du warst dort, kannst das einschätzen. Ich nicht. Und leider bedeuten mir solche Angelegenheiten viel. Nicht nur mein Stolz hängt von ihnen ab – predigt uns doch Ringwolf allsonntäglich, wie sehr sich Gottes Gnade erweise in dem, was den Mann als Zeichen seiner Erfolge schmückt. Die Siege im Schlachtfeld ebenso wie die Pracht seines Reiches und seiner Pfalzen. Ja, schließlich auch die Schönheiten seiner Gewänder – selbst sie zeigen, so sagt er, Gottes Gunst. So versichert es der Bischof immer wieder, und ich fühle, wie bereit ich bin, ihm zu glauben – an alledem lasse sich – so predigte er zuletzt im Münster – lasse sich schon auf Erden der Segen des Himmels ermessen. Und die Ehre des Mannes.«

So und ähnlich hat Gunther gesprochen. Siegfried hat ihn ausreden lassen, unterdessen weitergegessen. Als der König genügend vorgebracht haben mochte, was seinen Wunsch hätte verständlich machen müssen, hat der Nibelunge das Messer niedergelegt, hat sich den Mund gewischt mit einem Gürteltuch, auf dem abermals die Feuer- und Kuhzeichen schimmerten, und hat dann den König angesehen. »Was steckt bloß in Euren Köpfen! Bah, wie das riecht! RomKöpfe! Nach Drachendampf riechen die. Nach Leichengift.« Und hat dann geraten, Gunther solle sich in solchen Schneider- und Kleiderfragen an seine Schwester wenden. Die trete, sofern er, der

Schmied aus dem Kohlenwald, das richtig erkenne, in so wunderbaren Gewandungen auf und beweise darin offenkundig soviel Geschmack, daß ihre Vorschläge auch auf Island Eindruck machen müßten.

So redete er – seit er versuchte, nicht nur zu spotten und Frechheit und Witz herauszulassen, sondern Kriemhild zuliebe die höfischen Umstände zu beachten. Freilich, Bemerkungen, er röche Drachendampf, die murmelte er auch jetzt.

Da wird es denn wohl wirklich geschehen sein, was uns fast alle Urkunden überliefern. Nun berichten sie uns auf so auffallend vielen Pergamentseiten und in so ausladenden Schilderungen und zahlreichen Strophen, wie sich die Burgunder vorbereiteten und schmückten, bevor sie nach Norden fuhren, daß diese Beschreibungen auch hier nicht übergangen werden dürfen, ja, wir sollten es wohl akzeptieren und bedenken, wie damals den Herren zu Worms die äußeren Dinge mehr galten denn als Äußerlichkeiten.

Die Dichter zumindest überbieten einander, Pomp und Umstände zu beschreiben, wie sich zum Beispiel die Königsbrüder von Burgund mit ihrer Schwester auf ein festes Damaszenerkissen gesetzt hätten, das die Chronisten ›matraz‹ nennen. Und wie sie auf dieser ›matraz‹ ausführlich Kriemhilds Kleider-Vorschläge durchsprachen. Dreißig ›Jungfräulein‹, so heißt es, seien nach jener Besprechung wochenlang beschäftigt gewesen mit Schneiderarbeiten.

So wird es am Ende schon so gewesen sein, daß beim Aufbruch jeder der ausfahrenden Recken, wie beteuert wird, zwölf verschiedene Gewänder mit auf die Fahrt bekommen hat. Und daß all diese Kleider von feinstem Zuschnitt waren und aus bestem Stoff, einige aus weichem ChagrinLeder, mit arabischem Gold besetzt, andere aus afrikanischen Tuchen, wieder andere aus fränkischen Seiden, aus Ziegen- wie aus HaifischLeder, da fehlte es nicht an friesischen Spitzen, nicht an golddurchwirktem Gewebe, nicht an schwarzem Samt aus Marokko, aus Libyen und aus ›Zazamank‹. Die Säume, das wollen wir nicht vergessen, waren besetzt mit Hermelin und mit Bernsteinen, andere mit Türkis, wieder andere mit noch edleren Steinen, kunstvoll geschliffen in Ida im Hardtwald, aber auch bei den Verwandten in den jurassischen Gebirgen. Von solchen Juwelen, so wird berichtet, mußten ganze sieben Schilde gefüllt und herübergeschafft werden in die Frauengemächer. Wer wollte diese Zahl bezweifeln.

Nein, diesmal wollten sie sich nicht noch einmal blamieren, wie das die Aachener Krämerseelen fertiggebracht hatten. Nun verfügte ja der Hof zu Worms über ausreichende Mittel, über jene neuen Schätze, die Gunther wie Ringwolf so hingebungsvoll als Gottes Segen zu deuten wußten und beileibe nicht als Drachengift.

Wenn eines der Gewänder freigegeben werden sollte für die große Fahrt ins Nebelreich, so mußte es zuvor dem Nibelungen gezeigt, von ihm für gut befunden werden – oberrheinische Pracht stellte sich niederrheinischem Urteil. Da hatte der ungeschlachte Mann ungewohnte Arbeit. Hatte immer wieder rotgoldenen, schwarzgoldenen oder purpurnen Prunk zu begutachten – er tat es mit Geduld. Kriemhild zuliebe. Insgeheim wußte er nur zu gut, daß es auf Isenstein auf ein einziges, auf ein unscheinbares Kleidungsstück ankommen würde, auf dasjenige, das er Alberich abgezwungen hatte.

Die bösesten Bemerkungen behielt er für sich, nahm sich nur im Geheimen vor, König Gunther bei Gelegenheit all diese ProbeStunden und KleiderPlagen zu entgelten. Vielleicht bewunderte er schon auch ein wenig die Künste seiner künftigen Gemahlin. Zumal ihm schien, als wisse sie, seit der Hort in Worms war, nicht nur mit den Farben Gold und Rot umzugehen, sondern als gehöre ihre Vorliebe nun auch jener Nichtfarbe, aus der er seine eigne Rüstung geschmiedet hatte. Gleichgültig, woher sie ihre Anschauungen gewann, ob aus seiner Brünne, ob aus den Glutklumpen, aus dem silva nigra oder aus dem RuhrWald – reizvoll wechselte sie die Dunkelheit der Stoffe, arbeitete mit Samt, mit Fell, mit Gewirktem und Gefärbtem, diese Schwärzen schienen zu schimmern, ja, da war ein Glimmen, das stammte nicht etwa, wie manche meinen, aus den stumpffarbenen Kutten der schwarzen Mönche, das war von Anthrazit. Und manchmal war es wie Diamant. Der NiederLänder selber trug freilich auch jetzt nur seine hellen langen Hemden, die mit den zarten Umrissen von Rindern, von Kuhschädeln, von Irrlichtern.

Während zugeschnitten, genäht, gestickt und gesäumt wurde, sorgte sich der Xantener um die burgundischen Schiffe, auch um die Sachsenbesiedlung in den Bannwäldern, um Ringwolfs Ränke, am eifrigsten freilich um die Fortschritte der Wormser Waffenschmiede, von denen es hieß, sie gälten seinen RomPlänen, seinen IrminTräumen. Das neue Schmiedefeuer unterm RheinHammer wußte er direkt zu nutzen für sein Hauptschiff, mit dem er schon einmal auf Island gewesen war. Dessen Aufbauten waren zu erneuern, auch die Kalfaterung, das Werg, das Pech; Eisenklammern waren einzuziehen, das Holz von Grund aus auszubessern, Holz-

und Eisenschrauben waren einzufügen im MastSchuh und bei den vier Wanten – das Schiff insgesamt wurde überholt und gründlichst vorbereitet auf die Fahrt des Königs. Auf den nächsten Raubflug des Falken.

Zwischendurch blieb dem Gast Zeit für kleine Zeichen, die heimlich getauscht wurden durch Boten, vor allem durch Giselher. Den Schreiber bat der Nibelunge um ein Lied, das seinen Empfindungen für Kriemhild nahekäme und das nicht mehr ganz so derb sein sollte wie das vom ›Sprung‹. So arbeitete in diesen Winterwochen auch der Sänger. Sehr gern hat er den Auftrag erfüllt, verschiedene neue Weisen gefunden, stets trug der Spielmann diese Lieder selber vor, bisweilen heimlich, in den Nächten, unter Kriemhilds Fenster – der Fellmantel vom Auerochsen hielt die Kälte fern.

Aber am letzten Abend, in der Nacht vor der Abfahrt, da sang Giselher seine neuen Texte auch vor der Hofgesellschaft. Spät, nach der Abendmahlzeit, holte er die Fiedel und dann, als die Steine im Kamin des Königssaals ebenso glühten wie die Köpfe von Wein und reichlichem Essen, da trug er sie vor. Obwohl in diesen Liedern kein Name fiel, wußte doch jeder in der Halle, wer da in Wahrheit sang. Und wen dieser Gesang meinte.

Zuerst, zur Einstimmung, spielte er das kleine Lied, das schon die Älteren in ihren Tagen geliebt hatten, das längst auch in den Küchen und Werkstätten und in den Hütten der Geschorenen bekannt war:

Du bist min
Ik bin Din
des sollt Du gewiß sin
Du bist beslossen
in minem herzen
Verloren ist das slusselin
Du muost nu immer darinnen sin

Als er dies gesungen hatte, wiederholte Giselher die Liedweise eine Weile auf seinem Instrument, als gelte es, zum Tanz aufzuspielen. Dann wechselte er den Ton, fand eine eher dunkle Stimmung, zu der er schließlich folgendes sang:

Ich zog mir einen Falken, länger als ein Jahr.
Und als ich ihn endlich so hatte, wie ich ihn haben wollte,
mit prächtigem Gefieder, mit Gold, wohl ausgeschmückt,

da hob er sich einfach empor. Flog auf und davon
weit fort, in andere Länder.

Eine Weile sang dann der Spielmann nur wieder auf seiner Fiedel. Ließ den Hörern Zeit, auf Traumreisen zu gehen. Dann wechselte er noch einmal Ton und Gangart, blieb jedoch ernst; ja, das klang wie Klagelaut:

Es stand eine Frau, alleine.
Und spähte über die Heide.
Sie wartete auf ihren Liebsten.
Da sah sie einen Falken fliegen.
O Falke, daß Du so bist, wie Du bist –
Du fliegst, wohin Du magst.
Du wählst Dir irgendwo im Wald
einen Baum, der Dir gefällt.
So habe auch ich's versucht.
Aus freien Stücken entschied ich mich für einen Mann.
Den wählten allein meine Augen, sonst niemand.
Den aber neiden mir nun die anderen schönen Frauen.
O weh, warum gönnen sie mir nicht meinen Geliebten?
Ich begehre ja auch nicht einen der ihren.

Dann endlich nahm die Fiedel einen helleren Ton auf und ging fröhlicheren Schritt:

Später sah ich den Falken wunderbar fliegen.
An seinen Fängen hingen seidene Bänder –
auch schimmerte sein Gefieder wie von rotem Gold –
Gott füge die zusammen, die sich zu lieben begehren!

Als Giselher noch eine Weile musiziert hatte und schließlich hinter den HallenBögen das Instrument wieder in die Truhe legte, stand ein Hoffräulein neben ihm, das ihm zuflüsterte, ihrer Herrin hätten seine Lieder überaus gefallen. Zumal sie bemerkt habe, wie der Sänger mit ihrem Falkentraum vorsichtig umgegangen sei, ihn ins Schönste gewendet hätte. So bäte sie ihn noch vor seiner Abfahrt nach Island um eine Abschrift. Die sagte Giselher gern zu, noch für diese Nacht.

Als der Spielmann wieder zur Tafelrunde kam, stand an seinem Platz der Xantener und umarmte ihn. So zeigte der NiederLänder, den man anfangs allein wegen seiner PlattSprache für ungehobelt gehalten hatte, immer höflichere Sitten. ja, das ungeschlachte Nebeltier erschien nun sogar einem Höfling wie Herrn Gere von Speyer gerade so in Zucht und Schmuck gebändigt, wie Giselher das vom Falken gesungen hatte.

Da der Gast auch jetzt die geänderte Stimmung bemerkte und die allgemeine Gunst spürte, so fiel ihm plötzlich ein, mit dieser Situation zu spielen. In einem Augenblick, in dem der Spruch der Karten und Kriemhilds Unheilstraum vergessen schienen, in diesem Augenblick der höchsten Zufriedenheit setzte der Mann aus Xanten, wie man so sagt, noch eins obendrauf und bat im Ernst darum, daß man den Inhalt aller seiner HortSchiffe, bevor die Fürsten auf die Mitternachtsfahrt auszögen, nicht weiter im Hafen liegen lassen möchte, sondern daß dies alles, da es doch nun den Burgundern gehöre, noch in dieser Nacht in Gunthers Schatzkammern geschafft werden solle – als Pfand für eine glückliche Brautwerbung. Da umarmten sich die Königssöhne ein zweitesmal. Der Xantener rief durch die Halle, gab Anweisung, seine Hundertschaften machten sich augenblicklich an die Arbeit, den Drachenschatz den Kellern der Königspfalz einzuverleiben.

Da dröhnten durch die Gänge und von den Ufern herauf die Rufe, polterten in der Winternacht fünfhundert Männer von Ruhr und NiederRhein, schepperten Eimer, quietschten hölzerne Hebelkräne – das tönte wie lieblichste Musik in den Ohren der Wormser Herrschaften. Da war nirgends etwa noch die Erinnerung oder gar die Rede von dem Fluch, der auf all dem lasten sollte.

Selbst Hagen zeigte sich bewegt, verwirrt, da hatte sich der Mann aus dem UnterLand, so schien es, endgültig angenehm gemacht. Walthari, seinem Kumpan aus AlberichTagen, dem murmelte der Xantener zu, so daß es nur der Knappe verstand, wie froh er sei, das loszuwerden, was er den ›BrutBrast‹ nannte, den ›RaubKram‹.

Als es endlich vom Hof und vom Rhein her wieder still wurde und der DrachenHort in den Burgkellern verstaut war, da breitete sich unterm Gold und Rot der Halle eine seltsam übermütige, eine wahre Hochstimmung aus. Selbst Gunther, der zaghafte, war sich plötzlich wieder vollkommen sicher, seine Brautwerbung werde erfolgreich sein. Auch ohne daß er Harfenlieder vortragen könne.

Obwohl der Rausch längst da war, wurde Wein reichlich ausgegeben, auch den Leibeigenen, in den Hof hinunter; ja, auch ihnen wurde Fleisch ausgeteilt, zarte Hüftstücke, die sie nie gekostet hatten. Trunken war da bald fast jeder, selbst Ringwolf hielt sich mit

Mahnungen zurück, strafte keine lockere Hand, kein loses Wort, faßte nicht ein einziges Mal an seinen reinen Stein, glänzte vielmehr selber vor Hoffnungen und Getränken, undenkbar schien, dieser Bischof würde wie vormals drohen, vor diesem oder jenem Fremden das Doppelkreuz zu schlagen, um ihn zu zersprengen oder er würde gar einen dieser Gäste pfählen, obwohl er nach wie vor nicht zweifelte, daß sie Ketzer waren, Kelten, Gnomen, AntiChristen.

In solcher Ausgelassenheit feierten sie und sangen, daß etliche Hoffräulein zu beweisen hatten, wie züchtig sie sich – vorerst – auf die Festungskunst verstanden. Allgemein war da, was der Nibelunge ›Geilheit‹ nannte und was damals noch als ›Fröhlichkeit‹ verstanden wurde. Schließlich, mitten in der Nacht vor der Abfahrt ins Mitternachtsland, rief man laut, Giselher möge endlich herauslassen, was er über die LeibesFreuden in Nifelheim wüßte, von Lokis Künsten und denen der Sylphen. So kam es, daß die Tafelrunde im goldüberglänzten Königssaal folgendes zu hören kriegte vom königlichen Spielmann.

Auf seiner Rheinreise sei er von Köln aus, wie die meisten schon wüßten, zu jenem weisen Abbas Eginhardt gefahren und zu dessen schwarzen Brüdern unter der Siegburg. Dort habe er, unterm Eindruck der Strenge, die in diesem Kloster herrsche, endgültig den Entschluß gefaßt, nicht, wie Bischof Ringwolf gewünscht, ins gelehrte Mönchsleben einzutreten. Vor Freude über sein Nein, über seine Entscheidung, frei zu bleiben, sei er, vielleicht ein wenig übermütig, so wie sie jetzt alle in diesem Saal übermütig seien, um einiges weiter stromab gefahren, ins PlattLand, nach NiederLand, da er doch auch einmal über diese Grenze hinüber, ins Nifelheimische hinein wollte, statt davon immer nur zu hören oder zu lesen.

Nicht weit von der Deutschburg sei ihm auf der gegenüberliegenden Rheinseite in dem Ort Krähenkamp oder Krähfeld, einem Flecken, wo gerade Markt gehalten worden, ein ungewöhnlich leutefreundlicher Mann aufgefallen, der sich den Diutisken als GeschichtenErzähler anbot und der von allen Spielleuten den stärksten Beifall, den meisten Zulauf fand. Giselher habe sich erkundigt, wer das sei und zur Antwort die Frage gehört, wieso er den nicht kenne, dies sei der Karolus Johannes, der Franke, der wie er selber die Mönchskutte ausgeschlagen, ebenfalls ein schriftenkundiger Mann und viel gereist. Der habe schon immer so viel Witz bewiesen beim Erzählen, daß die Klosterbrüder, als sie auf ihn hätten verzichten müssen, ihm das Versprechen abhandelten, er möge, wenn er schon nicht ihrem Orden beitrete, wenigstens seine Märchenkünste in den Dienst der Christenlehre stellen, solle von Markt zu Markt ziehen und die nebelländischen Götter lächerlich machen. Dies habe Karolus Johannes gerne zugesagt, weil er wußte, daß im Zwerchfell, wo gelacht wird, das Leben wohnt, daß dort nicht nur gelacht, sondern auch geweint und begehrt wird. Und so sei der nun seit Jahren unterwegs und unterhalte die Leute. So zauberhaft verstünde dieser rheinische Mann zu erzählen, daß darüber, zum Leidwesen des KlosterAbbas Eginhardt, die nifelheimischen Wesen nicht lächerlich, sondern nur wieder lebendig würden.

Da habe auch er, Giselher, sich unter die Zuhörer und Lacher gestellt und folgendes vernommen. »Im Anfang, so sprach der Franke, war Nebel und war die Sonne. Sie bildeten das Chaos Ginnungagap. AllMutter, die Unerschaffene, wohnte in der Tiefe von Ginnungagap und begehrte. Und was sie begehrte, das trat ins Dasein. Denn sobald sie begehrte, wollten sich Nebel und Sonne erschlagen und durchdrangen sich. So trat ins Dasein der UrRiese. Nicht Odin oder Wotan war der Erste, sondern diesen Rang beansprucht das NebelSonnenGeschöpf Buri. Dieser UrRiese Buri hat über die Gabe verfügt, Söhne aus sich selbst heraus zu zeugen, ohne die Hilfe der Frauen.

Der fröhliche Franke hat dies sogleich mit einem glänzenden Wonnepfahl vorgeführt und für sein behendes Schauspiel viel Beifall geerntet, bei Männern wie Frauen.

Dieses wunderbaren Selbsterzeugers Buri erster Sohn hatte den Namen Bor. Bor, ebenfalls ein Riese, aber weniger selbstherrlich als sein Vater, begehrte nun doch eine Frau und zwar Bestla, ebenfalls ein NebelSonnenGeschöpf – Bor hatte offenkundig die Vorzüge eines prächtigen Weiberleibes erkundet und konnte auf der Stelle von dem Vergnügen, ihn zu durchdringen, nicht genug bekommen. Mit der Riesenfrau Bestla jedenfalls zeugte Bor nach Kräften, zunächst einmal drei Söhne, darunter als ältesten jenen Odin, auch Wotan oder Wodan genannt, der ebenfalls alle Waffen, vor allem die des Begehrens, meisterlich zu gebrauchen wußte, nicht selten wüst. Oft bediente er sich dabei einer List, wir wissen, daß er es war, der Ran als frommer Pilger übertölpelte, um mit ihr wollüstig zu sein, so daß Brünhild ins Dasein trat. Meist zeigte sich Wotan in Tarnungen, in Tiergestalten, selten als Mensch. Odins Bruder, der zweite Sohn von Bor und Bestla, so erzählte der Franke, war Thor oder Donar, der HammerGott, der bekanntlich, wenn er sein goldenes Werkzeug wirft, für weithin hallenden Himmelslärm sorgt. Im Gegensatz zu Wotan war Thor seiner goldlockigen Gemahlin Sippia stets treu, ja, er liebte sie mit Fleiß und Kraft und Inbrunst, liebte sie jeden Tag irgendwo auf unserem Weltkreis, da es ja jeden Tag über irgendeinem Revier zu donnern pflegt. Thor jedenfalls erzeugte auf die stürmische Weise, mit der er über seine Sippia täglich wie ein Unwetter herzufallen pflegte, eine stattliche Menge Nachkommen. Sorgen bekam er aber, als ihm eines Tages die Bornholmer Riesen einen Streich spielten. Da sie, die selber zu gerne die Größten wären, seine Angewohnheit, beim Lieben Lärm zu machen, nicht ohne Grund für Angeberei hielten, hatten sie ihm seinen goldenen Hammer gestohlen. Ohne Hammer jedoch blieben Liebesfreuden aus. Denn in den Ohren seiner Gemahlin Sippia tönte Thors Donner nicht hohl und wichtigtuerisch, sondern wirkte so betörend, daß sie, sobald sie nur von ferne sein Grollen und Rollen hörte, sich ihrem Herren und Meister auf brünstigste Weise ergab. Nun aber, ohne das gewaltige Geräusch, blieb sie kalt, spröde und trocken.

Voller Verlangen nach seinem verschwundenen Wunderstück machte sich Thor auf die Reise. Er suchte auf Island, in Norwegen, in Jütland und wanderte nach Wotans Art, getarnt. Wo immer der fromme Pilger die Leute fragte, warum es nicht mehr donnere und regne, erzählten sie dem Fremden, je weiter er kam, genauere Einzelheiten über Thors Unpäßlichkeit, schließlich hörte er, was die Wahrheit war: die Riesen seien neidisch geworden auf den Donnergott und hätten ihm sein Glanzstück gestohlen. Da wußte er genug, verkleidete sich als Frau und näherte sich so der Insel Burgundarholm, auf der, bevor wir Burgunder dort siedelten, die Riesen und die Elfen zuhause waren und wo, wie wir wissen, Thors ältester Bruder die schöne Ran verführte und Brünhild zur Welt kam. Auf Bornholm erfuhr die vermeintliche Frau bald, daß es der Riese Thrym war, der dem Donnergott das Werkzeug weggefangen und versteckt hatte, und daß dieser Thrym den Hammer nur dann herausrücken würde, wenn ihn Thors schönste Tochter beglücke. Die hieß Freya.

Da verbesserte der Herr des Lärms seine Tarnung und verwandelte sich in Freya. Er sah nun also aus wie seine eigene Tochter, mit der er allerdings schon immer allerhand Ähnlichkeiten gehabt hatte, wenn auch der wichtigste der Unterschiede nicht zu beseitigen war – wie immer die Götter sich verwandelt haben, ein männlicher Gott blieb auch in Tier- oder in Menschengestalt bei seinem Geschlecht.

So also, täuschend ähnlich hergerichtet als liebliche Freya, betrat der Donnergott eines Abends, als dort gerade getafelt werden sollte, die Halle der größten Burg auf Bornholm. Die stand im Westen der Insel auf hohem Fels überm Meer, leuchtete in der Abendsonne. Betrat dort die RiesenHalle und erklärte mit hell klingender Stimme, Gott Thor habe seine schönste Tochter zu Herrn Thrym geschickt, damit sie sich gegen die Herausgabe des Hammers ihm, dem Herrn dieser Burg, auf die freundlichste Art zuwende. Da war Fröhlichkeit in dem großen Saal, schallten Kichern und Jubel. Gern betrachteten die Riesen das stattliche Weib, sorgfältig ließ der Hausherr das Mahl bereiten, fix noch vom MutterKorn einrühren und vom Schwindling, auch von Schlafmohn und Bilsenkraut. Mit bebender Wonne gewahrte der Herr Thrym, wie beim Abendessen die vermeintliche Freya einen ganzen Ochsen verzehrte. Dazu acht Lachse und mehrere Schüsseln voller Gebäck. Und wie sie auch vom RauschTrank erstaunliche Mengen vertrug, ohne unter den Tisch zu fallen. Wie wir aber schon aus der Geschichte von Wotan und Ran wissen, richtet das Wutgetränk bei den Göttern überhaupt nichts aus, sondern lähmt allein Menschen und Halbgötter; eben darum, weil sie allein den Göttern bekommt, heißt sie ja Götter-Speise.

Der Herr des Donners, als liebliche Freya getarnt, aß und trank, wie gesagt, sehr viel und hielt auf diese Weise den überaus gelüstigen Riesen lange hin. Der saß neben ihr, war längst satt, schaute ihr mit großen Augen zu. Sie schien das nicht zu bemerken, aß immer nochmal eine Wachtel oder einen Pfannekuchen, schlürfte auch das Stierhorn zu wiederholten Malen leer und rülpste so herzhaft, daß es den ungefügen Herrn Thrym entzückte bis fast zur Raserei. Als er vor Gier ganz rot war, kaum noch atmen und keinen Augenblick mehr stillsitzen konnte, mochte auch die vermeintliche Freya nicht länger so tun, als wisse sie gar nicht, worum es dem schnaufenden Herrn neben ihr ging. Endlich wandte sie sich ihm zu, lächelte und stellte frohgemut fest, wie hübsch er zittere. Und bestaunte fachkundig, mit Wort und Hand, Thryms Lüsternheit, gewaltig stand ihm und prangend der Liebeshammer. Da nickte die weise Frau verständnisvoll und folgte dem Flehenden zu seinem Lager. Dort jedoch erklärte die vorgebliche Tochter, bevor das Vergnügen beginne, verlange sie nunmehr den Hammer ihres GötterVaters. Da der ungestüme wie ungetüme Riese jetzt auch nicht einen einzigen Augenblick länger warten konnte und weil man weiß, daß dort, wo das Schwert sich erhebt, der Verstand in die Erde fährt, bekam Thor seinen goldenen Hammer zurück – und hat damit Herrn Thrym den Schädel eingeschlagen. Der Donner rollte weit übers Meer. Thryms Zertrümmerung war fast überall in Nifelheim zu hören. Seither heißt die größte Burg Bornholms, an der Abendseite steil über der Küste, Hammershus.

Soweit des Franken Karolus Johannes Bericht aus Burgundarholm, der von den niederrheinischen Zuhörern mit Gelächter belohnt wurde und am Ende mit soviel Beifall und guten Münzen, daß er eine zweite Geschichte erzählen mußte. Die drehte sich um Loki, um den Gott des geübten Mundwerks, den schon die Kelten verehrt haben als den Herrn ›Lug‹, dem alle Erzähler ihren Respekt erweisen sollten, zumal Loki auch in der LiebesKunst der tüchtigste und frechste unter den nifelheimischen Gottheiten ist. Lokis Name, so beteuerte der kluge Franke, komme, wie manche schon früher behaupten, von der Lohe und von jenen geilen jungen Trieben im Unterholz der Wälder, die sich überall hineindrängen und möglichst schnell möglichst hoch hinauswollen. Darüber lachten die Zuhörer wieder, zumal der freche Franke wieder Buris Bewegungen zeigte, dann aber begann er folgendermaßen zu berichten:

In den Zeiten, als auf Burgundarholm weder Burgunder noch Riesen hausten, da, so erzählte er, gab es auf dieser Insel einmal ein Fest, und zwar auf eben jener Burg über dem Meer, die heute Hammershus heißt. Eingeladen waren außer den wichtigsten Göttern auch einige Halbgötter und Alben, aber nur die freundlichen, also nicht etwa Alberich, dafür aber Baldinai und Helinga, seine schönen Töchter, und jene Sylphe, in die sich der Buchenheimer BuchstabenZauberer verliebt hatte. Peinlicherweise hatte man Gott Loki einzuladen vergessen, den fröhlichen und mundfertigen Herrn der Witze, der Lüge und der List – vielleicht war es mit Absicht geschehen, denn viele fürchteten sich vor seinem Mundwerk. Auch Gott Thor, obwohl man ihn natürlich eingeladen hatte, war nicht dabei, da er, wie fast immer, irgendwo auf der Welt in einen wichtigen Donnerkrieg verwickelt war und es nun mal keinen Moment lang unterlassen mochte, die Menschen gehörig einzuschüchtern.

Immerhin, auf Hammershus waren würdige Gäste versammelt, eine ansehnliche Zahl, sogar Wotan oder Odin, der älteste Bor-Sohn. Der mochte freilich solche Feste nicht sonderlich und hatte heftig dem GedankenMet zugesprochen, dem Odhrörir – man sah seinem versteinerten Gesicht an, daß sich große Pläne in seinem Kopf stauten, sicherlich wäre er auch jetzt lieber als einäugiger Alter im langen blauen Mantel davongewandert, um unterm tief ins Gesicht gezogenen Hut nach jungen Frauen auszuspähen oder nach den Kriegswölfen Geri und Freki; aber da neben ihm seine Gattin Frigg saß, blieb ihm nichts übrig, als die Stürme hinter der Stirn zu halten. Nur ab und zu sah Baldinai, wie die Raben Hugin und Munin als Schatten aus seinem Schädel stürzten und aus der Halle huschten, weit hinaus übers Meer, Hugin, der Gedanke und Munin, das Gedächtnis. Der Franke Karolus beteuerte, der Gott habe sie ausgesandt, um zu sehen, ob die Lohe noch über Brünhild wache und ob die Sachsen und Dänen ihm noch huldigten, ihm, Wotan, und was die neuen Großfürsten ausheckten, die in Rom und in WestRom. Bei diesen WeltGedanken störte ihn das Palavern um ihn her, doch man speiste gut, man war mitten im Essen und im Schwätzen und hat auch den Herrn Loki in aller Ruhe beschimpfen können, endlich ohne Störung und Widerwörter, da flog plötzlich die Saaltür auf – und Loki stürmte herein.

Selbstverständlich verlangte er einen Platz an der Tafel. Da ja ein Sitz frei geblieben war für Thor, fand man in der Eile keine Ausrede und ließ ihn sich setzen. Kaum saß der unter den Göttern und Halbgöttern und hatte den ersten Schluck getrunken, da nutzte er das säuerliche Schweigen und begann zu lästern. Schmähte schamlos und beleidigte jeden an der Tafel – einfach dadurch, daß er alles, was er über die Elfen und Walküren und Göttinnen wußte, ausplauderte. Keine Frau ließ er unbeschimpft; und als die Männer sich schon kugeln wollten vor Lachen, da gab Loki auch alles, was er über die Herren wußte, zum Besten: wer mit welcher und welche mit wem und wann und wie und wie oft und unter welchen absonderlichen Umständen Lust gehabt hatte oder auch keine und stattdessen Pein und Niederlagen – und schonte selbst den Göttervater nicht. Da bat endlich Thors Frau Sippia, die neben Loki saß und fürchten mußte, nun käme bald auch die Reihe an ihren abwesenden Gemahl, da bat sie um des Anstands und um des lieben Friedens willen, mit solchen Frechheiten aufzuhören. Aber Loki war nicht zu bremsen, gerade sie, Thors Gemahlin Sippia, habe es nötig, ihn um Schweigen zu bitten, sie, von der alle Nebelwelt annehme, sie sei der Inbegriff der Treue, gerade sie habe noch zwei Tage zuvor in seinen Armen nicht genug kriegen können, weil, wie sie beteuert habe, endlich mal nicht der hohl dröhnende DonnerHammer, sondern eine wirkliche WonneWucht am Werk gewesen sei, nicht das laute Metall habe sie gepriesen, sondern den leisen, den warmen und sanft geölten LiebesSchwengel, ja, so habe sie ihn genannt, Loki konnte sich nicht genug tun, Sippias Worte zu wiederholen und mit ihren Lobpreisungen, die Unterschiede zwischen Größenwahn und wahrer Wucht genauestens auszumalen.

Thors Gemahlin lag längst ohnmächtig unter dem Tisch. Da flog abermals die Tür des bornholmischen Saals auf – und herein platzte Thor. Der DonnerGott, der gehörnte und keinesfalls einmalige Ehemann. Kaum hatte ihm Loki zungenfertig erklärt, daß seine goldgelockte Gemahlin nur deswegen unter der Tafel liege, weil selbst ihr die Aufgabe, die SippenRegeln der Götter zu beachten, allzu schwergefallen sei, so daß schließlich selbst sie, die Goldgelockte, den Freuden der AllMutter gefrönt habe, dem Begehren. Da griff sich der Donnerer seine Gattin, stürmte mit ihr in die Nacht hinaus und hat draußen mit ihr noch ausführlich gegrollt.

Nun beherrschte Loki das Götterfest und konnte mit den Welten-Herren wie mit den Elfen umspringen und anstellen, was er wollte, er kannte ja all ihre Schwächen, er hatte sogar den DonnerGott vertrieben. Wer über alle alles weiß, mit dem werden sich sogar Götter nur noch dann anlegen, wenn ihnen ihr Ruf gleichgültig ist. Weil aber die Überirdischen von Niflheim genauso ehrgeizig sind und ruhmredig wie die ägyptischen oder die griechisch-römischen und weil auch im Norden die Unsterblichen nichts so sehr fürchten, als sich unsterblich zu blamieren, so kuschten auch sie vor dem WonneLuder und Witzbold – und der nützte seine Stellung weidlich aus. Er befahl, alle Lichter im Saal zu löschen. Nur am Boden durften zwei Öllämpchen weiterleuchten. Dann mußten alle männlichen Gäste in der fast dunklen Halle gründlich durcheinanderlaufen und mußte eine der Elfen, wahrscheinlich die Sylphe des Buchenheimer Gelehrten oder aber doch Baldinai, jedenfalls die schönste und jüngste unter den Elfen, die mußte oder durfte sich unter den großen Tisch hocken. An dieser Tafel hatten die Götter und Halbgötter nun wieder Platz zu nehmen – die Fee aber konnte sich unter den herrlichen Gästen den aussuchen, der ihren Wünschen am nächsten kam. Ausführlich und gründlich habe die kundige Elfe unter der Tischplatte gesucht und probiert, beteuerte der Franke. Die Klosterbrüder, von denen Karolus Johannes diese Sache wußte, behaupteten, sie hätte sich ihren Gespielen nach der Form seiner Füße ausgesucht. Als ob es unter dem Tisch nichts anderes zu sehen, zu prüfen und zu begreifen gegeben hätte als Füße. Jedenfalls wählte sich die Luftfee des Buchenheimer Weisen – oder war es doch die fröhliche Alberichtochter? - wer es auch immer war, sie wählte sich, ohne wissen zu können, für wen sie sich entschied, den liebesgeübten Loki. Und nicht etwa, wie die Mönche wissen wollten, weil es seine Füße waren, die so hervorragten. Soviel über den doppelten Triumph des Herrn Loki. Dies jedenfalls hörte ich unterm Gejuchze der niederrheinischen Leute an dem Markttage in Krähenkamp, nicht weit von dort, wo Siegfried aufgewachsen ist. Wer so über die Götter erzählt, macht sie wohl wirklich wieder lebendig. Ich wollte, in den christtraurigen RomLändern könnten sich Schreiber und Sänger darauf verständigen, daß Loki unter den Göttern ihr bester wäre. Ihr freiester.«

Mit diesem Seufzer beendete Giselher seinen Bericht. Auch aus diesem Wunsch ist, wie man weiß, nichts geworden; die Lokisprache, die Lockersprache, sie kam in tausendjährigen Verruf.

Damals indessen genossen die Burgunder nochmal eine gute, eine bornholmische Nacht, schliefen wollüstig ein über den Bildern und Geschichten aus Hammershus.

An einem Vormittag im späten Hornung – unserm Februar –, als die Tage schon wieder lang genug schienen und alle elf mal vier Kleider für die vier Königssöhne aufs Ansehnlichste fertig geschneidert waren, da sollte endlich die kleine Mannschaft aufbrechen, da wollten die Söhne des Gundomaris samt Hagen und Siegfried und sieben nibelungischen Schiffsleuten davonfahren, begleitet von Wünschen, die zwischen Sehnsucht, Sorge und Eigennutz schwankten.

Noch kurz vor der Abfahrt nahm Dankwarth, der Haus- und Hofmeister, den NiederLänder beiseite, bat ihn um ein Gespräch, schien sehr verwirrt, zog ihn in einen Winkel hinterm Hoftor und sagte, der König habe ihm merkwürdige Aufträge erteilt, obwohl – nein, die Wünsche selbst seien so merkwürdig gar nicht, nur wisse er nicht, ob Gunther sie nun eigentlich ausgesprochen hätte oder nicht.

»Welche Aufträge?«

»Das Gemach, Gunthers Kammer, soll ich herrichten lassen zu einem Ehegemach, die Burghalle aufbessern, den Abort neu bauen, am Bergfried und im Hof Dächer und Stützen erneuern und bemalen und manches mehr und vor allem: Gäste, hunderte Gäste einladen – eine siebentägige Hochzeit vorbereiten.«

»Klippivirdorri – was ist daran nicht richtig?«

»Ungut ist, daß er all diese Aufträge wieder zurückgenommen hat. Nein, lieber doch nicht! rief er zum Schluß, wir blamieren uns!

warte besser, bis wir zurückkommen. – Was, verehrter Ritter, soll ich nun tun? Wenn Ihr dann wirklich zurückkommt mit der nordischen Hexe und nichts ist gerichtet? dann blamieren wir uns erst recht! Siegfried, Du, so sagt man, warst auf Eisland, wie schätzest Du das ein–« – »Zähl zweimal zwölf Tage. Bis dahin ist die Arbeit getan. Die auf Island – und Deine, Herr Dankwarth!«

Der sah dem Ritter verdutzt nach. Und nickte dann und murmelte: »Zähl zweimal zwölf Tage. Bis dahin–«

Am Kai umarmten und küßten sich Kriemhild und Siegfried, Ute, die sich bis vor das Schiff hatte tragen lassen, hieß den Nibelungen, ehe er an Bord ging, seinen Kopf neigen, sie legte ihre dürre Hand darauf und sprach:

Ic dir nach sihi, ic dir nach sendi
mit minin funf fingirin
funfi undi funfzic guoti Albi
Got mit gisundi heim dich gisendi
offin si dir das sigidor
sami si das segildor
bislossin si dir das wagidor
sami si das wafindor.

Dieselben Worte, dieselbe Geste wandte sie an ihre Söhne. Giselher fand Zeit, ihren Reisesegen für den römischen Bischof nachzusprechen, im höfischen Deutsch:

Ich sehe Dir nach, ich sende Dir nach
mit meinen fünf Fingern
fünfundfünfzig gute Geister.
Der Gott sende Dich mit Gesundheit heim.
Offen sei Dir das Siegtor
wie das Segeltor.
Aber verschlossen sei Dir das Wogentor
wie das Waffentor.

Mit diesem Wunsch legten sie ab, glitten auf Siegfrieds Schiff davon, stromab, nordwärts. Kaum war Worms hinter der engen Biegung vor Lorsch verschwunden, da stellte König Gunther die Frage, wer auf dieser Fahrt Kapitän sein solle. Aus Geschichten von

Gotland und Burgundarholm wisse er, daß in Gefahr und Meeres-Not nicht lange beraten werden könne, da müsse der Erfahrenste die Kommandos geben.

Gernot sagte, der Erfahrenste sei der Nibelunge. »Die Wasserstraße, den Rhein hinab und der Weg bis Island, das alles ist ihm und seinen Leuten bekannt; ebenso das Schiff.« Der Xantener nickte. Jedes Brett, den kleinsten Bolzen kenne er. »Ich führ das Schippmanns Amt.«

Alle willigten ein, auch Hagen.

Da der Rhein um diese WintersZeit wenig Wasser führte, war es schon hier günstig, kundige Führer zu haben. Die Leute aus NebelLand, Walthari vor allem, schienen zwischen Mainz und Koblenz alle Untiefen im Strom, alle Hungersteine zu kennen oder schauten durch das Wasser hindurch, jedenfalls steuerten sie glücklich über den wildernden Fluß, auch als er sie schließlich durch die Gebirge trieb.

An der engsten Stelle des Tals glitten sie über Flußschnellen und unter dunklen Felsen hindurch – plötzlich erschrak Gunther, weil er bemerken mußte, daß ausgerechnet hier der SchiffsHerr nirgends zu sehen war und das Steuer seinem Knecht Walthari überlassen hatte. Es hieß, der NiederLänder habe sich unter Deck begeben, habe hören lassen, hier müsse er sich vor etwas in Acht nehmen. »Wenn das so gehen soll die ganze Fahrt?« grollte der König. »In dieser Schlucht müssen wir wohl allesamt auf etwas achtgeben und am meisten, denke ich, der Kapitän.« Da erklärte Giselher dem Bruder, daß sich seit je auf diesen düsteren Felsen eine Wasserfrau zeige. Diese zauberische Erscheinung heiße die Lurlai. Wer sie erblicke, verfalle ihr, in unaufhörlicher Liebe.

Als der König dies gehört hatte, fragte und murrte er nicht weiter, sondern beobachtete aufmerksam die Felsen, wenn auch eher scheu, zunächst nur aus den Augenwinkeln. Als sich ihm außer Schneeflecken nichts Auffälliges zeigen wollte in der grauen Wand, erinnerte ihn der Spielmann daran, daß einer, der den Drachen besiegt habe, mehr sehe und höre als andere. Wahrscheinlich erkenne sogar nur einer, der den NidGir getötet habe, wunderbare Frauen.

Geschwind trieb und segelte das Boot. Noch vor der ersten Nacht konnten sie unterm DrachenFelsen festmachen. Kein RheinWurm verlangte Zoll.

Da von nun an der Fluß ins NiederRheinische hinausströmte und eine milde Abendsonne den Schnee zu tauen versprach, begrüßten die nibelungischen Schiffer mit Wonne den befreiten Strom; als das Boot für die Nacht gut verankert war, begannen sie ein Lied zu singen, das klang rauh, eckig, huckelig und locker. Den Burgundern erklärte Siegfried, diese Töne seien ein SiegesGesang – wann immer im NebelLand Tyrannen vertrieben worden seien, ob Römer oder Drachen, höre man solch »klotzich Gidöns«.

Das heulte und rumpelte von sehr tief unten bis in die hellsten Stimmen hinauf, schwoll nach und nach an, schlug gegen den Felsenberg und erfüllte bald das ganze breite Tal bei *bonna*. Dieser SteinGesang, wie die Sänger selber ihn nannten, machte den sieben SchiffsKnechten hörbar Spaß, diese Felsenlieder klangen wie Steinepoltern.

Als die Dunkelheit gekommen war und die Wormser eine warme Mahlzeit begehrten, sollte Feuer gemacht werden. Gunther, der ein wenig fror, sprach als erster diesen Wunsch aus. Da schwiegen zwar die Gesänge, aber auf seine Fragen bekam er nur undeutliche Antworten. Es war weder ein Koch noch eine Frau an Bord, die sich auf Mahlzeiten verstanden hätte. Der Schiffskapitän lachte und sagte, wenn die Not so groß sei, dann erteile er folgenden Auftrag: »Diesen ersten Abend soll König Gunther die Frau sein.«

Im letzten Tageslicht erkannte man, daß darüber der König errötete; der Nibelunge tat, als bemerke er es nicht, sondern befahl: »Nun knöttere nicht, nun, hopp! pack an!« Und der AlberichGeselle holte zweierlei Hölzer aus einem Verschlag, kniete sich mit denen vor den Herd. Auf den Boden legte er das breite Holz mit einer engen Vertiefung, darüber hielt er einen Stab, der in die Vertiefung genau hineinpaßte. »Halt fest, Frau Gunther!«

Da mußte sich auch Gunther niederknien vor der Feuerstelle, hatte das Schalenholz zu halten. Siegfried senkte das Bohrholz hinein, drehte es zwischen flachen Händen schnell und kräftig hin und her. Walthari hielt vom trockenen Gras an die Reibstelle, die sich bald erhitzte und zu rauchen begann, er mußte nur kurz blasen, schon flammte das Heu auf. Und entzündete im Herd den vorbereiteten Stapel aus kleinen Hölzern, alsdann die Steinkohlen unter den Kesseln. »Wir sind zwölf Mann an Bord. Jeder ist einmal dran mit dem HexlochHolz. Wenn an uns allen die Reihe war, als Frau, dann sind wir auf Isenstein!«

Den nächsten Tag, noch vor Morgengrauen, ließ der Schiffsmeister die Taue lösen. Als die Burgunder an Deck erschienen, glitt das Boot schon an der Deutschburg vorüber, dort, wo der Ruhrfluß in den Rhein mündet. Sie sahen, wie der NiederLänder da hinaufblickte und ebenfalls zu singen schien. Die Brüder hörten sein Summen, beobachteten ihn von fern. Gunther sagte, vermutlich grüße der seine heimlichen Lieben. Auch Giselher glaubte zu wissen, der aus Nifelheim denke an die schwarze Helinga wie an Baldinai. »Laß ihn grüßen«, meinte Hagen. »Hauptsache, er holt uns die Feuerfrau.«

Noch vor Mittag erblickten sie die Türme von Xanten. Da Boten ausgeschickt worden waren, hatte man dort Bescheid gewußt und man darf sicher sein, nun tönte und wehte ihnen schon von weitem Felsenmusik entgegen, Willkommens›Gedöns‹, Tücher wurden geschwenkt, Gesänge heulten und polterten, auffallend ähnlich jenen wüsten Steinliedern unterm DrachenFels.

Als sie anlegten am Kai, wurde der Lärm von Trommeln und Flöten felsenstark. Noch vom Schiff herab zeigte Siegfried den Burgundern, wie im Xantener Hafen mächtige Ulmen-, Linden- und Eichenstämme lagerten. »Die sind vom ExternWald. Aus Armins Siegeswald hab ich die geflößt, übern Lippefluß. Mit denen hab ich dies Schiff ausgebaut und verbessert, bevor es zum erstenmal auf die Fahrt ging, aufs NordMeer.«

Als das Schiff vertäut, die Stege gelegt waren, kam es unter den Vornehmen zu Höflichkeitsaustausch. Da die Mutter in den Wintermonaten bei den Externsteinen wohnte und der Nibelunge mit Siegmunt kaum Freundschaft pflegte, hielt sich der NidGir- und RomVertilger gegenüber dem Vater wie überhaupt gegenüber den Xantener Edelingen zurück. Er umarmte diutiske Freunde. Mag sein, dies ist der Grund, warum die Schriften über diesen Tag schweigen. Was wir wissen, wurde unter der Aufsicht bischöflicher Höflinge notiert. Doch ist nicht ausdenkbar, Siegfried sei an seiner HeimatStadt vorübergefahren, nein, es wird vielmehr so gewesen sein, daß die Leutefröhlichkeit der niederrheinischen Marktstädte auch Xanten so beherrscht hat wie jenes Städtchen, in dem Giselher den Erzähler Karolus Johannes kennenlernte. Bei der LippeMündung kam es vielmehr zu Szenen, die glichen jenem ungefügen Wiedersehen, das es zwischen Siegfried und Liudger gegeben hatte.

Die Burgunder nutzten diese erste Gelegenheit, einige ihrer kostbaren Gewänder vorzuführen. Doch beachtete die kaum jemand.

Welche Pracht Gunther auch zeigte, selbst die Xantener Edelinge schwiegen; der alte Siegmunt soll von ›Aufschneiderei‹ geredet haben. Unter diesen NiederLändern schien es keine Kenner, wenig Geschmack zu geben, stattdessen immer wieder klobige Begeisterung um den FeuerHelden, um den im schmalen Leinenhemd; allein um ihn herum polterte das und lachte und rumpelte wie SteinGesang.

So waren die Wormser froh, als noch am selben Mittag das Zeichen für die Weiterfahrt gegeben wurde. Zuvor allerdings hatte der Sohn dieser Stadt in aller Form eine Einladung ausgesprochen: Siegmunt und Sieglind sollten mit so vielen Kämpen, wie sie für ihre Sicherheit in RomLand für nötig hielten, in die burgundische Residenz reisen – in spätestens zweimal zwölf Tagen werde dort doppelte Hochzeit gefeiert.

So sicher sich der Nibelunge gab, so tief beschlichen König Gunther neue Zweifel. Nicht erst nach diesem Xantener Vorgeschmack von nördlichem Hof und Volk. Schon die Schilderungen aus Hammershus ließen ihn an seinem Traum irre werden, so eine wie Brünhild zu gewinnen. Seit sie nun den Rhein abwärts trieben, versuchte er, sich genau vorzustellen, was für eine Frau ihm auf Island entgegentreten werde. Giselher hatte berichtet, ihre Kindheit sei ›überbehütet‹ gewesen. Geschützt von ihres Vaters WeltenFlammen. Dieses Aufwachsen hinter kosmischem Feuer – ständig von Himmelsblitzen geblendet? – könnte daraus nicht eine ebenfalls übergroße Neigung erwachsen, gleichfalls zu blenden? auch andere hinters Licht zu führen? den Schein für das Wahre auszugeben? Könnte daraus nicht die Freude werden an List und Überlistungen? Als Giselher von der Nacht des ›SauBären‹ mit dieser isländischen Riesin erzählte, war da nicht sogleich die Rede von Hexenkünsten? SchlafMohn? KräuterRausch? Immer deutlicher spürte er, daß Hagen mit Recht gesagt hatte, seine Sehnsucht nach RiesenBlut, die sei ein Traum und sollte besser einer bleiben.

Doch nun waren sie unterwegs. Glitten den Rhein hinab, dem Meer zu. Als es wieder zu dunkeln begann, machte sich Gunther, ohne daß andere das bemerken sollten, an den heran, der ihm unter den SiegfriedKämpen der gescheiteste schien, an Walthari. Den fragte er, ob er auf der Fahrt zum Isenstein dabeigewesen sei.

»Wir alle war'n dabei.« Walthari führte das Ruder. Schien kaum geneigt, mehr zu reden als das, was er geredet hatte.

Gunther kramte in seinem kostbaren Mantel aus Haifischhaut, fand im Schweinsblasenbeutel drei rote Goldstücke und hielt zwei davon dem Schiffsmann vor. Doch der hatte das Steuer zu halten, schaute nur kurz auf die ausgestreckte Hand, gleich wieder aufs Fahrwasser.

»Nimm es«, riet Gunther.

»Siegfried lohnt mild, teilt gern. Ook Muniza. Auch Münzen.«

»Das ist Rotgold. Davon wirst Du kaum was besitzen. Zweimal ein GoldSolidus aus Byzanz!«

»Ihr wollt was dafür. Kram gegen Kram.«

»Ja, ich will was dafür. Ich möchte, daß Du erzählst. Alles was Du weißt. Wie es auf Island war. Beschreib es so genau wie möglich. Denn ich –« Gunther brach ab, steckte seine Hand mit den Münzen zurück in seinen arabischen HaifischMantel.

Hinter ihnen ging der Schiffsherr vorbei. Prüfte die Steuerung, fand sie in Ordnung. Ließ dann beide wieder allein. Eine Weile war Schweigen. Vor ihnen die Dämmerung.

»Ich benötige Auskunft. Habe eine schwere Aufgabe.«

»Ich hab Euer Monet nit nötig.«

»Aber ich brauch Deine Auskunft. Ich muß wissen, was mich erwartet.«

»Mein Herr hat Euch das vertellt.«

»Zwei sehen mehr als einer.« Gunther hielt ihm wieder die AnastasiosMünzen hin. Der Steuermann nahm sie, ließ sie in den Saum seines Umhangs fallen; der war von Robbenfell.

Wieder schauten sie einige Zeit ins trübe Licht über dem Wasser. Schließlich sagte der SchiffsKumpan, der mit dem Rücken zur linken Seite stand und den SteuerRiemen mit beiden Händen hielt, er wisse weniger, als sein Herr Siegfried schon habe erzählen können.

»Ob weniger, ob mehr – vergleichen werde ich selber.«

Walthari schaute angestrengt in das schwächer werdende Licht. Der Strom war nun so breit oder das Licht so fahl, daß die Ufer kaum mehr zu erkennen waren. Dicht über dem Wasser wehten NebelStreifen. Wind war aufgekommen. Leichte Wellen ließen das Schiff sich aufheben, wieder niedertauchen.

Walthari begann dann einiges zu erzählen. Der Mann sprach sehr langsam, mit großen Pausen. »Bei uns in Niflheim, da leben noch die Wellen. Die Steine. Auch das Licht. Die Bäume, die Ulmen, die Linden. Auch Aasen. Walkürn. Riesen. Manche in Tierfell. Die meisten hausen weitab, hinterm Menschenkreis. Nach

Mitternacht zu, im Meer. Schon lang nicht mehr auf Borgondholm, auch nicht auf Gotland, nein, nur noch hinter Irland, auf fernem Eiland. In Felsgrotten, unter Brunnen. Auch im Eis. In Island und noch weiter abwärts. Geschützt gegen Sturm, hinterm Wogentor. Getarnt von Nebel, gegen jeden RaubWurm geschützt mit LichtKraft. Brünhild lebt unterm FeuerSchild. Ich weiß, Ihr glaubt nicht an solche Ding. Wißt nicht mehr von GötterKrieg. Von GeisterNeid. Von den KriegsWölfen, von Geri und Freki. Von der MeerGöttin, von Ran.«

Walthari schwieg. Gunther beeilte sich anzufügen: »Doch doch, wir wissen noch davon. Abt Otfried und Abt Eginhardt, solche Herren lehren es auch uns und übersetzen es. Priester Wunnibald sang Lieder von diesen Dingen. Der Herr im SiegburgKloster hat meinem Bruder erklärt, alles, was unter Menschen geschehe, sei Widerschein himmlischer Feste. Oder Kämpfe –« Er schwieg. Glaubte, nun müsse der Niflheimische erkennen, wie sehr er ihn verstehe.

Der aber schwieg ebenfalls. Steuerte das Schiff. Wartete lange. Und ließ schließlich hören: »Tod ist bei Euch anders. Die Römisch, die Christ, die glauben GaukelMären. Bei uns ist Leben allwegs. Im Born. Im Stein. Im Licht. Wenn das Licht alltage früh wiederkommt – das ist, was wir glauben. Wenn aus Stein die Kraft wiederkommt im Lenz. Solche Ding.«

Gunther nickte und seufzte. Blickte sich absichernd um. Und raunte, ja, von all dem habe er gehört, das sei ihm freilich fremd, aber überaus verlockend. Doch ›solche Ding‹ wolle er jetzt so genau nicht wissen, ihn interessiere vorerst viel eher – nochmal schaute er zurück, aber im Zwielicht bemerkte er keinen Lauscher – ihn brenne, zu erfahren, was er, der Steuermann Walthar, beobachtet habe auf Isenstein.

»Wir waren nicht auf Eisland. Das Feuer war zu riesig. Solche Feuer und solche Länder betreten, das ist eine Sach für Halbgötter. Für Aasen. MutMenschen, mit KraftKünsten.«

Eine Weile war's wieder still. Kein Wort mehr zwischen den beiden. Gunther atmete schwer, mochte sein, weil das Schiff sich heftiger bewegte und auch der Wind. In der Höhe, zwischen Wolkenfetzen zeigten sich erste Sterne. Über dem Wasser zogen Nebel, wehten dichter, schneller.

»Sind wir noch auf dem Rhein?«

»Wir sind auf der See. – Hier beginnt Rans Reich. – Bis nach Island gehören wir ihr.«

Gunther nickte. Zweifel drückten ihn. Wieder schaute sich der Herr von Worms um, erkannte hinter sich keinen Merker und: »Brunhild hast Du nicht gesehen?« fragte er.

Als er sich zu Walthar umwandte, um die Antwort zu hören, war der verschwunden. Gunther erschrak. Das Ruderholz lag führungslos, schob sich über die Bretter. Bis vor die Füße des Königs ratschte es, der trat ein wenig zurück, stieg schließlich hinüber. War ratlos, ob er nun selber das Ruder greifen sollte – doch da war der Steuermann wieder neben ihm. Hatte etwas Dunkles in der Hand, einen Lederbeutel. Den hielt er, ohne das Ruder wieder ergriffen zu haben, weit über die Reling und rief: «Ran! ni hebb Dau Wut! Lot Dik dat Odinsfrätin schmeckin – weih Bilsifrucht, weih Mohnifrucht, weih Bienifrucht!« Und warf das ins Graue hinab. Man hörte den Ton, einen schluckenden.

Walthari nahm wieder das Ruder. Nach einer langen Pause erst wiederholte Gunther seine Frage. Ob die Seeleute die Herrin der Insel zu Gesicht bekommen hätten.

»Wir schliefen im Schiff. Aber das Lodern, das sah ich.«

»Es erlosch, als Euer Herr an Land ging?« Der Seewind war stärker geworden. Gunther hörte Wellen klatschen.

»Es erlosch. Aber als er auf dem Isenstein war, begann es aufs Neue. Immer wieder, und stärker. Wie LichtZungen sprang das. Bis über den Weltrand. Von einer Kante zur anderen und zurück.«

»Und war was zu hören? – in der Nacht? vom Hafen aus?«

Wieder wartete der Steuermann lange, bis er antwortete. Der Boden begann zu schwanken.

»Nicht alles ist so witzig, wie das Herr Gislahar erzählt von Niflheim. Von Loki. Von Hammershus. Auch Niflheim ist voll von Kampf. Nennt Ihr es nicht Unterwelt? NiederLand?«

»Was war auf Island? Kampf?«

»Die Nacht lang toste etwas. Röhrte wie Buhurt. Wie Kampf. Starken Tjost hörten wir. Zweikampf. Wutkampf. Bis spät nach Mitternacht.«

»– bis spät nach Mitternacht?« fragte Siegfried. Der stand in der Dunkelheit, neben ihnen.

»Ich wollte«, stotterte der König, »von Walthar wissen, wie lang wir heute noch zu fahren haben.«

»Allerdings bis weit nach Mitternacht. Von nun an immerzu, ohne Halt. Tag und Nacht – wo sollten wir ankern? Der Grund unter uns ist tausend Klafter tief.«

Das Boot hob und senkte sich, das ächzte in Mast und Wanten.

Gegen den Bug schlugen härtere Wellen. – »Und wenn nun dieser Nebel dichter wird? höher steigt? Und es sieht niemand mehr irgendwas? wer hält dann die Richtung?«

»Ach SorgenKünnek«, lächelte der Schiffsmeister, »Steuermann Walthari, der weiß solche Ding. Frag ihn nur alles. Du hast wohl recht, auch die Würms sollten hören von der SteuerKunst. Kuck dort, ans NachtZelt – da blitzt der MitternachtsStein – wenn Du vom Großen Bären fünfmal die linke TatzenStrecke steckst, dann siehst Du ihn.«

Gunther versuchte, das zu tun, den Abstand zwischen den Tatzen fünfmal zu verlängern.

»Um Mitternacht, da ist die Sonne unter der Erdscheibe genau dort, unterm NachtStern. Wir fahren aber nicht genau nach Mitternacht – wenn Engelland vorbei ist, geht unser Ritt in Richtung linke BärenTatz –«

Da Gunther zu nicken zögerte, stellte sich der Mann aus dem AsnithiWald hinter den König und streckte seinen Arm so, daß der Burgunder über dem Arm seines Schiffsmeisters den Polarstern sehen konnte. Nun bog der Nibelunge die Hand auf und maß vom Nordstern aus fünfmal eine HandBreite nach links: da zeigte die Hand auf die linke Tatze des Großen Bären. »Längs Engelland, bis Far Öer, sind wir unter Küsten. Danach richtet Walthari den Bug fünf HandBreiten backbord, vom NachtStern nach Abend.« Und schien wieder zu lachen, als er beifügte: »Und wenn Du fürchtest, Rans NifelFrauen betören unsern Steuermann und machen den Himmel dicht und Walthari vergißt, wie er den Riemen stellen soll – nu? dann?« – da zog er einen Dolch aus dem Gürtel und hieb den mit »Ahi!« zweimal ins Holz der Reling, daß eine weiße Kerbe heraussprang. »Dies ist die Richtung! Solang der Riemen dort steht, sind wir den zwölften Tag unterm Isenstein!« Der Xantener lächelte. Der König tat, als begriffe er, sah aber lieber nicht den Kapitän an, sondern zu den HimmelsLichtern hinauf und erkannte, wie mit ihnen auch der Große Jäger unterwegs war.

Die zwölf Brautwerber fuhren zehn Tage lang unter lebhaften Winden; die Nebel rissen auf, der Himmel blieb meist klar, der weiße Schnitt im KantHolz mußte den Weg nicht weisen, zumal auch Gunther mehr und mehr einleuchtete, wie ihn der NiederLänder zum Narren gehalten. Stattdessen lernten nun auch die Burgunder, das lange Steuer, den Riemen so zu handhaben, daß in der ersten

Nachtstunde die BugRichtung auf die linke Bärentatze wies, lernten, jedes Abdriften durch GegenSteuern auszugleichen.

Fast alle an Bord waren inzwischen an die Reihe gekommen, im UnterDeck das Loch- oder SchalenHolz vorm Küchenherd dem Bohrenden zu halten. Das Leben im schaukelnden Schiff lief, fürs erste, wie hindernislos. So daß man sich wünschte, so wie diese Reise, so möge auch die Brautwerbung gelingen.

An einem der letzten Abende auf See mahnte der Nibelunge die Königsbrüder und ihren Gefolgsmann, sie sollten vor der Isländerin mit einer Zunge reden.

Was er damit meine, wollte Hagen wissen.

»Gunthers Werbung wird kaum glücken«, antwortete der Kapitän, »wenn Hagen vor Brünhild dieses erklärt, Giselher aber jenes und ich wiederum was anderes.«

»Was zum Beispiel?«

Der Xantener schob mit einer Lanzenspitze die Glut im Herd zusammen. »Erklären sollten wir zum Beispiel, daß ich, Siegfried von Xanten, Dein eigen bin, Gunther.«

»Du? – mein Eigenmann?«

»Ja. Das sollten wir ihr so sagen. Ich steh in Deinem Dienst. Nur so, mein Freund, läuft das gut.«

»Wie sollte das gehen!« Gunther sah die anderen an, verwirrt. »Er ist Königssohn wie ich. Nun habe auch ich sie gesehen, die reiche Burg in Xanten, auf den römischen Mauern. Ein Kastell, größer als unsere Pfalz. Wie sollte das verborgen bleiben!«

Der Nibelunge sah in das steinerne Licht. Selbst wenn er so, im Schein der Kohlenglut, noch länger hätte nachdenken wollen, wie hätte er ahnen sollen, welche Folgen sein Rat haben würde; so listig, so gut er gemeint war.

Schließlich erklärte er's den Wormsern und sprach fast stockend. Die Isländerin rechne damit, daß er, Siegfried, käme, sie zu holen. »Doch gibt es da eine alte Geschichte, die mir, so meine ich, das Recht gibt, mich um solche Erwartung nicht zu kümmern. Schon in Wurms habe ich Euch versichert, ich fühle mich nicht gebunden. Kann aber sein, Frau Brünhild sieht das anders. Wie wird sie sich bereitfinden, König Gunther zu erhören, wenn sie noch annehmen kann, dieses sei die Brautfahrt dessen, der NidGir tötete. Ich habe mich nicht umsonst gemeldet, auf dieser Fahrt der Schippmann zu sein. Nicht allein wegen meiner Erfahrung mit Meer und Segelkunst. Sondern auch wegen anderer Erfahrung. Weil ich sie kenne, die Königin auf Isenstein. Nur wenn ich mich ausgebe als einer, der bei Gunther in Dienst steht, der SchiffsArbeit verrichtet, und nur dann, wenn Ihr alle diese Angaben mit einer Zunge bestätigt, ist Aussicht, die FeuerFrau für Gunther zu gewinnen. Weil Gunther dann offensichtlich der Freiere ist, der Mächtigere. Welche Frau will einen Schippmann freien, wenn da ein König ist.«

Gunther suchte Hagens Gesicht zu erkennen. Der schien schließlich zu nicken. Da fragte der König: »Nur um meine Werbung gelingen zu lassen – so uneigennützig wolltest Du Schiffsmeister sein, Eigenmann?«

Der SieglindSohn lachte. »Um Kriemhilds willen, um sonst nichts. Denn das ist wohl wahr, was Giselher von dem Franken hörte am NiederRhein: in allem Anfang ist das Begehren. Im Anfang von allem, was vorhanden sein will. Um Kriemhilds willen, um sonst nichts. Das sollen alle hier wissen, und keiner darf stocken, wenn die Frau fragt. Ich bin in Gunthers Dienst.«

Das Schiff schwankte heftiger. Der Nifelheimische erhob sich, sah die bedenklichen Gesichter seiner Fahrgäste. »Geriebenheit, die rate ich.«

»Ja«, nickte Gunther. »Mit einer Zunge. Aber –«

Der NiederLänder schien hinaufzuwollen ans obere Deck, hielt aber an, um zu hören, was nach Gunthers ›aber‹ folgen würde. »Wir wissen, da ist eine Lohe um Island. Die, lieber Schiffsmeister, die kannst, so vermute ich, nur Du bezwingen, Du mit Deiner unübertrefflich harten AlbenRüstung, mit der harten Panzerung, die nicht von Bronce ist, sondern von Eisen, von Stahl. Und wenn die Frau nun bemerkt, wer das Feuer besiegt? ist sie dann nicht erst recht der Ansicht, der AlbenGeselle sei es, der komme, sie zu freien?«

An der Stiege, die aufs Deck führte, war der Schiffsherr stehen geblieben. Mußte sich in der schaukelnden Fahrt halten, schaute Gunther an. »Sie bemerkt es nicht. Auch das Feuer wird zerrieben. Wurmskniffig, schleichlistig. Wenn wir zwei einsinnig sind. Mußt nur tun, was Dein Kapitän rät. Dann wird sein, was Frau Ute gesagt hat. ›Offin si dir das sigidor‹. Das Siegtor. Das ist das Tor von Brünhilds wunderbarem Leib.« Er wollte die Stiege hinauf, wendete sich aber, als fiele ihm dies erst jetzt ein, nochmal zurück, um zu sagen, die mächtige Frau habe ihn beim ersten Besuch berauscht und betrogen. Nun werde dies Spiel in umgekehrter Richtung gehen. »Bloß – jetzt schickt sie Sturm. Brünhilds Mutter, Ran, die rührt sich. Als wüßte sie, was kommt. Ich muß an Deck, muß Segel reffen, das Ruder halten. Vor Island ist allwegs die Luft wild. Und meist eisig.«

Dann stieg er hinauf, in den Stößen des Schiffs mit Mühe. An Deck hörten sie seine Rufe.

Gunther sah sich wieder um, suchte Gesichter zu erkennen. »›Eigenmann‹ hat er gesagt.« Gunther wiederholte dieses Wort. Als müsse er es auswendig lernen.

In der Tat, auch diese Bezeichnung ist überliefert, wird von allen Handschriften bezeugt. ›Eigenmann‹ – Leibeigener also wollte er sein; freiwillig, Kriemhild zuliebe. Allein deshalb? um einer Liebe willen? oder doch ganz anderer Pläne wegen? aus Arminius-List?

Auch Troja wurde nicht erobert wegen Helena. Sondern weil Macht vergrößert werden sollte, Herrschaft über Meere.

Das Schiff zitterte, hatte Mühsal, mußte sich behaupten gegen immer härtere, immer schwerere Schläge.

In die Stille hinein sprach Giselher. »Jetzt, wo er uns neue Rätsel aufgibt – wo, wie ich spüre, jeder sich fragt, was hinter dieser neuen ›Giribinheit‹ verborgen ist – wo, wie ich wohl merke, niemand glauben will, so selbstlos und hilfreich sei er allein wegen Kriemhild – da fällt mir ein, was Hagen gefragt hat. Ob dieser Mann, so fragte er, ob der darüber, daß er der neue Arminius sei, ja, daß er sogar von diesem ersten RomSieger abstamme, ob er darüber Briefe und BleiSiegel besitze und jedem zeigen könne. Ich glaube nicht, daß er solche Dinge zeigt. Er hat andere Beweise.

Aber die Mönche an der Sieg und die in Köln, die zeigten mir Urkunden, in der römischen, in der lateinischen Sprache. Das taten sie, nachdem sie mir zunächst von einem römischen Offizier berichten wollten, der in Xanten diene unter dem Namen ›Victor‹, was zu deutsch ›Sieger‹ heißt. Dieser vermeintliche römische Legionär ›Victor‹, der hätte sich aufgelehnt gegen die römischen Besatzer, ja, sogar gegen ihre Götter. Als ich das genauer wissen wollte, da verwickelten sich die frommen Männer in Widersprüche. In Köln wußten sie, dieser Victor habe gegen den KriegsGott Mars gewettert, in Siegburg dagegen war die Rede von Venus und Merkur und anderen RomGöttern. Bis sich schließlich herausstellte, daß dieser Victor oder Sieger, den sie so gerne als einen christlichen Heiligen verehrt hätten, zwar in der Tat ein Aufrührer gegen die römische Besatzung war, aber vor allem einer gegen deren neuen Gott, gegen den RomGott Christus, was die Mönche flugs geändert hatten in ihrem Sinne, indem sie aus Gott in der Einzahl die Mehrzahl machten. Als ich sie dabei ertappt hatte, gab mir der Abbas Eginhardt alles zu und zeigte mir die Dokumente. Danach hieß ›Victor‹ in Wahrheit ›Siegfried‹ und hatte sich mit den Seinen, mit dem Volk seines Vaters Siegmunt, unter die Römer gemischt und hatten sie am Ende aus dem Xantener Kastell verjagt. Dieser ›Victor‹ oder ›Siegmunt‹ oder ›Siegfried‹, der stammte allerdings – ohne Lücke konnte Eginhardt mir diese Abkunft belegen – stammte direkt von dem ab, den der HistorienSchreiber Tacitus ›Arminius‹ nennt, der aber bei den Cheruskern ebenfalls einen Namen auf ›Sieg-‹ trug, nämlich ›Sigurd‹, was manche ›Sigward‹ aussprechen. So heißen schon immer auch alle Verwandten dieses vorgeblichen Arminius, ich habe die Urkunden selbst entziffert. Die Vorfahren hießen so, die Onkel, die Vettern und auch die Nachkommen begannen ihre Namen mit diesem ›Sieg-‹. Und das ging so bis zu Sieglind, der Mutter dessen, der nun dort oben den Orkan zu meistern hat. Diese Sieglind – Eginhardt zeigte mir versiegelte kölnische GerichtsAkten, von einem PachtVertrag mit einem Beamten des Kölner Bischofs, bei dem diese Mutter als Zeugin genannt ist – diese Mutter ist dort geboren, wo vor Zeiten die Römer zum erstenmal geschlagen worden sind. Kann also nur zu wahr sein, was wir ahnen. Daß nicht allein die Liebe zu Kriemhild ihn anspornt, sich so viel Mühsal aufzuladen.«

Der Schiffraum hob sich stärker auf. Stürzte dann wieder hinab, schien in Brechern zu rollen, zu kämpfen. Von oben polterten Schritte. Gernot schwankte zum Herd, schob die Glut zurück, in den hinteren Herdraum, baute Steine davor.

»Weh«, hörten sie Hagen. »Nun verbündet er sich mit Ran. Mit der Mutter. Weh, daß unser König solchen Willen hatte. Zu den Riesen zurückzuwollen! Von Worms wieder nach Eisland. Weh – denn der neue Irmin oder Sigurd, der nutzt auch diesen Wahn. Verlädt uns an die WutBraut.«

»Verlädt mich? Ich denke, er hilft, er stärkt mich! Ich hoffe doch noch immer, mit Siegfrieds RiesenList, mit dieser ›Geriebenheit‹, mit der schaffe ich's, allein mit ihm, denke ich, sind diese Mächte zu bändigen.« Gunther versuchte wieder, im Kohlenlicht zu erkennen, ob einer der anderen nicken würde oder sonst Zuversicht zeigen.

Zu allem Überfluß kam nun der, den er zu Beginn der Reise als Steuermann ausgefragt hatte, nun kam von oben, aus dem WasserGetöse, der Walthari, zog sich den Mantel aus, das Robbenfell, und begann zu erzählen. Nicht wohl deshalb, weil er meinte, Gunther verlange es nach solchen Auskünften, als weil ihn die rings spürbare Unruhe zu weiteren Berichten über ›solche Ding‹ drängte. Vielleicht auch nur, weil er die burgundischen Gedanken ablenken wollte von jenen ferneren Plänen, denen sie offenbar auf der Spur waren.

Ran, so sagte er, die beherrsche die MitternachtsMeere. Brünhilds unglückliche Mutter, die sei die Herrin des Ozeans. Die sei auf den Gewässern von Niflheim die wahre Königin. Andere sähen in ihr die Herrscherin des TotenReichs. Der UnterWelt. Ertrinkende Seeleute, die fange sich diese Ran auf, um sie umarmen zu können – an ihrem kalten Kuß stürben sie. Männer, die von ihren Fahrten auf See nicht mehr heimkehrten, seien die TodesGeliebten der Ran. Die räche sich auf diese Weise stets aufs neue für die angetane Unbill. Dieser betrogenen Mutter, der müßten auch die Wormser, riet Walthari, Opfer bringen, sonst rase Rans Wut sich aus, zu himmelhoch lodernden WasserFlammen, denen keiner entkomme.

»Was für ein Opfer«, fragte Gunther, »was beruhigt sie.«

»Die Kette um Euren Hals. Die würde Ran befriedigen.«

»Die ist aus Byzanz – mehr wert als dies ganze Schiff.«

Eben drum, erklärte der SiegfriedKumpan. »Wenn Ran mehr bekommt, als das Schiffchen wert ist, dann läßt sie es in Ruhe.« Etwas später setzte Walthari hinzu, vielleicht besänftige sie aber auch schon – man sollte es probieren – so etwas wie ein goldener Kamm. Oder ein Faß Wein vom SüdFuß des Jura. Denn Ran liebe den Rausch, seit jenem Tag auf Bornholm. Mit dem Kamm könne sie ihr langes grünes RiesenHaar glätten. Wenn die Burgunder aber geizig blieben, erfasse irgendwann ein Strudel das Schiff und drehe es solange herum, bis es dorthin gezogen sei, wo sie alle in Rans rasender Umarmung, an ihrem feuchten kalten RiesenLeib ersticken. »Ran befriedigt sich an uns. Und unsere Leichname fressen die Fische. Später, mag sein, treiben Reste an die Küsten, in Engelland, in Dänemark.«

Da senkten sich neue Sorgen auf die eh schon zweifelhafte Stimmung, auf die rheinischen Herren im taumelnden SchiffsBauch. Gunther faßte sich an seine Halskette, von der er sich vorgestellt hatte, sie würde ihn gleich bei der Ankunft auf Isenstein vorteilhaft herausheben vor den anderen. Ihm fiel auf, daß er ganz ähnlichen Griff tat wie Ringwolf mit seinem Bergkristall. »Wie Walthar das sagt – ist das so?« fragte er ins Dunkel.

Dort begann sich ein anderer Matrose zu rühren, da setzte sich ein Jüngerer von den nibelungischen SchiffsLeuten auf, der hatte schlafen wollen, weil er den Steuermann in der zweiten Nachthälfte ablösen sollte. Aber bei diesem Seegang und wohl auch bei solchen Gesprächen war ihm die Ruhe nicht gekommen. Nicht daß er etwa durchschaut haben könnte, wie Walthari mit List dem Herrn von Burgund weitere Kostbarkeiten abschwatzen wollte, nachdem ihn die byzantinischen Münzen auf den Geschmack gebracht, nein, den jungen Steuermann beschäftigten die Erzählungen von Brünhilds Mutter, der Meergöttin, von der er Besseres zu wissen glaubte als der Alte. Ran sei nicht unerbittlich, sagte er. Nicht jedem bringe sie den Tod. Aus Friesland wisse er, daß Ran wie Aisa, ihre Schwester, sich lieber an schlafende Männer heranschliche als an segelnde und fischende, daß es diesen Walküren gar nicht darum zu tun sei, sie zu ertränken. »Sie betören die Männer am liebsten dann, wenn sie allein sind und unbeobachtet. Dann beschlafen sie die, ohne sie umzubringen; freilich oft, nachdem sie ihnen Rauschtränke gereicht haben, nach Wotans Art. Und dann allerdings, in der Liebe, sind sie unersättlich. Danach sind die Männer nicht nur der Ohnmacht nahe, sondern auch dem Wahnsinn. Tot sind sie nicht. Aber von Sinnen«, sagte der Mann aus dem Dunkel. »Nicht von der RauschKraft. Aber von der LiebesKraft.«

»Wenn die Tochter auch so wäre –« Gunther, in seiner Verstörung, konnte nicht weiterreden. Über ihnen öffnete sich die Einstiegsluke, mit einem Schwall kalten Wassers kam der Schiffsherr herein, rutschte, polterte die Stiege herab. Gunther, dem sich alles zu drehen schien und der sich mit beiden Händen an Spannbalken in der Wand festzuhalten hatte, sah mit aufgerissenen Augen auf den Nibelungen. Der kam wassertriefend auf ihn zu. »Schiddi Wedder!« Seinen Robbenfellmantel zog er aus, auch das lange leinene Hemd, alles, auch die Lederschuhe und Strümpfe. Hing und stülpte das über die Ofenstange.

Gunther wiederholte ihm, was seine Schiffer erzählt hatten. Und fragte, ob auch der AlberichGeselle meine, man müsse Ran oder Aisa besänftigen, durch Opfer. »Wenn Brünhilds Mutter so tobt, wie sollen wir je ihre Tochter gewinnen.«

Er glaube etwas anders, sagte der ›Eigenmann‹. Legte sich im dunklen Hintergrund auf sein Auerochsenfell und wickelte sich hinein. Er glaube, wenn er seine Erfahrungen mit Elfen überdenke und auch die Geschichte vom Hirschsprung, dann vermute er eher, Wasserfrauen seien freundlicher Natur. Ja, selbst die hintergangene Ran, die sehe er immer noch als eine sanfte, als eine wohlwollende Göttin. »Mag aber sein«, fügte er hinzu, »daß Ran etwas wittert. Und will nun Rausch mit Rausch vergelten. Trug mit Trug. Darum bitte ich alle Kumpane, rührt auf Isenstein keine Getränke an. Wehe, wer sich nicht in acht nimmt. Vor Schlafmohn. Und vor Mutterkorn.«

»Die Schlange war das erste«, sagte Giselher, redete einen

Spruch der Mutter nach. »Das Falsche ist die Leiche. Und die Leiche ist ewig.«

Das Boot schien sich aufheben zu wollen, wie ein Seevogel, fiel jedoch bäuchlings auf das Wasser zurück. Gunther klammerte sich an die Truhe, die im Schiffsboden fest vernagelt war und in der die viermal elf Gewänder lagerten. Und fragte, ob man nicht, zur Sicherheit, dem ChristenGott opfern sollte.

Da meldete sich nochmal der jüngere der beiden Steuerleute und meinte, im MitternachtsReich habe der RomGott keine Macht.

»Eher Lilith«, sagte Giselher, »des Teufels Großmutter.«

Gernot widersprach. »Die ist nicht besser als Ran oder Aisa. Auch Lilith beschläft die Männer, im Hexen- und im HerrenRitt.«

Giselher schüttelte den Kopf. »Die christliche Valandin tut es sanft, sehr einfühlsam, und am anderen Morgen, wenn zum Beispiel der Bischof ihr Opfer war, dann ist der nicht tot oder wahnsinnig – nein, von Lilith, von der UrMutter der Hexen, von der bekommt er ein ordentliches Frühstück. Das macht die ChristenMänner wieder lebendig.«

Da wurde gelacht. Obwohl das Schiff zitterte und sprang. Gernot spottete: »Ringwolf? Der ist verschnitten.«

»Vorsicht!« hörten sie Hagen. Er schien noch mehr sagen zu wollen, »Vorsicht«, sagte er nochmal, aber man wußte nicht, ob dies der Anfang einer Rede war oder nur eine Mahnung an sich selber, da er versuchte, sich alten Schorf vom Buckel zu kratzen, wie er es gerne tat, wenn er redete. Im schleudernden Schiff waren beide Arme zum Umklammern des MastFußes nötig – es dauerte eine Weile, bis es ihm gelang, zugleich zu umklammern und zu kratzen. »Vorsicht!«, konnte er dann endlich murmeln und fortfahren: »Die RomKaiser, die hatten als Minister fast immer Kastrierte. Oft wurden diese Verschnittenen so mächtig, daß sie ihre Herren stürzten – habt Respekt vor denen! Erst recht vor Ringwolf! Vorsicht!«

Da erzählte Giselher von einem Mönch, der im Lorscher Kloster erwischt wurde, wie er ein Bauernmädchen in seiner Zelle übernachten ließ. »Dem ließ Ringwolf ›das kleine Siegel‹ aufbrennen – ließ ihn entmannen.«

Warum er den Mönch nicht auch noch auf den Pfahl spießen ließ wie den Iren, der von der GegenWelt gewußt hat. So fragte der Schiffsherr aus Xanten, der sich im Dunkel sein Lager richtete.

»Der Mönch war aus mächtigem Haus, aus Speyer.« Giselher machte eine Pause. »Vor solchen hat er Respekt. Einmal kam ein Novize, der kein Fürstensohn war. Der hat dem Bischof erklärt, wenn er gegen die FleischesLust wettere, müsse er sich fragen lassen, wieso er eine Wonne verdamme, die er nicht kenne. Diesem jungen Mann ließ er im Keller des Klosters das ›große Siegel‹ brennen. So nennen sie es, wenn der WonneStab abgeschnitten wird. Nur mit Mühe, erzählten mir ältere Mönche, hätten sie ihn abhalten können, beide ›Siegel‹ zu den Hauptstufen und Grundregeln des Ordens zu erheben. Denn Ringwolf ist überzeugt, die LeibesLust ist Roms ärgster Feind. Die Frau sei ganz Tier, der Mann bloß im Unterleib des Teufels. Das, wahrlich, das muß ›versiegelt‹ werden, rief er. Schließlich sah er ein, daß es bei solchen Ordensregeln schwerfallen würde, Klosterbrüder zu gewinnen.«

Eine Weile waren sie wieder still. Hörten, wie es in den Hölzern stöhnte. Wie die Balken aus dem ArminiusWald zu arbeiten hatten. Wie sie gegen Wasserberge krachten, ächzten, wie das Schiff in allen Stücken dröhnte.

Aus der Lagerhöhle, in die sich der NiederLänder gebettet hatte, hörten sie: »Die Burgunder brauchen weder Ran noch Aisa zu fürchten. Noch andere Geister. Da die Wurmser aufs byzantinische Horten aus sind, stecken sie längst fest in GiftwurmPratzen. Sind für die MeeresFrauen unverdaulich. So wie Hagen mich als Kotzbrocken beschrieben hat. Nur weiß ich nicht, warum König Gunther schreckensbleich die Truhe umklammert. Wieso traut er nicht mal der eigenen Mutter. Die hat beim Abschied auch für ihn die WogenTore verschlossen. Mit Zauberwort.«

Das Schiff tat Sprünge und Schwünge, als balge es sich mit WasserBestien. Als müsse es nun doch Rans Umarmungen entkommen. »Infar! Irslac! Insprinc!« glaubte Giselher zu hören.

War das noch Abwehr und Kampf? schon TodesBrunst?

So hörten sie und bedachten manches. Opferten Ran vorerst nichts, sondern sanken, trotz der Stöße und Schläge, in Schlaf. Freilich in traumreichen, der war überfüllt mit NachtMaren, mit hexendurchrittenen Ungewittern. Und mit blutgieriger Askese.

Derweil ließ der Sturm nicht nach. Höhe und Kraft der stürzenden, zerspringenden Wasserwände nahmen noch zu, so daß in der Nacht der Nibelunge selber wieder aufs Schiff mußte und fortan das Deck nicht mehr verlassen hat bis Island; das SteuerRuder war nur noch mit übermenschlicher Kraft zu halten.

Orkan tobte die Nacht durch, schließlich auch den ganzen letzten Tag ihrer Fahrt. Gunther und seine Brüder, unten beim erloschenen Feuer, hielten sich fest, an Balken, an Ecken, auch an der Kleidertruhe. Nur Hagen und Gernot, dann kurz auch Giselher, trauten sich für Momente nach oben, um doch wenigstens für einen Augenblick anderes zu atmen als die Stickluft aus Schweiß, KohlenRauch und FischDunst. Da sahen sie, wie in Fetzen der WellenSchaum toste, die Gischt, da sprang zerstürmtes Wasser wie Geschrei tollwütiger Tiere, das jagte übers Deck, daß die Luft vor Kreischen schier zu bersten schien.

Siegfried und der junge Steuermann hatten sich festgebunden, versuchten gemeinsam, das Ruder zu halten, das drohte zu brechen – sie mußten das Schiff, damit es nicht umschlug, immer wieder gegen die anrollende See stellen, immer aufs Neue den Bug gegen die aufsteigenden RiesenSchultern richten, Schultern aus grüngrauem brüllenden Wasser. Nur so, im direkten GegenStoß gegen die RanKräfte, war Rettung möglich. Der Nibelunge hatte ja das SteuerHolz, noch vor seiner ersten IslandFahrt, aus Eichbäumen gewählt, die in Xanten lagerten, aus dem Holz, das von der LippeQuelle stammte, von dort, wo die Römer von Arminius überlistet worden waren. Mit solchem Hartholz, da war er sicher, sei auch die BrecherGewalt zu besiegen.

Doch setzte mit dem beginnenden Tag schweres Schneetreiben ein, in den WasserFetzen schossen jetzt auch Eiskörner daher, hetzten, peitschten, sirrten in immer dichteren Schwaden, als schlügen Furien mit schneidendscharfen EisenBesen durch den Orkan.

Als es genügend hell geworden war, sahen sie das Eis an jedem Reep glimmen, an jedem Holz. Nur auf allen Vieren noch, festgezurrt mit doppelt geflochtenen Tauen, war Halt auf den Planken. »Dat is nit Ran!« schrie der junge Nibelunge dem Xantener zu. Nachdem sich das Boot aus einer Woge wieder aufgehoben, schrie er das ins eisige Geheul und, bevor der nächste Brecher einschlug, wiederholte er's, da in dem Toben auch die Stimmen zerrissen. »Dat is nit Ran, dat is ER!«

Der Nibelunge nickte. Es schien gewiß, ER selbst, der WutGott, stürzte sich über sie. Beide Steuermänner hatten, auf den Knien liegend, die Schultern unter den EichenRiemen gestemmt, jeder das runde Holz in eine Nackenbeuge, der Königssohn in die linke, der andere in die rechte; so versuchten sie, die Schläge abzufangen. Immerzu galt es, das Steuer neu hineinzudrücken, die Drift auszugleichen, mit dem Riemen das Boot zurückzupressen und trotz allem wütenden QuerDruck die Richtung gegen die Wellenberge wiederherzustellen, wollten sie nicht überkippt und erschlagen werden.

Ohne Pause rasten Wetter. Bis in diesen späten zwölften Tag hinein tobten die WutKräfte und schleuderten das Holz, die Irmins-Ulmen, die SigurdStämme. Erst gegen Abend begann die Gewalt nachzulassen. Die See hob sich zwar noch lange, aber die Eiskörner pfiffen nicht mehr, das SturmKreischen hatte aufgehört. Siegfried und Walthari, der ihm inzwischen beistand am Steuer, die spürten am Ruder, daß das WogenTor sich schließen wollte.

Das Schlimmste schien ausgestanden; nicht mehr der WutGott brüllte, die MeeresFürstinnen hatten ihre Gier offenbar an anderen Opfern gestillt. Die Wellenberge wälzten sich breiter.

Das Wasser stieg und senkte sich nun in immer größeren Abständen, so daß zum letzten Tageslicht auch die Burgunder wieder auf das obere Deck zu kriechen wagten. Jeder, mit Ausnahme von Hagen, hatte sich ins umgewendete Ochsenfell gehüllt, in Siegfrieds barbarische Gabe. Daß der Waffenmeister sie entbehren mußte, das nahm der hin, mußte vermuten, der Nibelunge habe ihm damit weniger seine Grimmigkeiten heimgezahlt als vielmehr die Unterschiede beachtet, die an den Höfen zwischen Herren und Dienstleuten zu gelten hatten. Und die niemand mehr in Ehren hielt als Hagen selber.

Wie sie so in die Richtung sahen, wo Island zu erwarten gewesen wäre, wie sie nun in das Auf und Ab des düsteren Horizontes schauten, ins Dämmerlicht, da bemerkten sie, daß sich über ihnen die Eiswolken auftaten und daß diese aufreißenden HimmelsÖffnungen in die schon vorgerückte Dunkelheit wieder Licht hinabgaben. Zuerst meinten die Burgunder, dies sei noch ein Schein vom Abendrot. Doch war die Sonne um diese Zeit längst hinter dem Weltrand. Auch sprang das rote Licht plötzlich davon, statt seiner zeigten sich in der Wolkenöffnung goldene Girlanden. Die hingen in langen Bögen, ja, je mehr die Nachtwolken vom oberen Firmament freigaben, desto klarer sahen die Menschen auf dem Schiff, daß diese Farbkränze sich quer über den Himmel spannten, wie ein feuriger Drachenleib, golden und grün.

Das Eis, von dem das Schiff überzogen war, hatte jeden in die Knie gezwungen. Auf allen Vieren, sich festklammernd an Mast und Pflöcken, starrten die zwölf Segler zu den glühenden Fransen hinauf. Und da die Wolken zusehends zerflogen, sahen sie nun am freien Himmel die ganze Fülle der Feuerwände und Lichtketten. Die schienen sich immer wieder neu zu spannen, schienen wie brennende Vorhänge vom Sternenhimmel herabzufallen, gleich darauf wie Wurmleiber sich aufzuringeln und dann wieder zu wehen wie HaarWellen einer berghohen Feuerhexe, deren Schopf Furienfinger durchkämmten, dunkle Arme aus Brenn- oder Bären-Stein griffen da, Zungen glitten da wie Schatten an den Gluthaaren herauf und herunter.

Am Horizont war jetzt endlich auch die dunkle Masse des Eilands zu erkennen – dort, in der Schwärze, immer wieder blitzartig erhellt von den wetterleuchtenden Himmelsbögen, dort also lag das Eisland. Wie sie wieder zum Himmel aufblickten, waren die Glutgirlanden verschwunden, jedoch nur, um ersetzt zu werden von der nächsten, noch helleren Lichtwand, die krümmte sich zu farbenspeienden Spiralen, rollte sich auf wie der Schwanz der Midgard-Schlange, des vierzehnköpfigen WeltenDrachens.

Ja, wenn Gunther nur genau genug hinaufsah, erkannte er, wie grünäugige Katzen ihn aus den Sternbildern heraus ansprangen. Kaum hatten die sich getrollt, schossen goldrote Frauenfratzen auf ihn zu, foppten, wippten glühende Brüste über den Himmel, ja, da sah er strahlende HinternKugeln quer hinüberrollen, grüne und weiße Hügel, die sich jäh verwandelten in blutige Erhebungen, steile Eichen, rote Schwerter, in MünsterTürme – o ja doch, in schwertrote Eichstämme, kirchturmstarr standen die über ihm, staken tief im glühenden, im üppigen BrüsteWippen, fest eingerammt sah er sie im katzengrünen Strahlen, die blitzten im Widerstreit, in zweifachem, mehrfachem, vielfachem Widerstreit und gleich danach in Vereinigungen, waren sich einig und zugleich zerstritten, gerieten in Spannung wie in Verschmelzung, alles zugleich und im selben Augenblitz, dem König verdrehte sich die Welt wie der Blick, und beide zerliefen, da ihm sein Kopf randvoll war vom Tumult, zu Tränen.

Keiner auf dem Schiff, der nicht den Kopf in den Nacken gelegt hätte, um zu den nächtlichen SonnenStürmen hinaufzuschauen. Als könnte einer von ihnen diese kochenden und wieder gefrierenden Schriften entziffern. Während immer neue FlammenSchleier um die Glutpunkte fielen und stiegen, stieg und sank rings auch der düstere Horizont. Hob sich auf und stürzte hinunter. Da war Gunthers FreierMut längst wieder zerstoben.

Der NiederLänder hat als erster den Blick gelöst von den Bewegungslichtern, von dem TanzBlitzen, von dem WellenSpringen und SchmelzWirbeln. Vorsichtig war der Schiffsmeister zum König hinübergeglitten, und raunte ihm zu: »Ahi – min Wurmsken – dat is sie, die Loh! Dat WotansFüer! Dat is wieder voll intbrannt! Nun nimm Din best Giwand – jetzt kommt die Prüfung! Deine wie meine!«

Gunther sah ihn an, bleich – und ohne etwas zu verstehen. Da wiederholte der Xantener, was er gesagt und geraten hatte und tat, als spreche er mit großem Ernst, obwohl er insgeheim auf Vergeltung sann für jene elenden Wochen der Kleiderschneiderei. »Nu stracks fürbaß!« rief er. »Sein festlichstes Gewand muß nun der BurgunderKönig aus der Truhe suchen – auf Deinen Sinn für Prunk darfst Du nicht ausgerechnet jetzt verzichten. Denn Du weißt doch wohl, daß der erste Eindruck, den ein Freier macht, der entscheidende ist. Auch muß sich der Herr zu Wurms schon deswegen stattlich herrichten, weil er im Vergleich zu mir, dem Dienstmann, ohne jeden Zweifel als der Mächtigere zu erscheinen hat. Dein Kapitän wird nur wieder eines seiner externsteinischen Hemden tragen. Darüber nun freilich die volle Rüstung. Und über allem das Auerochsenfell, das ich auch Dir empfehle, der Kälte wegen.« In seinem hellen Gesicht zuckte roter und goldener Widerschein – und dann rutschte der nifelheimische Mann vor dem König die nasse Stiege in den Schiffsleib hinab. Gunther folgte, frierend. Und fragte: »Die Rüstung auch für mich?«

Wirklich benötigen werde der König sie nicht, sagte der Nibelunge, er hoffe das jedenfalls. »Doch trittst Du ungerüstet vor die Königin von Isenstein, kann sie unmöglich glauben, Du seist es gewesen, der die Flammenwand durchschritten hat. Ja, nun sollten wir beide eines Sinnes sein, mit einer Zunge reden – nun müssen wir versuchen, unverzagt diese sternenhohe Feuerwand zum Erlöschen zu bringen.« Der SieglindenSohn lächelte. Er wolle zwar im entscheidenden Augenblick vorangehen, aber Gunther dürfe sich nicht allzu weit hinter ihm halten, denn im selben Moment, in dem das Licht über ihnen zusammenschlage, müsse er, Gunther, keck nach vorn treten, damit es so aussehe, als sei er es gewesen, der die Lohe bezwang.

Das sah Gunther wohl ein. Und so rutschte er auf seinen Knien durch den dunklen Laderaum und begab sich mit Siegfried zu der Truhe, in der die monatelangen Mühen der Wormser Schneiderinnen aufbewahrt wurden. Beide kleideten sich dort so ein, wie es der Nibelunge geraten hatte. Er empfahl Gunther den schweren Gold-Brokat aus Zazamank, weil der mit den kostbarsten Steinen bestückt war. Der König jammerte, daß ja noch die Rüstung und auch das Fell darüber müsse, aber der Nibelunge erklärte: »Du selbst hast es so gewollt! Nun stehe auch zu deinem byzantinischen Plunder!«

Da nickte der König, begann seine Arbeit. Als endlich Fell, Rüstung und Prachtkleid ihn bedeckten und beschwerten, hatte er sich augenblicklich festzuklammern, da das Schiff nach wie vor taumelnde Bewegungen machte. Die mußte der Freier nun doppelt stark parieren. Vorsichtig stieg er vor seinem Schiffsmeister die kleine Leiter wieder hinauf, doch bevor er zur Ladeluke hinauswollte, hielt ihn der gestrenge Kapitän an den Beinen fest: Was seine Füßchen mit der Sommermode auf dem Eisland wollten.

»Die Sandalen passen zum Brokat«, entgegnete Gunther. »Das ist für meinen Auftritt – in der Halle –«

»Dort werden sie Eindruck machen«, sagte der Nibelunge. »Aber unter der Feuerwand? Allein in fester RindsHaut ist zur WotansTochter vorzudringen. Sonst verglüht Dich die Lohe, selbst dann, wenn Du Dich hundert Klafter hinter Deinem Eigenmann versteckst.«

Gehorsam stieg der BurgunderKönig zurück, schnaufte schon jetzt unter der Last, die er auf dem Leib trug, litt aber auch darunter, daß er sich nun entscheiden mußte – zwei Paar Schuhe gleichzeitig? wie könne er die tragen; entweder die Pracht oder der Kampf mit den FeuerGeistern.

»Bejobs, Künneke, setz Dich«, meinte der AlberichGeselle, »hol Luft und halt Dich fest!« Der Freier dauerte ihn schon auch ein wenig. Als Gunther saß, zog Siegfried als ein rechter Dienstmann seinem Herrn die leichten Schuhe aus, band die zierliche Arbeit aus Kalbsleder an den Riemchen zusammen, hängte sie dem König um den Hals und fragte, wo er seine Streitstiefel abgestellt habe. Der Herr vom Oberrhein wies in eine der finsteren Ecken. Dort zog der Xantener unter vielen anderen schließlich die richtigen hervor und paßte sie ihm an. Dem »kleinen König«, dem »Künneke«, wie er ihn nannte, auch schon mal »süß blöd Künneke«.

Erst jetzt erlaubte er seinem Herrn, an Deck zu steigen. Weiterhin hatte man sich dort festzuhalten, nicht nur, weil auf Reling und Planken die Eismäntel wuchsen, sondern weil sich immer noch rings das dunkle Meer aufhob und niedersenkte. Walthari hatte wieder Segel gesetzt, und so war die schwarze Landmasse jetzt dicht herangerückt. Gegen die wechselnden LichtWirbel, gegen die roten und grünen Feuerstürme erkannten sie auf der Küstenhöhe deutlich einzelne Bäume, auch andere Umrisse. Unter den

Schatten in der Tiefe waren schon, wie der Nibelunge erklärte, die Vorhöfe des Isensteins zu sehen.

Das Schiff glitt seitwärts unter den dunklen Felsen entlang, aus deren Schwärze des Brandungsrollen drohte. In den Wogen, gegen die Küste zu, sahen sie, was sie zunächst nur für einen Widerschein der himmlischen Ereignisse hielten, was aber, wie sie bald erkennen mußten, ganz unabhängig vom Höhenlicht leuchtete. In den Wasserwänden vor der Brandung phosphoriszierte eine eigene Helligkeit, da blitzte und glimmte es, mal hier, mal dort, je nachdem wo in der Finsternis Wasser sich aufbäumte, das glitzerte und zuckte hinauf und hinunter, als tanzten Myriaden Feuerfliegen. Und war doch kein sanfter Sommer am Rhein, sondern Getöse aus kalten Wogen, die sich aufstülpten und umstürzten.

»Da müssen wir durch – wir zwei.«

»Wir? – wie soll das gehn –«

»Gernot! – solange Gunther und ich von Bord sind, bist Du Kapitän.«

»Von Bord?« Gunther wünschte, er hätte nicht recht gehört.

»Im Schiff kommen wir schlecht durch die Feuerwand. Wir zwei müssen an Land. Müssen über Wasser und EisPack an Land. Bis an das HimmelsLicht. Sowie das zusammenfällt, steuert Gernot das Schiff in die schwarze Bucht dort – dann seht Ihr sie, die BrünhildenPfalz. Walthari weiß den Weg.«

Gernot nickte.

»Nun heb Dich hoch, BurGunther! Steig ein! rein in den RuderPott!« Schon hatte er begonnen, das kleine Boot, das an der HeckReling festgetäut war, loszubinden. Nun hob er es hoch und – »Pack das Tau! halt fest!« – warf den kleinen Kahn ins aufwogende, absteigende Meer. »Na gut – dann steig erst ich, dann Du!« Als er im Boot saß, klammerte er sich fest an die Schiffswand, so daß Gunther, gestützt und gehalten von Gernot und Giselher, nachsteigen konnte. Als auch Gunther saß, reichte Walthar das Ruderbrett nach, der Nibelunge ließ los und schon furchte er mit den Ruderplatten die dunkle Flut, zog davon, in die Schwärze hinein, auf den finsteren Küstensaum zu, unter die rotglühende Feuerwand.

Der Mann aus Xanten ruderte, als gelte es, mit der Bootspitze Enten zu spießen oder rund um ein WasserKastell der Erste zu sein. Je dichter sie unter die Küste kamen, desto höher hob sich das funkelnde Gedonnere, das Grollen wuchs. Siegfried nutzte das Ruderbrett nun als Steuer, verstand sich darauf, über die höchsten Wellenkämme auch seitwärts zu gleiten und sich so von den heranrollenden Wogenbergen nicht erschlagen, sondern an Land tragen zu lassen. Wie ein Luftzauberer ritt er immer wieder in die Lücken hinein, während Gunther sich an den Bootskanten festkrallte, die Augen schloß, zitternd, ausgeliefert diesem dämonischen Herrn der linken Bärentatze. Zwischendrein blinzelte er, wollte doch sehen, wie er's machte, wohin sie dieser Ritt trieb, suchte im Schwarz irgendetwas zu erkennen und sah nur wieder das Düstere aufsteigen und darin das Leuchten und Blitzen, in den Wellen das Gold und Rot und oben darüber die sprühenden HimmelsKaskaden. Dicht vor ihm glühten nun die Wasserwände, als rissen sich Feuerrachen auf, ihn zu verschlingen – ergeben duckte sich der Erbe Gundomars in den Kahn, ließ es geschehen, daß der Nibelunge zwischen den ärgsten der brüllenden Brandungsschlünde quer hindurchsteuerte, um am Ende das Boot von der WasserWucht hoch emporheben und hinüberwerfen zu lassen auf den Strand.

Dort war der Mann aus NebelLand auf den Füßen gelandet, den Herrn von Worms richtete er auf, stellte ihn hin, zog und trieb ihn ermunternd ins Trockene, richtete ihm dort das triefende, das verrutschte Ochsenfell. »Yerra Knörrip!« rief er ihm zu und zog ihn über einen knappen Streifen Sand in den Schnee hinein, der sich über dem Strand auftürmte, zu steilen Wächten, zu Barrieren.

Kurz hielten sie an, schnauften, aus den Stiefeln troffen Rans Umarmungen. Als sie das ausgeschüttet hatten, klopfte der Nifelheimische dem Wormser die Schulter. Und stieg ihm voran. Der König tappte hinterdrein, kletterte ebenfalls auf die Wand aus Schnee und Eispacken. Hielt sich wohl auch fest, griff nach dem MantelZipfel über ihm. Zog sich hoch. Und als er oben anlangte, auf der ersten Barriere, da gewahrte er mit Schrecken, wie vor ihnen über ein weites Feld unter wechselnden Farben eisige Gebilde eckig und wüst in die Nacht standen. Die Fluten hatten hier Berge aus Eis angetrieben und zusammengedrückt, Spitzen und Zacken und SchollenEcken ragten überall aus dem Schnee – alle diese Kanten wollten überwunden sein. Gunther, vor Entsetzen und unter der Last seiner vielfachen Bekleidung schier außer Atem, erkannte, daß sich das Eisfeld bis unter die schwarze Felswand erstreckte. Ja, das war doch wohl sinnlos, über diese kalt glühenden Trümmer zu wanken, dorther, wo kein Weg war, wo zwischen den blitzenden Spitzen nur in Schwaden und Fontänen Eisnadeln wirbelten und wehten. Am Ende gäbe es auch keinen

Weg in den düsteren Fels hinauf, er spähte, suchte Einzelheiten zu erkennen, auch unter den helleren Blitzen blieb das Dunkel undurchdringlich, die Felsenhöhe schien unzugänglich.

Also schlugen sie sich seitwärts durch. Wollten, immer auf dem vordersten EisWall, bis an den Rand der Bucht gelangen, die der Nibelunge dem Gernot gezeigt hatte. Gunther hätte auch jetzt noch kaum geglaubt, daß Kriemhilds Bräutigam ihn mit Absicht und Lust über so ausführliche Umwege leitete.

»Mehr üben! hab ich gesagt. Das wär besser gewesen als Harfe zupfen, Zierrat nähn.« Wieder schlug er dem Freund auf die Schulter – trat ihm aber dann den Weg frei von den eckigsten Hindernissen.

Ja, der Nibelunge bahnte die Schritte, immer oben auf dem SchneeWall entlang, dorthin, wo überm Eingang der Bucht die SternenLohe zuckte, der wütende FeuerWall. Um nicht in den Aufwehungen zu versinken, mußten sie versuchen, nur auf die härteren EisUnterlagen zu treten. Doch die waren nur selten als waagerechte Platten zu erkennen, unterm Schnee standen sie meist schief, fast nur über Grate und Spitzen führte ihr Weg.

So hatten sie zu balancieren, auf Kämmen und Kanten. Zwischen diesen zweifelhaften FestPunkten war nie vorherzusehen, ob sie weiterkommen oder tief einbrechen würden. Gunther suchte sorgfältig in Siegfrieds Stapfen zu bleiben – der aber, vielleicht mit Absicht, trat bisweilen übergroße Schritte. Immerhin, auch jetzt spürte er Not, blieb manchmal stehen und erkundigte sich: »Zu viel Arbeit?«

»Ach Freund«, antwortete der König, ächzte, mußte erst schnaufen. »Ich wollte, ich trüge nicht ausgerechnet das schwerste, das ZazamankKleid, unter der Rüstung. Der BlutJaspis scheuert. Überall auf dem Rücken reibt er –«

Siegfried schien zu lachen, das Zauberlicht über ihnen ließ es im Ungewissen. »Hörte ich nicht zu Wurms: Gott, was zieht man an auf Isenstein!«

Gunther, noch immer schwer atmend, nickte. Und sah sich um. Das LichtTanzen, das FeuerFlirren brach hier hinab – sprang dort wieder hinauf. Die Sterne glühten wie DrachenAugen. »Ich hatte es mir anders vorgestellt. Giselher hat, bevor Du nach Worms kamst, von einer Felsenrutschbahn erzählt. Die glänze, so sagte er, von blankgerutschtem Gestein. Auf dem glitten die Frauen, wenn sie gelüstig seien –«

»Öi! hätt'st Du vier Mond gewartet! Im Mittsommer ist dies das

ZauberkesselLand! die süßesten SteinSchöße! Rataplui – Felsen-Ärsch! fettig glänzig – hm – solang's aber Winter ist, nimmt die BrünhildFrau Bollen, rundgeholbelt, mit in die Kammer, glatte SteinRüben, warmgeheizt ins Bett–«

Gunther atmete tief. »Im Sommer, das wär's gewesen. Ich hatte zu sehr gedrängt – bringen wir's hinter uns.« Weiter wankte der Herrscher von Burgund, stolperte hinter dem SieglindSohn her, kämpfte sich vorwärts, über Schrunden und Ecken und Eiswüste. Und versank doch immerzu im frisch aufgewehten Schnee.

Als er wieder einmal weggerutscht war, tief eingebrochen, wandte sich der Xantener lächelnd um und sagte. »So wie Du nun kniest, Gunther, siehst Du aus, als bet'st Du schon jetzt Frau Brünhild an.« Er reichte ihm die Hand, zog ihn zu sich herauf. »Ganz recht so, zierlich Brüderchen. So lieben es die auf Isenstein. Und das eine verrat ich Dir: Auch Frau Brünhild hat eine eisige Seite.«

»Wie meinst Du das–«

»Wenn wir uns dumm genug anstellen, bringt sie uns alle auf die Knie. Bete sie nur höflich genug an, Du dünndumm Künnek – üb beten!« Dazu sprang er weiter, setzte auf die nächste Scholle hinüber, tänzelte förmlich nach vorn, als klafften nirgends Abgründe, als trüge nicht auch er unterm Fell die Brünne, die Waffen. Leichtfüßig turnte er über die Eiskanten – und mußte doch wieder zurück, um abermals Herrn Gunther aus der Bedrängnis zu ziehen.

Derweil kamen sie dem Flammenwall nahe. Spürten einen LuftSog, der zog sie wie in Wirbeln an das riesige Licht heran. »Ahi! Prünnhilts Bläsbälg!« rief der Fremde.

In diesem neuen Sturm und Sog konnte sich Gunther noch weniger auf den Beinen halten. Schob sich schließlich auf allen Vieren vor, kroch über die beinharten EisEcken, rutschte kniend.

»Kriemhild würde garstig, sähe sie, was Du machst. Wie Du das GoldGewirk von Libyens Zazamank durchs Eisland schrämmschrappst.«

So trieb er Spott mit dem Freier. Als wäre der nicht geplagt genug; und half ihm doch zugleich weiter, redete ihm auch gut zu, wann immer der König allzusehr japste, versprach ihm aufs neue, er werde ihm beistehen. Und zog ihn ja auch schon jetzt viele dutzend Male zu sich empor. Bis Gunther bat, ihn auf diesen unsicheren Kanten lieber kriechen zu lassen.

Da sah ihn der NiederLänder an, schüttelte den Kopf und sagte: »Der burgundische König, der ist ein Kerl wie Eures Heilands Roß.«

Gunther schaute zweifelnd. »Der ChristGott? Der ritt, soviel ich hörte, auf einem Esel.« Und sah, wie über ihm der große Mann sanft nickend vorwärtsschritt.

Als Gunther wieder einmal in ein Schneeloch gesunken war und, vom FeuerSturm geblendet, vom LichtSog in die Vertiefung gedrückt, verzweifelt nach einem Halt spähte, weil er nicht jedesmal Siegfrieds Hand in Anspruch nehmen wollte, da erblickte er hinter sich eine hohe weiße Gestalt. Weiß, aber zugleich in allen Farben des himmlischen WetterSpiels blitzend – und grauenhaft brüllend.

In dem Augenblick, in dem er den Eisbären erkannte, stürzte sich das Tier schon über ihn – blitzte zugleich Balmunk. Die Bestie fiel, tödlich getroffen, über den König, so daß sie ihn, der bis an die Schultern im Schnee stak, unter sich begrub und besudelte.

Siegfried wälzte das Wild zur Seite, half dem König auf. Der wankte, rutschte. »Wären wir nur nie –« – er hatte zu keuchen – »– nie auf dieses verfluchte Eiland – unmöglich seh ich nun aus –«

»Öha! Unmöglich? Blutig siehst Du aus! as ein Wullacka! biestich gut! UteSohn sieht aus wie der NidGirVertilger, der ruppigste Berserka – uh, so blutsäufrisch? das macht Minne! – das, Künnek, das macht es scharf, das WotansWeib.«

»Ich bin in Not – am Ende aller Kraft. – Du spottest.«

Der ›Eigenmann‹ half ihm, Blut abzuwischen, hieb aus dem weißen BärenFell das zottigste Stück heraus, nahm das als Wischlappen.

»Ich muß mich umziehen.«

Siegfried putzte ihn und versprach, sogleich den Kammerherrn vorbeizuschicken. Dann versuchte er's wieder im Ernst und beteuerte, daß ein wenig Blutgeruch und Geschmack von Wunden eine Frau wie Brünhild beeindrucken werde.

Von solchen zweifelhaften Freundlichkeiten gestärkt, stellte sich der König auf, hielt sich einigermaßen auf den Beinen.

Jetzt standen sie nur noch hundert Klafter vor dem rotgrünen FeuerFall. Doch Gunther konnte keinen Schritt weitergehen. Sein Atem pfiff. Er hustete. Blanke Tränen liefen ihm über die Backen – aus Angst, aus Erschöpfung, und weil die LichtBlitze ihn blendeten und weil zugleich die Kälte biß und schnitt. Frostwind trieb über die Eiswüste, toste über ihre Köpfe weg, direkt in die Feuerwand hinein.

»Hitze und Eis! Das ist NiflheimKüche!« rief der Xantener. Und legte noch einmal den Arm um Gunther, klopfte ihm den Rücken. »Aber es mußte ja Frau Brünhild sein! Gier auf die RiesenTochter, auf das wütigste aller Weiber. Kein Wunder, daß Dir das Wurms-Brüstgen pfeift. Dein Kopf, nicht wahr, der kann's hundertmal besser als Deine Beine. RomKopf.«

Da kam keine Antwort. Da hatte er abzuwarten. Erst allmählich fand der Kumpan wieder Atem. Der Nibelunge schaute sich solange um. »Das EisbärFell, das werd ich mir holen. Noch bevor das zerfetzt ist von Wölfen, Hyänen, zu tausend Wischlappen zerrissen.«

Er ließ Gunther los, reckte sich gegen die glühenden Kaskaden, schien in bester Stimmung. »Yerra! die Welt ist in Fetzen! ist zerhagenhackt! zu Wischlappen, ist voll Schacherer, Ringwölf und Räuber! und Güntherken ist der allerwurmsigste!« Er lachte, als sei er betrunken. Die himmelhohen LichtStürme schienen ihn zu berauschen. Der König war nicht in der Lage, irgend etwas zu entgegnen, war zu gar nichts mehr in der Lage. Hatte auf zitternden Knien nur die Sorge, umgerissen zu werden, vom heißkalten Sog.

Selbst als sein Atem sich einigermaßen beruhigt hatte, wollte er keinen Deut weiterkriechen. Er schlotterte. Überfordert, durchnäßt, beschmiert, voller Frost und Glut zugleich, und voller Angst. Er tat ein, zwei Rutscher, richtete sich, von Siegfried gestützt, auf, sank freiwillig wieder zurück, auf die Knie. Der Lichtwind, im nächsten Moment hätte er ihn niedergestreckt.

Der andere hockte sich neben ihn, zog unter Fell und Ruhr-Brünne das Tuch hervor, das die HofFrauen entzückt hatte, tupfte damit dem König das Gesicht. »Paß op – nu is nit weit! – Wirst nicht so kurz vorm Sieg das Tor zuwerfen? – ich stapf jetzt sacht voran. Und ich hoff, ich besteh, wie ich zwei Sommer zuvor bestanden hab. Ist dann der FlammenSpuk verpufft, dann ist auch dieser lausige Wind weg. Dann rückst Du nach. Zwar ist dann das Feuer aus und alles finster und still, aber will's ein SchadAlb oder Loki – oder Wotan selbst oder Ran – dann merkt einer von denen, der LichtRitter ist gar nicht der im prächtigen ZazamankGewand, nicht der Wicht auf allen Vieren, sondern das ist Frau Brünhilds alter Genosse auf der FelsenRutsche –«

»Genosse?« Obwohl ihm Zunge wie Zähne nicht gehorchen wollten, stellte Gunther diese Frage. Nachdem er bis jetzt in die Lichtwirbel geblickt hatte, versuchte er nun, das Gesicht des Schiffsmeisters zu erkennen. Der steckte sein Tüchlein weg, richtete sich auf. Als er ihn so über sich sah, schien es Gunther, als schlüge Licht aus dem Rothaar, als wollten Flammen aus diesem Kopf –

»Jetzt, hier – vor der Feuerwand – gesteh mir –« – Gunthers Zähne schlugen gegeneinander, es fiel ihm schwer, die Wörter verständlich auszusprechen – »– hier sind wir, weiß Christ, unter uns – jetzt sag – warst Du – ihr Genosse? ihr Mann?«

»Patz ZackarmentsMemm! ›Ihr Mann‹! – ›ihr‹ – ist sie, bin ich Eigentum? Stück Hort? Stück Holz? Häi, knörrip elend Güntherken, im Ernst: ich bin niemandes Eigenmann! und ist auch Frau Brünhild niemandes Eigenfrau! Komm, Künnek, mach Dir nicht mehr Leid, als es eh gibt! Komm, auf! Vorwärts! – und nun paß auf – sowie das Feuer erlischt: ahi! dann wacker vor! PATZ BLITZ UND HEXENSCHLITZ!«

Mit diesen Schreien warf er seinen Mantel, das AuerochsenFell, dem König über die Schulter, daß der ein zweitesmal wie begraben war – und sprang, immerzu schreiend, wie im Tanz, davon.

Gunther, noch immer kniend, hielt sich den zweiten Mantel so vor, daß er über den Saum hinwegsehen konnte und mitbekam, wie der NiederLänder geradewegs unter die zuckende Lichtwand lief, als wolle er sich da hineinschleudern und aufheben lassen, als könne er das überdauern, dieses sternenhohe Auf und Ab und Quer über den Himmel.

Die Gestalt wurde kleiner, schien verschlungen zu werden – aber mit einemmal war es so, als strahle sein eisengewappneter Leib, als blitze nun auch der, als glühe der schwarze Harnisch, ja, der nibelungische Eisenpanzer glänzte, über und über umleuchtete ihn Feuer und er war selber nichts anderes als Feuer – Atem im Atem der Sonne –

– es war dann so, daß all diese zuckenden Lichtgirlanden auf ihn niederzustürzen schienen, daß die Flammen in ihn hineinstoben, als verschlängen nicht sie ihn, sondern er sie.

Da zerfielen die VorhangSpiralen, waren alle Fackeln und Drachen in den Menschen gefahren. Im selben Moment verschwand auch der Sog, die Sturmwirbel ließen nach; es wurde still.

Finster ringsum. Nur an einem Punkt glühte es noch. Siegfried stand noch da, wie glimmend. Breitbeinig stand er. Die Arme nach oben auseinandergestreckt.

Nachdem Gunther sich an die Dunkelheit gewöhnt hatte, rappelte er sich hoch. Schwankte, stand. Näherte er sich, vorsichtig. Da der Wind ihn nicht mehr schüttelte, gelang es ihm, sich ohne größere Stürze bis dorthin zu schleppen, wo der stand, der Strahlende. Der war wie außer Atem. Nun war er es, der nach Luft rang, sich erholen zu müssen schien, von Mühsal. Murmelte, in der älteren Sprache. Solange, bis Gunther das eine oder andere zu verstehen begann. »Pfutsch is dat Füer« und »Pfutsch in Teuf. In Stein.«

Da der NiederLänder eine Weile weiter schwer zu atmen hatte, wagte Gunther nicht, ihn anzusprechen. Sah derweil schon vor sich, gegen den sternklaren Himmel, den ganzen hohen Isenstein. Die düsteren Mauern hinauf schien was zu lecken, zu züngeln, bläulich grüne Flämmchen, solche, wie sie aus den RuhrwaldSteinen gesprungen waren, im Kamin, in der Königshalle zu Worms.

Der Nibelunge nahm endlich die Arme zurück. Reckte sich, bog die Schultern, atmete tief. Und nickte. Nahm seinen Fellmantel, warf ihn sich wieder über und sagte leise: »Nun mach, daß Du der Erste bist.« Er hob ihm das OchsenFell ab, band ihm die zierlichen Stiefelchen vom Hals. »In blanker Brünne gehst Du vorweg.«

Da wollte der Wormser sich auf den Weg begeben, zögerte aber. Vor ihm, wo die Flammen gewütet hatten, war es still und schwarz. Da schimmerte auch kein Eis, schien der Felsboden warm, bleckten nur, ins Schwarze hinauf, bläuliche Feuerzungen.

Da hörten sie aus der Finsternis, von unterhalb des Isensteins, von dort, wo unterm Sternhimmel die Wasserfläche zu schimmern schien, ein Krachen.

»Holla, Gernot! mein Kapitän! Zertapperst mir das Schiffchen? – Aber nur gut.«

Gunther meinte, wenn dies ihr Schiff gewesen sei, dann fände er das weniger gut. Das habe wie Bruch geklungen.

Der andere winkte ab, Gunther solle sehen, daß er hinaufkomme. Um Bootschäden kümmere sich der Schiffsmeister. »Nun tapp zu! Und wenn die RanTochter Dich fragt, woher das Blut – den Bärenhieb tatst Du! Hopp op! Du LohenLöscher! BlutBerserker!«

So ließ er den Burgunder vorausgehen. Er selber wartete, bis von der Seite her die Kumpane heraufgestiegen kamen. Die waren gedrückter Stimmung. In der Tat war das Schiff, als plötzlich kein Licht mehr war, von der schweren Dünung gegen das HafenTor, gegen die KaiFelsen gestoßen, so daß sich die vorderen Aufbauten zerdrückt hatten.

»Gut so«, befand der NiederLänder wieder. »Das läuft alles wie es soll.«

Während sich Gunther dem Isenstein näherte, trug der Nibelunge Walthari auf, eines der Fässer zu holen, roten Wein als Gastgeschenk, und hatte mit ihm und den übrigen Nibelungen weiteres verabredet. Wieder erinnerte er alle daran, kein Getränk zu nehmen, auf Isenstein erzeuge der Rausch Reue.

Auch die übrigen gingen nun in die Richtung, in die Gunther vorausgegangen war, näherten sich dem großen Schatten, der gegen den Sternhimmel stand. Gelangten an den Fuß einer breiten Treppe. Die führte zwischen hohen Mauern hinauf. Oben stand schon König Gunther, sie sahen ihn gegen das Licht, das aus einem Tor schien. Stiegen die Treppenstufen aufwärts. Auch von den Mauern zu beiden Seiten strahlte Wärme. Überall, auf den Türmen und den Dächern glommen noch Steinlichter, bläulichgrün. Nirgends war hier Schnee oder Eis.

Als sie oben auf der Treppe waren, sahen sie, wie das Tor weit offen stand, Gunther war hindurchgegangen. Von fern blickte er zurück, der Nibelunge nickte ihm zu. Da wandte sich der König wieder nach vorn und betrat einen weiträumigen Hof. Sie folgten ihm, langsam; der Hof war grobgepflastert, war ebenfalls von hohen schwarzen Mauern umgeben. Giselher berührte sie mit der Hand, die Steine waren warm. Aus der freien Höhe über ihnen leuchteten in Klarheit die Sterne. Nur von den Mauern rings leckten noch hier und da bläuliche Flämmchen. Wächter oder Beobachter waren nirgends zu bemerken.

Kein Wesen, das sie empfing. Der Xantener deutete auf eine Treppe im Hintergrund. Gunther stieg sie empor. Der König, so sah es aus, hatte sich wieder gefaßt, zeigte sicheren Tritt. Mochte sein, die Wärme hier tat ihm gut. Man ging ihm nach; oben, nach der zweiten Treppe, kam wieder ein weit geöffnetes Tor, das führte in einen dunklen Gang. Durch den gelangten Gunther und die, die ihm im großen Abstand folgten, in eine weite Halle.

An den hellen Wänden schienen Fackeln zu brennen. Doch war ihnen, als sei dies kein Feuer, wie sie es kannten, sondern ein Leuchten. In dem ungewöhnlich hellen Licht sahen sie an der langen Hallenseite eine mächtige Tafel, mit hohen Sitzen. Alle Sessel leer. Im Saal niemand. Gunther hatte sich nicht mehr umgesehen, war, fast ohne Zögern, tief in die Halle hineingegangen. Stand schon neben der Tafel, als sich die übrigen erst im Eingang zeigten. Seine Gefolgsleute hielten dort an. Gut dreißig Schritte hinter dem König blieben Gernot und Giselher stehen. Hinter ihnen Hagen und Siegfried.

Der fernere Teil der Halle führte auf eine höhere Stufe. Dort fehlte die Leuchtkraft, Gunther war es, als ob auf dieser Empore noch Rauch hänge, in Schwaden. In den Schatten schien Bewegung. Da gingen Gestalten, dunkel gekleidet, so daß nur ihre Gesichter schimmerten. Als glänzten hier oder dort blasse Monde.

Aus diesem Dunkel aber kam nun eine der Gestalten langsam nach vorn. Eine, die ein schwarzes Gewand trug, nein, das glänzte wie Silber. Um ihre Hüften trug sie einen ledernen Gürtel, der hing vorn tief herab – dort war in das Leder ein rundes schweres Kleinod eingefaßt. Da stand Brünhild. Sie trug den Mondstein. Jenen trüben Juwel mit den Regenbogenzeichen.

Gunther, in gebührendem Abstand, aber auch weit vor den übrigen Männern, verneigte sich, behielt diese Haltung. Auch die anderen Ankömmlinge neigten die Köpfe. Die dunkle Frau blieb auf der oberen Stufe stehen, schien Gunther anzusehen. »Wer kommt su in Waffn?«

Der König sah auf, konnte nicht antworten. Was ihn verwirrte? War es ihr Blick? ihre Frage? Oder die Überraschung, daß diese ›Riesin‹ nicht größer schien als er selber?

»Wollt Ihr Streit?« hörte er. Und, nach einer Pause: »Fremdling, wie heißt Du.«

»Ich heiße Gunther. Bin König von Burgund. Herr zu Worms am Rhein. Habe Euch zuliebe – vom oberen Rhein bis hierher – eine weite Fahrt gemacht, die schreckliche Lohe durchschritten. Um Brünhild heimzuführen nach Worms.«

Die übrigen Gestalten, die Dunklen aus dem Hintergrund, kamen nach vorn, standen nun neben Brünhild; keine rührte sich, keine sprach. Zwei unter ihnen hat der Nibelunge bald erkannt, die helle Baldinai, die schwarze Helinga. Brünhild antwortete nicht. Schien an Gunther vorbeizublicken. Ihre Augen waren auf den NiederLänder gerichtet.

So schaute sie, blieb still. Sprach erst nach einer Pause, die den Burgundern wie dem Nibelungen allzu lang erschien. »Mir scheint, Ihr zieht op Kampf.«

»Die Rüstung«, antwortete Gunther, »ist wohl nötig für den, der FeuerBerge zu durchdringen hat.«

»Bei uns ist Sitte, daß ungewappnet kommt der Gast.«

Gunther verneigte sich wieder, bat um Nachsicht, daß er die Sitten auf Isenstein nicht kenne – und begann, seine Rüstung aufzuschnallen.

»Weh«, brummte Hagen. »Wenn wir uns hier die Waffen nehmen lassen, dann –«

Der Nibelunge beschwor ihn mit leiser Stimme, sich nicht zu weigern. Auf Isenstein trüge weder Gast noch Wirt eine Waffe.

Da banden auch Hagen und die anderen ihre Panzer und Schienen auf und legten sie ab, stellten sie an die Wände; die Waffen daneben. Es kamen Frauen von der Seite, die ihnen die EisenGeräte abnahmen und in ein anderes Gemach trugen. »Weh«, murrte Hagen.

Da näherte sich Brünhild. Das heißt, sie kam zunächst nur auf der Empore um einige weitere Schritte nach vorn, trat bis an die Kante, als müsse sie von dort die Vorgänge der WaffenAbgabe überblicken. Trat dann die Stufen herab, kam bis an die Tafel heran, blieb stehen. Auf einen Wink von ihr trug man die Rüstung des Königs nicht ebenfalls fort, sondern brachte sie der Hausherrin. Die legte ihre Hand auf Gunthers Brünne. Dazu sah sie den König aus dunklen Augen an. Schwieg wieder eine Weile, die den Burgundern wie dem Nibelungen abermals unerträglich lange dauerte. Sah dabei nur den König an und sprach schließlich: »Mit diesem Eisen habt Ihr Füer twungin?« Sah ihn an und fragte: »Dies hätt abgileitit die SchutzBlitz?«

Gunther machte einige Schluckbewegungen, die er, wie er hoffte, gut hat verbergen können. Und antwortete: »Aber ja – ist nicht die Hitze zu spüren?«

Die Frau legte ihre Hand an andere Teile des Metalls. Blickte ihn dabei immerzu an, ihre Hand war sehr schmal. »Ja, Herr Chunthar«, hörte er. »Ich spür ein Hitz. Ein SchwitzHitz.« Ließ dann endlich ihre Hand von dem Eisen, gab Wink, den Harnisch zu den anderen Rüstungen in die Nebenkammer zu schaffen.

Langsam, Schritt für Schritt, den König nicht aus dem Blick lassend, trat sie auf ihn zu. Stand nun dicht vor ihm. »Glühen spür ich. Einen heiß Tiegel, Herr HitzKopf.« Sie machte eine Pause, ohne auch jetzt den Blick von ihm zu lassen – es schien, als betrachte sie die feinen Schweißperlen auf seiner Stirn.

Endlich schaute sie an ihm vorbei, blickte zur dritten Reihe der Gäste. Sah eine Weile dorthin und sagte dann: »Erkenn ich in dem Gefolge, Herr Chunthar, auch Künnek Siegfried. Der, dacht ich, weiß hier wohl die Sitte.« Mit diesen Worten ging sie an Gunther vorbei, schritt auch an Gernot und Giselher vorüber und blieb vor dem Nibelungen stehen. »Gegrüßt seid Ihr, Herr Siegfried.«

»Der Gruß steht mir nicht zu. Diesmal bin ich nicht ›Herr‹. Ich bin Eigenmann, Gunthers Schippmann – grüß ihn, allein ihn, der die Lohe bezwang.«

»Des lügst Du.«

»Deine SternBlitze sollen mich treffen, wenn ich lüg.«

Sie betrachtete ihn lange. Hielt ihre Lippen aufeinandergepreßt. Beobachtete Siegfrieds Gesicht, das zeigte keine Schweißperlen, schien nur bleicher als sonst. »Wenn Du nit lügst – und bist Chunthars Eigenmann – dann muß – wenn Du nit lügst – der Herr Chunthar ein wahrhaft groß Künnek sein. Weil er im Dienst hat den NidgirTötir. Aber ich dachte, wir zwei warn verabredt. Verabredt war ich mit einem Freien. Nit mit ei'm Sklav.«

Nach diesem Wort ging sie zurück, trat wieder vor Gunther und beobachtete auch ihn wieder. »Willkomm, Du wahrhaft groß Künnek. Dank Dir, daß Du willst frein die Frau op Isenstein. Aber ich seh, Dein GoldHemd ist von Schweiß naß. Auch von Blut?«

»Wir hatten unfreundlichen Empfang. Bei der Feuerlohe fiel mich ein Eisbär an. Vorher sperrten Orkane den Weg, EisBarrieren –«

»Ich seh, Du hattest stark Arbeit. Das gibt wohl Schweiß. Willkommen Ihr alle von Burgund, von Nibelung. Ich will Euch bewirten, wie das Sitte ist op Isenstein. Nehmt Platz, nehmt Trinken!«

Sie wies den Gästen Sitze an, Siegfried bekam den Platz ihr gegenüber, am anderen Ende der langen Tafel. Gunther hatte sich neben sie zu setzen. Die Recken ließen sich nieder, erhielten von den Frauen Becher, die waren aus purem Silber, man brachte eine Kanne.

Gunther sah besorgt hinüber zu Siegfried, der deutete mit Stirnrunzeln an, daß es sich hier um keine harmlose Mischung handelte.

»For unskult«, sprach Walthari. Der hatte neben Siegfried gesessen, sprang nun auf, entfernte sich. Und Gernot sagte, es solle erlaubt sein, daß als Gastgeschenk eine eigene Gabe herbeigeholt werde, Traubenwein, von tief im Mittag hinter Worms. Er winkte, Walthari trat in den dunklen Gang und kam bald zurück mit vier nibelungischen Seeleuten.

Von denen schleppte der erste ein Faß jurassischen Weins, trug der zweite, auf einem Kissen, Gunthers Kette, das byzantinische Stück, das mehr wert war als ein Schiff. Und trugen der dritte und der vierte eine außerordentliche Last – sie schafften den weißen Bären in die Halle. Ließen den Kadaver in der Mitte des Saals zu Boden, daß die Steine sich färbten, dunkel Rot.

Gunther hatte von diesem Auftritt, auch von dem Geschenk, das Walthari zunächst der MeerGöttin zugedacht hatte, der Mutter, nichts geahnt. Doch verbarg er seine Überraschung gut. Brünhild war aufgestanden, hatte sich über das Tier gebeugt, betrachtete das, den fast vom Rumpf getrennten Kopf. »Ich seh, ein starker Hieb.

Das war wohl arg – und trefflich das Schwert. Gelobt sei der wahrhaft große Künnek von Burgund.« Und hat sich zu diesen Worten wieder aufgerichtet und den Mann prüfend angesehen. Gunthers Kinn zitterte, kaum merklich, doch Giselher sah es. Sah es auch die Gastgeberin?

»Dank auch für den Wein. Und, ach, für so feine Kette. Wie zierlich ist die WurmsKunst. Wein und Kette aus Mittag? die sollten uns wohl zu Freunden machen.« Und ließ das Faß der Gäste aufstellen, öffnen und ausschenken – sie selber trat wieder neben Gunther, betrachtete ihn aufmerksam. Als bedächte sie, warum dem Herrn von Burgund diese feinen Perlen auf der Stirn standen. Sprach von den Perlen der byzantinischen Kette und meinte in Wahrheit die anderen? die aus Angst, aus Erschöpfung, aus schlechtem Gewissen? Wieder sagte sie lange kein Wort. So daß die Gäste verzweifelt darauf sannen, wie sie Brünhild ablenken könnten. Von dem, was sie offensichtlich durchschaute.

»Wahrhaft großer Künnek«, sprach sie endlich wieder, »Ihr müßt wissen, ein Treuloser hat mich zwei Sommer zuvor getäuscht. Seither, das müßt Ihr wissen, hat der, der mich freien will, nicht bloß die HimmelsFlammen zu bezwingen. Seitdem prüf ich den mit anderer Arbeit.«

Sie setzte sich wieder neben den König, betrachtete ihn voller Interesse, als prüfe auch sie fremde Kunst. Und dann schien sie zum erstenmal zu lächeln. Wer immer die Lohe gelöscht habe, so sagte sie, wer immer sie zur Gemahlin begehre, der müsse, seit jener Eber sie getäuscht habe, eine zusätzliche, eine dreifache Probe bestehen. Die sei für einen wahrhaft großen König eine Kleinigkeit. »Die ist kaum mehr als das, was Ihr, Herr Chunthar, an diesem Bären bewiesen habt. Der linken Tatz fehlt, bejobs, ein stark Stück Fell, wie das? – Wie immer, die neue Probe, die ist ein Wettstreit, ein Spiel bloß und ich bin sicher, dies dreifach Spiel, das übersteht Herr Chunthar, ohne daß auch ihm geschoren wird Kopf oder Tatz. Doch frag ich jetzt, ob Ihr bereit seid, die RitterPrüfung zu bestehn. Wo nicht, so sollt Ihr abziehn in Euer RheinLand. Nur – wenn Ihr antretet – und macht einen Fehler, in einem der drei Spiele – auch das muß ich sagen – dann zerschmilzt Euch auf der Stelle der blitzende, der SonnenWind.«

Zu diesen Erklärungen schaute sie ihn ohne Unterlaß an. Schien wie vergnügt auf seine Blässe zu achten und auf seinen Schweiß auf der Stirn. Und fügte schließlich hinzu: Werde er sich auch in dieser Probe dreifach als wahrhaft großer König erweisen, so wolle sie gern als seine Frau nach Worms an den Rhein ziehen. Dorthin, wo man so schöne PerlenKetten mache und so kostbare Goldstoffe zu Gewändern webe. Nach ›Wurms‹, so sagte auch sie es.

Gunther verzichtete darauf, ihr zu erklären, daß weder Kette noch Brokatstoff in Worms entstanden seien. Wie es ihm überhaupt schwerfiel, in wohlgesetzter Rede der schönen Frau zu antworten. Er hätte nun mindestens auf ihre neue Bedingung eine Entgegnung formulieren sollen. Doch war er so rasch dazu nicht in der Lage. Die stürmische Überfahrt, die zwölf Tage auf dem kleinen Schiff, die Überforderung auf dem eisigen Wall vor der SternenLohe – und nun dieses neue Ansinnen? ohne daß er die Gefahr einschätzen und sich mit Hagen oder Siegfried beraten konnte – das alles brachte ihn einer Ohnmacht nahe. Die feinen Perlen auf der Stirn vermehrten sich, glänzten auf fleckiger Haut.

Doch muß gesagt werden, daß Gunther, so kläglich er im Schiff und auf dem kantigen Eis gescheitert sein mochte, die ritterlich-höfische Situation doch einigermaßen meisterte. Er zeigte Haltung. Er bewies das, was er und seinesgleichen seit damals dafür halten. Dazu gehört, daß er jetzt nicht vom Stuhl sank. Um wenigstens dies zu umgehen, hatte er einen Arm um die Stuhllehne geschlungen, was ihn aufrecht hielt, scheinbar in aufrechter Figur. Außerdem verschaffte ihm das unauffällig einen Seitwärtsblick, den Brünhild so genau nicht mitbekommen konnte, einen Blick zu seinem nifelheimischen Schiffsmeister hinüber. An dem beobachtete er nun, wie der, offenbar zufällig, seinen Kopf hob und wieder senkte. Der Nibelunge schien damit nicht einmal zu nicken, sondern wohl nur mit Neugier das überhelle Strahlen zu untersuchen, an den hohen Wänden ringsum.

Gunther aber hatte das verdeckte Zeichen verstanden. Und konnte nun, mit leiser Stimme, seine Antwort geben. »Hohe Herrin. Das tut mir leid, daß Ihr neuen Zweifel hegt. Wer so weite Fahrt getan, wer solche Mühsal auf sich nahm und schließlich die lichte Glut durchschritt, die Isenstein bis an die Himmelshöhe umfangen hielt, der mag eigentlich, so dachte ich, hinreichend bewiesen haben, daß es ihm Ernst ist mit seiner Werbung. Von dem sollte klar sein, daß er nicht auf Trug sinnt. Doch wenn Ihr drauf besteht, so sehen wir weiteren Prüfungen guten Muts entgegen.«

»Sehn *wir*?« Sie blickte ihn erstaunt an. Schaute sich in der Tafelrunde um, lachte dann hinüber zu ihren Frauen, die sich auf die Empore zurückgezogen hatten, ins Halbdunkle. »Spricht zu Wurms ein einzelner Mann ›wir‹?«

»Vergebung – in unsern Landen sagt der Herrscher gerne ›wir‹. Er meint zugleich den ChristenGott, der alle Macht verleiht – und meint doch sich allein, trotz ›wir‹ – das ist so byzantinisch Sitte. Ein Brauch, von dem der Weltkreis mehr und mehr beherrscht ist.«

»Gut dann – Ihr mehreren Herrn Chunthar! Herrn BurChunthar! Ihr byzantinisch ›wir‹!« – nun lachte sie, lachte zum erstenmal laut und schien übermütig. »Jetzt hab ich Lust auf BärenFraß – wahrhaft großer WirKünneke! und hab Lust, dies feine PerlenKettchen um meinen Hals zu hängen – gut dann! Freundinnen, zerhackt das Vieh, bratet das, wie das die Sitte ist op Isenstein – derweil laßt uns das Kämpfen tun, die RitterProbe, so daß wir, wenn das Biest dann gar ist, in Lust essen fressen feiern können – so oder so, dann gibt's geil Feiern!«

Als klar war, wie schnell die unerwartete KampfProbe schon folgen sollte, schien Gunther für den, der ihn kannte – und wer von den Männern war nicht vertraut mit ihm – abermals einer Ohnmacht nahe. Wieder war es schon doch bewundernswert, wie der Erschrockene, der Erschöpfte sich hielt. Auch jetzt nutzte er die starke Lehne in seinem Rücken, hängte, klammerte sich an seinen Sitz. Und auch diesmal bemerkte er die getarnte Zustimmung seines ›Eigenmanns‹.

Da gab er sich, obwohl er sich wieder fühlte wie beim Gang übers Eis, einen Ruck und brachte es fertig, zu erklären: »Euer Kampfruf, Frau Brünhild, kommt schnell. Bei uns in Burgund ist es Sitte, daß sich der Gast erholen darf und nicht, bevor er speisen kann, Turniere schlagen muß. Ich zum Beispiel, nach so langer, so wilder Fahrt, hätte wohl gern ein Bad genommen, statt schon jetzt zu werfen und zu stechen – und gleich auf Leben oder Tod –«

»Das seh ich wohl, daß Euch das lieber wäre. Lieber baden als kämpfen – das seh ich an Euerm Gesicht, daß Ihr Erholung nötig habt. Ahi! Wie süß aber ist der Urlaub, wenn erst die Prüfung ist bestanden!«

»Ich merke schon, Ihr seid nicht umzustimmen. Nur begreif ich nicht, wie jetzt, zur Nacht, ein ritterlicher Wettbewerb gehen soll – kämpft man auf Isenstein im Sterngefunkel?«

Brunhild lachte wieder, wandte sich zu ihren Frauen und fragte sie, ob man schon je einen Helden so beredt um Sicherheit hätte flehen hören. Keine Ausrede sei dem Herrn aus ›Wurms‹ zu dumm – selbst um zu wenig Licht sorge der sich. Darüber werde noch in hundert Jahren zu lachen sein ›op Isenstein‹.

»Hör, Wurm üt Wurms!« rief sie dann, plötzlich ernst, war aufgesprungen und blickte, während sie weiterredete, zum anderen TischEnde hinüber, auf den Mann aus Xanten: »Wat sört ji ond jankt! Der wahrhaft große Künnek, der schlägt seinen Feind auch unterm Mond!«, und sah auf ihren Gürtel hinab, auf den Mondstein.

Da meldete sich der Nibelunge, war aufgestanden und sagte, man möge, solang das nächtliche Turnier stattfinde, um ihn sich nicht kümmern – ihn, den Schiffsmann, erwarte dringende Arbeit, gewiß hätten auch die Frauen das Holz krachen gehört, als bei der Landung der Bug am Kai sich aufgebrochen hätte. »Zerbröselt an diesem wahrhaft harten Isenstein«, rief er, lachte und trank den Becher leer. Das reizte Brünhild zu der Antwort, er solle nur sehen, daß der Kopf seines Schiffes das einzige bleibe, was sich hier zerbrösele. Der Xantener wollte den Becher zurück auf den Tisch stellen, da ergriff eine rasche Hand von hinten das Gefäß, er blickte sich um, erkannte Helinga. Einen winzigen Moment zögerte er, eilte dann aus der lichten Halle. Die Hand hob er wie zum Gruß, der tüchtige Kapitän, der treue Untreue.

»Yerra, ein wackerer Eigenmann«, sagte die Hausherrin und setzte sich wieder neben Gunther, nur jedoch, um ihren Gast abermals sehr genau anschauen und mit Fragen prüfen zu können: »Ein Eigenmann, der nit zuschauen will, wie sein König den Kopf verliert?«

Gunther wußte darauf keine Antwort, wußte immer weniger, wie dies alles hier gemeint war. Auch den Burgundern war nicht wohl zumute, als sie sahen, wie Siegfried ausgerechnet jetzt davonging. Warum mußte der Xantener sich um das Schiff kümmern, wieso nicht Walthar. War diese Fahrt zum Isenstein ein abgekartetes Spiel? zwischen Märchenmann und Feuerfee? – ums Leben ihres Königs? Hatten diejenigen recht, die schon immer wissen wollten, diesem Nibelungen ginge es bei allem um einen großen, um einen herkulischen Plan, um ein Nord- und Nebelreich, ein GegenRom des neuen Arminius oder Sigurd, demzuliebe der sich mit den Sachsen, mit den Dänen und nun auch mit den HexenMächten verbündete?

Gunther, da er Brünhilds Fragen und Blick nicht länger ertragen konnte, erhob sich. Doch versagten ihm die Knie – rechtzeitig bemerkte das Gernot, der neben ihm saß, der erhob sich ebenfalls und tat, als lege er in Freundschaft und liebevoll den Arm um des Bruders Schulter, in Wahrheit konnte er ihn so abfangen und stützen. »Schaun wir uns den Kampfplatz an«, erklärte Gernot.

Und führte den schwankenden König aus der Halle. Durch das Tor hinaus, auf die obere Terrasse, wo frische Luft wehte.

Auch Hagen und Giselher waren hinausgegangen. Von der oberen Treppenkante konnten sie in den weiten Hof hinabschauen – und beobachteten nun, wie rings an den Gemäuern die steinernen Lichter höherflackerten. Wie sie sich im Aufflammen zusammenfügten zu einem glühenden Lichtband. Das erleuchtete von allen Seiten den grobgepflasterten Kampfplatz, überstrahlte ihn hell, heller als ein Vollmond getan hätte.

Wie die Brüder sich noch über dieses Feuer wunderten und Gernot dem König Mut zusprechen wollte, er sei sicher, der Nieder-Länder werde zurückkommen und die Arbeiten am Schiff seinen Seeleuten überlassen, da waren plötzlich Frauen neben ihnen, die reichten Gunther die Rüstung, gaben ihm Schild und Lanze. Gernot und Hagen halfen dem Zitternden. Legten ihm Harnisch und Schienen wieder an. Auch drinnen in der Halle schien man sich vorzubereiten. Man hörte Rufe und Geräusche, die nicht bloß der Zubereitung des Bären zu gelten schienen. Waffen klirrten, Gelächter drang aus der Helligkeit.

»Sagt mir bloß«, bat Gunther mit leiser Stimme, »hat einer von Euch einen fremden Ritter bemerkt? Gegen wen denn, um dieser feurigen Mauern willen, gegen wen muß ich hier antreten!«

Giselher schüttelte den Kopf. Auf diesem Kastell habe er nur Frauen gesehen. Aber er wisse aus griechischen Geschichten, daß manchmal auch Frauen kämpften, jene, die berühmt geworden seien als Amazonen.

»Hab ich Euch nicht von der Helinga erzählt, die selbst von Siegfried nicht bezwungen werden konnte? – freilich hatte der Xantener damals noch keine Waffen, nur seine eiserne Stange.«

»Oder sie machen es wie die Römer«, murrte Hagen. »Auch diese hier lassen ihre Gefangenen gegen Tiere kämpfen. Gegen Löwen. Eins steht fest – hier wissen sie mehr von elbischen Kniffen und Hinterlist als wir ahnen. Niflheims ›Giribinheit‹.«

»Wenn sie keine Löwen haben, so haben sie Bären«, sagte Gunther. »Zwar weiß, aber wild. Und riesenhaft.« Die Stimme blieb ihm im Hals.

»Das gefährlichste Tier bleibt im Verborgenen«, bemerkte Hagen. »Oder sieht jemand unseren Schiffsherrn? Wenn nachher einer auftritt, bis obenhin schwarz gepanzert, das Visier verschlossen, und wenn dieser Dunkle dann erklärt, er werde für Brünhild kämpfen – dann wehe uns. Dann kennen wir endlich den Hinterhalt, in den er uns gelockt. Dann lernen wir ihn schätzen, den neuen Arminius. Seinen wahren RomPlan.«

»Brünhilds ›Genoß‹ «, murmelte Gunther. »So hat er sich selber bezeichnet. Noch heute, kurz bevor er unter die Flammenwand sprang.« Der König bis sich auf einen seiner Finger, wollte das Klappern seiner Zähne für einen Augenblick dämpfen.

»Bei all dem hat nur Gunther Rüstung und Lanze«, grollte der Waffenmeister. »Wenn ich wüßte, wo die Weiber die meinen versteckt haben.«

Gunther biß sich weiter auf den Daumen, fror. Verfluchte zum wiederholten Mal die Reise in das eisige Land. Da er nun fertig eingerüstet war, schaute er wieder hinab in den Hof, blickte auf den in Zauberlicht getauchten Platz. An wen würde einer wie Gunther seine Gebete gerichtet haben? wen konnte einer wie er um sein Leben anflehn? Ringwolfs römischen Gott? Oder den byzantinischen, der ihm gestattete, ›wir‹ zu sagen? Oder Kilians gallischen Gott? Die Buchstaben oder die Sinne? Den Gott im Wormser Münster oder die Geister, von denen Walthari und auch seine Mutter Ute noch wußten? Respektierte er die nebelländischen Mächte, aus denen Siegfried wie Brünhild ihre Kräfte holten? und die nun hier vor ihm, unterm NordStern, so unheimlich strahlten und wüteten – glaubte er an die? Mußte er es nicht? spätestens jetzt? ob sie nun Wotan hießen oder Ran oder ›elbische Kniffe und Hinterlist‹? Zweifel über Zweifel suchten den Verzagten heim. Nisteten sich so fest in ihn ein, daß sein Inneres davon schwarz und sauer zu werden drohte.

»Wär ich nur«, sprach er leise, »nicht so zerrissen. Wie wir alle. Die Mutter sagt, im Mittag haben wir Ziele, nicht in Mitternacht. In Richtung Rom, sagt Ringwolf. Byzanz, sag ich. Und nun sind wir in Eisland! Was nur hat mich hierhergezogen.«

Unter der Last der Rüstung wie seiner Ratlosigkeit war der König nun erst recht auf die Schulter seines Bruders angewiesen. Mit Gernots Hilfe richtete er sich ein wenig in die Höhe und sagte trotzig: »Aber der Nibelunge begehrt Kriemhild, ihr zuliebe wird er mir auch jetzt helfen. – Er hat mir zugenickt. Nur ich habe das sehen können.«

»Ja«, nickte Hagen, »unser SauBär zieht uns alle an der Nase herum. Bis hier hinauf, bis ins Rans Reich. Hätten wir uns an Herrn Chlodwig gehalten!«

Nur Gunther wußte, worauf da angespielt wurde – dennoch, er hielt sich aufrecht, blieb bei seiner guten Meinung über den ›Eigenmann‹. Und wenn ihm auch Zähne wie Knie kaum noch gehorchen wollten, so löste er sich nun gar von des Bruders Schulter und stieg, auf unsicheren Beinen, die lange Treppe in den Hof hinunter. Mit dem Schild, mit der Lanze; unter schwerer Rüstung. Da war nicht nur in Gernot, sondern auch in ihm wohl immer noch ein Rest von Gundomars Riesenkraft – und bestand sie auch nur aus Erinnerungen, Sehnsüchten und süßen Einbildungen; und äußerte sie sich auch nur noch in höfischer Haltung.

Als der König unten, im Licht der MauerFlammen, den Turnierplatz betreten wollte, hörte er mit einemmal, dicht neben seinem Ohr, eine vertraute Stimme. Die klang wie immer. Bei aller Grobheit klang sie leicht verspielt und spöttisch, doch voller Zuversicht. »Holla, mein wahrhaft rammdösig Herr Gunther! – nun gib fein acht: sobald der Kampf beginnt, tu allwegs so, wie ich Dich weise! Wir zwei beide, wir packen das! Und am Ende, wirst sehn: da freist Du Brünhild! und ich Kriemhild – ›wir‹, das hast Du gut gesagt, byzantinischer BurGunther!«

Gunther schloß die Augen – um sich nichts anmerken zu lassen, um der Verwirrung Herr zu werden. Siegfried nutzte seine MärchenKappe, setzte auf Alberichs MondKraft und TarnZeug. Doch den Gedanken, daß Gunther diese Brünhild ›freien‹ könnte – den hatte er sich im selben Maß aus dem Kopf geschlagen, wie er sich seit der Landung auf diesem Eisland nichts anderes mehr wünschte, als mit dem Leben davonzukommen und heil wieder heimzukehren an den Rhein.

Nun hörte er aber die übermütige Stimme des NiederLänders. Spürte sogar dessen Hand, merkte, wie Siegfrieds Pranken ihm, als wollten sie mit ihm üben, die Arme führten – da wurde ihm endlich wieder ein wenig wohl. Da war ihm das plötzlich so lieb, als habe er alles Bisherige nur märchenhaft geträumt und blieben statt des bösen Drucks der Alben mit einemmal nur wieder, wie zu Beginn, Herrn Wunnibalds sanfte grüne Hügel.

Inzwischen hatten sich im Hof, unter den Mauern, Zuschauerinnen versammelt, Frauen, einige hundert mochten das sein. Auch Hagen und die Brüder waren die Treppe hinabgekommen und warteten. Sahen besorgt auf ihren König – und hatten sich zu wundern. Welch eine Verwandlung ging da mit ihm vor. Plötzlich bewegte der sich frei. Geradezu munter, ja elegant trat er nun auf. Dieses burgundische Bündel Unsicherheit, dieser Knoten aus Widersprüchen, aus Träumen und Sorgen, dieser König Gunther hatte seine Zuflucht schon immer in kunstvoller Haltung gesucht, in feiner Gewandung, in schöner Form. Jetzt begab er sich – allein, ohne daß Gernot ihn ferner hätte stützen müssen – weit in den erleuchteten Innenraum hinaus, bis in die Mitte des Hofs sogar, fühlte gern die Blicke der fremden Menschen auf sich. Wirkte schon wieder sicher im Schritt, beinahe keck.

Doch dann erschienen andere Wesen. Oben auf der Terrasse, über der Treppe, wurden sie sichtbar. In der Mitte bewegte sich eine Gestalt in schwarzer Brünne. Hagen wie Giselher und Gernot fuhr der Schrecken in die Glieder – nun kam der Nibelunge? – aber dieser Mensch hier trug das Haupt noch unbedeckt, hielt den Helm unter dem Arm, ging leichten Schritts über die Treppe hinab, kam nach vorn, ins Licht – das war nicht der aus Xanten, dort kam kein Verräter, dort kam Brünhild. Sie selber wollte kämpfen. Eine schwarze Eisenweste trug sie, darunter das glimmende Kleid.

Gunther fuhr es wie Eis in die Knie. Schlug sich zwischen die Zähne. Die Frau, von der ihm soeben eine Stimme versichert hatte, er bekäme sie zur Gemahlin, diese Frau trat an, ihn zu besiegen? Wieder hörte er neben sich die nebelländische Stimme! »Sieh Dir das an – ist sie nicht lieblich? und wahrlich arg schön? Freu Dich, Gunther, Du freist ein sagenhaftes Weib.«

Die Stimme schwieg. Denn nun kam die Herrin von Isenstein auf Gunther zu, sah ihn an, mit freundlichem Lächeln, und sprach: »Nur Mut, wahrhaft großer Künnek! Die drei ritterlichen Aufgaben sind nit hart. Nit ärger denn dat BärTöten. Kein Streit – nur Wettspiel. Merkt op: Als ersten Tjost werft Ihr die Lanz auf meinen Schild. Darnach werf ich sie auf Euern. Das zweite Spiel ist Steinwurf, hier in diesem Hof. Das dritte, das wird ein WeitSprung. Ist alles nit halb so grusilik, wie Ihr wohl fürchtet. Schier KindesSpiel – für wahrhaft groß Künneke.« Im Schein der Flammen leuchtete ihr Antlitz so liebenswert, ja, es strahlte in so blühendem Schmelz, daß Gunther tief Luft holen mußte. Um schließlich sagen zu können: »Was Ihr da vorschlagt, liebe Herrin, ja, das ist gute RitterÜbung. Ist Sitte auch zu Worms – wenn wir dort auch nicht auf Tod und Leben fechten. – Laßt uns beginnen –«

Das kam ihm schon recht forsch über die Lippen. Seine Stimme klang nur noch dem verzagt, der sie seit langem kannte. Da ging man auseinander, machte Platz in der Mitte des Hofs, Gäste und Frauen verteilten sich, stellten sich unter die leuchtenden Mauern ringsum.

Hagen erschien das alles immer noch unheimlich und undurchschaubar; vor allem vermißte er den Nibelungen. Mit Gernot, dem

Kämpfer, tauschte er Bemerkungen. Auch dem blieb hier fast alles rätselhaft, beide sahen in diesem HexenReich kein gutes Spiel voraus.

Ihr Mut geriet endgültig ins Wanken, als nun seitwärts ein Tor aufgeschoben wurde und an die zwölf Frauen mit gegenseitigen Anfeuerungsrufen einen KriegsWagen hereinschoben. Auf dem flachen Gefährt lagen ein Stein, ein Schild und eine Lanze. Schon die Mühe, mit der die vielen Frauen den Wagen vorwärts zu bewegen suchten, schon das Ächzen in den Rädern und Achsen, diese Töne und die Schreie ringsum verhießen schwere Not. Sechs Frauen zogen, sechs hatten zu schieben.

»Weh«, hörte Gernot den Waffenmeister. »Diese BrünnHilde, so lieblich sie ausschaut – selbst wenn sie burgundische Sprache und Sitten kennte: von meiner Liebe bliebe sie für immer verschont.«

Auch Gernot mochte seine Sorgen nicht mehr für sich behalten. »Listig müssen wir sein!« wiederholte er laut Siegfrieds Mahnung. Eins ums andere Mal schaute er sich um nach dem NidgirTöter.

Giselher dagegen wußte zuweilen nicht mehr, ob er hier nur eine der wilden Geschichten hörte, die ihm in den Herbergen erzählt worden waren oder ob dies alles statt einer nebelländischen Mär vielleicht doch eine wahre *historia* war – trotz seiner Verwirrtheit versuchte er mit Anstrengung, alles um sich her zu bemerken und festzuhalten, beobachtete er die Einzelheiten, wollte keine vergessen. Und glaubte doch immer wieder, nur in einem abenteuerlichen Gasthaus zu nächtigen, in dem ein ungewöhnlich listiger Erzähler mit Lokis Frechheiten die Zuhörer bannte.

Da hörte er neben sich Hagens Klage. »Das reut mich, daß ich nicht heftiger widersprochen habe! Wie konnte ich Gunther folgen. Diese mühselige Fahrt uns aufzuladen – nur um in dieser schauderlichen Nacht geschlachtet zu werden? Von Feuer- und Zauberweibern! Ich hätte stärker warnen müssen. Hätte erkennen sollen, daß der windige Herr aus NebelLand alles andere verdient als Vertrauen. Jawohl, er hat uns überlistet. Betört mit dem HortGeschenk. Jetzt werden wir selber zu Opfern der ›Geriebenheit‹. Wo steckt er! Falls wir bis heute als Ritter galten und in Ansehen standen bei den Menschen am Rhein – nunmehr, auf diesem verfluchten Eiland, machen uns Frauen zunichte. Sieh Dir diese gastfreundlichen Fräulein an! sieh, was sie uns als Mahlzeit herankarren.«

»Ehe diese Hexen meinem Bruder den Kopf abschlagen«, rief Gernot, »gibt es auch mich noch. Ich jedenfalls –«

»Pah! Nicht umsonst haben sie uns Waffen und Rüstung abgelistet. Ich bin sicher, der Nibelunge steckt seit langem mit diesen hier unter einer Kappe. Grad so, wie er mit Herzog Liudger gemeinsame Sache gemacht hat. Am Ende auch mit Joringel aus Jütland. So liefert er uns nun an diese süßen Jungfräulein aus. Alles ›alte Genossen‹! O hätten wir nur unsere Rüstung!«

Dies Gemurre, diese empörten Rufe hatte nun doch die Isländerin vernommen. Sie wandte den Kopf, schaute lächelnd auf den graubärtigen Recken. »Ahi! Wenn dat so bös bedrückt die schlackrig BurChuntharHelden, dann wohlan, Frauen, schleppt Rüst und Wappen für die zittrig Herrn vom Rhein!«

Da wurde Gernot vor Freude rot – dieses Angebot ließen sie sich nicht zweimal machen, ja, man nickte, bat heftig um die Rüstungen, und die wurden nun tatsächlich herbeigebracht. Frauen trugen sie über die Treppen herab. Halfen nun gar den Wormser Recken, die Eisenpanzer wieder anzulegen. Die Isländerinnen dagegen blieben, mit Ausnahme von Brünhild, unbewaffnet.

Als er gepanzert war, raunte Gernot dem Waffenmeister zu: »Ahi! – so sag auch ich jetzt wie Herr Siegfried. Nun, Freunde, wohlan! Noch ist Gunther nicht verloren!«

Als alle Gäste fertig verschnürt, gewappnet und geschient waren, begaben sich die zwölf Kampfgehilfinnen wieder zu dem Streitwagen und machten sich daran, Brünhilds WurfStein herunterzuholen. Zunächst versuchten sie, ihn zu rollen. Fünf Frauen stiegen auf die Ladefläche, faßten an, griffen unter den Klotz und schafften es, gemeinsam den Brocken herumzuwälzen, so daß er, polternd, an den Rand des Wagens zu liegen kam. Dort warteten die sieben anderen mit einer Trage. Der Stein sollte, in einer zweiten Anstrengung, von der Wagenkante hinübergekippt werden auf diese hölzerne TrageFläche. Wieder faßten die fünf unter den Klotz, stemmten ihn abermals auf, bis er über den Rand hinüberschlug auf die bretterne Bahre – da sanken unter dem Gewicht sieben Trägerinnen in die Knie. Erst unter neuen Anfeuerungsrufen, die sich steigerten, erst unterm regelmäßigen Schlagen der ZuschauerHände und unterm Schreien ringsum, erst unter solchen gemeinsamen HochRufen aller übrigen Frauen kamen die Sieben wieder hoch. Und schleppten dann, mit schlurfenden kleinen Schrittchen, den Felsen in den Kreis, der in der hinteren Hälfte des Hofs mit Sägespänen als WurfRing vorgezeichnet war.

Brünhild stand derweil still im Hintergrund. Als die Vorbereitungen beendet waren, krempelte sie sich ihre schwarzseidenen, diese glimmenden HemdÄrmel hoch. Man erblickte liebliche, geschmeidige Arme, die das Mannsvolk an Schönes erinnern mochten, nur nicht an Kampf und Kraft und gar an FelsenGewichte. »Wir sind im LügenReich. In Lokis Land«, jammerte Hagen. »Hier gelten Kniffe und Kräfte, von denen wir so wenig Ahnung haben wie ein Gänseblümchen von Byzanz. O welch eine Geliebte hat sich unser König gewählt! Auch dieses Fräulein tobte ihre Leibeslust besser an DrachenBrut aus. Nähme sich lieber einen Thrym zum Gatten, auf Hammershus – diese hier? die ist ein SatansWeib! Lilith!«

Hagen stockte. Er konnte nicht weiterreden, denn nun sah er, wie Brünhild mit ihren schlanken Armen den gewaltigen Schild vom Wagen hob. Dieses riesige Rad maß in seiner Mitte, dort wo der eiserne Buckel sich wölbte, wohl drei Spannen, das war eher ein Mühlrad als ein Schild.

Alle Berichterstatter sind hier ratlos. Sie schildern übereinstimmend das Unmaß der Gewichte und Geräte. Die grünen und blauen Flammen müssen von den Mauern herab Vorgänge beschienen haben, die wir mit unseren heutigen Begriffen nicht fassen können, die aber schon damals die Gäste aus Burgund, aus dem römisch aufgeklärten Süden, nur noch mit Spuk oder Hölle in Verbindung bringen konnten.

So übereinstimmend die Größe der Gewichte und Aufgaben beschrieben wird, so einig sind sich die Erzähler auch darin, daß Brünhild von Gestalt schön war. Nein, die Schreiber machen es sich nicht einfach, indem sie diese Frau als plumpe Riesin und Gewaltweib darstellen, über die etwa zu lachen wäre, nein, die erlesensten Attribute sind ihnen gerade gut genug, wenn es ihnen darum geht, ihre Schönheit zu schildern.

Diese Brünhild also trug den mühlradschweren Schild, als wäre das ihre alltägliche Übung. Mit der freien Hand erfaßte sie die Lanze und rief über den Platz. Es wurde still. Man hörte, wie sie sagte, Gunther möge sich in den Kreis am anderen Ende des Hofs begeben. Die erste Prüfung, das GerWerfen, werde nun beginnen.

»Weh über Herrn Kilian«, murmelte Hagen. »weh über den gälischen Musikanten, der unserem König solche Weiber, solche Wünsche eingezupft hat! – von solch ›tüchtigen Königinnen‹ – weh! – Ringwolf hatte recht – wenn wir je davonkommen, ich selber werde den Sänger pfählen. Und Kriemhild mit Chlodwig vermählen!«

Gunther ging derweil hinüber, in den Kreis unter der LichtMauer. Spürte wieder in seinen Armen, von hinten her, die kräftige Unterstützung. Und hörte gleichzeitig diese leise, diese vergnügte

Stimme. »Laß alles meine Sorge sein.« Und fühlte, wie der Arm, mit dem er seinen Schild hielt, besonders hart gepackt wurde. »Paß auf! Sieh sie Dir an! das Mondmädchen, die FeuerHexe – nun schmeißt sie!«

Der GerMann solle sich bereit halten, hörten sie die Stimme von der anderen Hofseite. Er solle den Schild heben, ihren Stoß auffangen. Die wunderbare Frau, am anderen Ende des Platzes, hatte ihren Schild niedergelegt. Nun holte sie tatsächlich aus, die Lanze zu schleudern. Mit wenigen raschen Sprüngen setzte sie nach vorn, zog den Ger blitzschnell über ihre Schulter und warf ihn – quer über den seltsam erleuchteten Hof – stieß ihn mit Wucht. Und hatte genau auf den Schild gezielt, den Gunther dem Geschoß entgegenzuhalten schien. In Wahrheit, er spürte es, hielt seinen Arm und den Schild ein anderer. Und das war wohl auch besser so, denn als die schwere Lanze auftraf, da sprühten vom stählernen SchutzEisen Feuerfunken. Die sprangen nach allen Seiten in den Hof, so daß es aussah, diesen Aufprall könne kein Gunther überstehen – erst recht, da man sah, daß die Lanzenspitze die Eisenplatte glatt durchbohrt hatte und bis auf Gunthers Harnisch vorstieß – der König strauchelte zwar – aber zum Erstaunen aller hielt er stand. Er und die Kraft, die ihm beistand. Stärke von des Arminius Stamm, von Irmins Ulme, von Sigurd.

Die harte Kante des Schildes war Gunther gegen die Zähne geschlagen, Blut lief ihm aus dem Mund. Aber er blieb stehen. Bleich und mit breiten, ungelenken Beinen stand er, der GerMann. Und schien sich, nachdem er sich an die Lippen gefaßt und das Blut gewischt hatte, allmählich wieder zu fassen. Schien schon jetzt so weit wieder bei Kräften zu sein, daß er sich nach der Lanze, die Brünhild so eindrucksvoll herübergeschickt hatte, bücken konnte. Die wollte er ganz offensichtlich umgehend zurücksenden. Beanspruchte keine ›Erholung‹ oder ›Urlaub‹. Ja, auf der Stelle gab Gunther die Antwort.

Wieder fühlte er Siegfrieds breite Hand, spürte sie dort, wo er, wie alle sahen, die Lanze anfaßte und hob. Die Kraft spürte er, mit der das schwere Gewicht nun nach hinten gerissen wurde. Diese Gewalt ließ ihn für einen winzigen Moment hoffen, der Barbar werde ihm nun zwar helfen, aber doch auch nicht die wunderbare Frau drüben einfach zerschmettern. Siegfried holte so weit aus, daß die Lanzenspitze bis hinter Gunthers Kopf zurückgezogen wurde, dann, urplötzlich, drang sie nach vorn – Gunther tat zwei, drei entsprechende Schritte in dieselbe Richtung, im fahlen Licht strahlten seine Bewegungen eine gewisse Leichtigkeit, ja Schönheit aus, sie wirkten jedenfalls überzeugend und hatten ihre Richtigkeit – derweil Gunther anhielt, leicht gebeugt, flog das Geschoß kraftvoll über den Hof. Segelte in den Gegenkreis hinüber und landete, gleichfalls als Volltreffer, auf Brünhilds Schild – der Ger traf so gewaltig ihren mühlsteinschweren Schutz, daß gegen diesen Aufschlag die wundersamen Kräfte denn doch nicht ganz ausreichten. Diesen brachialen Schuß und Stoß überstand sie nicht, der riß sie um, warf die Schöne ohne Umstände und Höflichkeit hart auf das Pflaster.

Wie schnell – als ob sie bei einer Schande oder Unart erwischt worden sei – sprang da die junge Frau wieder auf! Dazu rief die Zauberhafte laut: »Wohlgetan, Chunthar! Ihr könnt mehr, als ich glaubte – des Stoßes habt Dank!«

Von nun an mochte sie des Glaubens sein, hier werbe vielleicht doch einer um sie, der über ritterliche, ja, der über ungewöhnliche Kräfte verfügte. Mit dem sie, wenn sie sich ihm verbinde, keine Schmach erfahre.

Da dieser Eindruck aber mit einigen Beobachtungen in der lichten Halle, bei den ersten Begrüßungen, nicht übereinstimmen wollte, fühlte auch sie von nun an, im ersten Keim, jenen schwarzsauren Zweifel. Vorerst stieg der nur als der reine Zorn auf, als die gerechte Wut. In diesem Wutgefühl packte sie mit beiden schlanken Armen jenen ungefügen Stein, umschlang ihn, wuchtete ihn hoch, daß er im ersten Schwung bis zu ihren Oberschenkeln kam, im zweiten Schub hob sie ihn bis an ihren Leib, beim dritten Schwung stemmte sie ihn bis hinauf auf ihre Schulter, stützte den Brocken dort mit beiden Händen, hob und senkte die Schulter einigemale wie abwägend, bewegte den Klumpen dann leicht vor und zurück und stieß ihn endlich aus einer der Vorwärtsbewegungen heraus weit von sich, über den Wurfkreis hinaus, gut zwölf Klafter tief in den Hof, so daß vom Aufprall des Felsens die Pflastersteine Funken sprühten und einige barsten.

Dann trat sie zurück, immer noch zornbebend. Ging weiter nach hinten, bis an die Mauer, nahm Anlauf und sprang, ebenfalls aus dem Wurfkreis heraus. Sprang ab und flog in schönem Schwung. Kam im Sprung noch weiter, als sie den Stein gestoßen hatte, ja, sie überbot den Wurf mit dem Flug ihres eigenen schönen Körpers.

Danach trat sie zur Seite. Gab den Kreis frei für den Bewerber aus Burgund. Da war aus den Reihen der Zuschauer beifälliges, ja bewunderndes Geraune zu hören.

Doch nun schritt, abermals nicht ohne Keckheit, der Burgunder-König neben den Felsbrocken. Auch er, soviel sah jeder, war nicht allzu kräftig, jedenfalls nicht breit von Figur, auch von ihm konnte sich ein kundiger Zuschauer kaum vorstellen, daß Gunther diesen Klotz überhaupt heben könnte. Aber zur allgemeinen Verwunderung stemmte er ihn auf. Ja, er schien den Stein vor seinem Leib sogar wie spielerisch in den Händen zu wiegen, drehte ihn auch noch solange hin und her, bis er zu meinen schien, dies sei nun die günstigste Lage. Wuchtete dann ebenfalls den Felsen bis hinauf auf seine Schulter. Und schritt damit, ohne daß man ihm die Mühe sonderlich anmerkte, in den Wurfkreis hinein. Schritt dorthin mit einer Art hüpfenden Unruhe, als könne er es gar nicht erwarten, auch diese Last, die sieben Frauen kaum schleppen konnten, möglichst weit von sich fortzuschleudern.

Im Kreis angelangt, stemmte er den Brocken, fast wie spielerisch, hoch über den Kopf hinaus – Siegfried war um etliches größer als er. Und stieß dann den Klotz wie in einer edlen Anstrengung davon. Auf eine allerdings ungeheuerliche Weise. Nämlich um die Hälfte weiter, als die Herrin von Isenstein ihn geworfen hatte. Brünhilds Einschlag war deutlich markiert, die geborstenen Steine gut sichtbar – hier war kein Irrtum möglich. Da entrang sich nicht nur Hagen und den Brüdern ein Laut des Erstaunens. Da lief ringsum ein entsetztes Ächzen, ein erschrockenes, ein wehklagendes, ungläubiges. Wer, außer Gunther, hätte auch wissen können, welche Stärke im Spiel war.

Der BurgunderKönig nahm auch diesen zweiten Sieg wie selbstverständlich. Zeigte keine Faxen, vollführte keine Lufthüpfer und Freudensprünge, sondern bewahrte auch jetzt Haltung. Trat nun gleichfalls zurück, ging bis an den hinteren Rand des Hofs, der wie von zwölf Monden beleuchtet schien. Wartete dort eine Weile, mochte sich unter der dunklen Mauer von Grund auf sammeln, um alle Kraft in einen einzigen Augenblick werfen zu können. Und tat dann mehrere recht schnelle Schritte nach vorn. Und sprang: wie ein Schwebender sprang er, ja, federleicht schnellte der König auf und davon. Und schaffte es auf diese schwebende Weise abermals. Auch Gunther kam weiter, als er zuvor den Stein geworfen hatte, flog um Etliches über den Steinwurf hinaus. Und hatte damit auch diese Probe doppelt gewonnen.

Das war der Sieg. Gunthers Ende war abgewendet.

Ein Schrei war da zu hören. Wiederum ein FrauenSchreien.

Das drang wohl ebenso tief aus Bitterkeit wie aus Zorn. Die

eisländischen Frauen eilten dorthin, wo eben noch Brünhild gestanden hatte. Die Freundinnen umringten die Stelle, bildeten einen dichten Kreis. Auf den finsteren Mauern rings leuchteten die Steinlichter oder Mondfeuer schwächer.

Dann wurde Brünhild sichtbar, stand wieder aufrecht da, zeigte sich frei in der Menge ihrer Freundinnen. Die öffneten ihr eine Gasse – bleich trat ihre Herrin heraus und sprach, gut vernehmbar, mit offenbar sicherer Stimme:

»Hört all her. Das Kämpfen ist getan. Ihr Fraun, liebe Fründinnen: Wir alle haben nun einen Herrn – wir sind nun einem wahrhaft großen Künnek in Dienst. Wir alle sind von nun an Gunthar von Burgund – untertan. Neigt Euch vor seinen Kräften!« Da war Bewegung unter allen, die das hörten. Bei den einen, bei der Mehrheit der Frauen, ging die Erschütterung nach innen, war lesbar in dünnen Lippen. Schimmerte in Tränen. Bei den anderen, bei der kleinen Zahl der Männer, sprang die Bewegung nach außen: die Gäste aus Worms warfen wie im Jubel die Arme hoch, schleuderten ihre Waffen fort, erklärten das Mißtrauen für vergangen, die Feindschaft für verflogen, öffneten ihre Eisenpanzer. Und sahen mit Freuden, wie die Burgherrin, nachdem sie das Wort ›untertan‹ gesprochen hatte, zu Gunther hinüberschritt und vor ihrem König auf die Knie sank.

Während so die edle Frau alle Ergebenheit erwies und auch ihre Gefährtinnen dem Herrn aus dem fernen Lande mit Kniefall huldigten, hörte dieser Herr dicht neben seinem Ohr noch einmal die vertraute Stimme. Die erklärte ihm: »So, nur so. Nur unter Tarn-Kapp ist Sieg. Solang NidGirs SchadAlben herrschen.«

Gunther nickte ein wenig. Und da er unterdessen nicht aufgehört hatte, denen, die ihm huldigten, sein Lächeln zu zeigen, meinten sie, sein Nicken gelte ihnen.

Als danach, die ganze Nacht über, oben in der Halle gefeiert wurde, rund um die BärenSpeise, da erschien schließlich auch der Nieder-Länder wieder in dem gleißenden Saal, kam mit seinen Schiffsleuten hinauf und schaute sich im hellen Geviert um. Aus der Fröhlichkeit hier, sagte er, am guten Bratenduft und den gefüllten Bechern schließe er, daß die Prüfung für alle Beteiligten günstig gelaufen sei – und ließ sich von Giselher berichten. Lächelte und nickte.

Auf Gernots Fragen wußte er gleich zu antworten, ja, das Schiff sei wiederhergestellt, am Bug eine neue Kupferplatte eingezogen, das Vorderholz ersetzt, das neue fest verbolzt und verschraubt, auch das Ruder habe am Gelenk ein frisches Leder, das alte sei unterm Orkan und vom Salzwasser eingerissen – doch, er lächelte und nickte: ihr Schiff sei seetüchtig, sei auch bereit, noch einmal so viele Fahrgäste als zuvor mitzunehmen, weitere zwölf Menschen – oder ob die Frauen im eigenen Schiff führen?

Da wurde nun viel erzählt, quer über die Tafel hin- und hergefragt, gescherzt, es wurde gegessen, getrunken, nicht nur vom EisbärenFleisch, auch vom Aal, vom Wal, vom Lachs wie vom Hai.

Die isländische Königin trug nun die Kette um den Hals. Gunthers Wunde am Mund war mit Salben bestrichen worden, sie schmerzte ihn nicht mehr; dennoch, beim fröhlichen Gerede war er kaum dabei, immer wieder gratulierte, ja feierte man den König, beglückwünschte ihn und »die Herrin« – da hatten beide zu lächeln, zu nicken.

Mochte sein, daß Brünhild und Gunther nur deswegen blaß wirkten, weil über ihnen dieses Felsenlicht schien, von dem nicht auszumachen war, ob es seine Kraft aus ›Glutklumpen‹ hatte, aus Alberichs BergSteinen, oder ob seine Helligkeit mit dem zusammenhing, was sie bei der Ankunft erschreckt, was sie über Island als Himmelsfeuer begrüßt hatte, als es noch die Gäste vom Rhein waren, die auf den Knien lagen, an Bord des eisigen Schiffes.

Und Brünhilds Blässe? Sie wird beobachtet haben, wie groß der Abstand war, den der Nibelunge von König Gunther wahrte. Wie er dem König die Nachricht, ihr Schiff sei wieder reisefertig, nur indirekt überbrachte, Gernot ließ er das weitersagen. Auch sein Glückwunsch blieb knapp. Der König, so sagte ihn Gernot weiter, möge daran, daß der Schiffsmeister während des Turniers den Schaden in Ordnung gebracht, ermessen, wie groß sein Vertrauen in Gunthers Sieg gewesen.

Der NiederLänder, so wird berichtet, wußte sich alsbald gut abzulenken, man sah ihn mit Helinga. Die hatte freilich auch auf Isenstein, wie schon im AsnithiWald, nur Stacheln für ihn, kratzige Fragen. Baldinai dagegen, die Nymphe, verhielt sich sanfter – ja, sie werde mitreisen nach Worms, sei überaus begierig zu erfahren, wie das weitergehe, im Reich der kraftvollen Herren.

Sich in einen wie den SieglindSohn hineinzuversetzen, scheint kaum möglich. Gunther, der Schwache, der Zweifler, der RomKopf – auch Giselher, auch Hagen, solche sind uns wohl näher. Auch die Frauen. Aber der Nibelunge?

Wir kennen den Mann aus Xanten durch seine Taten. Kennen wenige Äußerungen, seinen Witz – aber wie seine Träume waren, seine Pläne, Ziele?

Immerhin gibt es Dokumente, vor allem über seine Herkunft. Und gewiß ist, der Falke kostete aus, genoß Flug und Spiel. Hatte Kraft aus Welten, die verschollen scheinen. Lust, LebensKräfte. Verfügte über Gewalt aus Zeiten, zu deren Müttern auch diese Geschichte nur SuchSchritte tun kann. Auch diese.

Bisweilen erscheint dieser ›Siegfried‹ wie einer, der sich Auftrag um Auftrag auflädt, Arbeit um Arbeit. Nicht etwa aus Unterwürfigkeit, nicht aus DienstEifer, sondern eher umgekehrt, wie aus Dollerei. Aus Lust am Können. Am Wissen.

Wobei sein entscheidender Soll- oder Dollpunkt wohl das war, was ihm seine externsteinische Mutter erzählt und gezeigt hatte. Offenbar aus alter StammesKunde, aus Irmins oder Sigurds Wissen hatte sie ihm mitgeteilt, von wo aus das Lebendige benagt würde. Wo in allem der Wurm stecke. Der wahre ›SchadAlb‹.

Kann sein, aus dieser Richtung war er unterwegs. Freilich nur einundzwanzig Jahre lang. Unterwegs vom WanderKönig zu einem neuen Arminius? zu einem RheinRom?

Solche Vorstellungen, vermute ich, sind selber schon römisch. Übertragen unser Denken, das christlich missionierende, auf eine Welt, in der imperiale Haltung nicht entwickelt war, das Herren-Denken.

Wer von Siegfried erzählt, ist der unterwegs zu einer GegenWelt? zu einer aus LeuteWitz und SternenKraft? ebenso diutisk, also deutsch, nämlich leutselig plebejisch, ebenso irdisch wie unfaßbar? Aus unserer entgötterten Welt zurück zu den Tiefen von Ginnungagap?

Es scheint, als hätten die wenigen Momente, die vom Xantener zu rekonstruieren sind, schon auch etwas wie eine Entwicklung gezeigt. Seine Taten, am Anfang Totschläge, versuchten es mehr und mehr mit der List. Sein Weg ging wohl vom Vater zur Mutter. Von dem, der ihm die Eisenstange mitgegeben hatte, zu derjenigen, die ihm die SchellenMitra und die Geschichten mitgab – die von Yggdrasil, von NidGir und von den Nornen, von denen mit dem dreifachen RomSpruch.

Doch dieser Weg wurde abgebrochen. Vom römisch geschulten Hagen, von unserem ersten Politiker. Wie denn die imperialen, die missionierenden, die romchristlichen Reichs-Ideen, wann immer diutiske Stämme sie praktizierten – ob Franken, Borussen oder andere – selten Glück brachten, in der Regel Katastrophen.

Mitten im TafelLärm hörte Gunther neben sich eine Frage. »Warum siehst Du so bleich?« Fast erschrocken wandte er sich zu der Nachbarin, wußte ein wenig zu lächeln. Und bekam zu hören: »Freust Dich des Siegs nit?«

»Aber ja doch – bemerkst Du nicht, wie gern ich jedem Glückwunsch danke? Nur bin ich so erschöpft, wie das nach solcher Reise, nach so ungewöhnlicher Anstrengung wohl erlaubt ist. Aber ich bin nicht unfroh, Herrin, im Gegenteil – voll süßester Erwartung.«

»Der Antwort habt Dank. Doch dring ich nit durch – durch Euer lieb Lächeln. Durch Euer große Kraft. Mir scheint, das ist was anderes. Ein Rätsel ist das.«

Er sah die dunklen Augen der Frau, sah sie auf sich gerichtet. Glaubte das Licht aus den WaldSteinen glimmen zu sehen. Jedenfalls erschien ihm dieser forschende Blick zwar dunkel, aber zugleich überhell, wie Diamantenblitz. Er nahm Atemluft, preßte sie wieder aus und sagte: »Wenn Ihr meint, mein Lächeln sei Euch ein Rätsel, so muß ich bekennen, daß mir auf Island weit mehr, ja fast alles rätselhaft geblieben ist. Schon auf dem Weg hierher war Wunderbares genug. Und heute, als ich Euch werfen sah und stoßen und springen, verstand ich nichts. Euer schlanker zarter Leib, woher hat er so ungeheure Kräfte.«

Die Augen waren noch immer auf ihn gerichtet. Blieben es auch, als aus ihrem lieblichen Mund zu hören war, er komme ihr so vor wie jener Fischer, den sie gebeten hätten, kleine Fische zu fangen. Für die Küche von Isenstein Fische, die kleiner sein sollten als eine Handlänge. Immer wieder sei dieser Herr Fischer vom Meer zurückgekehrt und habe solche Fische nicht gebracht, ja, der habe schließlich behauptet, so kleine Fische gebe es nicht im Meer. Im Ozean lebten nur Haie, Wale, Delphine, Seeschlangen und noch größere Tiere. Diesen Narren hätten sie immer wieder zurückgeschickt. Mond für Mond habe der Mann wieder hinausmüssen auf die See – und stets habe sein Fang Fische heimgebracht, die in der Tat größer waren als eine Handlänge, und jedesmal habe der sich bestätigt gefühlt in seiner Ansicht, das Meer berge nur große Fische. »Kluger Herr vom Rheine – Ihr wißt, was des Tölpels Narrheit war – sein Netz war die Ursache. Mich dünkt, wenn ein Purchund-Herr dies Land betrachtet, so hat er – for unskült! – so habt auch Ihr in Euerm edel Kopf das falsche Netz. Das löst Euch die Rätsel!«

Da hatte der Herr Gunther zu denken. Und schien blasser als zuvor. Ratloser jedenfalls. So erschöpft schien er, daß Hagen sich besorgt erkundigte. Als dann die Königin Anweisungen gab für die Nacht und drüben bei ihren Frauen stand, fragte Hagen seinen Herrn, was ihn bedrücke.

»Er ist mir unheimlich.«

Nur sein Waffenmeister bekam diese Antwort mit; der und Giselher. Als das heraus war, beugte Hagen sich vor und flüsterte: »Was –« fragte er, »– was – ist Dir unheimlich? – der Sieg?«

Gunther sah sich um, wartete einen Augenblick, dann gab er zurück: »Unser AlberichArbeiter. Der –«

Mehr sagte er nicht. Nicht nur, weil nun die Isländerin wieder neben ihm Platz nahm. Auch später, wenn Zeit gewesen wäre für genauere Auskünfte, behielt er für sich, warum ihm der Mann aus Xanten ›unheimlich‹ geworden war, ›rätselhaft‹.

Giselher hörte nur noch, wie Hagen murrte. »Ein Wühler ist er. Ein Maulwurf. Unser ›Arbeiter‹.«

Da beugte sich der Schreiber dicht zu ihm und wollte wissen, weswegen er so böse über den hilfreichen Schiffsmeister rede.

Hagen überlegte einen Augenblick. Dann sagte er, er habe immer das Schachspiel bewundert. Mehr als das Kartenspiel. Denn das Schachspiel sei römischer, erfordere Klugheit. Außerdem sei es der MordWelt ähnlicher. Auch beim Schach dürfe, wie in der Welt, jede Figur nur bestimmte Bewegungen machen. Der Turm immer geradeaus, der Läufer stets schräg übers Feld, die Springer nur übers Eck. »Mit einer Ausnahme«, fügte Hagen hinzu. »Nur eine einzige Sorte hat Hoffnung, sich zu verwandeln – das Volk, das Pack, die Bauern. Die künden das schon an, wenn sie loslegen. Da beginnen sie sehr gerne mit einem Doppelschritt. Um dann jedoch, in aller Regel, bei den winzigen Schrittchen, die ihnen ferner erlaubt sind, abgeschlachtet zu werden. Wehe jedoch, es gelingt einem von ihnen, bis an sein heimliches Ziel vorzustoßen. Dann wird er zur gefährlichsten unter allen Figuren. Dann beherrscht er mit Schrecken das blutige Schlachtfeld. Zum Glück kommt das nur alle hundert Spiele vor. Die meisten Bauern, wie gesagt, metzt man vorher ab.«

Hagen schwieg, schob sich den Bart übers Gesicht. Giselher

versuchte zu verstehen, was er meinte und wen. Schließlich sagte er: »Du vergißt den König. Auch der kann im Schach nur die kleinsten Schrittchen tun, wenn auch nach allen Seiten.«

»Aber manchmal, in der Not, dann wagt auch der König einen großen Sprung. Bis hinter seinen Turm, mit dem tauscht er die Stelle. Bringt sich in Sicherheit.«

»Was willst Du sagen«, fragte Giselher.

»Es soll sich auch unser König in Sicherheit springen. Soll schauen, wo sein Turm steht, sein wahrer.«

»Gibt es bei uns falsche?«

Hagen sah Giselher an. »Ich weiß, was Du von dem Goldfuchs aus Xanten denkst. Ich fürchte, wir haben seit einiger Zeit unter uns einen Bauern, einen Proleten, der steht kurz davor, sich in den obersten Jäger zu verwandeln.«

Sie sahen den Nibelungen hinten im Saal, bei Brünhilds Gefährtinnen. Sahen, wie er freundlich redete, brabbelte, lachte.

Als die BurgHerrin und der BurgunderKönig eine längere Weile nur noch geschwiegen hatten, sind sie mit höflichem Abschied voneinander geschieden und in entgegengesetzte Richtungen auseinandergegangen, jeweils geleitet von Frauen mit Fackeln. Spät tönten dann noch, bis tief in die Nacht hinein, Gesänge. Die dröhnten. Kollernd und hart klangen sie wie jener SiegesGesang unterm DrachenFels. Auch in dieser Nacht drangen von der Burg auf dem Isenstein diese merkwürdigen Stimmen, trieben weit übers Meer; die Burgunder, die im Saal geblieben waren, verstanden nicht, was die Frauen sangen, nur daß die Klänge ›Chunthar‹ und ›untertan‹ darin vorkamen. Doch waren sie sich bis zuletzt nicht im klaren, ob es sich da um Freudenlieder oder Trauergesänge handelte. Nach Mitternacht kamen Trommeln, Flöten und Trompeten hinzu, NiederLändisches und EisLändisches näherten sich, schlossen sich immer enger zusammen, zu Zweifel schürenden, zu felsenharten Schlägen, zu niflheimischen Tönen, von denen auch Giselher, der Schreiber und Sänger, der wie Siegfried bis in die frühe Dämmerung unter den Feiernden blieb, bis zuletzt nicht wußte, ob da Lust sang oder Wut, schwarzsaurer Zorn.

IV
Doppelhochzeit zu Worms

Die Erinnerung scheint sich in der Volkskultur bis in unsere Zeit hinein bewahrt zu haben. Vor kurzem noch gab es auf den Färöern einen Tanz, in dem von der Brynhild gesungen wurde, die auf einem öden Berge auf einem goldenen Stuhl sitzt. Die Sängerinnen pflegten einen Bannkreis zu bilden um eine junge Frau, die Brynhild darstellte – bis schließlich Sigurd auf seinem Roß Grani den Kreis der Sängerinnen durchbrach und sich mit Brynhild vereinigte.
Hans Peter Duerr, SEDNA oder die Liebe zum Leben (1984)

Bettpfosten, gefunden in Norwegen

Gott Loki

»ich hete gerne fluht«

Die füeze unt ouch die hende si im zesamne bant,
si truoc in z'einem nagele und hienc in an die want,
do er si slafes irte.

»Ich würde gerne fliehen.«

Die Füße und auch die Hände band sie ihm zusammen, so trug sie ihn zu einem Nagel und hängte ihn an die Wand, da er sie beim Schlafen störte.

Anderntags hatten die Frauen entschieden, daß sie auf einem eigenen Schiff fahren würden. Brünhild begründete es unverblümt. Sie wolle Gunther noch nicht ›freien‹. Erst in Worms, erst bei der Hochzeit.

Auf der Rückreise übers Nordmeer hatten die Burgunder das Boot der Frauen ständig in Sichtweite. Es hielt sich in ihrer Nähe, mal luvseitig, mal leeseitig. Da die See ruhig blieb, saßen die Männer häufig beisammen und redeten; immer wieder über die Nacht auf der Feuer-Insel. Fragen, wie er diesen nächtlichen WettKampf habe gewinnen können, wich Gunther aus. Hagen beteiligte sich nicht an solchen Fragen, nicht mal an solchen Gesprächen. Wenn er denn durchschaut hatte, wie hohl der Stamm des Gundomar war, wie morsch in Wahrheit und wie hilfsbedürftig, dann behielt Herr Hagen dieses Wissen für sich. Als aber die anderen Männer immer häufiger zu erkennen gaben, wie wenig sie von den Ereignissen auf dem Isenstein begreifen konnten und als Gernot beteuerte, er verstehe nicht, wie Gunther den gewaltigen Stein überhaupt habe heben können, da erzählte der König schließlich die Geschichte von dem Fischer. Und seinem unpassenden Netz.

Gernot nickte. Merkte wohl, daß hier nichts weiter zu fragen sei. Hörte aber in einer der Nächte, als er Steuerwache hielt mit Walthari, daß es Berge gebe, die zögen die Schiffe an. Und daß es andere gebe, die stießen sie fort. Auf einigen dieser Inseln seien selbst die Felsen, die in Xanten oder in Worms niemand würde schleppen können, leicht wie eine Schweinsblase.

Auch auf dem Rhein, als die Knechte zu rudern hatten, blieb das isländische Schiff dichtauf. Ohne daß man dort drüben jemanden gesehen hätte, der ruderte. »Sie haben Gespenster an Bord.« Hagen sprach es aus, sagte es aber leise, wollte Gunther solche Bemerkungen nicht hören lassen. »Sind Luftgeister dabei. Verstehn sich auf die Böen.« – Bei Deutschburg, an der Ruhrmündung, blieb das fremde Schiff eine Weile zurück. Die Frauen hatten da angelegt.

Als sie wieder unter dem dunklen LurlaiFelsen vorüberfuhren, hatte sich auch diesmal ihr Kapitän in den Schiffsbauch zurückgezogen. Und da Gunther und seine Brüder an den Steinwänden über dem Fluß auch jetzt nichts Ungewöhnliches bemerken konnten, meinte Gernot, wenn der Drachentöter auf diesem Felsen die Lurlai erkenne, dann glaube er zu verstehen, warum er, als er ihn hier zum erstenmal traf, in so gefährlicher Aufregung gewesen sei. In Worms, bei der Hochzeit, werde er von dieser ersten Begegnung mit Siegfried erzählen.

Felsen und Fluß blieben ruhig; nach zwölf Tagen glitten sie an Lorsch vorbei, den späten Nachmittag näherten sich beide Schiffe dem Kai unter der burgundischen Pfalz: das mit dem Kuhkopf im Segel wie das mit den regenbogenfarbenen FeuerSignalen. Welch ein Empfang erwartete sie – »hey!« schreiben die Verfasser der alten Lieder. Scheuten keine Tinte, das Aufgebot an Menschen und Willkommenszeichen zu schildern. Fröhlich hätten sich am Ufer zu Worms selbst die gezeigt, die weder Besitz noch Waffen hatten, deren Köpfe geschoren waren.

Nachdem Siegfried ihm versichert hatte, daß die Brautfahrt erfolgreich sein würde, hatte Herr Dankwarth alles besorgt, was zu einem solchen Empfang gehörte und zu einer Hochzeit, von der noch in Generationen erzählt werden sollte. Schwerlich konnte er ahnen, daß man es noch nach anderthalb Jahrtausenden tun würde.

Der Tag der Landung im Jahr 486 war der erste Lenztag dieses denkwürdigen Jahres, jener, an dem Tag und Nacht gleich lang sind. Mit dem Tag der Ankunft, so hatte es Dankwarth bestimmt, würde die zweifache Hochzeit beginnen, sollte sieben Tage lang gefeiert werden und am siebten Tage mit einem großen Jagen in den südlichen Wäldern abschließen. Wer unter all den Jubelnden konnte vorauswissen, was da in Wahrheit zur Strecke gebracht würde.

Von überall waren die Menschen herbeigewandert, waren nach Worms geritten und gefahren. Freie wie Leibeigene, Landleute wie Krämer, Waldköhler wie Handwerker aus Mainz und Speyer, Mönche wie Kriegsknechte, aber auch Gaukler, MärchenErzähler, Fischer und Schiffsleute, Hausierer, Kuppler, BaderKnechte, KuchenVerkäufer, ZahnReißer, LumpenSammler und KorbFlechter. Sie alle wollten ein bißchen Gewinn haben oder wenigstens mitansehen, wie die Hochzeitsleute aus den NebelLändern zurückkämen. Wie sie empfangen würden in Worms und wie dann die Waffenspiele begännen und der große Markt eröffnet würde, wollten hören, wie die neuen Glocken des Münsters läuteten und wollten mitbekommen, wie alsdann sieben Tage Gott gedient, dem Handel genutzt und ritterliche Turniere ausgetragen wurden, an den Ufern wie auf dem PfalzHof, in den Stadtgassen und auch auf dem Platz vor dem Münster. Und wie dann, wahrscheinlich gleich am ersten Tag, oben in der Königshalle das feierliche EheGelöbnis doppelt geschworen würde und von da ab die wilden Hochzeitsnächte zu feiern wären, von denen sich jeder, vor allem die Armen, eine Woche lang Mildtätigkeiten erhofften und Essen und Trinken in solcher Fülle, wie es in ihrem Leben sehr wahrscheinlich nie wieder vorkäme.

Solche Aussichten lockten Tausende in die Hauptstadt des Burgunderreiches, ja, dieses Reich schien aufgehört zu haben, ein Sorgenreich zu sein. Dankwarth hatte vorzüglich vorbereitet, hatte Hafen und Straßen und KönigsPfalz ausbessern und schmücken lassen; freilich konnte der Haus-, Hof- und Zeremonienmeister nun mit bester Währung zahlen aus dem rheinischen Hort, von dessen Reichtum im Volk wie bei den Herren üppig Gerüchte blühten.

Als das Kuh- und das Feuerschiff anlegten, versammelten sich die Mengen am Ufer, riefen, winkten, drängten sich unterm Schallen von Trommeln und Trompeten. Wer war da unter den Zuschauern und hob sich nicht auf die Zehen, um sich ja nichts entgehen zu lassen und sogleich Bescheid zu wissen über alles, was nun kommen würde. Selbst Ute hatte man hinuntergetragen an das RheinWasser, in doppelte Felle gehüllt; in den Fenstern überm Hafen war Rumolt zu sehen mit seiner Straßburger Küchenmannschaft, auf den Mauern und den Schiffen ringsum standen und riefen und winkten die Kriegsknechte, in voller Rüstung, daß es blitzte unter der Mittagssonne, dunkel und stählern die Brünnen der nibelungischen Streiter; dazwischen die helleren, nicht weniger blankgeputzten Harnische und Helme der Burgunder. Einige Edelherren freilich trugen schon die neuen Rüstungen, die schwarzen, die nach den nebelländischen Rezepten. Auch Bischof Ringwolf war zu sehen und, ganz vorn, Kriemhild mit ihren dreißig Hoffräulein, als Erste vor allen stand die UteTochter an der Mole, gleich neben ihrer Mutter, und schien vielen in der Sonne so lieblich auszusehen, als sei sie die Frühlingsgöttin. Markgraf Gere aus Speyer, jener, den der Franke Chlodwig hatte überfallen lassen und der Kriemhild, wie alle wußten, gerne selber gefreit hätte, der führte ihr Pferd am Zaum und hatte, als sie am Kai angelangt waren, der Braut des Nibelungen mit Anstand aus dem Sattel herabgeholfen.

Ja, aus Xanten, so hörte man, seien wirklich auch die Eltern des NiederLänders gekommen; da erkannte man aber vorerst nur Herzog Liudger aus dem westfälischen Sachsen, der nun Herr neuer Ländereien war in den Bannwäldern; nicht weit von ihm erblickte man die Witwe des Ortwin von Metz, den Liudgers ferne Verwandte erschlagen hatten. In der kräftigen Märzsonne sah man auch Abordnungen aus Sachsenheim hinter Pforzheim, desgleichen fielen würdevolle Gesandte auf aus den Bischofsstädten, stattliche Gestalten aus Trier, dankbar, daß die Dänen vertrieben waren, Kirchenleute auch aus Mainz, aus Köln. Doch man erkannte auch Kilian, den Herrn ›Wunnibald‹ aus der gälischen Fremde, der für diese sieben Wormser FeierTage sein Kloster im Waskenwald verlassen hatte, oh doch, er bestätigte es gern, er habe Gunthers Harfe bereits gestimmt, werde neue Lieder auftischen und frische Historien.

Vorerst war den Leuten aber nach Neuigkeiten aus Nebelland, wie es denn nun gelungen sei, die sagenhafte Braut zu freien. Unterdessen waren beide Schiffe fest vertäut, die Landungsbrücken wurden gelegt und die Heimkehrer, mit denen man schon Zurufe und Winken getauscht, konnten endlich ebenso an Land gehen wie die fremden Gäste, die unbekannten Frauen.

Gunther, kaum hatte er Mutter und Schwester umarmt, ging sogleich zum Schiff der Isländerinnen, eilte hinauf, trat oben Brünhild entgegen. In diesem Augenblick sah man sie zum erstenmal, die Gestalt aus dem fernen Land. Vor ihr also hatten so viele Ritter so hohen Respekt gehabt, ja, wie man sagen darf, einen HeidenRespekt. Nun aber ging ihr eigener König, ging Herr Gunther einfach auf diese Gestalt zu und küßte sie, noch oben auf dem Schiff tat er das, so daß alle es sahen, daß es niemandem entgehen konnte. Küßte sie auf beide Wangen. Und geleitete sie dann über den ausgelegten Steg auf den Kai hinab. Der Frau folgten zwölf Freundinnen vom Isenstein, darunter Baldinai, jedoch nicht Helinga. Die wäre die dreizehnte Fee gewesen.

Als die Isländerin und Gunther das Land betraten, sah man, wie sich drüben, vor dem ersten Schiff, Kriemhild und Siegfried umarmten, heftig taten sie das – als sie einander endlich losgelassen hatten und in der Fröhlichkeit noch ein bißchen wanken mußten, da war dann zu sehen, wie Kriemhild sich als erste zu fassen versuchte, wie sie sich umwandte und dann sicheren Schritts der Frau Brünhild entgegenging. Als die beiden ›Herrinnen‹ einander gegenüberstanden, rückte die Wormserin mit ihren weißen Händen an dem Kopfputz, den Unverheiratete tragen und wie sie, wenn sie ein wenig verlegen sind, wohl tun müssen. Aber dann breitete die UteTochter ihre Arme aus und küßte den Gast, wie es Sitte war, sehr freundlich, auf beide Wangen. Und sagte: »Frau Brünhild, Ihr sollt mir von Herzen willkommen sein. Nicht nur mir, auch meiner alten Mutter –« und führte die Fremde dorthin, wo Gundomars Witwe saß. Brünhild beugte sich zu ihr herab – die legte ihr die Hand auf das Haupt, wie sie es beim Abschied mit den Söhnen und mit Siegfried getan, und sprach dazu folgendermaßen:

Uuologa elenti!
thu bist harto filu suar
thaz sagen ih thir in alauuar
Enti do uuas der eino almahtico got
enti do ist der manno miltisto
Bittemes den gottes truht
allasamma upparlut!

Ringwolf vernahm, Zeile für Zeile, was dies bedeutete, wenn es auch in der Hof- und Christensprache nicht mehr dasselbe war:

›Fremdland!
Du bist hart, Du bist schwer.
Damit sage ich Dir die Wahrheit.
Aber auch hier lebte schon immer die eine allmächtige Gottheit.
Und es lebt hier der mildeste der Männer.
Beten wir zur Kraft der Welten
alle zusammen – und laut genug!‹

Da küßte Brünhild Ute auf den Mund, richtete sich wieder auf und schien so fröhlich, daß nun auch sie gegen Kriemhild die Arme ausbreitete – da umarmten sich die beiden Frauen lachend nochmal, diesmal enger und herzlicher. Sicherlich tat Kriemhild es auch jetzt, weil es Sitte war und sich an großen Höfen nicht anders gehörte. Doch taten es beide Frauen so anmutig, daß niemand zweifelte, so herzlich, wie das aussah, so meinten sie das auch.

Keiner erinnerte sich jedenfalls, daß je ein Ankömmling fröhlicher empfangen wurde. Kriemhild stellte den Gästen ihre weiteren Verwandten vor, ferner die Höflinge und Dienstleute, und Brünhild wies ihrerseits auf ihre Freundinnen, die hinter ihr aus dem Schiff gekommen waren und die sie ebenfalls der Freundlichkeit Kriemhilds empfahl und den wunderbaren Kräften der burgundischen Herren – so sagte sie's. Da bewegten sich Recken und Frauen abwechselnd nach vorn, näherten sich den Gästen, verbeugten sich.

Als genug Höflichkeiten getauscht waren, sprang die UteTochter ihrem Bräutigam wieder an den Hals, drückte, herzte den Heimgekehrten so heftig, daß Brünhild es mit Verwirrung betrachtete. Kriemhild bemerkte ihren Blick nicht, sondern tuschelte dem NiederLänder ins Ohr, wie unaussprechlich sie sich freue, daß er zurück sei. Er habe doch zugesichert, antwortete er, daß ihn auch der weiteste Flug und der prächtigste Fang zurückkehren ließen – wie es dem Falken gehe, den er ihr gefangen habe. – Der sei gelehrig, obwohl er kein Jungtier mehr sei, nein, er entwickele sich ungewöhnlich, habe in der dunklen Kammer Zutrauen gefaßt, allein mit ihr sei er vertraut, mache inzwischen reichste Beute.

Beide mochten sich kaum trennen, flüsterten wieder und wieder, beide küßten und umarmten sich so, daß es jene Sitten, die Ringwolf gelten ließ, zusehends gefährdete. Auch Brünhild schien das nicht länger beobachten zu wollen. Zum Glück gab nun Dankwarth Zeichen: Es wurden Trommeln geschlagen, vom Bergfried schallten Trompeten, das schmetterte über die Menge – da zog die Hof-Gesellschaft vom Hafen hinauf zur Pfalz, durchs Hoftor, durch eine breite Gasse von Zuschauern.

Das alles war allerdings ein seltener Anblick für die Leute, das war schon einmalig und denkwürdig, all diese wohlgebildeten und meist hochgewachsenen Herrschaften zu beobachten, ihre höfischen Manieren ebenso zu bewundern wie ihre kostbaren Gewänder aus Rot und Gold, darunter immer häufiger das Schwarz, das Dunkle aus der Fremde. Und wer beides zu überblicken gehabt hätte, sowohl die Höflinge wie die Zuschauer, dem wären auch hier sofort die Unterschiede aufgefallen im Wuchs, die Größe der ritterlichen Herrschaften und die Kleinheit, das oft Geduckte, ja Krumme der Menge.

Die indes staunte, hielt ehrfürchtig Abstand. Nahm wahr, wie selbst die Rösser kostbarer hergerichtet waren als sie selber je in ihrem Leben – wie prunkvoll auf dem Rücken der Tiere die kostbaren arabischen Teppiche leuchteten, ihr Rot im Mittagslicht, wie prächtig der Goldschmuck blitzte in den Geschirren, die steinbeschlagenen Sättel, die golddurchflochtenen Mähnen und Schwänze der wohlgepflegten, der gut genährten Tiere.

Als sich der Zug dem Hof näherte und durchs PfalzTor kam, da legten die jungen Kämpen auf den Stechbahnen Kraft und allen Eifer in ihre Ritte und Stöße, da wurden sie schier ungebärdig im Dreinschlagen auf den Turnierplätzen, nur um wenigstens jetzt die Aufmerksamkeit der Frauen auf sich zu lenken – nichts ersehnten sie mehr, als wenn es ihnen doch bloß in diesen Augenblicken gelänge, einen Widersacher aus dem Sattel zu heben, zu Boden zu hauen oder Schienen und Schuppenpanzer zu verbiegen – unablässig scholl von nun an, an allen Hochzeitstagen, der Lärm der Gefechte, drangen die Rufe aus den StechKreisen, das EisenKlappern, die Schreie der Kämpfer, der siegenden wie der unterliegenden, und nicht enden wollte das Lob für die Derbheit und Bissigkeit der neuen Waffen, wie sie nun nicht nur an Lippe, Ruhr, Wupper und Sieg geschmiedet wurden.

Mit dem Zug der Herrschaften drängten sich Volksleute in den Burghof, warfen Blumen, nicht aus Stroh diesmal, sondern erste FrühlingsBlüten, Anemonen, Schneeglöckchen, Schlüsselblumen, kleine wie große PrimelBlüten, vor allem die neuen Frauen ehrte man so. Von denen ließ keiner ein Auge. Nach denen reckten sich Männer aller Art, besonders die EdelHerren wollten einen genauen und nahen Blick auf die Gestalten aus dem MitternachtsMeer werfen und vor allem diejenige sehen, von der man so Erstaunliches gehört, wollte mitkriegen, ob sie tatsächlich sonderbar sei. Soviel man spähte und Blicke haschte, so unterschiedlich die Träume sind und die Urteile – da fand sich kein Mann, der nicht zugegeben hätte, daß Brünhild eine Frau sei wie alle, und das einzige, was sie auszeichne, sei ihre Schönheit. Man verfolgte nicht ohne Bewunderung den Stolz ihres Ganges, zugleich seine Leichtigkeit, auch den Ernst ihres Blicks. Die Kundigen oder solche, die sich dafür ausgaben, entdeckten keinerlei Hilfsmittel, mit denen sich schon damals zu Worms manche Hofdame schöner zu machen meinte. Einige nur, vor allem Herr Gere von Speyer und mit ihm die erlesensten Herren, die sogenannten Frauenkenner, die meinten zwar, Gunthers Eroberung im Reich der Riesen sei zwar der Mühe wert gewesen, doch wollten sie Kriemhild immer noch den Vorzug geben. Schon diesen ›Frauenkennern‹ – von denen bereits die ältesten Quellen berichten – wird entscheidend gewesen sein, was sie an wilden Sagen über die Herrin vom Isenstein vorweg gehört und was sie entsprechend das Fürchten gelehrt hatte.

Auf den Plätzen und Straßen von Worms waren Hütten und Zelte aufgestellt, Ställe und Unterkünfte, neue Herbergen hatte man eingerichtet, die alten vergrößert. Fliegende Händler schrien, boten Waren an und EssensSachen, Kuchengeruch und Brotduft und Dünste von Suppen wehten durch die Gassen, freilich auch das süßlich Stechende, was im Schlamm der auftauenden Straßen umgepflügt und eingewühlt wurde an Ausscheidungen von Mensch und Schwein, von Pferd, Rind und Hund.

Kaum hatten die Herrschaften sich diesen Dunstkreisen entzogen und den PfalzHof betreten, machten dort mit Musik und Geschrei Jongleure, Gaukler, Händler und Fakire auf sich aufmerksam, zeigten Menschen mit Bären und Krokodilen Kunststücke, riefen Wahrsager und Krämer und Handwerker, schrien durcheinander und wollten sich nicht anders überbieten als die jungen Ritter auf ihrem Gelände, da lockten die geldschneiderischen GrindSalber, priesen sich GeschwulstStecher an, sah man die Färber, die

Messerschleifer, die Schreiber, die Silberschmiede, die Wechsler, die Sattler, Töpfer, Seifensieder und PergamentVerfertiger und Zahnbrecher, die alle und die Wormser Gaffer und die kölnischen Tachendiebe und Scharlatane hatten ihren Tag, auch die Buhlerinnen und noch manche listigen Leute mehr, auch die Sänger und Kartenleger und Erzähler und *ioculatores* und andere Wagehälse, sie alle kreischten, warben einander Zuschauer und Käufer weg. Und machten erstaunliche Geschäfte – denn so viele Menschen wie an diesem Tag waren nie zuvor in Worms gewesen. Auch später kaum, höchstens wieder, darin sind sich die Schriftkundigen einig, höchstens wieder bei jenen kaiserlichen Reichstagen.

Auf dem Hochzeitsmarkt fiel auch ein junger Wechsler auf, ein neuer, einer, dem das Haar noch kurz war. Das war jener NachtReiter, der dafür, daß er die Nachricht von Siegfrieds Ankunft als erster und einziger ins Ziel gebracht hatte, mit dem Pokal belohnt worden war. Von dem Erlös hatte er sich freigekauft und vom Rest gehörig viele Münzen erworben, die hatte er nun hier, in der Ecke des PfalzHofs, auf einem Scheunentor ausgebreitet, wo sie in der Sonne leuchteten. Auf einigen waren die Köpfe von römischen Kaisern eingeprägt. Auch von Kaisern aus OstRom sah man Gesichter und von PapstKöpfen. Das waren schöne Stücke, die glänzten, die schimmerten, die waren aus Kupfer, aus Elfenbein, aus Silber. Auch dieser neue Freie, der machte guten Handel. Seinen ersten.

Oben in der Pfalz haben Kammerherren, Pagen und Fräulein den Gästen ihre Schlafstellen und Kammern zugewiesen, da schallten Fiedeln und Trompeten, da wuselte, trabte und lavierte plötzlich Leben durch die kühlen Gänge, war eine Gackerei und ein Brabbeln, wie die NiederLändischen es nannten, ein Besuchen und Gelächter und Quietschen und kam auch der neue Abort gleich zu Ehren, der, wie beteuert wurde, nach byzantinischem Muster gebaut war und allen Unrat sogleich in besonderen Kanälen fortschwemmte, in den Rhein.

Schon trafen, als die Signale riefen, die Vornehmen wieder zusammen, kamen in die große Halle, deren Farben erneuert waren, das Gold der Decke glänzte noch tiefer ins Unendliche als zuvor, das Rot der Wände, der Säulen und Vorhänge leuchtete ochsenblutfrisch, das Kaminfeuer lohte, die Tafeln waren aufs Prächtigste gerichtet, noch rückte man die Sessel, Burgunder wie Nibelungen wie die Isländerinnen betraten die Halle, bekamen ihre Sitze – dann erschienen, fast als Letzte näherten sie sich, die RanTochter und der König.

Beide schmückte nun eine Krone. In der Tat, nun sollte die aus Island, nun sollte die Fremde burgundische Königin sein. Auch jetzt trug sie eines ihrer diamantschimmernden Kleider. Und über den Hüften wieder, dreifach geschlungen, den Gürtel, in dessen Leder Kuhzeichen und Feuerköpfe zu erkennen waren. In seiner vorderen Mitte aber jener schwere Mondstein, der leuchtete in milchiger Trübe, doch glänzten darin auch Regenbogenfarben.

Als das Paar sich an das obere Ende der Tafel gesetzt hatte, erhoben sich alle anderen und sahen und hörten, wie der Bischof hinter die Verlobten trat, ihnen die Hände auflegte und sie zusammensprach, ›im Namen Christi‹. Auch er verwendete das Wort, das auf Isenstein gefallen war, nannte Brünhild zwar ›Herrin‹, aber ›Gunthers Untertan‹.

Erst danach nahmen auch die anderen Platz. Am großen Tisch die Vornehmsten, die Fürsten und Verwandten, unter ihnen das weißhaarige Paar aus dem NiederLand, an den übrigen Tafeln die oberen DienstHerren und Brünhilds zwölf Begleiterinnen. Dankwarth hatte Kriemhilds Sitte beachtet, wonach an der HerrenTafel auch die Frauen Sitz hatten. Für sie und für Siegfried war, dem Königspaar gegenüber, die andere Schmalseite freigehalten.

Nun fehlten nur die beiden noch, schon kreisten dazu Anmerkungen, die Ringwolf nicht billigen mochte. Zum Glück gab Dankwarth wieder eines seiner Zeichen, diesmal das Signal, aufzutragen. Da brachten die Diener Wasserschalen herbei, ja, in Becken aus rotem Gold wurde jedem Gast, zunächst freilich denen an der großen Tafel, gewärmtes Wasser gereicht, dazu Tücher aus Friesland, mit denen man sich reinigen und erfrischen konnte.

Während mit Lob über das rote Gold aus der Stadt am Bosporus nicht gespart wurde, erschienen nun, gefolgt von Kriemhilds ›Jungfräulein‹, wie der Bischof sie nannte, erschienen nun die anderen Brautleute. Mit »Ahi!« fiel der Xantener seinen Eltern um den Hals, »hack, ruck ond DraakeSchluck!«

Während die anderen lachten, betrachteten Ringwolf und Hagen ihn unbewegt, den ›frechen kindischen‹, den Bockbeinigen, den ›Kraftklotz‹. Nun hatte der geschafft, was er wollte, nun würde der Kriemhilds Gemahl. Vom ›Emporkömmling‹ redete zwar keiner, aber man dachte sowas, wenn man nur wieder sah, wie dieser keltischbarbarische Riese sich bewegte. Nicht nur Hagen dachte so, insgeheim; der hätte es noch jetzt vorgezogen, wenn Kriemhild nicht diesen WildEber, sondern, wenn schon einen Heiden, dann den nähme, der gleichfalls um die burgundische Prinzessin geworben hatte, den Merowinger, den Chlodwig.

Statt endlich, da sie sowieso zu spät kamen, Platz zu nehmen, ging der Nifelheimische zum anderen Ende der großen Tafel, trat zum König und erinnerte ihn mit gut vernehmbarer Fröhlichkeit, von der ihn auch das ernste Gesicht der Isländerin nicht abbringen konnte, erinnerte ihn an das, was ihm für seine SchippmannsDienste vor der Fahrt zum Isenstein versprochen worden sei.

»Du brauchst mich nicht zu mahnen, Freund. Noch eh wir hier den ersten Bissen essen, wird das entgolten.« Mit dem König erhoben sich abermals alle von den Plätzen – als aber der Bischof nun auch hinter das andere Paar trat, rief der NiederLänder: »Yerra, laß Deine RaubKralln von unsere Köpp!«, stand auf, nahm Kriemhild bei der Hand, ging mit ihr in die Hallenmitte und sah von dort den König herausfordernd an. Der zögerte nur kurz, nickte dann und stellte die Frage, ob sie, Kriemhild, diesen wackeren und verdienstvollen BundesGenossen, Sohn des Siegmunt und der Sieglind von Xanten, zum Manne nehmen wolle.

Vor der feierlichen Frage senkte Kriemhild nur kurz den Blick, lachte, sah auf ihren Bruder und sagte: »Ich meinte, das hätte jeder gemerkt, daß ich den will. Aber da es vor Herrn Ringwolfs RomRecht wohl anders nicht gilt, so antworte ich: Ja! Ich habe nie einen anderen gewünscht.«

»Und Du, Siegfried von Xanten, willst Du diese Tochter des Gundomaris und der Ute zu Worms –«

»Pottvirdammik jau!«

»Da beide sich laut zueinander bekannt haben, vor diesem Hof, vor allen seinen Herren und allen seinen Gästen, so bestätige ich, König in Burgund, daß Ihr nunmehr Mann und Frau seid, schon jetzt, noch ohne den Segen des Bischofs.«

Da umarmten sich beide so wie sie schon oft getan hatten in der kurzen Zeit, seit die Schiffe angelegt, liebkosten sich und ließen sich gratulieren und Glück wünschen.

Endlich setzten sich alle wieder, wurde das Mahl aufgetragen. Scharen von Kahlgeschorenen schleppten Platten und Schüsseln, da fehlte es bald nirgends an Speisen, an Gebratenem nicht und an Gekochtem, an Gebackenem nicht und an Gedünstetem. An Getränken wurde vom Besten gezapft, vom roten GoldKüstenwein, und da gab es bei einigen der Heimgekehrten fürwahr Augenblicke, in denen sie nicht mehr klar wußten, auf was sie sich in der Fremde mehr gefreut hatten: auf Rumolts Soßen, auf dieses gewürzte, krosse, sanft zu schneidende Fleisch, auf die Backwaren oder auf den Roten, der nicht durchgeschüttelt war von den wilden Armen Rans.

Zwischen den Bissen wurde nun berichtet. Da ließ man sich vom Sturm erzählen und von der LichtMauer, vom Leben auf Isenstein, aber auch von der dreimaligen Prüfung, die der König bestanden, mit wunderbarer Kraft. Niemand bezweifelte das. Der König hatte auf Isenstein gesiegt. Das lief hin und her und wurde ergänzt, mußte verbessert werden in Einzelheiten, da war das Essen selber noch viel zu wichtig und zu gut, als daß einer bereit gewesen wäre, in einem einzigen großen Bogen alles im Zusammenhang darzustellen. Doch mochte die Straßburger Küche noch so munden, die anderen plagte die Neugier und so holten sich die Daheimgebliebenen nach und nach das Wichtigste aus denen heraus, die nun schlürften, kauten und stopften.

Derweil war Gunther aufgefallen, daß Brünhild nicht ebenfalls in die Hallenmitte gegangen war, um Kriemhild und Siegfried zu beglückwünschen. Drum kaute er nicht so sehr an Wildbret und Fasanenbrust, gespickt mit Mandeln und Nüssen, als vielmehr daran, wie er seiner Gemahlin eine geschickte Frage stellen könnte, eine Frage, die ihm ihr Verhalten erklären würde, ohne daß es zu einer Mißstimmung käme. Immer wieder widmete er sich lieber den Brüstchen, dann der Wachtelkeule. Als er schließlich bemerken mußte, wie die Königin sich zwar auf ihre Goldplatte hatte auftun lassen, aber keine Speise angerührt und nur getrunken hatte, schaute er nun doch zur Seite. Und sah, daß ihre Augen feucht waren.

Sie sprach nicht, schluchzte nicht. Schien aber betrübt und aß weiterhin nichts. Blickte nur vor sich hin, mit spürbarem Kummer. Wohin ging dieser Blick. Kein Zweifel, sie schaute über die lange Tafel. Auf das Paar am anderen Ende.

An diesem ersten der sieben Hochzeitstage saß neben Siegfried der alte Herr Siegmunt von Xanten, der sich gegen seinen weit beschreiten Sohn schon bald die folgende Frage nicht verkneifen konnte: »Lieb Sohn, hat man mik recht gisagt oddar ist dat bloß Gerücht.«

»Je, von wat snacks Do.«

»Et heißt, min Jong, Do hätts Din Schätz vum LindwurmFels allsamt virschenkt?« Herr Siegmunt beugte sich vor, aus kauendem

Mund drang's leise zum Sohn: »An all diet trüb EdelPack hie? die Mickarpött?«

»Rattaplui, dat Mär is kein Girücht.«

»Wat hess virlangt – daför?«

»O Vattar, lot dat snackn sin, sonz hefft wi zwei use oll Schimpf.«

»Glück op«, murmelte der Alte.

Der Sohn wollte trinken, setzte aber den Becher wieder ab, da seine hochgemute Stimmung ihn glauben ließ, er könne diesmal den Vater überzeugen: »Glück op? Hier in Burgund ist Gold das Höchste – die WurmsLüt wie die in Trier, die träumen von Byzanz – min Glück, Vattar, dat sitzt hier, neben mik!«

»Yerra, ein kostbar Wib.«

Am anderen Ende der Tafel nahm der König sich endlich ein Herz und fragte: »Was ist das, was Eure Augen trüb erscheinen läßt. Ich dachte, Ihr könntet, nein, Ihr solltet Euch freuen – Euch ist all dies nun untertan. Euch so wie mir. Mein Land, die Burgen, die Städte, die Klöster, die Fürsten. Und viele wackeren Leute.«

Da stand die Königin plötzlich auf, schob ihren Stuhl zurück. Entfernte sich stumm. Murmelte noch, es sei ihr nicht wohl; doch dieses Stuhlrücken hatte scharrenden Ton gemacht, einen schrecklichen, auf den gleich alle ringsum achteten, so daß keinem entging, wie Brünhild sich entfernte. Daß Gunther ihr folgte.

Im Gang zu ihrem Gemach, hinter einer Ecke fand er sie, schluchzend. Als er sich zu ihr beugen wollte, machte sie, eher sanft, eine Armbewegung, mit der sie ihn auf Abstand halten wollte – doch er strauchelte. Von ihrem Arm.

Erschrocken sahen sie sich an.

Er wischte sich dort, wo er die Wand hatte berühren müssen, um nicht zu fallen, Staub vom Ärmel. Scharrte mit einem Schuh über den Boden, als stehe dort ein Stein zu hoch. Als rage da einer über den anderen hinaus und der habe ihn stolpern lassen.

Wollte dann den Arm über ihre Schulter legen. Da eilte sie weiter. Verschwand im Gemach, das ihr als eheliche Kammer gezeigt worden war. Der König trat ebenfalls ein. Fand sie, wie sie in einem Stuhl saß, ihr Gesicht verbarg.

Suchte passende Fragen. Fand die Worte nicht, die genügend harmlos geblieben wären. Hörte durch die Fensterhöhlen das Markttreiben, den Turnierlärm. »Warum mußt Du weinen. An diesem Tag!«

Allzu lang kam keine Antwort. Schließlich nahm sie die Hände von den Augen. Trocknete sie mit dem Tuch, das ihr der Mann reichte. Sah ihn dann an. Diese Augen ertrug er kaum. Er wendete sich fort, wollte die Krone, die er noch immer trug, vom Kopf heben. Setzte sie aber wieder zurück.

Da sagte sie: »Um Deine Schwester ist es mir leid. Ich kann das nicht ansehen. Wie Deine liebe Kriemhild, so edel, so schön, wie sie nun bei Deinem Dienstmann sitzt. Dein Knecht ist Kriemhilds Mann! Ein Unfreier, Dein Schippsmeister! Wie kannst Du sie so in Schande schlagen.«

Er ging im Raum auf und ab, nickte. »Irgendwann einmal kommt wohl die Zeit. Da werde ich Dir das alles genau erklären. Warum ich diesem Herrn aus Xanten meine Schwester gegeben habe. Vorerst sollten die nur fröhlich miteinander sein. Du siehst doch wohl, daß sie miteinander glücklich sind. Und in bestem Ansehen.«

»Auf Deine Mitteilungen bin ich begierig.« Sie schien nicht mehr zu weinen. Schaute ihn nur an. Wieder aus so genauen Augen, daß er stehen bleiben, zum Fenster blicken mußte. Da sagte sie, lange hätte sie mit ihren Frauen nachzudenken gehabt, auf der Reise hierher; und sie wüßten noch immer nicht recht, wie sie darauf kämen – aber sie vermuteten, daß beim Wettspiel auf Isenstein nicht alles mit lauteren Dingen zugegangen sei. Nicht nur Gunthers Sieg in der dreifachen Probe sei ihnen nicht geheuer. »Auch anderes. Schon vorher. Deinen Bericht, Du habest die SternenLohe zum Erliegen gebracht, den mochten wir nie glauben. Den Schweiß auf Deiner Stirn, den habe ich wohl bemerkt. Und mit meinen Freundinnen viel darüber zu grübeln gehabt. Auch die haben geargwöhnt, daß jene Hitze im Panzer nicht Spannung war, nicht Kraft. Sondern Angst. SchwitzHitz.«

Er hielt weder Rede noch Blick aus. Tat, als interessiere ihn das Hauen und Stechen draußen im Hof. Brünhild setzte die Worte sehr langsam. Als spreche sie mit sich selber, als stelle sie noch einmal all die Fragen, die sie auf der Reise bewegt haben mußten. Als er schon hoffte, nun sei das Maß ihrer Zweifel wohl geleert, da sprach sie noch einmal in das Dämmerlicht hinein. Nein, hörte er in der Kammer, nicht nur die Schweißperlen auf seiner blassen Stirn hätten ihnen zu denken gegeben. Auch, von Anfang an, daß sie an seiner Brünne nicht hätten fühlen können, ob sie durchströmt war von FeuerKraft. Sie wüßten nur zu gut, wie sie sich anfühlten, die nächtlichen SonnenStürme.

Wieder machte sie eine lange Pause. Dann fügte sie schließlich hinzu, es könne ja sein, daß auch in ihrem Kopf das Netz nicht eng genug geknüpft sei, um alle Aale und Schlangen einzufangen, die am Rhein lebten, im RomLand.

Sie stand auf. »Wenn ich nur könnte, wie ich wollte –« so hörte er sie sprechen und sah lieber hinaus – »– ich würde fliehen. Schon jetzt. Zu eng ist mir dies Wurms. Ja, Herr Chunthar, ich hätte gerne Flucht. Musha! hier ist kein Atem! keine Luft – aber ich seh, fliehen darf die ChristFrau nit. Die ist nit frei. Darf ihre Kraft nit auslassen.« Sie wendete sich, er sah, daß sie vor dem Bett stand. »Alptraum ist mir, bei Euch zu liegen, schon diese Nacht.« Sie atmete tief, und sagte dann – es sei denn, der Herr König verrate ihr nunmehr, aus welchen Gründen sein Dienstmann Kriemhilds Gemahl werden durfte.

»Ist das nicht klar? Der Mann aus NiederLand besitzt ebenso Kastelle und Märkte wie ich. Volk und weites Land. Habt ihr's am Niederrhein nicht gesehn? – wieso glaubst Du mir nicht, daß auch er ein Herrscher ist, ein König wie ich – und da er vormals auf Island war, lag es nahe, ihn um den Dienst zu bitten –«

»Om welch Dienst.«

»– uns dort hinzuführen. Dorthin, wo ich Dich finden könnte und erobern.«

Von unten, aus dem Hof, schallte tosender Beifall; wieder hatte es im Tjost, im LanzenZweikampf eine Entscheidung gegeben, saß einer der Reiter im Sand. Gunther lehnte sich aus dem Fenster, sah, daß man die Turniere beendete. Im Hof wurden Lichter aufgesteckt.

Er blickte zurück. Brünhild hatte sich nicht bewegt. Ihr Blick war auf den Boden gerichtet; sie rechnete nicht mit einer Auskunft.

»Ich muß fast vermuten, Du bist gekränkt? – Hast selber auf den NiederLänder gehofft?« Sie rührte sich nicht. »Wir sollten aufhören, über solche Dinge zu rechten. Denn dies, Brünhild, ist nicht nur Kriemhilds Hochzeit, es ist auch unsere. Und mir ist es keineswegs eine grauenhafte, sondern eine wunderbare Vorstellung, Dich heute Nacht zu umarmen. Allzu lange habe ich davon nur träumen können. Vielleicht sieht das, was Dich zu bedrücken scheint, danach weniger trübselig aus –«

– er wollte sie vorsichtig streicheln. Aber da schaute sie ihn nur wieder an, so plötzlich und aus solchen Augen, daß er es ließ. Und vorzog, zurück in die Halle zu gehen. Ja, er zog es vor, ohne Brünhild dorthin zurückzukehren – was ihm besorgte Blicke genug eintrug. Aber dies schien ihm eher erträglich als sich weiterhin ihrem Blick auszusetzen, ihrem Argwohn.

In der Königshalle hatte Dankwarth an den vorgeschrittenen Tag erinnert und für Lichter gesorgt an den Säulen. Doch wurde noch immer laut geredet, getrunken; einige aßen noch oder schon wieder; der Mundschenk kündigte an, er werde demnächst die Tafel aufheben, damit die Hochzeitspaare sich zurückziehen könnten, da sie es schon jetzt im Saal offenbar nur noch mühsam aushielten.

Dieser freundliche Verdacht galt wohl weniger dem Nibelungen, weil der sich in diesem Augenblick heftig zu unterhalten, ja zu streiten hatte, mit Ringwolf. Der Bischof war so leichtsinnig gewesen, zu fragen, wieso der Nibelunge seinen Segen ausgeschlagen habe. Darauf hatte der NiederLänder nur die drei Worte gerufen: »Infar! Insprinc! Irslac!« Erst wollte Ringwolf so tun, als verstehe er nicht – und wußte doch zu genau, daß dies der Rat der Nornen gewesen war. Dann fragte der Bischof rundheraus, was der Xantener gegen die neue Lehre habe. Da lachte der und erklärte: »Nichts habe ich gegen den Christus, wann immer seine Geschichten nicht von Römern erzählt werden.«

»Was meinst Du damit.«

»Ich meine, daß die Römer aus einem Befreier einen Unterdrükker machten. Wann immer Römer von ihm erzählen, verdorren die Bäume. Sie verkrüppeln wie die Leiber.«

»Wie kann der Gott, der das Leben ist, das Lebendige verdorren lassen – wie soll das gehen!«

Als der aus dem AsnithiVolk sah, daß ihn nun alle, die noch in der Halle waren, anstarrten, wenige mit Entsetzen, viele voller Neugier, da lachte er wieder lauthals, rief »Rattaplui!« und wußte mit Lokis Kniffen zu erzählen, daß in dem Kloster des Abbas ›Ekkehart‹, wo ihm der Rat wurde, statt mit einer närrischen BischofsMütze lieber mit einem Eisenhelm weiterzuziehen, daß in eben diesem frommen Haus unter dem SiegKastell die christliche Reinheit so weit getrieben worden sei, daß einmal in der Woche, jedesmal vorm Tag des Herrn, alle KlosterMänner etwas herunterzuschlucken gehabt hätten: »Ein lang fransig Rindshautschnur! Dies Leder war so lang, daß es, wenn es am Sonntag beim Frühläuten hinten hat ausfahren wollen, mit dem anderen Ende noch vorn aus dem Maul geschaut hat. O ja, hebt Euer Lachen auf, nun kommt ja erst das Rattaplui! – die ChristenBrüder, die zogen sich alsdann, nach dem ersten Angelus, die reinigende Schnur gegenseitig vor und zurück, so daß alles, was in den LeibWegen von der vergangenen Woch noch gegärt und gefault hat, vorn und hinten gleichzeitig herausgeschossen ist!«

Da setzte es Hoch's und Hallo's, pries man Ringwolfs ›Reinheit‹ –

o doch, beteuerte der Erzähler, so seien die SchwarzKutten schon nach wenig Augenblicken gänzlich befreit gewesen von allen Schlacken der göttlichen Schöpfung, seien schließlich vor dem Altar ihres römischen Herren vollendet sauber erschienen, Sonntag für Sonntag. »Solch Leibriemen, mein Herr PfaffSack, der schmeckt mir leider nicht! – nicht von RindsHaut und nicht von RomHaut! Weil, wisse Christ, Eure Arbeit für das heiligst Ding, was je ward gemacht, ein LügenSegen ist, weil sie verleugnet, daß die AllMutter sie schuf, die Unerschaffene – ihr Begehren war es, das die Dinge gemacht hat. Grausig ehrt das RomPack ihre MeisterStücke, lädt Schuld auf das allerschönst, als da sind Brust, Bein, Arsch und Wamm und die FrauenRosen wie die MännerWonneStengel! Herr Otfried in Werethina sagte, bei Christs Geburt, da hätten die LuftGeister gerufen: Geboren ist das WohlGefallen allen Völkern! Leutselig sollten sein alle, die ihm folgen. Doch wo blieb das Wohl und das Gefallen! drum halt ich mich an Mutter Ute: Loben wir das GottesGut allasamma upparlut!« – und ließ einen ArschWind in die Halle fahren, überlaut.

Die im Saal haben das gern gehört. Anworteten mit Rülps, Furz und Lachen. Doch da der Bischof schwieg, wollte der Nibelunge, hochgemut, Freundschaft schließen mit Ringwolf und nunmehr, nach der erfolgreichen Brautfahrt, mit dem ›Karfunkelbruder‹ trinken – nein, er werde den Botschafter von ›RumuBurc‹ nicht erschlagen – hob stattdessen den Becher und rief, Ringwolf solle nur ruhig zugeben, daß er ihn und seine Eltern noch immer für Halbwilde halte, für Gnomen und Teufel, barbarisch aufgewachsen, von Bären großgesäugt, von Zauberern erzogen – all dies wiederholte er mit Genuß und lachte. Der Bischof blieb eisig still. Ließ seinen Becher unbewegt.

Da nickte der NiederLänder und sagte: Wenn er denn verstockt bleiben und nicht so sein wolle wie die pfiffigen Christen aus Irland, dann müsse der Herr aus Rom, ob es ihm passe oder nicht, nun hören, wie schweinemäßig er, der ›Waldschrat‹, tatsächlich erzogen worden sei. Wie er in Nifelheim abends, nach der Arbeit in der Eisenhütte, mit dem Westfalen Liudger und anderen Gesellen von der Eisenburg tausend und ein paar Klafter weit den Ruhrfluß hinuntergeritten sei, zum Kloster Werethina, wohin ihn zuerst die schwarze Helinga gelockt, wo man vom Schmied Alberich gewußt. Dort sei es Sitte gewesen – nein, nicht den Leib zu peinigen wie an der Sieg, im Gegenteil – in Werethina hätte man im Sommer jeden Abend die JesusGeschichten erzählt – ja, das wundere den Bischof, daß die lippischen Raufbolde wegen Jesus und Maria dorthingeritten seien – in Werethina freilich hätten die Klosterbrüder nicht nur vom Erlkönig gewußt, sondern auch so vergnügt erzählen können wie sonst nur Zauberleute oder jener Franke Johannes Karolus, von dem Giselher berichtet, oh doch, auch in Werethina seien die Geschichten von Loki oder Lug gesegnet, seien aus dem Zwerchfell gekommen, so daß man über Jesus hätte lachen und weinen können, daß man traurig geworden wäre oder so wütend, daß sie, wie Rumolts Lauser, mit Hirschsprüngen über alle Welt und Freunde oder Frauen hätten herfallen wollen – ja, nur deswegen seien auch die wildesten Kumpane jedesmal mitgekommen nach Werethina, freiwillig zum Kloster!

»Die Mönche von Werethina – ahi! die machten Wohlgefallen! die wußten Mären, wie wenn sie selbst Ritter wären und Spielleute und Freier. Wenn sie vom Heliand sangen, dann konnten sie alle Kniffe der Heldenlieder und auch die List der Gaukler. – Eines Sonntags, als wir nicht recht traurig werden wollten über den KarfreitagsTod am Kreuzbalken, da kam der Abbas, Otfried mit Namen, und erzählte, wie die ChristMutter Maria übers Feld ging und jämmerlich sört und jankt, zu Tod verzweifelt über ihren genagelten Sohn. Da hat ihr Zetern sogar die Tier erbarmt, die Schwein und Küh, die brüllten alle mit, allasammt die Kreatur, sogar ein glipschig Fröschgen, dat quakte aus vollem Hals durch Blatt und Gras und schrie: ›Ach Mariaken‹, so brabbelte das, ›wat quakilst denn nun auch Du so chottserbärmiglich?‹ Da antwortete die HimmelsMutter: ›Soll ich nit quaken, wenn mein Sohn ist ermordet?‹ – ›Huch‹, schnappte dat Fröschgen, ›was soll da ich sagen, mein Jammer ist elfmal so groß, mir hat vor sieben Tag ein römisch WagenRad all meine elf Söhnkes op ein Klump zermahlen, alle meine Elf zu Mus!‹ – ›Alle elf?‹ erkundigte sich Maria. – ›Alle elfe!‹ rief der Glipsch, ›alle eingewühlt in AckerKrum, zu ErdMus‹. – Da mußte die GötterMutter lachen, ganz biestich hat sie gekichert und geschiddert, hat sich geschüttelt, daß rings um die Stelle ein Quaken anhub und lauter Lachen und Gicksen, die volle MondNacht lang, daß den nächsten Mond all das Land ist vollgewest mit tausend neue junge Fröschgens! Ach Karfunkelwölfgen, old NidGir-Brut, wie lustig, listig und wie voll Lieb und WohlGefallen erzählen zu Werethina die Mönche, am besten Otfried, der prattelte in Sonderheit, wie Jesus mit den Frauen hat geredet und getan –«

»– getan?«

»Ja hat er nicht? War der nicht Mensch? nicht Mann? o Bischöppgen, lern von Koch Rumolt, von seiner Speise mit Namen Hirschsprung, und lern von Gislahar, was der wußte von Niflheim, wie da im Anfang die AllMutter war und wie allein das, was sie begehrte, heraustrat aus dem Ginnungagap, ins Dasein. Wie eben nur dies Begehren den Anfang macht von allem.«

»Im Anfang war der Geist.«

»Ach Bischöppgen, Du machst Herrn Jesus klapperdürr, daß er nicht schwitzt, nicht atmet, nicht begehrt und liebt wie allerwärts der Mensch und so der MenschenSohn. Du machst Herrn Gott zum HimmelsFürzgen – das ist schon pfutsch und fortgesäuselt, bevor ich's nur hab riechen können.«

Ringwolf griff sich an seinen Bergkristall. Und erwiderte mit Mut: »Was wißt Ihr vom GottesSohn! was der tat! und zumal mit Frauen. Rumolt, der Koch, mag gut erzählen für Menschen wie Euch. Otfried zu Werethina mag Märchen wissen für die Heiden, die allerdings glauben, alles Leben komme aus Matsch und Laich. Diese Barbaren, wenn man sie ließe, würden noch heute nackend gehen, schamlose Statuen vor ihre Tempel stellen wie die Griechen – über Jesus sollen mich Heiden belehren? FeuerReiter wie Du? Über Gottes Geist wissen nur die wahrhaft Weisen. Die haben ihr Wissen mühevoll übersetzt, haben es in Klöstern dolmetschen lassen aus Sprachen, in denen diese Weisheiten von anderen Weisen aufgeschrieben wurden, und diese hatten sie wiederum geschöpft aus anderen, noch älteren, noch reineren Quellen, von noch älteren Weisen, aus dem Jüdischen und schließlich von den Jüngern des HErrn selber. Aus dem Hebräischen ist das gekommen in das Griechische und vom Griechischen in das Lateinische bis in unser höfisches und von dort in Euer plattes Deutsch, ja, so mußte es wieder und wieder übertragen werden – Ihr aber da unten an der Ruhr, in Euerem NebelLand, Ihr KohlenGräber, Ihr kommt hier nun daher und wollt das alles von vorneherein besser wissen als sämtliche Weisen der Welt!«

»Aber wissen es denn die? – die Dolmetscher vom Gedolmetschten vom Gedolmetschten? die klapperdürren BuchstabenKacksäck?«

Nun suchte Ringwolf Kraft im Kreuzzeichen.

So ging das noch eine gute Weile überquer, unterhielt viele Gäste. Und es war offensichtlich, daß zwischen diesen beiden nie Freundschaft sein konnte, nicht mal überm Roten von der Goldküste; nein, schließlich bekannte der Nibelunge frei heraus, sein größter Wunsch sei ›Balmunk‹, sei RomFraß!

Da starrte ihn der burgundische Bischof düster an, hielt mit beiden Händen seinen reinen Stein.

Der NiederLänder mußte darüber lachen und fragte schließlich, was Ringwolf eigentlich täte, wenn er seinen BrustKlunker kralle und solche Grimassen schneide.

»Ich bete für die Reinheit Deines Herzens.«

»Meines Herzens! KnörripKnicker! – immer hör ich ›Herz‹! Ich bin nicht Herz! Hatz Hitz Herz – Herz ist ein fühllos Muskel, dat müßtest Du wissen, Du BarbarenZerschneider, hast oft genug schon Heiden ausgeweidet. Tut mik leid, ich bin nicht Herz, bin Bauch und Baum – ich bin der dicke Berg! Ihr aber verdünnt Euch, bis zum reinen HerzGeist verduftet Ihr, immerzu ins Nichts rauf, und alles da unten ist Schmutz und Dreck, o ja! Yerra, das Herz! das haben sich die Köpfe ausgedacht! Die RomKöpfe! die Waldfresser! Um uns Angst zu machen mit Schuldsprüchen aus ihren Reinheits-Köpfen. Aber nichts ist, was rein ist. Der Kopf ist nicht hüben und der Bauch drüben, sondern stecken beide in einer Haut. Im Trennen machen sie uns Angst, die HerzKopfPriester. Machen *ordo* im Wald. Bis niemand mehr merkt, wie sie, die reinen HerzHerren, die ErdMutter erwürgen, Yggdrasil totfressen. Wir Lippischen aber und wir ›KohlenGräber‹, wir wissen, es zittert und lebt in Wahrheit nicht das Herz, sondern rumort der StinkBauch! Bei Brigitt und bei Lug, den Ihr Loki nennt, wir sind im Bauch! sind ebenso der Stern dort hinten überm Berg und sind ebenso die Katze, die Dir, Geist-Priester, um die Wade schnurrt – erst aus BauchWollust wird der Kopf frei und erkennt! und erblickt HimmelsKuh oder Baum oder Frau oder Mann – Yerra, das Herz! Allein im Zwerchfell beißt Angst, jückt Lachen, brennt Liebe, bohrt Hunger, tobt Wut, begehrt und freut, atmet, japst, zappelt – Musha! – der Wald!«

Noch diese Nacht stand Bischof Ringwolf in einem der Burgflure beim Waffenmeister und hat ihm zugeraunt, was Hagen gut zu übersetzen wußte: *pereat*, zu deutsch: er möge verrecken.

Während der Bischof auf den Gängen draußen so mit Hagen sprach, nahm sich unter den Rundbögen auch der Nibelunge jemanden beiseite, den Schreiber – dem riet er, sich vor dem römischen MenschenHändler zu hüten. »Gislahar! paß auf! Dein Vetter Ringwolf, der lähmt Dein Zwerchfell, das heißt: er macht auch Deinen Kopf kaputt.« – »Kaputt?« gab Giselher zur Antwort, »ich weiß, daß Kopf und kaputt aus demselben RomWort kommen, aus demselben wie das Wort für Hauptstadt und für Geld. Ich weiß diese Geschichten.« – Solche Geschichten, sagte der Xantener, seien wie alle wahren Geschichten zu kostbar, als daß sie ein ZwerchfellFeind »verbiegen und verlügen« dürfe.

Auch diese Wörter setzten sich, wie alle Reden Siegfrieds, fest im Kopf des Schreibers. In einem, den er freilich um nichts in der Welt gelähmt haben wollte, weder römisch noch isländisch.

Die Geschichte aber von der wunderbaren Erneuerung und Vermehrung der Frösche aus dem Matsch und dem Lachen, die ist später auf Hochzeiten noch oft erzählt worden, von den Leuten im RheinLand wie im NebelLand, solange, bis solche Geschichten ausgetrieben waren. Der Bericht über Marias Lachlust ebenso wie der über die Reinlichkeit der siegerländischen Gottesdiener.

Auf der doppelten Hochzeit zu Worms hat derjenige, der beides zuerst erzählte, plötzlich den anderen Bräutigam in der Halle stehen sehen. So wie der andere dort stand, so verdrückt, mit schwerem Kopf, da zog's dem KraftKlotz auch ohne Worte den Atem zusammen, mußte einer wie er sofort zu dem Herrn der Burgunder hinübergehen. Und hat, nachdem er sich kurz umgewandt, um zu sehen, ob niemand in der Nähe war zum Mithören, gesagt: »Zierbengel ist zerkrumpelt?« – Der andere hat nicht geantwortet. – »Und Brünhild? Schon im Gemach?« – Als der andere dazu so nickte, als wollte er sagen, er hätte das alles von Anfang an geahnt, da hat der NiederLänder dem königlichen Bräutigam, der noch immer die goldrote Krone trug, seine breite Hand auf die Schulter gelegt, recht sanft hat er ihn zu sich herangezogen und gemurmelt: »Künnek Sorgenreich – ist Not mit der FeuerFrau – ich bin Dein SteuerMann, über alle LähmGeister – Glück op!«

Und ist nach diesem ›Glück auf‹ rasch hinüber, zurück zum Tisch, wo noch Kriemhild saß und Sieglind – das wirkte fast wie Flucht; als sei er erleichtert, so eilte er zu seiner sehr jungen Braut, hat sich dicht neben sie gesetzt und sie fest umschlungen – muß nun wohl wieder gemerkt haben, daß von irgendwo ein Übel sich näherte; immerhin, auch dies hat er wieder gespürt.

Da auch der König nochmal Platz nahm und jeder sehen konnte, wie neben ihm der Sessel der Königin leer blieb, ist Giselher aufgestanden. Hat die Stille im Saal mit seiner Fiedel übertönt, mit zwei Hochzeitsliedern, die so zärtlich klangen und so freundlich, daß sie die SorgenGeister nahezu verscheuchten. Fast jeder wußte auf der Stelle, welches Paar mit dem ersten und welches mit dem zweiten Lied gemeint war. Wenig später ließ sich der Geistliche auch dies in jene Sprache übertragen, die der Nibelunge als ›klapperdürr‹ bezeichnet hatte:

Von den elben wirt entsehen vil manic man
so bin ich von grozer liebe entsen
von der besten, die ie dehein man ze vriunt gewan.
Wil aber si der umbe mich ven
und ze unstaten sten,
mac si danne rechen sich
und tuo, des ich si bite. So vreut si so sere mich,
daz min lip vor wunnen muoz zergen.

Von den Elfen werden viele Männer bezaubert.
So ward auch ich von einer großen Zauberin gebannt,
der herrlichsten, die je ein Mann gewann.

Will sie aber mich hassen
und zugrunde richten,
so kann sie dies allein dadurch tun,
daß sie gewährt, worum ich sie bitte:
Dann nämlich machte sie mich so glücklich,
daß ich vor Glück vergehen muß.

Ich waene, mir liebe geschehen wil.
Min herze hebet sich ze spil,
ze vröiden swinget sich min muot,
als der valke envluge tuot
und der are ensweime.

Joch liez ich vriunde da heime.
Wol mich, unde vinde ich die
wol gesunt, alse ich si lie.
Vil guot is daz wesen bi ir.

Heere got, gestate mir,
daz ich si sehen müeze
und alle ir sorgen büeze;
Obe si in deheinen sorgen si,
daz ich ir die geringe
und si mir die mine da bi.

So mugen wir vröide biezen.
O wol mich danne langer naht!
Wie kunde mich der verdriezen?

Ich glaube, die Liebe will kommen!
Mein Herz hebt sich auf zum Spiel,
zur Lust schwingt sich mein Mut,
wie es der Falke im Fluge tut
und der Adler im Schweben.

Zwar ließ ich die Freundin lange daheim –
wohl mir, ich fand sie wieder!
fand sie so wohlgemut, wie ich sie verließ,
o ist es wunderbar, ihre Nähe zu fühlen.

Gott der Welt, gewähre mir,
mit ihr zu schlafen
und ihr alle Schwermut wiedergutzumachen!
Sollte sie noch in Sorgen sein,
will ich sie davon befrein –
ebenso wie sie dann die meinen verzaubert!

So werden wir nunmehr alle Freuden genießen!
O wie schön ist jetzt eine lange Nacht –
wie könnte die mir je zu lang werden!

Diese Worte waren kaum verklungen, da sind Kriemhild und der Xantener, in fester Umarmung, niemanden und nichts sonst mehr beachtend, hinausgegangen, in die halbdunklen Gänge, hinüber in ein warmes, kohlengeheiztes Gemach. Und wenn die älteste Abbildung, die von dieser Hochzeit überliefert ist, uns richtig informiert, dann hat auch in dieser Nacht der Fiedelbogen so kräftig wie zärtlich gestrichen, und haben ohne Unterlaß alle Saiten gesungen.

Als König Gunther die beiden fortgehen sah, hat ihm auch Bruder Giselhers freundliche Beschwörung der mächtigen Elfe nicht mehr geholfen. Da stand er auf, nahm er den Sänger bei den Schultern, drückte ihn heftig an sich. – »Sag mir Deinen Kummer«, flüsterte der Jüngere. – Der König murmelte: »Nun ist das so – so, daß ich vor Glück – vergehen muß.«

»Wieso zitterst Du? ist doch so kalt nicht?«

»Gute Nacht, Bruder. Dank Dir – für Dein Lied.«

Der König gab seinem Gesinde einen Wink – die Pagen hatten darauf gewartet, die kamen sofort, die Knaben und Kammerherrn leuchteten dem Herrn von Worms, erhellten ihm den düsteren Gang, führten ihn zu seinem Gemach.

Hinter der Ecke, an der Brünhilds Arm ihn hatte straucheln

lassen, erblickte er Hagen und Ringwolf. Hörte, wie sie miteinander redeten. Als sie den König und die Pagen kommen sahen, tat Hagen, als hätten sie von den ZitterAalen aus dem RomMeer geredet, mit deren KraftSchlägen man nicht nur Feinde lähmen, sondern auch die rheumatischen Gelenke wärmen und heilen könne. Ringwolf lächelte dem König zu, der Waffenmeister grüßte, beugte sich zu Gunther und raunte, nun werde er auch in diesem Turnier Sieger sein. Nach dem süßesten der Waffengänge verwandelten sich sogar die eigensinnigsten unter den Frauen in Tauben. – Gunther lächelte und nickte, dankte dem Getreuen, zögerte, wollte wohl noch etwas sagen; ist dann weitergegangen.

Einer der Chronisten vermerkt, der König von Burgund hätte in dieser Nacht bei jeder anderen Frau besser gelegen.

Nun, die Dienerschaft hatte sich bald zurückgezogen. Auch in Gunthers EheGemach sorgte die neue Glut der Waldsteine für Wärme. Der König allerdings spürte sie kaum, er zitterte. Eis fühlte er in Brust und Knien – wie vor der großen Prüfung im Hof von Isenstein.

Brünhild schien sich schon niedergelegt zu haben. Er stand im Raum, wagte kaum, dorthin zu sehen, wo vorm roten Vorhang Kerzenlicht schimmerte. Er vernahm kein Geräusch. Hörte aber aus seiner Erinnerung immerzu eine Bemerkung, jene Wörter, die der Schiffsmeister auf dem kalten Wall unter der Feuerwand gesprochen hatte: Sie hat wohl auch ihre eisigen Seiten. Knie nur! Bete sie tüchtig an!

Er kleidete sich aus, stand im Raum. Hob zaghaft die schwere Gardine – im leinwandweißen Hemd sah er sie liegen. Dort wartete sie, die er so sehr ersehnt hatte; da lag sie und hatte die Augen geöffnet, sah ihn an.

Da wollte er noch einmal glauben, daß er nun jenen Augenblick endlich erreicht habe, für den so viele, so anstrengende Arbeit aufgewendet worden war – all diese Mühen konnten doch unmöglich ohne Ernte bleiben. Also wollte er diesen Augenblick nicht länger nur träumen, diese Schönheit nicht nur betrachten, sondern hier und jetzt genießen.

Er löschte die Kerze, die von den Pagen neben das Bett gestellt worden war. Und sprach in das matte Kohlenlicht hinein, in die Richtung, in der die Königin lag: »Brünhild, Dir gehören nicht nur mein Reich, meine Güter, auch all meine Liebe –«

Und ist dann, als keine Antwort kam, nähergerückt, vorsichtig. Hat sich auf dem Lager ausgestreckt und versucht, neben sie zu gelangen. Sein Herz hat er pochen gehört, hat wieder den Schweiß gespürt auf der Stirn, die Finger haben ihm gezittert. Und dann hat er die Gestalt, als er sie im rotgoldenen Schimmer der Kohlenglut erkannt hatte und, ach!, so liebenswert fand, mit beiden Armen umschlossen.

Hätte ihm das nur die Isländerin erlaubt. Die Chronisten überbieten einander, die Abfuhr, die er nun erhielt, als hart zu schildern. Statt auf offene Arme und Gegenliebe stieß er auf Grimm. Wo er, wenn schon nicht Leidenschaft, dann wenigstens Freundlichkeit zu finden hoffte oder das, wovon noch auf Isenstein die Rede war, ›Untertänigkeit‹, da traf ihn erbitterte Abwehr.

Nach einem kräftigen Stoß, der ihn auf seine Seite zurückwarf, hatte er zu hören: »Laß das. Rat ich Dir. Solange laß das, bis du mir sagst, warum Dein Eigenmann Kriemhild bekommt.«

Statt ihr zu antworten, und sei es wieder mit ausweichenden Bemerkungen, beging er den Fehler, es mit Gewalt zu versuchen. Er begann nun tatsächlich, mit ihr zu ringen. Er ›zerwühlte‹ ihr Kleid; so teilen es einige Handschriften mit.

Da begriff die Frau wohl, daß ihm der Kopf nach dem stand, was seine Glieder niemals gepackt hätten, da griff sie plötzlich nach dem Gürtel, den sie tags in dreifacher Schleife um ihren Leib geschlungen trug und worin der Stein vom DrachenFels steckte. Mit dem erwiderte sie die königliche Umarmung. Und band ihren Herrn kurzerhand zusammen. Zuerst verschnürte sie ihm die Füße, dann auch die Hände – das Leder war zwar lang genug, aber Herrn Gunther wurde der Leib doch arg gekrümmt.

»Lob und Gruß dem wahrhaft groß Künnek Chunthar!« bekam er zu hören, als er verknotet vor ihr lag. »Gruß dem Sieger op Isenstein! der mit seiner Schwäche den SonnenWind gelöscht hat! und hat sich heißgeschwitzt und naß vor Angst!« Trug ihn dann, als Paket, neben die Tür, hob ihn dort hoch und hängte ihn an die Wand. Recht hoch oben hin. An einen Nagel.

Dort bleibe er für's erste, sagte sie. Er störe sie beim Schlaf.

Das war in dieser Nacht ihre letzte Auskunft.

Ferner war nur zu hören, daß sie sich wieder niederlegte. Daß sie sich ausstreckte, auf dem breiten Bett.

Er hätte, wenn er's recht bedachte, über diese schnelle Lösung froh sein können. Denn wäre es zu weiteren Handgreiflichkeiten gekommen, er hätte mit Sicherheit, statt jeglicher Form von

Freundlichkeit oder gar Liebe, den Tod gefunden. Einen Tod in eisiger, in knochenbrechender Umarmung.

Nun hing er aber dort oben. Überaus ungemütlich hing er. Nicht nur, weil die Wärme aus den Glutsteinen sich bald verströmt hatte und weil die Mauer, gegen die er sich gepreßt fand, Winterkälte spüren ließ. Sondern auch, weil er zu keinerlei Bewegung in der Lage war. Das Blut in den Gliedern drohte zu stocken. Aber es erstarrte nicht, er lebte weiter. Und krampfhaft und eingeklemmt dachte er darüber nach, wie er sich jetzt richtig verhalten müsse. Dieser Frau gegenüber, die offenbar über Mächte verfügte, von denen selbst seine Riesen- und TraumSehnsucht nichts gewußt hatte. Ein Wesen, das ihn so plötzlich verladen konnte, so voller Kraft und Haß, ihn, den Herrn dieses Hauses und Reiches. Diese Schmach ließ ihm sein Blut eher stocken als die Strammheit des Gürtels an Händen und Füßen.

Schließlich fing er an, in den fast dunklen Raum leise, bettelnde Worte zu sprechen. Er, der doch Gundomars Sohn war und König zu sein gedachte, flehte wie ein Kahlköpfiger. Bat um sein Leben. »Löst jetzt, zauberische Frau, löst mir diese elenden Fesseln! – hochehrwürdige Herrin – um des Reiches willen, das seit heute auch das Eure ist, bindet mich los! Ich weiß, ich kann Euch nicht bezwingen. Ich werde Euch also in Ruhe lassen. Solange Ihr mir und meiner MannesKraft nicht zu willen sein wollt, solange will ich mich Eurem Willen fügen. In jeder Weise. Wenn Ihr mich nur endlich hier freimachtet. Dann würde ich sorgsamer sein und mich vorsehen – und Euch auf keinen Fall mehr zu nahe kommen, o ja, glaubt mir, ich werde Euch, gegen Euren Willen, keinesfalls mehr berühren. Aber bindet mich nun hier ab! ich vergehe! es ist zu eng hier! zu kalt!«

Sie schien sich um diese Bettelei nicht zu kümmern. Soviel im Schein des Kohlenlichts zu erkennen war, hatte sie es sich bequem gemacht, sie lag entspannt. Das Königsbett hätte gut für zwei Menschen Platz gehabt.

Nur – da kam keine Antwort. Sie ließ ihn hängen. Im letzten Glimmen der Steine aus dem AsnithiWald erkannte er, daß sie sogar quer lag. Einfach quer auf dem königlichen Lager. Und schien, wenn er die Geräusche im Gemach richtig deutete, fest zu schlafen.

Es blieb ihm keine Wahl, er mußte ausharren. Irgendwie sehen, wie er seine mißliche Lage lebendig überstand.

Er versuchte, seine Gedanken zu ordnen. Die stürzten durcheinander. Die zerfielen und ließen in der Wüstenei seines Kopfes immer nur dies eine zurück, wie schnell das gegangen sei. Wie blitzartig sie mich erledigte. Wie rasch sie mich verknotet hat. Nun bin ich es, der in ihren NetzMaschen hängt, und für einen wie mich sind sie wahrhaftig eng genug.

Die Erkenntnis, wie leicht das ablief, muß eine seiner ersten gewesen sein. Nicht nur ihre Kraft, auch ihre Geschicklichkeit verwirrte ihn. Das war HexenWerk. Gegen solche Netz- und Nebel-Kunst, das war klar, richtete offene RitterArt nichts aus, war MannesStärke verloren. Ist das, was hier meine Fäuste zusammendrückt, ein SchifferKnoten? Ist das, was meine Hände schmerzt und in mein Gesicht preßt, ein MatrosenWitz? ›Kniff‹ sind das, ›listige‹ Kniff, aus der NiederWelt. Diutiske Künste, FrauenZauber. Ja, ›Kniff‹ nennt er das, ›Geriebenheit‹. Wann immer er von Alberich oder seiner Mutter berichtete, redete er von ›Geriebenheit‹. ER? Ein Kelte ist ER. Sie alle, sie sind vom selben Stamm. Die Isländerin wie der Xantener.

Ihre Knoten sind so, daß es mein eigenes Gewicht ist, das mich ineinanderquetscht. Das mich zum Klumpen knifft. – Und was mich im Rücken drückt, was ist das? Das muß der MondStein sein. Alberichs Stein. Der bohrt sich mir ins Kreuz. Wie soll ich das ertragen. Die ganze Nacht?

Schläft sie? – Die Karten und die Mutter hatten recht. Nur den guten Anfang der Bildersprüche, nur den wollte ich zur Kenntnis nehmen. Nur die Hochzeiten. Nun beginnt schon das üble Ende. Ehe es einen guten Anfang überhaupt gegeben hat. Mein Begehren bleibt im Kopf – Traum, nach wie vor –

– und Kriemhilds Traum? Wer ist nun der Falke, der in der Falle? Vorerst hänge allein ich. Klemme in der elendesten der Fallen. Nicht ER, der aus Nifelheim, sondern ich.

Wie sie mich anblickt, wann immer die Rede auf IHN kommt. Sie durchschaut mich. Meine Schwäche. Gekränkt ist sie, weil nicht der Xantener um sie warb, sondern ich. Den Sieger wollte sie zum Bespringer, nicht mich. Es ist der Betrug, den sie ahnt. Für den ihr der Beweis noch fehlt. Weh, wenn ich jetzt erpreßt würde, irgendwas zu gestehen. Dann Gnade mir Christ. Oder Wotan. Oder Ran. Oder die ErdMutter. Oder wer immer die Weltmacht hat. Wahrscheinlich der Teufel.

Mit SEINER Ankunft fing es an. IHN begehrt sie. Seit ER hier ist, ist mir selbst dieses Gemäuer unheimlich, die Harfe, die Priester, die Träume, alles. Nur scheinbar gibt es Hilfe, seit ER kam. Nur scheinbar schafft ER Lösungen. In Wahrheit türmt ein Betrug sich auf den anderen. Wie schon dieser Eginhardt es wußte.

Auch Hagen hat recht. Mit den RiesenMenschen kam die Mühsal. Die Arbeit, wie er das nennt. Dann muß ER, der Riese, mich auch wieder herausholen, aus dieser Mühsal. – Aber wie. – Wie sollte ich IHN jetzt rufen – hier!– Wenn wenigstens ein Kammerherr, vorsichtig, hereinschaute? nach dem Feuer sehen wollte? – sollte ich den auf mich aufmerksam machen? Ihn bestechen, daß er den Mund hält? Sobald er mich losgebunden hat, erschlagen? Am besten erschlagen.

Wehe, wenn mich einer so sähe. Bislang weiß außer dem Xantener niemand von meiner Ohnmacht. Niemand?

Nun kennt sie auch diese Frau. Diese Bornholmgezeugte. Frau aus dem RiesenSaft. Aus GötterBegehren. Ja, mit der Schönheit einer Göttin. Mit der Kraft einer Riesin. Das ist FeuerStärke. Mit SternenKraft hat sie mich überwältigt. Übermannt. Und weiß nun alles.

Es hört sich an, als ob sie schläft. SternReiterin. – Das kann, das muß allein ER wieder wegschaffen. Der NiederLänder. Der hätte mich warnen müssen vor ihr. Schien froh gewesen zu sein, sie an mich loszuwerden. Diese Mühsal *mir* einzubrocken. Und stattdessen jetzt, in eben diesen Stunden, süßeste Wonnen zu genießen, mit meiner Schwester. ZwerchfellWonnen. Mit Gundomars einziger Tochter. Der hat schon vor der IslandFahrt seinen Pfahl in ihrem Saft gerührt, auch in ihren hat er ihn längst gestoßen, das wird ihn nicht abhalten, in dieser und in allen weiteren Nächten dasselbe zu tun. ›Im Anfang war das Begehren‹. Was hat er mir zugeflüstert auf Isenstein? Solange Rau, solange DrachenGift Macht habe, helfe nur die Kappe. Das Tarnen. Die ›Geriebenheit‹.

Ja, wenn das so ist, dann helfe sie. Dann nütze sie gefälligst auch mir.

Aber wie? ER hier? bei ihr? unter seiner Kappe verborgen? ER, auf diesem Bett, zusammen mit diesem göttlich schönen Hecken-Teufel? mit dieser nebelgemein hexischen Springerin, die HimmelsKräfte verwandeln kann in SpeerStöße, in SteinWürfe? – In LederKnoten? – In meine UnKraft.

Die Gelenke brennen, die Glieder, die sterben mir ab. Das stockt. Das gibt LeichenGift.

Er preßte die Zähne, ballte die Hände, die ohnmächtigen. Und in diesem ohnmächtigen Schmerz schwor er sich seinen Plan. Nur auf eine einzige Weise werde er diese Erniederung überleben. Nur dann, wenn beide NebelUngeheuer aneinandergerieten – so wie Hagen das am Abend vor SEINER Ankunft angedeutet hatte. Diese letzte, diese lösende Arbeit, die müßten die beiden ArbeitsRiesen schon selber erledigen. Gleichgültig, wer von beiden dabei zugrundegeht – am besten beide. Am geschicktesten die unmäßige Frau ebenso wie der HalbWilde, der aus UnterLand, beide zugleich. Denn auch diese Schmach hier, die an dieser kalten Wand, auch die hat sich der NiederLänder ausgehext.

Uns alle will er in Fesseln sehen. – Irslac! sagt er. – Nicht ich, sondern ER schafft sich ein NordRom. Der neue Irmin. Herkules.

Der hängende König versuchte zu gähnen. Es wurde ein Seufzer daraus. Ein Stöhnen. Ihrzuliebe, welche Strapazen habe ich ausgestanden. Und weshalb? all diese Umstände, Mühen, diese herrlichen Gewänder, das siebentägige Fest – wozu?

Sollte es wahr sein? Derjenige, den ich am meisten verachte und hasse, der BischofsVetter, von dem fürchte ich nun, daß er recht hat. Wann immer der vor den gallischen Mächten warnte, vor den Kelten, den Karten, den Frauen – sollte es wahr sein, daß von all dem, wonach ich mich sehnte, tatsächlich nur Chaos kommt? UnKraft? UnHeil?

Er lauschte. Wann immer er meinte, ihre ruhigen Atemzüge zu hören, packte ihn etwas wie Wahnsinn. Nicht etwa jener ›minnende unsin‹, den Giselher besungen hatte. Sondern mordwütiger Haß. Da schlugen ihm die Schmerzen um, verwandelten sich in TodesWünsche. Und die MordWünsche plötzlich in Tränen, ja – er begann zu weinen. Verzweifelt, daß sein Traum vom Schönen, daß sein Begehren jedesmal scheitern sollte. Und in diesen Tränen sah er noch, wie die KohlenGlut zerfiel, das letzte Licht erlosch. Allein saurer Zweifel bohrte dann noch. Drückte und hielt ihn lange halbwach. Schmerzvoll und mordwütig wach.

Mag sein, er hat einige Momente schlafen können – jedenfalls schien plötzlich der Frühlingsmorgen durch die Fenster. Wenn Gunther von Burgund je über Körperkräfte verfügt haben sollte, in dieser frühen Stunde waren sie ein Wind. Wie ein Säugling kam er sich vor, nein, nicht mal wie ein Wickelkind, sagte er sich. Die können strampeln, ich dagegen –

Draußen lärmen Vögel, schreien; verlangen LiebesGesellen. Und ich? Nicht mal Begehren – alles dahin –

Da hörte er ihre Stimme.

»Nun sagt mir, vortrefflicher Herr Chunthar – wie sanft habt Ihr geschlafen?«

Er zog es vor, keine Antwort zu geben.

»Tot? Maustot seid Ihr? Mir scheint, ich hab Euer Mürmeln gehört?«

Wieder gab er keine Antwort.

»Tät Euch das nit arg leid, wenn nun ein Kammerherr einträt? und säh den wahrhaft groß Künnek? so krumpilic virpackt? so zierlich virknotit, wie nur die Fraun und die MeerLeut wissn die PackKünst?«

Da antwortete der Held: »Das würde weniger auf mich als auf Euch zurückfallen. Ich bin sicher, der Bischof strengte einen Prozeß gegen Euch an. Würde Euch der Teufelei zeihen und auf den Pfahl verurteilen.«

Da hörte er nur, wie sie lachend das Wort wiederholte: »Teufelei!« Sie sprach es sorgfältig. Als lerne sie höfische Laute: »Teufelei.«

»Ja, des Bündnisses mit dem Teufel würde er Euch verklagen und so meine Regentschaft reinigen von dem Bösen, von der Disse, von dem unreinen Weib. Zugegeben, auch mir bringt es kaum Ehre, so gefunden zu werden. Doch gegen Hexen kämpfte noch jeder Mann vergebens. Darum denke ich, auch Euer Ruf wäre ein für allemal befleckt, wüßte man, wie ihr die Sitten der Ehe handhabt.«

»Sitten der Ehe« – wieder hörte er sie seine Worte aufsagen. »Sitten der Ehe«. Als lerne sie die burgundische Sprache. »Und weil das so ist, Verehrte«, fuhr der zusammengeschnürte Ritter fort und ließ sich durch ihr spöttisches Geraune nicht verwirren, »um Eures eigenen Ansehens willen: Laßt mich, bevor die Kahlschädel hereinkommen, frei! Ihr dürft mir glauben – seit ich so nachhaltig zu begreifen hatte, wie sehr Euch meine Zuneigung verhaßt ist, werde ich gegen Euren Willen nicht mal mehr Eure Kleider berühren. Oh gebt mir endlich Bewegungsfreiheit, ich vergehe.«

Da stand sie auf, kam langsam heran, betrachtete ihn eine Weile aus der nächsten Nähe. Mit demselben Blick, mit dem sie ihn schon auf Isenstein angesehen hatte. Damals, als sie mit zarten Händen seine Eisenrüstung prüfte und die Schweißperlen auf seiner Stirn beobachtete. Auch jetzt lachte sie nicht, spottete nicht, strich nur wie prüfend mit der Hand über seine nasse Stirn. Und band ihn los.

Als sie ihn wieder auf die Füße gestellt hatte, schwankte er, brach vor ihr in die Knie. Vor ihr mußte er sich krümmen, als bete er sie an, mußte sich die geschundenen Gelenke und Gliedmaßen reiben. Konnte erst dann zum Bett hinüberwanken.

Vorsichtig setzte er sich auf den Rand. Sie ging auf die andere Seite, streckte sich wieder aus. Er hielt sich, auch als er sich nun niederlegte, so weit wie möglich von ihr entfernt. Um sie auch nicht aus Versehen zu berühren. Doch mußte er nun um jeden Preis seinem gepeinigten Körper die flache Lage gönnen, dem Rückgrat das Strecken und jedem der schmerzenden Teile wie dem Ganzen eine Erholung. Er fand davon nur wenig, blieb nahezu auf der Bettkante. Lag verzagt. Und schwieg.

Dann kam die Dienerschaft. Sah das Paar, wie es sich ziemte, liegen. Wünschte guten Morgen, wünschte wohl geruht zu haben und zeigte zu den Sprüchen, wie sie die HochzeitsGewohnheiten seit je erfordern, das besondere Lächeln, die übertriebene Anzüglichkeit. Zum Glück schienen die Pagen bald ganz damit beschäftigt, frische Wäsche hereinzutragen, neue Kleider legten sie für den Tag bereit, das glimmend schwarze richteten sie, aber auch neue, helle dazu, den Gürtel auch. Daneben die samtenen Sachen, aber auch, für die Frau wie für den Mann, die Kronen. – Diese Vorbereitungen für den zweiten der sieben Hochzeitstage nahmen sie so in Anspruch, daß bald kein forschender Blick mehr blieb, kein Prüfen von Blässe oder Röte oder von glückstrahlenden Augen, da galt es stattdessen Asche aus dem Kamin zu räumen, nach dem Nachtgeschirr zu sehen.

Der König – und vielleicht auch, ein wenig, die Königin – tat so, als sei alles in guter Ordnung. So sehr ihm die Gelenke unter Zug und Spannung standen, er wahrte auch jetzt höfische Haltung, zeigte das zu erwartende Gebaren. Diese angemessenen Gesichter und Gesten beherrschte freilich Gunther besser als Brünhild. Die flüchtete sich ins Schweigen, zeigte weder Heiterkeit noch Unwillen. Der König, der dies wohl bemerkte, sagte sich das Wort des Xanteners, ›Tarnkutte‹. Nahm darüber nicht wahr, wie die seine, die höfliche, die vollkommenere Tarnung war.

Die isländische Frau rührte von den hellen neuen Festkleidern keines an. Auch heute trug sie ihr diamantschwarzes, ihr steinfunkelndes Gewand. Und legte wieder den langen Gürtel um, wobei sie ihren Gemahl anschaute.

Der mußte sich abwenden, tat, als kümmere er sich um die eigene Kleidung. Und ging dann hinaus, über den Gang, an jener Ecke vorüber, hinter der sie ihn zum erstenmal straucheln ließ. Und wo er danach, spät am Abend, Hagen und Ringwolf begegnet war. Er ging der Königin voraus, in den Festsaal hinein.

In der geschmückten Halle war wieder Gedränge, Gelächter, Gesänge sogar. Ringwolf mahnte, man habe zur Messe zu gehen, nein, wurde von Dankwarth beschieden, erst morgen, erst am dritten Tage folge die Weihe im Münster. Ein weiteres Mal zornrot eilte der Bischof hinaus, bemerkte in der Eile nicht, daß der, vor dem er nun Klage führen wollte, an ihm vorbei die Halle betrat.

Im Gelächter über den Bischof griff sich Giselher die Fiedel und trällerte ein geiles, ein fröhliches Spottlied, einen Feierspaß – für den zweiten Hochzeitstag gedacht; die Schlußzeilen in jeder Strophe hat er wiederholt und wurden dann von allen mitgesungen:

Kommt, Ihr Jungfraun, helft mir klagen!
Meine Jungfernschaft ist hin!
Mein Herr Bischof will verzagen,
mein Verlust trübt *ihm* den Sinn!

Wie soll ich's dem Pfaffen sagen?

Ach beweinet meine Not!
Ruf und Ehre? Mausetot!
Ich wollt' meine Unschuld krönen –
ach, vergießet heiße Tränen –

Schluß! vorbei! aus! zapperlot!

Kommt, Ihr Jungfraun, helft mir klagen!
Meine Reinheit, die ist hin!
Ach, ich schaff es nicht, zu zagen,
finde endlich Lebenssinn,

möchte tausend Dinge wagen!

Weh, der Priester täuschte mich!
Gestern war ich wie ein Engel,
zitterte und forchte mich –
war die Rose ohne Stengel!

Freut Euch! ich bracht's hinter mich!

Ach, verlacht nur meine Not!
Meine Tugend, die ist tot!
Pfaff, was solln der Jungfraun Mühen?
Ohne Stengel gibt's kein Blühen!

Grüß das neue Morgenrot!

Schmeiß ihn fort, den alten Spiegel. –
weil ich blaß bin im Gesicht? –
wirf sie weg, die Priesterzügel!
Fürchte Höll und Kirche nicht!

Nun erst schwirren mir die Flügel!

Unter Gefreu und Geschrei wurde diese Botschaft wiederholt, alsdann die besten Zeilen ausgerufen und gepriesen. Auch von draußen tönte Tumult, im Hof und am Rhein erprobten junge Kämpen wieder Waffen und Kräfte; die Fräulein setzten sich in den Fensterhöhlen in die Sonne, auch die Gäste aus Island schauten hinab, betrachteten die Männer, summten Giselhers ›Jungfrauenklage‹, mochten ›tausend Dinge wagen‹ –

In der menschendunstenden Königshalle sah man, wie Kriemhild ihre Mutter umarmte, vertraulich Gespräche führte, woraufhin die Gundomars Witwe, gestützt von der Tochter, zu einer Bank humpelte neben dem Kamin, wo beide Frauen dicht zueinanderhockten. Ute dürfte sich auch jetzt nach den Träumen der Tochter erkundigt haben. Und die konnte an diesem Morgen antworten, im Traum sei ein Bär in die Pfalz eingebrochen, habe bis in den Morgen darin herumgepoltert, hätte zunächst ihre dreißig Hofjungfräulein verspeist, alle in einer einzigen Nacht. Und habe solange weitergewütet, bis er auch sie, Kriemhild, in ihrer Kammer entdeckt und befohlen hätte: Setz Dich auf meinen Schwanz. Da der buschig und stark gewesen, habe sie gehorcht und schon sei die Luftreise hinausgegangen, hoch über die Welt hinaus, bis vor einen dichten Wald. Dort hätte sie mit dem Bären auf dem Moos gelegen, das Tier habe gebrummt, sie solle ihm den Pelz lausen und habe seinen zottigen Kopf in ihren Schoß gebettet. Da habe sie ihn ausführlich gelaust, zum Dank habe der Bär erzählt: von den Arbeiten und Schlägen seiner rechten wie seiner linken Tatze, von seinen Abenteuern mit den dreißig Fräulein und hundert heimlichen HonigNestern, eines schmackhafter als das andere; aber all die habe er im MondLicht verspeist unter Sternen und BärenSteinen – mit ihr, mit Kriemhild, so habe er beteuert, lausere er sich zum erstenmal in der Sonne.

Da schüttelte die Alte den Kopf: »Und das Biest hatte BlondHaar und war KönigsSohn – weh! Fort ist die Mauer, pfutsch das Schwert. Weg ist die SchlußKarte, wie tief ist das verkramt, unter HonigArbeit. Unter SternKappen.«

Da schüttelte auch die Tochter den Kopf. »Ich verkappe nichts«, flüsterte sie. »Der Falke ist es. Und den *ziehe* ich mir.«

Die Mutter hat zurückgefragt, ob sie sich ihren Falken genau genug angesehen habe.

»Den Morgen beschien ihn die Sonne. Das Mal ist von keinem Lindenblatt. Es hat HandForm.« Sie küßte der alten Frau die Wangen, den Hals. »Was kümmert mich, welche heimlichen, welche MondLieben er hatte. Von denen er nichts weiß. Schon seit dem Abend vor der Abfahrt nach Eisland, seit dieser Nacht weiß er's nicht mehr.«

»Wo ist er verletzbar.«

»Nicht bei den Schultern.Tiefer darunter, hinterm Zwerchfell.«

»Da? – Dort wachsen auch den Menschen manchmal die Flügel.« Die Mutter wollte weiterreden, aber es war laut geworden in der Halle. Kriemhild beugte sich vor den Mund der Greisin und hörte, wie sie sagte: »Das ist mit den Lieben wie mit Gold und allen EdelSteinen. Wer sie besitzen will, verliert sie. Weil dann das Begehren tot ist. Nur noch Gier lebt – o wären wir weg hier, weg vom Rhein. Drüben hin, an der Rhone, in Helevez!«

»Hörst Du nicht die FeierFreuden? das HochzeitsGerumpel – im Saal, im Hof, soviel Gelächter, Frechheit – nie ging es in Worms so hoch her –«

»Um so tiefer wird das Fallen. Und das besorgt Ringwolf, das RaabenAas.«

Am oberen Ende der großen Tafel setzte man dem Königspaar die Speisen vor, Milch, Honig, Wein, frisches Brot. Kaum hatte die Frau Platz genommen, war sie, ohne das Essen angerührt zu haben, aufgestanden und aus der Halle gegangen. Siegfried hatte den Saal betreten. Näherte sich Gunther.

Er hat wohl bemerkt, wie sie an ihm vorbei aus der Halle ging, spürte sicherlich auch, daß es seinetwegen geschah. Da setzte sich der BärenMann neben den König, sah sich um, ob jemand lauschen könnte, beugte sich zu Gunther, sah ihn fragend an – diesem Blick war anzusehen, daß er wohl ahnte, wie wenig die vergangene Nacht den Herrscher von Burgund als Herrscher gesehen hatte.

Der brach Brot, wollte essen. Legte die Stücke zurück. Sagte dann leise: »Es bleibt unter uns, mein Freund. Seit gestern abend – bis heute früh – erntete ich von dieser wunderbaren Frau die süßesten Wonnen. Das Wesen, nach dem ich mich so gesehnt hatte, das Du mir unter soviel Mühen herbeischaffen halfst, das ist in Wahrheit des Teufels. Egal ob sie von Meeres- oder FeuerTeufeln stammt – sie, die ich begehrte wie verrückt, mit der ich mir mehr als hundertmal zärtlichste Stunden ausgemalt hatte, die – hat mich heute nacht –« – er holte Luft, auch er sah sich um, ehe er weiterredete, hatte wohl Grund dazu – » – gefesselt hat sie mich. Mit ihrem Gürtel. An Händen und Füßen. Hat mich an die Wand gehängt, neben der Tür, an einen Nagel. Da hing ich, bis heute früh. Schändlich schmerzen mir die Glieder, ich kann dieses Brot kaum halten. Zusammengepreßt hing ich, an der kalten Mauer. Während sie äußerst bequem lag und schlief. Eine Kleinigkeit wäre es ihr, mich auch hier, vor aller Augen, ähnlich zu erniedrigen. Mich über die Tür zu hängen. Oder ins Fenster. Noch erläßt sie's mir. Aber wenn ich ihr nicht bald erkläre, wie ich sie auf Isenstein bezwingen konnte und welche Dienste dabei Du geleistet hast, wird sowas passieren. Schreckliches wird geschehen. Hier, vor dem versammelten Hof, wird sie mich beleidigen. Weh, Siegfried, dieses EisWeib hast Du geholt. Du hättest mich warnen sollen. Du kanntest sie. Nun ist es an Dir, die Schmach wiedergutzumachen. Wenn Du den Drachen erschlugst, den NidGir, so wirst Du wohl auch ein Mittel wissen, mit dieser Furie fertigzuwerden.«

Der NiederLänder hatte wieder seine Hand auf Gunthers Schulter gelegt. Und hat nun gesagt: »Verzag nicht, Bruder. Bruder der liebsten Frau, die es gibt unter der Sonne. Das tut mir leid, was Du da zu heiraten hattest. Aber ich wüßte wohl einen Kniff. Einen, dem EisWeib die Kraft zu knacken, der RanFrau. Für immer.«

»Was meinst Du.«

»Ich bin gewiß. Ich weiß eine Arbeit – wenn die getan ist, dann schläft die Frau noch heute Nacht mit Dir. So süß und so sanft, wie Du nur immer willst. Bin zi bina, lid zi gilidan, sosi gilimida sin – als wenn Ihr geleimt wärt, eins an das andere.«

Gunther schaute verwirrt. Faßte sich aber und sagte: »Nach dem, was ich mit ihr erlebt habe, glaube ich an so etwas nicht mehr. Doch es hilft nichts, irgendwas muß versucht werden. So oder so. Dieses Reich, diese Pfalz – sie alle hier, wenn wir nichts unternehmen, sie gingen zugrunde. Unser Heil hängt davon ab, daß ihr der Übermut zerbrochen wird. In meinem Kopf, das hat sie geschafft, ist schon jetzt ein Knoten. Und fällt zugleich alles auseinander.Es ist so wüst in allen meinen Gedanken, so wüst wie das RheinLand sein wird – wenn diese Frau ihre Kraft behält.« Er stockte.

»Knörrip! Die kommende Nacht schläft Künnek Chunthar so

himmlisch mit ihr wie ich mit Kriemhild – dies schwör ich.« Wieder schaute der Nifelheimische sich um, ehe er weiterredete. »Ich komme diesen Abend mit Dir – schleiche hinterdrein bei Nacht, mit hinein in Deine Kammer – aber klammheimlich, in der Kappe. Und damit niemand was bemerkt, schickst Du Deine Sklaven beizeiten weg. Wirst Du dann gewahr, wie das Kerzenlicht verflackert und erlischt, dann weißt Du, ich bin in Deiner Kemenate. Und dann? – dann laß mich rumpelknacksen, dann gib ihn mir, Deinen Platz in der BettStatt. Am Ende wird die KraftFrau Dein süßester Untertan.«

Der König schien ratlos, ja ängstlich – versuchte sich vorzustellen, was der Nibelunge im Schilde führte. Und bemerkte schließlich: »Unter einer Bedingung. Nur unter einer Bedingung, Freund, stimme ich zu. Diese Fee oder BornholmFrau oder was immer sie ist – mit der magst Du tun, was Du für richtig hältst. Du in Deiner Geriebenheit. Weiß Christ, Du sollst diese Walküre, diese HalbFrau sogar, wenn alles nicht hilft, totschlagen. Auch das würde ich Dir verzeihen, denn sie ist das schauderhafteste Wesen, das mir je begegnete. So schön wie eine Frau nur schön sein kann, so tüchtig, wie ich sie seit Wunnibalds Liedern begehrt habe – aber so selbstherrlich, wie nicht mal ein Mann zu sein wagt. Alles darfst Du tun mit ihr, nur eines nicht, mein Lieber – das ist meine Bedingung. Man munkelt viel über Deine heimlichen Lieben. Ich möchte nicht, daß hinterher auch die Königin von Burgund zu Deinen Geschichten zählt. Die dann in den Herbergen oder bei Hof erzählt werden oder auf offenen Märkten. Den Mann, so lehren sie in Rom wie in Byzanz, den Mann schmückt schon auf Erden Gottes Gunst. Oder sie ist ihm versagt. Auch die EheFrau zählt zu seinen Gütern, sagt Ringwolf. Und deshalb: Was immer Du mit ihr machst – komm ihr nicht zu nahe. Alles andere ist mir gleichgültig.«

»Gern nehme ich das auf meine Kappe – denn Deine Schwester geht mir über alles andere.« Der Hürnerne erhob sich, stützte sich beim Aufstehen noch einmal freundschaftlich auf Gunthers Schulter. Ging hinüber zu Kriemhild.

Da hatte dieser zweite Hochzeitstag gerade erst begonnen. Wie sollte Gunther diesen Festtag bis zum Abend überstehen? Dieser eine Tag erschien ihm so lang wie sonst dreißig zusammen. Er stand auf, gab vor, zu seiner Frau zu wollen, ging gemessenen Schritts aus der Halle, obwohl ihn die Hüften schmerzten, die Fuß- und die Handgelenke. Auf dem Gang draußen grüßte man den König, ohne daß er's recht bemerkte. Die Leute drehten sich nach ihm um, sahen, daß er ein Bein nachzog; er hatte nun nicht mehr Kraft genug, Haltung zu wahren, sein Gehen im Gleichgewicht zu halten; der Lärm, die Dinge und Menschen drehten sich durch seinen Kopf, er näherte sich seinem Gemach, hoffte, es würde leer sein, öffnete vorsichtig die Tür – in der Tat, die Königin war nicht darin; ein Kammerherr arbeitete beim Kamin. Er bat den Diener, ihn allein zu lassen und für die kommende Nacht kein Feuer zu richten. Es sei in der letzten viel zu heiß gewesen; schließlich sei Frühling, was solle diese Feuerhitze.

Der Kammerherr lächelte, ein wenig zu aufdringlich, und versprach, in der kommenden Nacht kein Feuer zu zünden; verließ den Raum. Herr Gunther riegelte ab, humpelte an sein Lager, setzte sich. Obwohl die Sonne strahlte und von unten die Schreie und das Getöse der Kämpfer schallten, sank der König schon bald, quer über dem Bett liegend, in Schlaf.

Draußen wogten heftig die Turniere, immer ehrgeiziger wurde gefochten, die Zuschauer zogen herum, von Tjost zu Tjost, auch die Fräulein zog es jeweils dorthin, wo am wütendsten gestritten wurde – wo Helme zersprangen und Schreie gellten, dort schien es auch den Zartesten am ehesten aufregend. MarktRufer versuchten abzulenken, unten am Strom wie in den Zeltstraßen und vor den Hütten, aber auch in den Gassen und im PfalzHof waren wieder die Stände aufgeschlagen. In manchen Ecken sah man junge wie alte Leute den Märchenerzählern lauschen, Geschichten, in denen Mohren und Drachen erschienen und Elefanten und alle arabischen und griechischen Weltwunder. Zwar versuchten auch Mönche ihre Kunst und erzählten HeiligenGeschichten, doch kauerten dort nur wenige Kinder, wohl nur deshalb, weil ihre Eltern sie dorthin befohlen hatten – die meisten Leute versammelten sich dort, wo die heidnischen und wüsten Abenteuer zu hören waren; freilich, der Franke Karolus Johannes fehlte hier.

Bei der milden Frühlingssonne war schließlich niemand mehr in der Königshalle geblieben – nur einer, Giselher; der stand hinten beim Fenster an seinem Pult und schrieb. Schaute immer mal wieder hinaus, um im Hafen oder im Hof nachzusehen, was dieser oder jener Lärm bedeutete, nichts mochte er sich entgehen lassen.

Mit einemmal erhob sich jedoch unter dem Fenster, das auf den Hof hinunterging, ein Geschrei, das ganz anders klang als die Jubelrufe, die sonst tönten, anders als der Spott und die Schadenfreude, wenn wieder mal einer, der sich gerade noch als Großmaul aufgeführt hatte, mit zerbeultem Helm über den Hintern seines Pferdes hinweg in den Sand geflogen war. Diesmal tobte da unten anderer Lärm, ein aufgeregtes böses Durcheinander, und nur soviel konnte Giselher von oben mitbekommen, daß es am Hafen einen Toten gegeben habe, gleich draußen vor dem Tor. Der Sänger nahm sich vor, danach zu fragen, ging zurück zu seinem Pult. Vielleicht hatte wieder Ringwolf eingegriffen und einen, den er für lästerlich hielt, eigenhändig gespießt; vor aller Augen, zur Abschreckung.

Giselher, den alles, was in den letzten Wochen geschehen war, immer mehr beunruhigte, wird versucht haben, festzuhalten, zu ordnen – doch allein die Fahrt zum Isenstein muß ihm verworren erschienen sein, ja, undurchschaubar.

Im Schreiben störten ihn neue Klänge, Musikanten im Hof schlugen krachenden Takt. Er schaute hinab, bekam mit, wie Jünglinge aus dem NebelLand und einige der Frauen, die auf dem isländischen Feuerschiff nach Worms gekommen waren, einen sonderbaren Tanz aufführten. Diese heulenden Gesänge, die wilden Schläge erinnerten ihn an die, die vom DrachenFelsen so lang und aufregend widerhallt hatten, später auch in der Nacht auf dem Isenstein. Diese paarweise gehüpften Tänze aber sahen aus wie die Springtänze der balzenden Kraniche. Ja, diese Musik trieb die Paare zu immer höher hüpfenden, zu immer verzückteren Sprüngen. Schon fanden am Auf und Ab auch die burgundischen jüngeren Leute Gefallen, zunächst klatschten sie nur mit; aber die Frauen, die gerade noch geklatscht hatten, waren im nächsten Moment gepackt von einem Nebelländischen – immer mehr Musikanten schlossen sich an, das schepperte und scharwenzelte, schwappte und kusselkoppte und juchzte bald über den ganzen breiten Hof und durchs Tor hinaus, unter der Halle hindurch, zum Hafen hin, den Rhein entlang, das flammte so schnell hinweg über alles Festgelände, daß die Waffengänge unterbrochen werden mußten, daß die LanzenStößer und SchwertSchläger erstaunt ihre Visiere aufklappten, um nachzusehen, wer da mit Steinliedern und SprungGesängen mehr Aufmerksamkeit auf sich zog als die Kämpfe der Recken, in ihren neuen Waffen.

Das dauerte wohl Stunden, das schien gar nicht mehr enden zu können. Giselher, hin- und hergerissen zwischen den Schauspielen unten und seinen Versuchen, die verworrenen Abenteuer auf EisLand festzuhalten, blieb schließlich doch wieder bei seinem Pult, versuchte sich zu konzentrieren –

– da platzte mitten in die Gedanken, mit denen er sich auf die nächtliche FlammenInsel begeben hatte, ein neues Hochrufen und Beifallklatschen. Aus dem Fenster sah er, wie nun der NidGirTöter selber für Aufsehen sorgte. Nein, der schlug sich nicht mit einem der Kämpen, es hätte sich keiner gegen ihn anzutreten getraut. Er führte vielmehr durchs Hoftor einen Stier. Einen störrischen, halbwilden Bullen, dem er die Augen verbunden hatte.

Die Menge drängte sich zu den Seiten, unter die Mauern; in der Hofmitte angelangt, übergab der Xantener das Tau, an dem er das Tier führte, seinem Kumpan, dem Walthari, und fesselte mit einem weiteren Seil die Vorderfüße des Stiers, so daß dem Tier nichts übrig blieb, als stehen zu bleiben und abzuwarten, was mit ihm angestellt werden sollte. Giselher, oben im Fenster, wußte einiges von grausamen Spielen, die sich in manchen Gegenden die jungen Leute herausnahmen, wenn sie an Stieren ihren Mut beweisen wollten – er hoffte, er müsse nun dergleichen nicht zu sehen bekommen und erst gar nicht von Kriemhilds Mann. Die Zuschauer im Hof hatten einen großen Kreis gebildet, das Tier stand still – schien aber unruhig, schlug bisweilen den Kopf auf und nieder, wurde vorerst von Walthari eng an der Leine gefaßt. Unterdessen sah man, wie der Nibelunge sich die Weste auszog, die ihm Kriemhild angefertigt, ein zobelbesetztes schwarzes Stück, das gab er seiner jungen Frau, die mitten unter den Zuschauern in der Sonne stand, reichte es ihr, als habe sie's zu lausen. Auch sein Schwert Balmunk schnallte er vom Gürtel, gab es Gernot.

Dann trat er an das äußerste Ende des Ovals, stellte sich dort so, daß er, in gut fünfzig Schritt Entfernung, dem Stier geradewegs gegenüberstand. Dem Tier wurde die Binde vom Kopf genommen. Eine Weile schien nichts anderes zu geschehen, als daß der Nibelunge in großer Ruhe das Tier ansah. Die Leute unterhielten sich nur noch flüsternd. Endlich war es völlig still. Siegfried, dessen Haar in der Sonne hell leuchtete, schien weiterhin nichts zu unternehmen, als dem wilden Vieh, das ums mächtige Haupt herum gelockt war wie ein Wisent, in die Augen zu sehen. Und nichts anderes als sein Gegenüber zu beobachten tat nun auch das Tier. Dabei blieb es ganz ruhig, schlug nicht mehr mit dem gehörnten Kopf herum, sondern blickte nur geradewegs vor sich hin, auf die Menschengestalt.

Als sich der Stier dermaßen beruhigt hatte, ließ Walthari die Führleine vorsichtig lockerer. Entfernte sich sachte. Das Tau glitt ihm langsam durch die Finger, Schritt für Schritt trat der Knecht zurück, nahm immer mehr Abstand von dem kraftvollen Haupt und gab soviel vom Schiffstau frei, bis auch Walthari fast ganz unter den Zuschauern stand. Die schauten gebannt. Niemand wagte mehr zu sprechen, jeder wollte mitbekommen, ob das Tier weiterhin still stehen bleiben und den Menschen anstarren oder wie es sich verhalten würde. Und was der berühmte Ritter mit ihm anfangen wollte.

Der, bis jetzt ebenfalls völlig unbewegt, begann sich nun, in seinen leichten weichen Lederschuhen, fast unmerklich, auf die vorderen Fußballen zu heben. Stand dann eine Weile so, im Gleichgewicht, und hob dann obendrein, sehr langsam, beide Arme. Breitete die Arme zu den Seiten aus und führte sie dann, ohne die langsame Bewegung durch irgendeinen Ruck oder Halt zu unterbrechen, bis schräg über seinen Kopf. Stand nun ebenfalls da wie ein Tierwesen, wie ein noch größeres, mit noch längeren Hörnern.

Da war zu beobachten, wie der mächtige Bulle, ohne seinen Blick von dem Gegenüber zu lassen, allmählich sein gehörntes Haupt senkte. Als erwarte er den Angriff. In diesem Augenblick wippte der Nibelunge mit beiden ausgestreckten Armen, ruckte die ganze strahlende Gestalt und begann, aus diesem Schwung heraus, auf das Tier loszurennen, als wolle der Niederländer es nun tatsächlich bei den Hörnern packen.

Die auf ihn zustürmende Gefahr im Auge, senkte das Tier sein Haupt bis an die Erde, um es dem Angreifenden mit Wucht entgegenschleudern zu können – zwei Schritte vor dem abwehrbereiten Bullen sprang der Nibelunge, im Absprung wie ein Stier brüllend, auf beide Füße zugleich und schnellte von da in hohem Bogen über den Kopf des Tiers, das zu spät, erst kurz hinter ihm die Hörner aufstieß, während der Springer mit beiden flachen Händen schon auf dessen Rücken landete, sich blitzartig abstützte und den Sprung mit einem Überschlag verlängerte, aus dem er gut drei Schritte hinter dem Stier auf dem Hofboden zu stehen kam. Sicher, als sei nichts geschehen, stand er dort; und hob, wie schon vor dem Anlauf, beide Arme. Als gelte es, den Zuschauern noch einmal das wahre Gehörn zu zeigen. Da jubelten sie ihm zu. Ja – er war es, er war die Kraft. Konnte FeuerStürme wie ErdGeister bezwingen. Und über das Wilde springen.

Giselher hatte sich nicht mehr vom Fenster entfernen mögen. An der Feder in seiner Hand war die Tinte getrocknet. Nun sah er, wie Walthari und zwei Helfer den Stier wieder an die kurze Leine nahmen und ihm die Blende über die Augen hängten. Der Nieder-Länder war indessen zurückgegangen zu Kriemhild, küßte sie, ließ sich küssen, hängte sich die hellschwarze Zobelweste wieder um, winkte denen, die ihm zuriefen, gürtete auch sein Schwert wieder und hielt dann plötzlich – Dankwarth hatte es ihm gereicht – ein riesiges Horn in der Hand. Das war ein langes goldenes Trinkhorn, einem Stierhorn nachgebildet. Nur war dieses sehr viel größer, war offenbar gefüllt mit Wein oder anderem Getränk. Das hob er hoch und sprach, Giselher verstand die Worte auch oben in der Hallenhöhe: Dieses Gefäß, das schenke er den Leuten von Worms. Und den ersten Schluck, den trinke er auf sie: »Kraft vör alli diet – für alle Leute!« – und nahm einen langen Schluck.

Da der Stier noch immer im Hof stand, bildeten die Leute nach wie vor einen weiten Kreis, hielten guten Abstand von der Bestie. Der Nibelunge zögerte einen Augenblick, zu welcher Seite er das Trink-Horn in diesen Kreis hineinreichen sollte, eigentlich hatte er ihn seiner Nachbarin geben wollen – Kriemhild aber stand links von ihm, und links herum sollte das Goldgefäß offenbar nicht kreisen, also stellte er sich zur Linken seiner jungen Frau, so daß nun auch sie trinken und das Horn weiterreichen konnte; rechts herum, wie die Sonne kreist.

»Schad'«, hörte Giselher eine Stimme hinter sich. »Links herum!« rief die Frauenstimme. »Links herum! Hopp! die andar Richtig!« Neben ihm, am Fenster, stand eine der isländischen Frauen. Er meinte, dies sei Baldinai. Die beugte sich weit hinaus, schien zu schimpfen, zu schnuppern und zu drohen, ihr paßte die rechte Richtung nicht.

»Die linke bringt Unglück«, sagte Giselher.

»Wat weißt Do vum Mondlauf. Die ElfRichtig bringt die Schrapphäls Ungilück, die SchadAlb, die DraakKöpp, abbar nit Sifrit.«

»Hast Du den Sprung gesehn?«

»Tierzauber. Stiersprung wie Hirschsprung. ExternKunst, Irmins Kunst. Gislahari – der SigurdStamm irslact ür römisch Trauargeist!«

Der Schreiber versuchte, sich diese Worte zu merken, wenn er sie schon nicht begreifen konnte. Vieles drehte sich ihm durch den Kopf.

Die zarte blonde Frau schaute ihn an – kein Zweifel, dies war Baldinai. Giselher meinte, er müsse seinen Blick senken, hielt ihn aber aufrecht.

»Ist auch Helinga hier?«

Sie schüttelte den Kopf. Schaute in den Hof hinab. »Bei Teutschburk ist sie davon, die Ruahr hoch, nach Asnithi und Isinburk. Wart ab! Sie kommt noch, die dreizehnte Fee. Und huldigt ürm Spring-Bock. Mit heimlich Lieb, als StechPalm.«

»Warum ist Brünhild nicht im Hof? Wie kann sie fehlen in der HochzeitsGesellschaft?«

»Wo ist Chunthar?«

Giselher schwieg. Beobachtete die FrauenHand. Auf dem Handrücken den Flaum, wie zart in der Sonne. Und wollte dann wissen: »Was meinst Du – wird das gutgehen?«

Die Frau fuhr herum; lief zurück in die Halle, zu Giselhers Pult, hob das obere Pergament, tat, als wolle sie das zerreißen; wurde dann plötzlich wieder ruhig, kam auf ihn zu. »Zu Wurms kreist wenig HagedissWitz. Zu viel NessoGift. WurmGift.«

»WurmGift?«

Da redete sie plötzlich sehr viel. In kaum mehr verständlicher Sprache. Soweit Giselher mitbekam aus den nifelheimischen, aus den diutisken PlattWörtern, wollte sie ihm klarmachen, daß er sich mit seinen SchreibKünsten noch so sehr bemühen könne – sie, die keine Schrift wisse, spüre, wann ein Mensch unglücklich sei. Das hänge nicht ab von Buchstaben im Kopf, auch nicht von der Größe eines Reiches und seiner Reichtümer, nicht vom Zobel auf einer Weste, nicht von der Höflichkeit der Manieren und nicht von der Menge und Pracht der Steine im Keller – drüben, von ihrem Bergfried aus, hätten die Frauen ein anderes Schauspiel beobachten können als das, was soeben das große Kind Siegfried gespielt. In einer der HafenGassen habe Herr Hagen einen Gaukler erwischt, wie er den Gaffern auf SchieferStein einen Hirschen zeichnete, der sich bespringen ließ von einer Kuh. Den Kopf des Hirschen habe der als Kopf des Königs Gunther gemalt, deutlich sei der zu erkennen gewesen – da sei der Waffenmeister dazwischengefahren mit dem Schwert, habe mit dem ersten Hieb das Bild zertrümmert, mit dem zweiten das Haupt des Gauklers.

Die Frau schwieg. Giselher sah sie nicht an, schaute lieber in den Hof hinab, wo das Tier fortgeleitet wurde. Schwieg, und hörte dann neben sich wieder die Stimme. Verstand, wie sie sagte, der Gaukler habe die Wahrheit gemalt. Hohl und lächerlich sei dieser Herr König; ebenso hohl wie dieses RomReich am Rhein. Leer und scheinheilig sei das ChristLand.

Wieder machte sie eine Pause. Sah auf den Schreiber, der die Augen zusammenkniff, als blende ihn die Sonne. Und hörte die Frau, wie sie erklärte, den SieglindSohn kenne sie seit dem frühesten. Der gehöre in Wahrheit zu der Frau, die drüben zu ihren

Gefährtinnen geflohen sei. Zwar habe Gunther auf all ihre Fragen geschwiegen, doch sie wie ihre Freundinnen wüßten längst um den Betrug. Auch ohne Beweise seien sie sich sicher. Und er, das RiesenKind Siegfried, das lasse sich betören von seinen eigenen wunderbaren Möglichkeiten, von seinen externsteinischen MutterKräften, die er mißbrauche in übergroßer SpielLust, die ihn begehrlich hinzögen und zurücktrieben zwischen den Welten, zur nebelländischen und zurück zur traurigtoten der Herren RomChristen, von deren Kräften nur eine einzige noch geblieben sei, die Gier. Die Macht-, die Gold-, die TodesGier.

Da konnte Giselher nicht anders, ihm schien, dieses Wesen sehe alles arg einseitig, nun mußte er diese hier fragen, was am Anfang gewesen sei. Ob, wie es heiße, der NiederLänder auf Isenstein nicht ebenfalls betrogen worden sei, aus Gier. Ob es nicht WutSpeisen waren, die ihn verführt hätten, RauschGetränke.

»Betrogen?« So hat die Frau gefragt, schien erregt. Ist wieder zum SchreibPult gesprungen, als wollte sie dort die Blätter zerreißen. Hat dann zunächst nicht mehr geredet, schien lieber davon zu wollen, als sei hier alles weitere Sprechen sinnlos. Hat aber mit einemmal mehr und schneller geredet als zuvor, noch fremdartiger, einen WörterWirbel aus Drohungen, Flüchen, Beschwörungen und Bildern hat sie hervorgestoßen, den der Schreiber erst später einigermaßen hat klären können, frühestens am Abend dieses Tages, als er die Isländerin wiedersah und sie nach all dem ausfragen konnte, was er nicht verstanden hatte. Er verstand es auch dann noch nicht, sondern ahnte höchstens das eine und das andere.

Alles was zwischen Himmel und Erde sei, so wisse man auf Island, das sei der Lüge untertan als der wahren AllMacht. Täuschung und SelbstTäuschung, diese beiden lenkten die Welt, Hugin und Munin, Nebel wie Sonne regierten sie im Ganzen wie im Einzelnen. So sei jeder und alles fortwährend in Gefahr, vertauscht und verwandelt zu werden. Vom Lebenden ins Tote, vom Einen ins Andere und zurück und zuvor und verquer und gegenüber.

Vor diesem Chaos, das die Zeiten wie die Dinge beherrsche, vor dem versuche sich, wie Giselher wisse, jeder auf seine Weise zu bewahren, die meisten in Häusern, in Höhlen, im RomReich durch Burgen, hinter StadtMauern. Viele durch Rüstungen und Waffen, manche durch FeuersBrünste, himmelhoch. Fast alle durch Kampf.

Wie immer man sich aber in Sicherheit zu bringen suche, das Schwerste sei, die Seele zu hüten. Angst und Gier und Neid, die durchdrängen bekanntlich die stärkste Mauer, die härteste Rüstung, und gerade der am besten Gewappnete sei längst durchfressen von Täuschung und SelbstTäuschung. Gegen diese Dämonen, die wie Hornissen bis in das pochende Blut stächen und bis in die Träume, gegen die behülfen sich die einen mit Religionen, TugendRegeln und klugen Büchern, die ihnen etwas vorgaukelten, das sie Wahrheit nennten. Andere, die Nibelungen wie Sieglind und Siegfried und wie Arminius, der Sigurd war, die schützten sich mit dem, was sie dem chaotischen Herrn der Schöpfung, was sie der Lüge an WandelKräften und SonnenGewalt abspürten – als GegenList.

Die dritten aber, und dazu zählten die im eisigen Norden, die suchten ihr Heil in FluchtReisen, ob im Gesang oder im Rausch oder in beidem. Denn diesen Dingen, den Künsten, stünden die üppigsten Möglichkeiten frei, sternenhohe Wege – er, Giselher, solle als Schreiber vor den bornholmischen und isländischen Flügen am wenigsten ins Staunen geraten oder gar in Argwohn. Er solle stattdessen dem besten unter den Lügnern und Säufern DankOpfer bringen, dem Herrn Loki. Und solle begreifen, daß Brünhilds Empfang für den Gast aus Xanten nicht Betrug gewesen sei, sondern das genaue Gegenteil. Sie habe ihre Liebe zum Gast aus dem EschenWald hinwegheben wollen über die täuschende Welt. Habe diese Gefühle eingehüllt in den gemeinsamen Wahn und Rausch, also in die einzigen BurgMauern, die auch die Seele behüteten, das gemeinsame Begehren.

Und nunmehr solle er, Giselher, der ›freie‹ Sänger, nur zusehen, ob es ihm gelinge, von dem, was er von ihr gehört habe, auch nur ein einziges Wort auf sein ChristPergament zu schreiben, in eines der klugen Bücher. Auch Giselher sei längst Opfer der römischen HerrenGier. Und selbst der SieglindSohn, sogar der neue Herkules, obwohl er gerade dies am wenigsten wolle, sei verfallen an die ›DraakeSaat‹, hinge längst fest in den römischen Schlingen.

Das letzte fügte sie noch laut hinzu, da sie sah, wie Ringwolf sich näherte. Wie ein Windhauch war sie davon, das Pergament auf dem Pult hob sich nochmal – der Bischof hatte Mühe, zu erkennen, wer vorübergehuscht war. Sicherheitshalber hielt er die Hand über seinen Kristall.

»Das dachte ich mir«, schnaufte er. »Grauenhaft, die Frauen sitzen natürlich auch dem Schreiber längst im Nacken, die Blenderinnen, die Hexen. Nicht mehr nur der Herr Schmied aus dem AsnithiWald, nicht mehr nur der irische Saufbold, Kilian, der vermeintliche Christ, sondern ebenso die NebelFrauen. Sicherlich hat unser Sänger auf diesen Papieren –« – auch Ringwolf, schwer atmend vom Treppensteigen, hob das Blatt, mit dem eben noch die Frau gespielt – »– sicher hat er auch die BespringTänze schon beschrieben. Und den barbarischen Flug über den Tod. Als sei nicht Jesus allein der TodesBezwinger. Als sei das nunmehr der AlberichGeselle. Der ExtersteinHeide. Ach Giselher.« Ringwolf mußte sich setzen. »Wohin ich schaue – TeufelsTreiben.«

»Wurmt Dich, daß erst morgen HochAmt ist?«

»Auch das. Das paßt zu allem.«

»Ist nicht auch Dein Christ anfangs zur Hölle hinabgestiegen? und erst am dritten Tag aufgefahren zum HochAmt aller HochAmte, zum OsterHeil?«

»Wie gut, wie richtig. Ach Giselher, wärest Du nur bei den Siegburgern geblieben, bei Abbas Eginhardt. Hättest Du geholfen, den Unrat zu tilgen. Sollte meine Lebenszeit dazu noch ausreichen, so errichte ich zu Worms eine Hohe Schule. Der werden wir beide vorstehen, und die wird alle ihre Gelehrten in den Bann der heiligen Lehre nehmen – jener Lehre, wonach auch Orpheus sich – gerade umgekehrt als bei den Alten – ausschließlich nach der wahren Eurydike umzusehen hat, jawohl, nach der neuen, nach Maria! – und eben nicht nach der Hölle ringsum. Ceterum censeo, linguam theodiscam esse delendam – dieser HöllenSpuk, die NebelBilder, sie werden verschwinden!« Er schnaufte, schaute den Spielmann an, wollte wohl sehen, wie das alles auf den wirke. »Da das alles nun aber vorläufig noch nicht so eingerichtet ist, so wird es jetzt um so wichtiger, Bruder im Geiste, daß Du Deine Kenntnisse der Lettern und der Bücher nutzest und die *historia* des burgundischen Hauses auf die rechte Weise festhältst.«

»Rechts herum, nicht links. Im Sonnenkreis, nicht wahr?«

Ringwolf schaute irritiert, wischte sich den Schweiß von der Stirn, nahm dankbar, was Giselher ihm von der Tafel zu trinken reichte. Endlich hatte er genug Atemluft und konnte weitersprechen. Spätestens in dem Jahr, in dem nach der neuen Zeitrechnung das heilige Jahr Fünfhundert beginne, also das halbe Jahrtausend nach Christi Geburt, spätestens dann wolle er bei Gunther und Hagen befürworten, daß an achtundzwanzig Wintertagen hintereinander, jeweils zur Abendtafel, vorgetragen würde, was Giselher vom Weg der burgundischen Könige festgehalten. Ringwolf trank den Becher leer, gab ihn zurück. »Allerdings nur, wenn es in der rechten Weise festgehalten.«

»Und das bedeutet?«

»Das bedeutet, wenn Du die Grundregel der Künste beachtet hast.«.

»Und welche ist das?«

»Oberste Regel ist, die Lüsternheit der Heiden umzukehren, Orpheus von der Hölle, vom Begehren wegblicken zu lassen, auf Maria schauen zu lassen, auf die Reine! Nimm es als Zeichen, daß eben jetzt aus Konstantinopel die Nachricht kommt, die zwölf Meter hohe Statue des griechischen Zeus sei bei einem Brand vernichtet worden – was über Jahrhunderte auf die Orgien von Olympia herabsah, das hatten sie freventlich nach Byzanz geschleppt, das sich als das wahre Rom ausgibt – zwölf Meter hoch, aus Gold und Elfenbein – das ist vernichtet! Nimm dies als Lehre!«

Der Bischof erklärte nun, was er wohl öfter schon versucht haben mochte. Dem Schreiber schien das jedenfalls nicht neu, der schaute in den Hof.

Nein, nicht für den eigenen Ruhm habe er zu arbeiten, so hörte er hinter sich, und nicht einmal der irdischen Herrschaft zu Ehren, sondern allein für die Glorie des reinen Königs und der reinen Königin im Himmel. Alles andere bleibe teuflisches Geplärr und Geleier. Und –

Der Bischof unterbrach sich, machte, ohne daß es der Sänger hätte bemerken können, ein pfiffiges Gesicht, fand sich selber überaus listig, versuchte offenbar ein neues Argument: »Die Todsünde der Schreiber, nur ihrer eigenen Ruhmsucht zu gehorchen, die verdirbt nicht nur ihr ewiges Heil, die verhindert sogar, daß ihre Werke schon in dieser Welt je vernommen oder gelesen werden. Solche Werke er IchSucht, die zergehen wie selbst die ZeusStatue zergehen mußte, die doch als Weltwunder gegolten. Von Hagen habe ich mir sagen lassen, daß Du zwar aufs Unterhaltsamste die Begebenheiten bei Hofe nachzuzeichnen weißt, auch die Feldzüge und die Feste und Feiern, doch bis zum heutigen Tag hättest Du in Deiner Chronik – so sagte Hagen – den Namen des HErrn nicht ein einziges Mal erwähnt! Stattdessen ausführlich alles Krause und Wüste vom Wunnibald und anderen keltischen Umtrieben. Wer so leibeslüstern schreibt und nebelsüchtig, der trägt sich ein in die Liste der ewig Verdammten, wird über den Rand der Welt hinabstürzen in den HöllenSchlund. Ich weiß, Giselher, Dich ängstigt nichts – aber wisse, daß Du ohne die Grundregel auch zu Worms ungehört bleibst. Ein Nichts bleibst Du. Wie selbst der zwölf Meter hohe Zeus.«

Der Bischof stand auf, wollte sich den Becher neu füllen, da ihm der Königsbruder diesen Dienst nun nicht mehr leistete. Kaum war er mit dem leeren Becher bei der vollen Kanne, da lärmten in großer Zahl Küchenknechte in die Halle und begannen unter unflätigen Geräuschen, die nächste Festtafel zu richten.

Im Schreck ließ Ringwolf Becher und Kanne in Ruhe, zog sich, seinen BrustStein klammernd, aus dem Getümmel zu Giselhers Fenster zurück. »Dir muß ich es nicht erst sagen, daß alle *historia* immer wieder neu und jedesmal anders erzählt werden wird. Was bedeutet es, wenn Du in Deinem Eigensinn des wahren Gottes nicht gedenkst, wenn Du Deine Gauklerei über Gott erhebst. Spätestens im allerheiligsten Jahr Tausend werden andere Sänger Deine Arbeiten –« – er stand nun beim Pult und klopfte auf die Pergamente – »– die werden dies ergebenst umschreiben und reinigen, im Licht dieses klaren Kristalls. Zum Lob der Himmelskönigin, die das Konzil zu Ephesos endlich erkannt hat als reine Gebärerin. Spätestens ums Jahr Eintausend werden sie, des nahen WeltenEndes eingedenk, die frömmsten Grüße voranstellen an die wahre EINE WeltHerrschaft. Niemand wird dann mehr Sinn haben für FeuerZauber, für BespringTänze, für WasserSpuk. Und vor allem nicht für das unbekannte Opfer seiner eigenen *curiositas*, das einmal den Namen Giselher trug und das in seinem Übermut, die Mitte der Welt sein zu wollen, die einzig seligmachende Mutter übersehen zu dürfen glaubte, unsere römisch-katholische Kirche.«

Der Lärm der Küchengehilfen wuchs, Kessel und Schüsseln und Messer klapperten, die jugendlichen Diutisken wiederholten bei fast allen Handlungen die Stimme des übersprungenen, des brüllenden Stiers, rückten die schwere Tafel unter Gebrüll, hoben auch die Eichenholzsitze nur mit einem RindsBrüllen, das immer neu geübt sein wollte, da es sich in den brüchigen Stimmen jedesmal anders überschlug und wirkungsvoll verunglückte.

Ringwolf wandte sich ab, mit Ekel. Näherte sich dem Ohr des Schreibers. »Da hörst Du's, Du LeuteFreund! Ihnen ist der Tod ein Vieh zum Überspringen. Du TeutschNarr! es ist das Volk ein geistlos wirres Tier. Morgen ist HochAmt, im Münster. Ich erwarte, Vetter Giselher, daß Du nicht nur zugegen sein wirst, sondern der heiligen Messe in Deinen Aufzeichnungen breitesten Raum schenkst. So wie es sich für die Chronik eines christlichen Reiches ziemt, und für einen christlichen Chronisten. Küsse Du nun als ein Zeichen, daß Du, zum Segen Deiner eigenen Arbeit, diesem HochAmt Deine Kunst gebührend widmen willst, so inbrünstig wie künftig nur noch der wahren Eurydike, der Jungfrau Maria, küsse Du nun als ein Zeichen hierfür diesen Kristall an meinem Herzen, diese Reinheit vom Leibe des HErrn, aus dem Schoße der reinen Mutter – küsse diesen Stein! Dann will ich, wenn Du das nun tust, bei Gunther und bei Hagen fürbitten, daß Du spätestens zum großen Jahreswechsel ein Fest haben wirst allein für Dich, achtundzwanzig Abende in dieser Halle!«

Ringwolf hielt dem jungen Sänger den Kristall entgegen, ja, der Bischof zog an der byzantinischen Kette, zerrte das durchsichtige Stück bis dicht vor den Mund des Schreibers. Giselher starrte den Geistlichen an, als könne er ihn mit Blicken von seinem Ansinnen abbringen. Doch Ringwolf hob den Stein vom verklärten Leibe noch höher, noch fordernder, und erst recht jetzt, da der Priester von unten aus dem Hof wieder den weltlichen Jubel hörte, abermals die Musikschläge zu dem, was er die ›BespringTänze‹ genannt hatte, da berührte er mit dem Stein fast des Sängers Lippen. Da beugte sich der, und hat, mit zitterndem Mund, den Stein geküßt.

»Gebenedeit bist Du unter den Chronisten!« Ringwolf machte das Kreuzzeichen.

Giselher drehte sich's; Musik, Küchenlärm und Ringwolfs Gerede kreisten durcheinander, ihm wurde schwindelig. Unterm Klappern des Geschirrs und im Gelächter der KüchenRüpel hörte er noch immer die Bischofsstimme. »Der Mensch ist auf Erden im Jammertal. Das ist wohl wahr. Von der ›RäuberHöhle‹ spricht Hagen, und er hat recht. Aber weil das gewiß ist, benötigt die Kreatur nicht etwa Vergnügungen, wie Kilian und andere VolksNarren sie zu bereiten suchen, sondern er benötigt Licht! Braucht Reinheit, braucht Geist! Mitten im Hades den Blick auf die wahre Eurydike! Helligkeit des Herrn ins jämmerliche Dunkel! Der wahre Dichter, ob er das will oder nicht, ist immer Gehilfe des Priesters. Ein SeelenHirte. Nicht in der BischofsKappe, sondern in der TarnKappe seiner guten Geschichten. Wehe ihm, wenn er kein Licht setzt und schlägt lieber den Takt der Bäuche und der Leiber und der AllMutter, die die Barbaren für den Anfang der Zeiten halten.«

Ringwolf ging endlich, flüchtete aus dem Tumult – und darüber, ich weiß, bist Du, verehrter Leser, nun froh. Ich kenne von Deinesgleichen zu viele, als daß ich jetzt nicht wüßte, wie erleichtert sehr wahrscheinlich auch Du darüber bist, daß dieser Priester endlich davon ist und daß nun, so hoffst Du, wieder mitgeteilt wird, wie es weiterging auf der DoppelHochzeit zu Worms. Aber dieses Gespräch des Bischofs mit dem Schreiber war nicht zu ersparen, auch wenn Du Ringwolfs Gerede für Geschwätz hältst – so ist geredet worden, solches Denken hatte die Macht. Und hat sie noch heute. Aus solchen Beklemmungen kommen wir – Du wie ich. Wer so etwas unterschlüge, der würde ebenfalls nur den Ring der Herrschenden küssen. Die tragen inzwischen selten die Bischofsmütze. Die gehen ungern auffällig und bunt, dafür um so geschickter und geschäftiger in graugestreifter Tarnung. Nein, Du solltest nicht unwillig werden, wenn Du außer den denkwürdigen Umständen dieser Hochzeit auch erfährst, was wir in den ältesten Handschriften noch finden und erwarten können – und was nicht. Denn da Du ja im Begriff bist, diesen ältesten unserer deutschen Romane zu lesen, so nehme ich an, Du seiest interessiert an dem, was daran die Wahrheit ist, Du seiest erpicht auf ›Reinheit‹ – der Quellen.

Die Ereignisse dieses Tages, die bedrückte Stimmung rings um seinen königlichen Bruder, die immer noch ungeklärten Abläufe auf Isenstein, die Andeutungen Baldinais und ihre Beschwörungen, Ringwolfs Zumutungen, das alles drehte sich durch Giselhers Kopf, und der war nun, da ihn der ungeliebte Vetter zu einem solchen Kuß gezwungen hatte, nur um so benommener. Fühlte sich so elend wie ratlos. »Licht ins Dunkel – ja ja.«

In der Halle brannten nun schon die Fackeln. Durch alle Teile der Pfalz, auch draußen im Hof und auf den Gängen ließ Dankwarth die Schellen schlagen, große Gongs, auch Horntuten rief zur Tafel.

Da sah Giselher sie eintreten, studierte ihre Gesichter, die glänzenden, die erhitzten, die eifrigen wie die bedrückten und verärgerten – doch die bedrückten blieben in der Minderzahl. Welch eine Kraft ging aus von denen, die getanzt, gesungen hatten, wieviel Zuversicht und Gewißheit, aber auch welche Beklemmungen von einigen anderen, vor allem von seinem ältesten Bruder. Mit großem Gefolge an Pagen und Gefährtinnen, wiederum mit den Kronen auf dem Haupt, betrat das Herrscherpaar die Halle, die Isländerin weiterhin im schwarzen Kleid des Glutsteins, unterm matten Glanz des Mondsteins. Hier strahlte nichts, jedenfalls nichts von Sorglosigkeit und Lust wie ringsum.

Utes Tochter, obwohl sie so gern auf die höfischen Vorschriften achtete und an allem Zierrat Geschmack fand, gab sich nun nicht gerade hoheitlich, hängte sich an die Schulter des StierSpringers, aus Zuneigung sicherlich, aber auch, um ihm unbemerkt das eine oder andere zuraunen zu können. Sie allein wisse nun, flüsterte sie, wie er den Frieden mache, woher und warum er seinen Namen habe, alle Spekulationen der gelehrten Siegburger Mönche machten ihr nur Spaß. Aber keinen Spaß mache ihr, wenn sie mit ansehe, wie ihnen gegenüber Gunther und Brünhild freudlos Platz nähmen; es fiele ihr schwer, den Blick über die Tafel dorthin zu richten, wo Blässe und Bitterkeit herrschten, das Herz schnüre es ihr zusammen. »Ich dachte, ich hätte Brünhild gestern herzlich begrüßt. Ich jedenfalls habe das wirklich so gemeint. Als wir uns heute morgen auf dem Gang begegneten und ich sie eigentlich umarmen wollte, wie ich seit unserer ersten Nacht immerzu alle Welt umarmen will, da schaute sie mich an – ich weiß nicht – mit einem Blick, mit einem säuerlichen Grauen – das macht mir Angst!«

»Angst? Vor wem!«

»In beiden ist irgendein Kummer. Etwas, von dem wir uns keine Vorstellung machen. Jedenfalls ist Brünhild wie tot. Warum!«

Da wandte sich der Nibelunge mit dem Mund ihrem Nacken zu, ihrem Ohr, und versprach leise, noch diesen Abend werde er versuchen, mit Gunther ein ernstes Gespräch zu führen. Wenn es Nacht geworden und endlich Ruhe im Hause wäre, zu Beginn der Bettzeit, dann solle sie, Kriemhild, ihm für eine kleine Weile Urlaub geben. Er wolle sehen, ob er mit dem Paar, das auch ihm unglücklich scheine, reden; wolle sehen, ob er helfen könne.

Die junge Frau schaute ihn an: »Der König bewundert Dich. Von Dir würde er jede Hilfe nehmen, wie schon bei der Werbefahrt übers Meer.«

Er blickte sie fragend an.

»Du warst Schiffsmeister unterwegs. Hast den Weg gezeigt, das Steuer geführt.«

»Dir zuliebe.«

»Ich weiß. Aber nun könnte sein, daß Brünhild enttäuscht ist.«

»Enttäuscht?«

»Weil der Held, von dem sie so gut weiß wie ich, daß er nicht nur Hirsch- und StierSprünge beherrscht, sondern auch andere Sprünge und Flüge, auf Island nicht als ihr Freier erschien, sondern im Gefolge eines fremden Königs.«

»Um so mächtiger muß der König sein.«

»Sprich mit ihnen, ich bitte Dich.«

Der Mann versprach es ihr; froh, in der kommenden Nacht nicht heimlich in Gunthers Kammer schleichen zu müssen, sondern mit Wissen, ja auf Bitten seiner jungen Frau.

Wieder wurden die rotgoldenen Wasserbecken und die byzantinischen Tücher gereicht, abermals dröhnte Musik und bedienten Pagen und Gesinde mit dem Besten, was Dankwarth hatte herbeischaffen lassen. Da dampften in den Schüsseln nicht mehr nur wie sonst Fleisch vom Saubär, von Schaf und Huhn, sondern, seit über die neuen Schätze aus dem rheinischen Hort verfügt werden konnte, fehlte es an nichts, da lockte in irdenen wie in goldenen Schalen Leckerkost von Kranich und Schwan, gespickter Kapaun, auch Ente, gefüllt mit Früchten und Gewürzen aus der *Sapaudia*, da trug man Tauben und Taubeneier auf, gab es nicht nur die Fische aus den RheinArmen, Aal und Karpfen, Hecht und Zander und Forelle, nach Straßburger KüchenKunst bereitet, sondern auch daumendicke FettfischSchnitten vom jungen Schaid, gesalzen, gesotten, mit LimonenSaft gewürzt, in Butter abgebacken, da gab es, gespickt mit Speck und scharfen Zwiebeln, reichlich vom Hasen, vom Reh, Rebhuhn, Wachtel und vom Reiher, da duftete die Hammelbrust, am Spieß gebraten, mit Petersilie und gerebeltem Majoran bestreut, vom selben Tier allerhand HalsStücke, krustig gebacken, in Rotwein gedämpft, daneben mengenweise Hammelrippchen mit Linsenbrei, oder, dies allerdings nur für die Tafel der Fürsten und Oberen, Hammelzunge, in Salzwasser gesotten, dann gespalten und gedünstet mit brauner Soße, in Butter geröstet und mit einem Speckhelm aufgetischt. Zu all dem Salate, vor allem vom frischen Großen Ampfer, der sorgte mit den roten Rettichen für Frühlingsfarben auf den Tischen; auch AmpferGemüse mit gesottenen Hopfenkeimen war überall Beigabe zu Backfisch oder Koteletts, zu den feinsten Gänsen, gefüllt mit Maronen- und Nußpastete. Was half es, daß die IslandFahrer vom Fleisch des Eisbären oder der Delphine und Haie zu schwärmen wußten, man sah ein, so weit wie die Brautwerber mußte keiner reisen, wenn es ihm wohlergehen sollte, jedenfalls solange, wie zu Worms Herr Rumolt der Koch war. Käse und Wein, Bier und Met und Sauertränke füllte man ab und reichte herum, in den rotgoldenen Pokalen, auch in Hörnern, in echten wie in künstlichen, immer gingen sie im rechten Kreise um die Tafel herum, nicht in hexischen, im MondKreis, wurden überall hingereicht, auch an die Tische, wo die Hoffräulein saßen oder die nebelländischen Leute. Das heiße Wasser wurde wiederholt erneuert, die bekleckerten Hand- und MundTücher ersetzt durch frische, da war ein Kauen und Brechen, das dampfte und schmatzte, dicker Dunst zog um die Köpfe, überdröhnt von den Schellen, KrummHörnern, Pfeifen, Fiedeln und Leiern, die, seit die Mahlzeit eröffnet war, aus der Ecke der Halle schmetterten, sangen, klingelten, schlugen und zimbelten. Und schon war er wieder voll in Gebrauch, der neue, der Lokus nach byzantinischem

Muster, der war dreisitzig, und immerzu saßen von nun an auf allen drei Löchern im weißen MarmelStein Männer wie Weiber und scholl hinter den RindsHäuten, die vorm Eingang hingen, Kreischen, Quietschen und SchwartenKrachen.

Giselher schien weniger als sonst dem Essen zuzusprechen, blickte nicht auf Laberdan und Knoblauchwurst und Wirsing, horchte nicht auf den Lärm vom neuen Abort, sondern sah vielmehr dort hinüber, wo sein ältester Bruder saß und seine junge dunkle Frau. Es bekümmerte ihn, wie sie nebeneinander saßen, steif, als seien sie selber die Sessel-Lehnen. Ihm schien, Gunthers und Brünhilds HauptArbeit war jetzt nicht das Zerkleinern von Wachtelfleisch und das Häuten von Felchen, sondern das Bewahren einer bestimmten aufrechten Sitzhaltung. Beide machten die Bewegungen, die man bei Tische zu vollführen pflegt, führten sichtbar den Becher zum Mund, hoben die Bissen, als solle das jeder sehen – doch wer genau hinschaute, bemerkte, daß beide kaum aßen, fast nichts tranken.

Und plötzlich senkte der König das Messer, ließ es gar über eine Handbreite hinabfallen auf die Tafel. Wer das hören wollte im allgemeinen Tischlärm, hätte es hören können. Der König hatte neben sich wieder die Stimme vernommen. Die fragende Stimme. Und hatte die Frage verstanden, ob er sich seine Antwort zurechtgelegt habe. – Welche Antwort, fragte Gunther. – Zum Beispiel auf folgende Frage. – Eine Weile war nichts mehr zu hören. Gunther, ohne sich zur Seite zu wenden, lauschte angestrengt. Bis er in dem Lärm hörte: Was denn er, der Herr zu ›Wurms‹, für ein ›Versprechen‹ diesem Herrn aus Xanten gegeben habe. – Ein Versprechen? – Sein ›Schiffsmeister‹ habe ihn gestern, vor Beginn des ersten Hochzeitsmahls, an die Erfüllung eines ›Versprechens‹ erinnert. Ob das die Zusage war, ihm Kriemhild zur Frau zu geben? Wenn ja, wofür? für welchen Dienst?

Als der König darauf nicht antwortete, sondern nur wieder das Messer in die Hand nahm und das Wachtelfleisch, das längst mundgerecht zerteilt war, noch kleiner zu schneiden begann, da schien er, so kam es Giselher vor, abermals zu erschrecken. Denn wieder hatte der König neben sich die Stimme derjenigen gehört, die sich beim Sprechen ebenfalls nur ihrem Fisch zu widmen schien. Ob er, der König, einverstanden sei, wenn, während man hier esse, ein zweites Bett in ihre Kemenate getragen würde.

Daß der König nun Luft holte, wäre zu milde gesagt. Für eine BlitzSekunde blieb sie ihm weg, die AtemLuft. Und da er glaubte, so bald nicht mehr frei atmen, geschweige denn irgendeine Art Antwort geben zu können, war es fast so etwas wie ein lebensrettendes Glück für den Hausherrn, daß in diesem Moment der gälische oder gallische Priester Kilian die Halle betrat, der sogenannte Wunnibald. Der wurde lauthals begrüßt, mit MusikantenTusch und dem Geschrei der Fresser. Der keltische Christ dankte lächelnd, und als es leidlich ruhig war, sagte er: Zwar sei eine doppelte FürstenHochzeit ein selten Ding, aber doppelt so gut schmecken werde es ihnen allen, den Leuten aus Burgund wie denen aus den nifelheimischen Ländern, doppelt lustig würden die Diutisken aus sämtlichen germanischen Sippschaften, wenn sie hörten, was er soeben aus Trier gesagt bekommen und weswegen er sich bei dem, was er am liebsten tue, verspätet habe: Von der Mosel sei die Kunde zu Fuß und beritten bis Alzey gedrungen und nunmehr über ihn, Kilian, bis nach Worms, die Nachricht nämlich, daß nunmehr, zehn Jahre nach der Eroberung Roms durch Totilas Goten, daß jetzt endlich Herr Chlodwig, der König der merowingischen Franken, mit seinem Heer die letzte römische ProvinzPräfektur zerschlagen habe – o doch! nunmehr habe Chlodwigs Heer Gallien endgültig befreit, ja, soeben einen triumphalen Sieg errungen über die letzten BesatzungsLegionäre –

– da erhob sich allerdings Jubel – da sprang man auf – das goldrote Adlerbanner wurde von der Wand geholt und geschwenkt, die Becher wurden gehoben, da war die Halle voll bis obenhin mit vielerlei rumpelknacksig diutiskem Getöse. Und wieder hörte man dieses »Orbi et urbi, döin RheinMi ond RuhrBi!« – die niederrheinische Version des päpstlichen HerrschaftsAnspruchs, die diese Herrschaft – mit fließenden Vergleichen – kennzeichnete als Einmischung und Aufwühlung.

Daß Herr Hagen mißmutig blickte, daß er, als fast einziger, nicht mitjubeln mochte, das fiel in diesem Augenblick niemandem auf, höchstens Herrn Giselher und Gunther. Und daß auch der Bischof lieber schwieg im teutonischen Lärm, der römische Knecht, das war verständlich, das wurde nicht beachtet. Dieses Jahr 486, das schien fast allen ein Jahr des Glücks und der Eroberungen. Die Sachsen befriedet, die Dänen aus dem Land gejagt, doppelte Hochzeit, die des Königs wie die seiner Schwester, Bündnis mit dem Freund der Leute, den die Gelehrten den neuen, den nibelländischen Herkules nannten, zugleich Heirat mit der Mächtigen aus dem Mitternachts-Reich – und nun auch noch Gallien, die letzte Kolonie, nach so vielen Jahrhunderten frei! – da mußten abermals Humpen gefüllt werden, kreiste nunmehr SaôneWein, Wein aus Herrn Chlodwigs Reich, blutroter von der Goldküste. Der König stand auf, trank als erster, nach ihm, in der Sonnenrichtung, war Brünhild an der Reihe. Ernst blieben beide. Als Kilian leutselig fragte, warum so ohne Lachen, antwortete Gunther, Herr Chlodwig habe zwar die letzten Legionäre vertrieben, aber ungewiß bleibe, ob er einer sei, der seine Grenzen kenne. Ob er sich nun nicht gegen Goten wende und Alamannen, und womöglich gegen Burgund. Markgraf Gere von Speyer habe denkwürdige Erfahrung gemacht.

Da war es wieder ein wenig still geworden. Gunther setzte sich, Hagen nickte, scheuerte sich den Rücken. Der Pokal kreiste weiter, langsam wuchs neues Gelächter; und plötzlich scholl laut der Name ›Wunnibald‹: der gallische Wandermönch, nach solcher Botschaft möge der die Grillen hinaussingen, solle nun vortragen, was er an neuen Erlustigungen ausgeheckt. Doch Priester Kilian, inzwischen an einem der hinteren Tische, duckte sich, lehnte ab. Als die Rufe nach seinen neuen Liedern aber nicht verstummen wollten, stand er nochmal auf – statt jedoch zu singen, redete er wieder und sagte, er wolle nicht den Zorn des Bischofs zu Worms auf sich lenken, man wisse ja, wie der mit irischen Wanderpredigern umspringe, wenn ihm deren Botschaft nicht gefiele, egal wie christlich sie sei. Ehe auch ihm, Kilian, Bauch und Brust gepfählt würden, halte er sich an diesem zweiten der sieben Hochzeitstage zurück, zunächst einmal – halte sich vorerst an Bauch und Brust von Schwein und Schwan.

Das verstand man, wünschte ihm Geilheit wie Appetit – denen, die das riefen, trank er zu und setzte sich und hielt sich diesen Abend allerdings ausführlich an allerlei Fleisch, auch an Wein und Würste, fürs erste. Einige berichteten später, es sei ihm gelungen, sich durch alle Speisen hindurchzuarbeiten.

Bald waren wieder nur wenige still, galten allerhand Hohnrufe und Spottgeschichten den römischen Herren. Den König sah Giselher immer noch geradeaus blicken; weder auf Wunnibald schaute er noch auf seine Gemahlin. Die aber betrachtete ihn aufmerksam. Sie konnte nun wohl eine Antwort erwarten auf ihre Mitteilung.

Aber Gunther blickte geradeaus. Auf den GlücksKerl am anderen Teil der Tafel, das ihm immer weniger als das untere Ende des Tisches erschien. Brünhild dagegen betrachtete weiterhin ihn, so daß es für den, der zufällig herüberblickte, so aussah, als führten sie Gespräche miteinander, wenn auch über ernstere Themen, wie das den Regenten eines SorgenReiches wohl anstand, sogar in Feststunden. Die Isländerin, so mochte man glauben, erkundigte sich jetzt nach dem Merowinger, dem mächtigen Nachbarn Chlodwig. Doch wer so genau beobachtete wie Giselher, merkte, daß zwischen den neu Verheirateten keine Worte getauscht wurden. Sondern nur, ab und zu, einseitige, eisige Stichworte. Ja, eiskalt durchfuhr es den König, als er nun die Frage verstand: »Wahrhaft groß Künnek, nun sag mir – wer war das, der die Lohe zum Erliegen brachte? – Du? Nichts bringst Du zum Erliegen. – Auf Deiner Stirn seh ich Glitzperlen. – Dank für so edlen HochzeitsSchmuck! – Wieso die Sorgen, mein Held? Ich will keine dreifache Prüfung zu Wurms. – Nur Mut, Herr BurChunthar! – eben deshalb rück ich zur Nacht ein ander BettStatt in unser Gemach.«

Gunther, da er eine Antwort hätte geben sollen, griff zum schweren Wein. Trank. Und mochte sich dabei hinter seinen geschlossenen Augen ausmalen, wie diese Pein nur noch wenige Stunden dauern werde. Der NidgirTöter würde sein Versprechen halten, schon deswegen, weil auch ER, wie alle nordischen KraftWesen, nicht wünschen konnte, daß offen herumgeplaudert würde, wann welche Frau mit ihm Umgang gehabt und unter welchen Versprechungen. Schon deswegen werde der noch heute Brünhild zwingen, weil auch ER in dieser Frau Lokis Spitzzüngigkeit zu fürchten hatte. Unter solchen Überlegungen wollte Gunther sich aus dem SaôneWein abermals Trost saugen. Da hörte er wieder die Stimme. Die stach wie eisige Nadeln.

»Hat Euch das sehr betrübt, das geschiedene Bett? O großer Künnek, wenn das so ist, dann sagt mir nur, was Ihr wißt, Herr Chunthar. Wie könnt Ihr Eure KünneksEhr so schänden und gebt Euer einzig Schwester an ein leibeigen Mann! Welche Dienste hat der getan?«

Er schwieg, hörte aber, wie sie die letzte Frage wiederholte. Da sagte er, sie werde sich ihren EisMund und ihre SpitzZunge schon noch verbrennen und irgendwann endgültig erfahren, ob sie so wahrhaft groß sei, wie sie sich fühle. Dazu sah er wie flehend auf das Paar gegenüber, am oberen Ende des Tisches.

Dort unterbrach die Frau ihre Mahlzeit, um sich wieder an die Schulter des Mannes zu drängen, ihm was ins Ohr zu raunen und es zu liebkosen, wobei die Worte, die sie zu sagen hatte, nicht halb so kalt geklungen haben dürften wie die, die der König zu hören bekam, am unteren Ende des Tisches.

»Wahrhaft groß? – Was meint das, SchwitzRitter! GlitzKünnek!«

»Ich sagte es schon. – Der Nibelunge ist König wie ich. Ist meiner Schwester ein würdiger Mann.«

»Er ist Steuermann. Schippmann. Für Fährdienste kriegt man zu Burgund des Königs Schwester?«

»Nicht dafür.«

»Wofür.«

Er blickte weiter geradeaus. Traute sich nicht, in diese Augen zu sehen. Längs über den Tisch blickte er, über die metallenen, irdenen, goldenen und roten Schüsseln, bedeckte sich den Mund mit seinem Becher, sah hinüber auf den, mit dem all diese Pein begonnen hatte und den er in Gedanken den ›Störenfried‹ zu nennen begann. ›Wühler‹ hatte Hagen gesagt, ›Arbeitswütiger‹.

›Störenfried‹ nannte Gunther den Siegfried.

An diesem zweiten Hochzeitsabend durfte Herr Gere, Markgraf von Speyer, wieder neben Frau Kriemhild sitzen. Daß er sie verehrte, wurde damit anerkannt. Seine Ehre als der Abgewiesene war mit dieser SitzOrdnung wiederhergestellt. Freilich saß er nicht an ihrer grünen, an der BräutigamsSeite, außerdem hockte zwischen ihm und der Angebeteten deren Mutter. Von Frau Ute hatte es seit Stunden wieder den Anschein, als schliefe sie. So gab Herr Gere sich endlich einen Ruck, beugte sich vor und richtete, um ein Gespräch zu beginnen, eine Frage an den Hochzeiter, hatte eigentlich nach den bunten Zeichen auf dessen LeinenRupfen fragen wollen, nach den Kühen zumal, doch erschien ihm diese Frage wenig ritterlich und er meinte, fragen zu müssen, wie denn der Nibelunge den RheinTyrannen überwältigt habe. Leider sei er, als Giselher darüber berichtet, nicht in der Halle gewesen; doch habe er über den Kampf mit NidGir fürchterliche Einzelheiten vernommen. ›Kniff‹ hätte er angewendet. Von ›Giribinheit‹ habe er reden hören.

Der Mann aus Xanten schaute den Höfling an, kaute. Und beugte sich dann ebenfalls vor, an seiner jungen Frau vorbei, fast bis zu Utes Stuhl und ließ es dann schlackerplatschen und rappelknacksen: »Ik heff dat SchrappHals NidGir op die ArabeitsFlüss chilockt! zwitschgin Lippi ond Ruahri – mittmank dat KohlVolk, dat SchmidtPack! in die Riviers! Ond sieh! Dat RheinHerr was keen Künnek, dat was nix as een krötich SchluarfSchlack! een Speck-Schneck, su groot as drimal die Hall hier! Nu? Wat makt wild Kämp mit PuddingSchneck? – Yerra! Ik bin droppjitrappt! Matsch Üt Amin.«

Herr Gere von Speyer, der Hofherr von feinen Sitten, nickte. Lächelte und nickte wieder. Und hat noch diesen langen Abend, stets aufs Neue, in tiefen Gedanken, gemurmelt: »›Droppjitrappt‹.«

Immer wieder sagte er dieses Wort. »Ik bin droppjitrappt.« Als müsse er's auswendig lernen.

Unterdessen beobachtete Gunther den, den er insgeheim fürchtete. Suchte den wiederholt, mit flehentlichem Blick. Als möge der auch jetzt, wie zwei Wochen zuvor in der Halle zu Isenstein, so tun, als betrachte er nur die Lichter an den Wänden und zeige dabei, nur Gunther verständlich, sein Nicken, SEIN zuversichtliches, aufrichtendes Nicken.

Aber der NiederLänder aß nur. Redete locker, erzählte Herrn Gere, plauderte Platt. Und ließ sich das Geraune gefallen am OhrenFlaum. Mochte nicht zum Unglück des anderen Herrn hinüberschauen.

Da erhob sich Vetter Ringwolf – die Musikanten gaben Signal. Als der LeuteLärm einigermaßen verebbt war, sprach der Bischof. Ludt ins Münster auf den nächsten Morgen. Erinnerte an das HochAmt, wünschte schon jetzt den KirchenSegen auf das Haus der Burgunder, das nicht nur, wie manche in der Sippe meinten, in der *Sapaudia*, nicht bloß an der Rhone seinen Frieden finden, sondern auch hier erblühen könne, am Rhein. Auch jetzt, da der Schutz aus Rom vollends zerfalle. Der müsse blind sein, der nicht sähe, wie auch in Worms Wohlstand wachse und sich darin der Segen zeige der neuen, der ChristenZeit. Auf dieses Glück hob Ringwolf den Becher, ließ anstoßen. Und sagte dann, er bemerke, wie einem unter Gundomars Söhnen jetzt allerhand durch den Kopf ginge – darum bitte er nun den belesenen unter den Königsbrüdern, reinlichst zu beschreiben, wie es zuginge in der derzeit prächtigsten Stadt der Welt. Einer Stadt, von der man wisse, daß nicht nur Trier oder Köln in ihr das Vorbild sähen, sondern auch Worms. Einer Stadt, die nach dem Untergang von Rom das neue Rom sein wolle, die wahre WeltHauptstadt, in deren Schatten nicht nur Rom und Alexandria und Marsilia stünden, sondern auch alle anderen Städte. »Giselher«, so rief er, »schildere uns Gundomars hohes Ziel! wie sieht es aus! – was sagen die Bücher, was erzählen die Reisenden über die Hauptstadt der GottesLästerei, über Byzanz!«

Oh ja, Giselher solle unterhalten, riefen die Gebäckbeißer, die Konfektknacker. »Dropjitrappt«, murmelte Herr Gere. Aber lieber mit LiebesLiedern solle er sie unterhalten, meinten andere, die nicht nur ihre Blicke, sondern auch schon ihre Hände den Nachbarinnen zugewendet hatten, begehrlich, nach Baldinais oder Lokis Weise, unter den Tischplatten.

Giselher hatte sich erhoben, dankte dem Bischof für die Ehre.

Sagte dann, er habe vorerst kein neues Lied, zumal er sich geniere; denn mit seinem SchlachtenGesang gegen die Sachsen sei er ein falscher Prophet gewesen, weil statt des Gemetzels auf dem Feld vor Frankfurt der Frieden der Siedler eingetroffen sei. Das sei trotzdem ein gutes Lied gewesen, bemerkte Gernot, es habe Mut gemacht und wütige Stimmung im Heer. »Droppjitrappt«, wiederholte Herr Gere, und blieb verwirrt.

»Was die Lieder betrifft«, antwortete Giselher den Zurufern, »da bin ich sicher, daß Wunnibald eins vorträgt, eines, das ebenfalls wunderbar Stimmung macht.« Da lachten die Handgreiflichen, und in der Ecke, am Tisch der unteren Dienstherren, lachte der Mönch aus Irland. Der hatte sich inzwischen durch mehr als die Hälfte der Essensgänge hindurchgekaut. »Matsch Üt Amin«, flüsterte Gere.

Doch wenn Ringwolf, sagte Giselher, meine, daß die hier Versammelten wissen sollten, wie jene Stadt aussähe, die beanspruche, die Kapitale der Welt zu sein, und von der die burgundischen Herren so gerne schwärmten, dann halte auch er es für richtig, sich über solche Träume rechtzeitig Kunde einzuholen. Sonst würden die Wormser dereinst als NachtWandler von der Wahrheit getroffen und von hohen Zinnen hinunterstürzen bis in den AbortKanal. – Bei diesen vorbereitenden Worten streiften Giselhers Blicke wohl auch das Paar, das, obwohl es im Licht saß, Düsternis ausstrahlte. Gunther und die Isländerin saßen nicht weit von ihm, die saßen so aufrecht, als seien, in Stein gehauen, zwei Könige aus Ägypten zu Gast.

»Wir wissen, Worms lebt auf Byzanz hin. Der goldene Himmel über dieser Halle ist davon nicht das einzige Zeichen. Mag sein, der Schwächere verliebt sich gern in größere Herrlichkeit, um die eigene Kleinheit zu vergessen, um im Abglanz dessen, was er begehrt, sich selber zu verklären. Doch auch Byzanz, die Metropole des Schönen, Konstantinopel, die goldene Stadt am Bosporus, auch die ist keine riesige Streitmacht, ist allseits von Feinden bedrängt, ist, wie Burgund im Kleinen, eine GeistMacht, ein SorgenReich. Je heftiger die Neider und Nachbarn zusetzen, um so prächtiger baut sich Byzanz aus. Hat schon heute zehn mal hundert mal tausend Bewohner, steht wie WestRom auf sieben Hügeln, aber nicht bei einem stinkigen Flüßchen, sondern über einem klaren Meeresarm, dem Bosporus, dessentwegen schon Athen zehn Jahre Krieg führte gegen Troja. Im OstRom sind auch die Häuser nicht halbleer wie am Tiber und hängt die Stadt nicht zwischen viel zu großen Mauern und unter Ruinen, sondern ist alles prallvoll mit Lebendigkeit. DoppelMauern schützen ringsum, elf Riesentore öffnen die Befestigungen. Quer durch diese Stadt der Städte führt eine breite Straße, doppelt so breit wie unser PfalzHof. Begleitet ist die Allee auf beiden Seiten, über die ganze Strecke von mehr als zehntausend Klaftern, von goldglänzenden Arkaden, unter denen die Läden der Geldwechsler sind, der Gold- und Silberschmiede, der Tuchhändler und Schneider und Drechsler und Wagner. Doch dann, am großen Forum, erheben sich die SeidenMagazine, wahre Häuser des Lichts, ja, so nennt man sie, denn auch in den Nächten sind ihre tausend Fenster erleuchtet. Die üppigsten HandelsHäuser jedoch stehen erst dahinter, zwischen dem kaiserlichen Palast und dem ZeuxipposBad. OstRom ist eine Stadt der Bäder und der Hospitäler – Ärzte und Bader sind dort, so sagen die Bücher, göttlich erleuchtet, jedenfalls sind sie die berühmtesten, die besten. Selbst vom AtlasGebirge und von Marsilia schickt man die Kranken dorthin, und sie kehren heim und sind wieder gesund. Die Häuser der Vornehmen, also mehr als die Hälfte in Byzanz, wurden aus Stein gebaut und sind drei und vier Stockwerke hoch, entfalten aber ihre größte Pracht nach innen, wo in den Höfen Brunnen, goldüberglänzte Arkaden und Schmuck aus aller Welt zu finden sind, aus Libya, Palästina, Arabia und aus India. Zu all diesen Wundern, auch zur Kunst der Ärzte, muß man wissen, daß die gesamte Stadt untermauert ist von Kanälen – das Schmutzwasser steht nicht, wie bei uns, in den Gassen oder stinkt aus dem Hafen und dünstet Pest aus und Leberwürmer, nein, dort fließt alles, noch ehe es gärt und fault, unter der Erde ab, und mehr als hundert Beamte sind unentwegt beschäftigt, für die Sauberkeit des Wasser zu sorgen, auch für die Reinheit der breiten Straßen.«

Giselher nahm einige Schlucke und merkte dann an: »Bei all dem vergaß ich – nun merk ich's wieder, Herr Ringwolf – vergaß ich die Kirchen, von denen es an die zweihundert gibt, nicht gezählt die Kapellen, Klöster und Waisenhäuser und der Welt beste Universität samt ihren Bibliotheken und Museen, in denen man betrachten kann, was Ägypter und Griechen in ihren Künsten vermochten – zwölf Meter hoch war der Zeus, aus Gold und Elfenbein war er, der tausend Jahre über Olympia gestanden hat und den man nach Byzanz holte, wo er eben jetzt in einem Brand verglüht ist. Ja, verstecken wir nicht, was es an düsteren Zeichen gibt, die Ringwolf als solche der Gottlosigkeit erkennt – aber vergessen wir auch nicht das schönste, oh ja, Kriemhild, wie kann ich erst jetzt auf die Kleider zu sprechen kommen, Verzeihung – unbeschreiblich, ja unvorstellbar ist der Prunk der täglichen Zeremonien, des ständigen GewänderWechsels am Kaiserhof. Dagegen ist diese Doppelhochzeits-Halle kaum mehr – seht mir's nach, Freunde – kaum mehr als eine Bauerntafel. In Konstantinopel dagegen wird der Kaiser nach innen wie nach außen, im Geist wie in den Dingen und Gebärden, als ein Gott verehrt. Mit Sammet und mit Seide und mit kostbarsten Rauchwaren, versteht sich, ist er gekleidet, doch ständig, ja stündlich wechselt er seine Gewänder, schon aus Angst, es könne ein Meuchler ihn erstechen. Darum erscheint seine Kleiderpracht immer wieder neu im Zuschnitt, mal griechisch, mal ägyptisch, mal altrömisch, alsdann persisch und zuletzt indisch und gar chinesisch – es tauscht also dieser vermeintliche ChristenGott fortwährend seine Roben und Masken, wechselt auch die schweren Diademe auf seinem Haupt und wallfahren zu ihm täglich die Massen in ergebenen Prozessionen – haben sie doch das Glück, ihren Gott leibhaftig sehen zu können! man huldigt ihm im Hippodrom, wo täglich vierzigtausend Menschen überdacht beisammen sind und von fern den Kaiser anbeten können. Er, der Kaiser, ist ihr Gott. Und ist zugleich oberster Seidenhändler, ist Besitzer aller WebFabriken am Bosporus, auch aller Lagerhäuser voll der seltensten, der orientalischen Preziosen. Diesen Kaiser und Gott zu beschreiben und nichts auszulassen – ich spür's, mir fehlen die Worte. Laßt es also beim Traum bewenden, bei den prangenden Farben Gold und Rot und bedenkt, was unser Bischof vom unrechten Glauben dort erzählt hat. Doch –« Giselher stockte, schien einen neuen Gedanken nicht aussprechen zu wollen, trank und sagte dann, mit unsicherer Stimme: »– wie schnell ist nicht nur zu Konstantinopel die Macht bloß noch ein Wolkenkuckucksheim. Wie beim Brand im Lauros-palast die Statue des Zeus von Olympia zergangen ist – man hielt, was der Grieche Phidias geschaffen, für ein Weltwunder – so schnell wie der Glanz des alten GötterVaters, so ist vielleicht auch unser Licht bald schon erloschen. Auch in Byzanz ist der Mächtigste schon längst nicht mehr der Kaiser und Gott, sondern der Lenker ist in Wahrheit ein Mann im Hintergrund. Das ist der Erzbischof Johannes, den sie Chrysostomos nennen. Der predigt so gewaltig, daß die Leute von ihm nur als vom ›Goldmund‹ reden – und was predigt er? immer wieder gegen die vermeintlichen Mörder des Christus, gegen die Juden. Wie die Juden in ihren Synagogen dem Laster lebten, zusammen mit Huren und wilden Tieren und wie diese Juden nur auf neue Finsternisse sännen und den WeltKreis insgesamt verrieten und verkauften, und sicherlich sagt dieser Johannes inzwischen, auch die zwölf Meter hohe GoldStatue, die hätten die Juden vernichtet. Ja, der vor jüdischen Kniffen und Listen warnt, der ist in hohem Ansehen, sogar im alten, in West-Rom. Bischof Ringwolf hat es mir bestätigt, Johannes Chrysostomos, der JudenVerflucher namens ›Goldmund‹, der gehört schon jetzt zu den Heiligen auch der alleinseligmachenden Kirche. Freunde, wie immer wir über dieses traumhafte Reich denken – laßt es beim Traum bewenden. Gunther, Du Träumer von Byzanz, Dir trinke ich! Dir zum Wohl wie Deiner ehrwürdigen Frau!«

Giselher hob den Becher seinem Bruder zu, fast jeder tat es ihm nach und meinte, nie so deutlich vor Augen gehabt zu haben, worauf es in Worms bei allem hinauslaufen solle und welche Nöte da drohten. Dann ging Giselher endlich zu seiner Truhe, schloß auf und holte seine Fiedel hervor – das wurde, nachdem er so vieles Bedenkliche vorgetragen, mit Fröhlichkeit bedacht. Während er noch einstimmte, unterbrach ihn Ringwolf mit dem Zuruf, ob denn nicht auch Herr Giselher wisse, daß es die Juden gewesen seien, die den Heiland gekreuzigt hätten.

Erst tat der Spielmann so, als habe er nicht gehört; doch da es still blieb, bemerkten alle, wie er keine weiteren Saiten mehr probierte, sondern nur noch, zögernd, immer dieselbe. Und wie er schließlich das Instrument absetzte, den Bischof ansah und sagte: »Ich weiß es anders.«

»Was weißt Du.«

»Die Herren aus Rom waren es, die Jesus kreuzigen ließen. O doch – wer diese Geschichte so kennt, wie es geschah, der weiß auch, woher Euer Zorn auf die Juden in Wahrheit herrührt.«

»Woher kommt er.«

Giselher schwieg. Aber der Bischof mußte nun wohl weiterfragen. »Sag es uns. Warum hassen wir die Juden.«

»Nicht weil sie Jesus umgebracht hätten. Sondern weil sie wissen, wer es in Wahrheit tat.«

»Erzähl es!« hörte man aus den hinteren Reihen.

»Ein frommer Rabbi in Mainz, von dem ich vieles lernte, auch über Byzanz, der erklärte es mir – ohne Zorn. Der sagte, die Religion vom Gekreuzigten, die sei am Anfang der Glaube der leidenden Menge gewesen, der Menge der jüdischen Knechte, der sei die Hoffnung gewesen der Sklaven, die in großer Inbrunst auf Befreiung von ihrem Jammer gesonnen hätten, ja, auf Aufruhr gegen die römischen Herren. Nicht in der Ewigkeit, sondern hier und jetzt wollten sie ihr paradiesisches Reich oder mindestens so viele lebendige Freiheiten, wie sie uns auch Meister Wunnibald predigt. Doch als nach drei Jahrhunderten unter dem großen Konstantin der Glaube an den Gekreuzigten zur StaatsReligion des Kaisers wurde, zum Glauben also des ganzen römischen Imperiums selber, da war inzwischen die Begeisterung für Jesus etwas ganz anderes geworden, da war sie nicht mehr der Glaube und die Hoffnung der Unterdrückten, da war sie die Geriebenheit der Herrscher und der Reichen.«

Der Bischof wollte aufspringen, Hagen hielt ihn auf dem Sitz.

»Da war Christus inzwischen verwandelt worden in einen, der nicht hier auf Erden Änderung brächte und für diese unsere Leiber, sondern da war er nun einer, der die Erlösung in einem fernen Reich verhieß, in einem geistigen.

Statt des Aufruhrs mußten die Leute nun das Leiden lernen, Geduld und Fügung, das tägliche, das Kreuz für jeden. Von dem gibt es nun die Befreiung allein in einer höheren Welt, in einer ›reinen‹, wie Herr Ringwolf das nennt. Und die Kirche des Christus spiegelt seitdem in sich selbst die ganze Pracht der römischen Fürsten, alle ihre Stufen der Herrschaft. Und damit die so schwer zu bezähmenden Heiden sich auch ganz zufrieden geben und ruhig bleiben, schuf man ihnen als Ersatz für ihre ErdMutter, für die Kraft des Begehrens, die alles durchdringt und Hoffnung macht auf Freiheit – da schufen die Kirchenfürsten ihnen eine andere Mutter, die Mutter des Jesus. Von dieser Maria wurde von nun an verschwiegen, daß sie oft empfangen und geboren hatte, nein, das war nun keine AllMutter aus Blut und Lust, sondern ebenfalls eine ›reine‹, die der leidenden Menge himmlischen Trost zu spenden hatte, als stillende Madonna, die mit dem GottesSohn stellvertretend alle unsere Seelen säugt und stille macht. ›So werden nun‹, schloß der fromme Rabbi, ›diejenigen, die anfangs Gerechtigkeit auf Erden wollten und Freiheit, im Leib so wie im Kopf, die werden nun vertröstet auf eine jenseitige Seligkeit, werden brav und kindisch wie die Säuglinge oder aber sie werden in ihren Köpfen hart und streng und unleutselig wie schon der Herr Paulus.‹ So sagte er es.«

Da stand nun Ringwolf doch auf und erklärte: »Was Du von Deinem Mainzer Rabbi weißt, das beweist gerade nichts anderes als das Ausmaß dessen, wie recht die Kirche hat, vor den Juden zu warnen. Extra ecclesiam nulla salus – außerhalb von Marias reinem Hause wird nie ein Heil sein –« – da zerrte an ihm derjenige, der neben ihm saß, der zog ihn auf den Stuhl zurück, der Herr Hagen, Ringwolf möge sich seine schönsten Worte aufheben für das Hochamt morgen, o ja, in Marias reinem Hause werde man ihm gerne lauschen und den Giselher bat er, nicht weiter den Bischof zu foppen mit jüdischer Weisheit. »Du solltest Dich sehr hüten, ihn zu reizen, nimm es als guten Rat – auf Dauer hat er mehr Macht als jeder Schreiberling, ja, mehr als wir alle. Diese Maden aus Rom und aus Byzanz sind die neuen Herren der Welt, denn ihr Feldzug ist der am besten vorbereitete. Er trifft die Köpfe – hör auf Deinen Rabbi! – und beginne nun endlich mit Deinem Lied.«

Giselher hob wieder die Fiedel, wartete aber noch, nickte dann und sagte, es sei ihm eine alte Geschichte eingefallen, die er so singen wolle, daß jedem deutlich werden möge, wie selbst der Kaiser des goldenen OstRom nichts weiter sei als auch nur ein Mensch, unrein und ein ängstlicher obendrein. Dann sang er folgendes Lied:

Gundomar, der alte König,
seiner Wormser Wohl bedenkend,
sandte einst den jungen Hagen
hin zum Hofe nach Byzanz.

Dort empfing man ihn mit Ehren
prächtig an des Größten Tafel,
Hagen ward ein Platz gewiesen
dicht beim allerhöchsten Gott.

Doch war ein Gesetz gegeben,
an des Gottes Tische dürfe
niemand auf die andere Seite
wenden, was ihm vorgelegt.

Weh, Herr Hagen, dieser Satzung
unerfahren, drehte arglos
seinen Fisch, die GegenSeite
auch zu essen und mit Lust.

Da erhoben sich die Fürsten,
Mann für Mann, des Gottes Ehre
wiederherzustellen gegen solche
unerhörte Freveltat.

Und der Kaiser sprach mit Seufzen:
»Ach, Dein Leben ist verfallen.
Doch es steht vor Deinem Ende
Dir noch eine Bitte frei.

Was es immer sei, ich will es
Dir gewähren.« Ritter Hagen
dachte nach und sprach mit List,
alles lauschte seinem Wort:

»Eine letzte Bitte hab ich,
eine kleine nur, o Allergrößter!«
Und der göttlich Große sprach: »Wohlan,
sprich, sie ist voraus gewährt.

Nur das Leben Dir zu schenken,
ginge gegen unsrer Väter
altgeheiligte Bestimmung –
alles andre steht Dir frei!«

Drauf Herr Hagen: »Gerne sterb ich;
nur ein einziges begehr ich,
eh sie mich zum Tode führen:
Wer den Fisch mich wenden sah,

der soll gleichfalls an den Galgen!«
»Weh!« so rief der Kaiser ängstlich,
»so mir Gott! die anderen sagten's!
Ich? ich habe nichts gesehn.«

Und die Kaiserin desgleichen:
»Bei der reinen Gottesmutter,
bei der Königin des Himmels
schwör ich, daß ich nichts gesehn!«

Auch Byzanzens Fürsten schworen
beim Herrn Jesus, bei Maria,
bei den Engeln, bei den Teufeln –
keiner hat die Tat bezeugt.

Also schlug der Waffenmeister
sie mit ihren eignen Waffen.
Und er kehrte wohl und heiter
wieder heim zu Gundomaris.

Da wurde Beifall gerufen und der Sänger ebenso gepriesen wie Hagen. Dann aß man wieder mit Vergnügen und wendete die Speisen; und man erzählte sich allerlei weitere Listen des Waffenmeisters. Da es fast allen gut schmeckte und so überaus wohl war in Kopf und Bauch, fand das meiste Gelächter die Beschreibung jenes Gastmahls, an dem König Gundomars Berater dem römischen Statthalter der RheinProvinz und seinen Generälen getrocknete FuchsLeber ins Essen hatten rühren lassen, was Wirkungen hatte, über die jeder TafelGast andere und noch süßere Erinnerungen auftischte. Grün und bleich seien die Gäste aus Rom gewesen, wären am Ende gar nicht mehr von dem Loch überm HöllenStunk heruntergekommen und hätten seit dieser Nacht das Reich der Burgunder sorgsam gemieden. Am heftigsten habe das FuchsGift den Präfekten getroffen, den zwei seiner Generäle noch gerade bis vor das RinderFell geschleppt hätten, hinter dem er sich erleichtern wollte, obwohl das der alte giftstinkende Abort war, aus Holz und ohne Abfluß, schon auf dem Weg dorthin hätten sie ihm Gürtel und Toga abgenommen, weil alles so durchaus dringend gewesen, trotzdem ist ihnen der schwere Herr kurz vor dem Vorhang zu Boden gesunken, sind ihm Braten und Wein wie Fontänen hinten herausgepfiffen, grün und braun sei das bis an die Decke geschossen, oh doch: eines der letzten römischen ProvinzProtokolle, noch 472 in der Kapitale des zerfallenden WeltReichs abgeliefert, verfaßt von Horatio Severus Titus Maximus, also von eben jenem Präfekten, der das Loch trotz der Unterstützung seiner Generäle nicht mehr erreicht hatte, dieser Herr Severus, also Herr ›Grausam‹, der beteuerte in seinem letzten Bericht an die Regierung, daß die Speisen der burgundischen Germanen für den römischen FeinGeschmack durchaus ungenießbar und, um weitere Schwächungen der MilitärKraft zu vermeiden, die Legionen möglichst um das barbarische Burgund herumzuführen seien. Darüber lachte man wieder und mochte, was fünfzehn Jahre zuvor, zu Gundomars Zeiten geschah, nicht oft genug hören, da taten sich die Erzähler mit immer neuen Einzelheiten hervor über jenes Gastmahl, mit dem Hagen die fremden Herrschaften von Grund auf verarscht hätte, ja – so lachten sie, krakeelten krachend und becherten bornholmisch.

So wirr brandete da der Lärm aus den Zwerchfellen, daß Ringwolf in tiefer Sorge die Faust um seinen reinen Stein krallte und von ›Satan‹ zu stammeln anfing und war so verängstigt, daß sich ihm die Silben verwirrten und Saturn unter den Satan geriet und das Satanische unter das Saturnalische. Bis zum Glück Hagen selber sich erhob. Rasch wurde es still, als man den Krummsinnigen stehen sah. Er dankte Giselher für sein Lied. Die Begebenheit in Byzanz bezeuge, wie auch in der Ohnmacht Hilfe sei. Dem Überlebenden sei es egal, ob ihm Lokis List beistand oder die des ›Goldmund‹ Chrysostomos oder gar die des Vetter Ringwolf. Ja, Geriebenheit regiere das räuberische Dasein. Von solchem Witz wünsche er passende Portionen allen vier Hochzeitern. Der Waffenmeister trank. Als alle vom Wein aus den Hügeln hinter Dijon genügend geschluckt hatten, zum Schutz gegen die ›RäuberWelt‹, da wandte Hagen sich an Siegmunt und Sieglind. Und forderte sie auf, doch auch einmal aus ihrem Reich zu erzählen. Jedenfalls sollten sie dies tun, bevor sich jetzt Ringwolf vernehmen ließe, um allen klarzumachen, wie sündhaft er dieses Fest fände und wie aufrührerisch Giselhers Ansichten und wie räuberisch OstRom sei im Gegensatz zum alten WestRom. Da wüßte man doch lieber was aus den nibelungischen Ländern. Aus jenen Reichen, aus denen Kriemhilds Gemahl käme, wo bis auf den heutigen Tag, wie er gehört habe, Loki, der Gott der Geriebenheit, die Leute erleuchte. Allzu undeutlich sei darüber in Worms bislang berichtet worden.

Wer Hagen kannte, spürte den Dorn. Da sprach sein Mißtrauen gegen den Junker-ohne-Land, gegen die KleinFürsten und bärenfelligen WanderHerzöge in Nieder- und NebelLand.

Die Alten aus Xanten ließen sich das nicht anmerken. Es erhob sich Sieglind, die große Weißhaarige, die statt des BärenFells, das man ihr angedichtet, ein kragenfreies Hemd trug wie ihr Sohn, hellgrau und bodenlang, mit rotem Gürtel. Das zeigte in Rot und Schwarz die Zeichen und KuhBilder, wie man sie auf den Gewändern des Sohnes beobachtet hatte.

Die Frau sagte: »Dank für soviel Ehre. Doch tut mir's leid: So üppige Bilder kann ich nicht malen wie Herr Gislahar. Wir leben zu NiflLand, glaub ich, ein bißchen anders. Nicht in Samt und Seiden wie die von Byzanz. Nein, wir leiden auch nicht an oströmischen Träumen – wir leiden am römischen Regiment. Ich meine das ChristRegiment – das hat Herr Chlodwig nicht zerschlagen, das lebt wohl lang noch. Santen am Rhein, Xanten, das ist *colonia.* Das ist KolonnenStadt wie Köllen. Was helfen Armins Siege bei den Externsteinen, was hilft Totilas Sieg in Rom, was Chlodwigs in Gallia – ich seh das RomRegiment selbst in dieser Halle zu Wurms. Die ist gebaut wie all unsere KopfHöhlen nun gebaut sind. Nach römischem Vorbild. Das hält wohl lang noch.«

Dann sprach sie einiges in der fremden, in der platten Sprache.

Die AllKraft, so glaubte Giselher sie zu verstehen, die sei nicht hinter Mauern und in Höhlen zu bergen. Die sei WandelKraft, sei Liebe. Wahrheit bleibe wegloses Land. Wer sie tatsächlich begehre, der werde sie nie festmauern in Religionen.

»Wenn ich brabbelen soll, was zu Xanten Not macht, so ist das die Sorge, die von lateinischen Köpfen kommt. Von der römischen *industria* – die ist der wahre ChristGott. Und ist verdolmetscht: Fleiß und Gut sind Segen, Gold ist Glück. Byzantinischer Prunk ist GottesDank. Fürwahr, das ist NidGirs, das ist SatansGift, aus dem alle Räuberei wächst, vor der Hagen warnt.«

Nachdem auch sie solchermaßenm ihre Erzählung vorbereitet hatte, nahm sie einige Schlucke aus ihrem irdenen, rot gemusterten Becher und fuhr fort. In Xanten wie auch sonst im NebelLand habe man sich zu wehren gegen den Raub- oder RomGeist im Militär, bei den Grafen wie bei den BischofsFürsten oder deren leibeigenen Richtern, die von allen am Rhein die bestechlichsten seien. Um klarzumachen, wovon sie rede, wolle sie ein Beispiel erzählen.

Still war's im Saal, nur Ringwolf hatte zu tuscheln, wollte von Giselher wissen, was dies oder jenes LeuteWort bedeute. »Eine Freundin«, so begann Sieglind, »eine FürstenTochter, die mit mir im Wald am Externstein aufgewachsen, die hat einen Gutshof geerbt beim Rhein, nicht weit von Köln, halb auf dem Weg zur Siegburg. Diese Freundin war inzwischen Witwe, denn ihr Mann, der aus dem RheinLand stammte und dem neuen römischen Gott nicht dienen wollte und zu den Ostfalen floh, dieser Mann ist gevierteilt worden. Auch hatte sie keine Kinder oder sonst nähere Verwandte, die das Gut im christrömischen Reich hätten übernehmen können oder verwalten; die Freundin selber hat ihr Land bei der Elbe nicht verlassen wollen, da sie den Elben oder Elfen eher traute als dem Nebel, den die ChristPriester verbreiteten. Jedenfalls hat sie nicht gewußt, was sie mit dem Erbe am Rhein beginnen sollte und schließlich einen vornehmen Herrn aus Köln mit der Verwaltung der Ländereien beauftragt. Diesen Herrn namens Kuonrad hatte man ihr empfohlen als klug und vertrauenswürdig, da er von kirchlichem Stand und direkt dem Kölner Bischof untertan sei und weil er solchen Einfluß habe, daß ihm sogar die Leiber der drei heiligen ZauberKönige gehörten. Die ruhten zwar noch in Mailand, in goldenen Schreinen, doch werde Kuonrad, so hieß es, die Leichname der drei Magier nach Köln verkaufen, das sei gewiß. Als meine Freundin hörte, daß Kuonrad Kaspar, Melchior und Balthasar behütete, da stand ihr Entschluß fest. Diesem Mann vertraute sie ihr Gut.

Nach einigen Jahren mußte sie aber erfahren, daß Herr Kuonrad sich ihr Gut am Rhein angeeignet hatte und längst als rechtmäßigen Besitz betrachtete. Auf meinen Rat klagte die Freundin beim Kölner Bischof. Doch ist die Klageschrift von geistlichen Dienstleuten unterschlagen worden, die allesamt Geschäftsfreunde des Herrn Kuonrad waren. Doch meine Freundin gab den Tjost nicht auf. Wir zwei, wir wußten Kraft von den drei Weisen aus Morgenland, wir ruckten uns auf und führten neue Klage.

Vor gut einem Jahr ist dann die Freundin, mitten im Winter, nach Köln gereist, von Hammaburg über Hildisheim und Soest, Buchheim, Asnithi und Deutschburg nach Xanten, von dort an den Hof des FürstBischofs zu Köln. Der hat uns auch selbst empfangen und hat auf unsere Vorhaltungen Wala, seinen Vetter, beauftragt, den Fall zu untersuchen. Als nun, noch vor Einbruch des nächsten Winters, dieser Herr Wala alle Urkunden beisammen und alle Machenschaften ermittelt hatte, als schon der Urteilsspruch vom obersten Richter gefällt werden sollte, vom Erzbischof zu Köln selbst, da ist meine Freundin wiederum von der Elbe an den Rhein aufgebrochen, ist aber unterwegs, im AsnithiWald, überfallen worden, nicht weit von der Eisenburg, die auch den Wormsern als Sitz des SchadAlbenKönigs bekannt ist. Seither hat niemand wieder etwas von der Freundin gehört. Doch gab ich keine Ruhe und habe Wala gedrängt, allen Spuren nachzugehen. Da hat er endlich erfahren, daß der vermeintliche Verwalter ihres Gutes zwei Mörder gedungen und meine Freundin beseitigen ließ. Um sicherzugehen, daß nichts verraten würde, hat er den einen der Mörder wiederum durch den anderen erdolchen lassen. Die Furcht meiner elbischen Freundin, ihre Angst vor dem Land am Rhein hatte sie nicht getrogen. Das rheinische ChristReich, von Köllen bis Basil und bis hin nach Rom mit all seinen Amtsleuten, das ist verkauft und bestochen. Für Herrn Kuonrad war heidnisch Gut kein Gut. Heute ist Kuonrad ein mächtiger Mann zu Rom, beim Papst. Die weströmischen Kolonnen, die sind nun tot – aber in den Capitibus, in unseren Köpfen, in denen lebt das GierGift, das die Not macht. Byzanz? Tut mir leid, ich wünschte, Ihr träumtet andere Träume!« Sie hob den Becher. »Ich wünschte –« – sie zögerte, führte den Becher noch nicht zum Mund, spürte wohl, daß sie die ›anderen Träume‹ genauer benennen sollte, hielt also den Becher weiter erhoben und sagte: »Seit tausend Jahren ist uns etwas heilig, was ihr geringschätzt. Die Kuh. Die ist das wahre HimmelsTier. Denn sie hat keine Hetze, hat keine Gier. Hat Hörner zwar, doch macht sie nicht Kampf, nicht Krieg. Wirft ihre große Kraft nicht in Buhurt und Stöße, auch nicht in JagdStreit und Raub. Ihr Feuer ruht in ihrem erddicken Bauch. In ihrem warmen Fell. Und leuchtet ihr breites Auge wie ein GuckLoch in die FriedWelt. Will kein Blut, keinen Sieg, hat genug in sich. Drum sagt sie uns: Statt Kampf unterm römischen Adler laßt Witz wachsen und List wie Wiese und Gras, wie Weide und Aue und Baum! Glück op!« Dazu wendete sie den Becher gegen die vier Hochzeiter, gegen das eine wie das andere Paar, und trank.

Von Sieglind hätte man FeuerGeschichten erwartet, ZauberSagen. Stattdessen erblickten die Wormser sich selbst. In einem Spiegel. Und plötzlich hörten sie deutlich die blinde Frau Ute: »Glück op? – Ich seh Herrn Kuonrad, mit Herrn Ringwolf, die seh ich in der tiefsten Höll – die Tüfil seh ich, die gießen Bruder Kuonrad flüssiges Gold ins Maul. Und auch dem Vetter. Und Lilith spricht: ›Nach solchem Stoff hat's Euch zu Lebzeit gedürstet, konntet den Durst nie stillen. Nun, Satansbraten – nun trinkt Euch satt!‹ «

Da zogen die Burgunder vor zu lächeln und sich an ihre Becher zu halten, als ginge sie's nichts an. Nur eben jene kirchlichen Herrn.

Doch König Gunther hörte wieder die Stimme neben sich. »Meint das auch Dich?« Da Gunther nicht glaubte, antworten zu müssen, zumal er nicht gewußt hätte, was er hätte antworten sollen, fuhr die Stimme fort: »Wie man Gut raubt – meint das auch Dich?«

Eine Weile sah er vor sich auf den Tisch; dann endlich brachte er es über sich, sie anzuschauen – denn die Tischgesellschaft verfolgte in diesen Augenblicken zu genau, wer hier auf wen gut zu sprechen war und wer nicht. Darum mußte er eine Gebärde der Zuwendung zeigen, wenn schon kein Gespräch, dann mindestens so etwas. Blickte aber, als er sich ihr zuwendete, in die gefürchteten Augen. Und bekam zu hören: »Wozu redet Deine Mutter und die NifelMutter vom BesitzRaub?« Er wendete sich ab, als müsse er nachdenken, richtete den Blick auf seine Hand. Und hörte: »Was meint Frau Sieglind mit ›rheinisch Gift‹?«

»Es wissen wohl auch die Alben Gift zu mischen«, wußte er zu antworten.

»Dann sag mir die ungemischte Mär. Wie konntest Du die SternenLohe vertilgen? Du wahrhaft schlapper Mann? – wie ging das! – solang Du das nicht sagst, haben wir noch diese Nacht zwei SchlafStätten. Oh Chunthar, sobald ich kann, wie ich will, nehme ich

Flucht. Aber solang ich hier wohne, hier in GiftWurms, solange werde ich es aufdecken. Das rheinische Gift. Das burgundische DienstGeheimnis.«

Für die Tafelnden sah es aus, als rede die Königin mit eindringlicher Freundlichkeit. Sie hatte sich zu ihrem Gemahl herübergeneigt, sprach leise. Ihr Gesicht blieb maskenhaft, da war kein Lächeln zu sehen, aber auch kein Zorn. Nur diese schöne dunkle Blässe, die jeder gern als gutes Zeichen zu deuten bereit war, zum Beispiel als Interesse einer ›Herrin‹ an ihrem neuen Reich.

Dem Herrn zu Worms schien nie in den Fenstern freundlichere Farbe geleuchtet zu haben als eben jetzt, da die Dunkelheit vom Rheinhimmel hereinsah, da die Dämmerung ihm anzeigte, daß es nicht mehr allzu lange dauern konnte – bis zu der Tat, mit der Kriemhilds Mann, was er angerichtet, wieder einrenken würde, ›bin zi bina, lid zi gilidan‹. Wahrlich, Herr Gunther saß auf Kohlen.

Derweil wurden Früchte gereicht, Limonen, Aprikosen, HonigGebäck und Pfefferkuchen, PflaumenMus und Mus von Kriechen, Spillingen, Marunken und Mirabellen, auch vom Pfirsich kam Eingemachtes auf die Tische, dazu Stein- oder KronsBeeren für die Topfkuchen und Pfannekuchen, Melonen sah man, KümmelKürbis und Gurke und Käse aller Arten, GoudaKäse aus Xanten, WeißbierGose gleich mit dazugestellt, aber auch neue Fässer vom Dijon-Wein.

Als die neue Runde aufgetischt war, sah man Gernot stehen. Nun wollte auch der sprechen, der Kurze, der Breitstämmige. Nahm Wein, hob den Borstenkopf und erklärte: »Nachdem Sieglind erzählt hat von diesem Herrn Kuonrad aus Köln, hab auch ich was nachzutragen, einiges von meiner Rheinfahrt. Damals, als jene ostfälischen RaubRitter uns überfielen an der Lahn und alle hingeschlachtet haben, alle bis auf mich, damals, als die Sachsen mit Ortwins Armstumpf Fehde ansagten, da – ist mir Merkwürdiges begegnet. Ich hatte mich auf den Heimweg gemacht, bin rheinauf geritten, wollte zurück zu der UferStelle, wo wir das Schiff geankert hatten, ritt in Gedanken, mutlos, in Trauer um die Freunde, in Bitterkeit – weil ich nun nach Worms nicht Helfer heimbrachte, sondern nur wieder neue Not.«

Wie er so geritten sei, stromauf, durch die Schlucht, da hätten sich ihm plötzlich zwei Geharnischte in den Weg gestellt. Das wäre ein Größerer gewesen und mit ihm, als Knappe, ein Älterer. Der Größere habe ihn angeherrscht, wohin er wolle, was er in dem Fell verberge. »Ich wollte gerade antworten, da riß er mir das Vlies aus der Hand, entdeckte darin den Arm und begann zu wüten – nun habe er ihn, den Mörder, der für Kuonrad zu Köln eine reisende Herrin überfallen und der, um die Spuren zu verwischen, auch seinen Mordgesellen umgebracht habe – jetzt wäre ich unterwegs zu Kuonrad, der inzwischen nach Süden entwischt sei, nach Rom, ihm brächte ich als Beweis, daß der Mitwisser beseitigt wäre, diesen Stumpf – der junge Held, in seinem Zorn, wollte mir, da er offenbar ein Rächer dieser reisenden Herrin war, auf der Stelle ebenfalls Arme und Beine abschlagen. Er packte mich, hielt mich fest, so daß der Knappe mir die Armschienen herunterreißen konnte. Als ich wehrlos war, schutzlos, gebot er seinem Gesellen, zuzuschlagen, mir den Arm abzuhauen – der holt bereits aus, da sieht der Alte auch an meinem Arm den Reif, den er an Ortwins Arm bemerkt hat, den rotgoldenen, den mit dem Adlerzeichen. Der Knecht läßt das Schwert sinken und fragt, wieso an beiden Armen dies Bild sei und ob dies wirklich ein kolonnisches Zeichen wäre oder nicht vielmehr ein alamannisches oder burgundisches RomTier.

Da ließen sie mich endlich erzählen und gerieten in große Verlegenheit. Der Größere bereute seine Unbeherrschtheit und fragte, wie er mir's wiedergutmachen könne. Inzwischen habt Ihr längst erkannt, daß dieser rachewütige Jüngling kein anderer war als der Nibelunge, Sieglinds Sohn, der mit seinem Waffenmeister Walthari unterwegs war, auf der Suche nach den Mördern der ElbenFrau. Und hat mir erklärt, warum sein Zorn so groß war, weil er nämlich seit frühestem wisse, daß die WeltenEsche Yggdrasil benagt werde von der Gier derer in Rom, die sich Wald wie MenschenKöpfe untertan machten. Und daß er sich die Arbeit auflade, diesen Fraß zu tilgen, wo immer er ihn finde.

So, Freunde, trafen wir unseren neuen Gefährten. Nun weiß ich, daß es wohl weniger die Lurlai war, die ihn aufgeregt hat. Ja – wisse Christ! – ich bin froh, daß wir in Worms solche BundesGenossen gewannen. Mit ihnen, hoffe ich, endet die Mühsal, mit der wir Byzanz nachjagen. Darauf erhebe ich meinen Becher, sage den Müttern Dank für das, was sie gesprochen, und spreche nun auch ich den Hochzeitern einen Segensspruch: Dieses Haus ist mein. Und doch nicht mein. Dem Nächsten wird das auch so sein. Dem Dritten wird es hergegeben. Der Vierte nimmt es sich sodann. Und der wird auch nicht ewig leben. Der Fünfte zieht hinein – hinaus. Nun sagt mir, Freunde – wem gehört dies Haus?«

Gernot dankte man für Bericht und Wunsch und begann zu murmeln über das, was Nibelungen und Burgunder zusammengeführt hatte. Bis plötzlich der Bischof an sein römisches Glas klopfte. Ringwolf stützte sich auf die Tafel, wollte endlich von der Seelenverderbnis in Byzanz und vom Heil in Rom das sagen, was er für dringend erforderlich hielt, redete in das Gemurmel der Leute hinein: »Ja, die Pracht zu Konstantinopel, sie scheint zu bezeugen, des Herrn Segen ruhe auf Byzanz – aber diese Pracht ist bloß ausgeliehen, ist geraubt von den Griechen, ist heidnisch und wird verfallen wie alles HeidenReich. Sie wird zu Asche werden wie die ZeusStatue – ja wartet nur ab: Die OstRömer haben ihre Klöster innen wie außen bemalt mit katholischen Bischöfen, die im HöllenFeuer schmachten – so wie es Ute sich wünscht! – ja wartet nur ab und Ihr werdet sehen, wer wirklich zur Hölle stürzt und wer dagegen – überdauert –« – er brach ab. Sah sich hilflos um. Es war zu laut geworden in der Halle. Man prostete sich zu, da segnete sich das diutiske Volk selber, murmelte wieder den ›Orbi et Urbi‹-Spruch in der eigenen Version, und Hagen rief, wozu morgen Hochamt sei und der Bischof ihnen schon heute Gebäck und Früchte sauer rede.

Dafür fand er Beifall, man rief ungeniert nach Bruder Wunnibald, dem Gegenprediger. Vor allem dort, wo die Nebelleute saßen, hörte man Kilians LeuteNamen.

Der gallische Kilian, mit kandierten Äpfeln beschäftigt, die so rot glänzten wie seine Backen, wartete noch ein bißchen, schien sich zu zieren, hatte Respekt vorm römischen KirchenHerrn. Ringwolf, ebenfalls rot im Gesicht, hatte sich wieder niedergelassen, mußte mit ansehen, wie Kahlköpfige Gunthers Harfe in die Hallenmitte rückten, einen Stuhl davorstellten.

Plötzlich, man hatte gar nicht mitbekommen, wie das passieren konnte, lag, mitten im Saal, einer auf dem Steinboden, blutete stark, krümmte sich und verreckte. Ehe man erkannte, wer da stöhnte und starb, verdeckte den ein Tumult: Dankwarth hatte eine Kahlgeschorene bei den Schultern gepackt, die schrie, wehrte sich, fuhr herum mit einem Dolch, wollte sich losreißen, doch schon ergriffen andere den Arm mit dem Messer, hielten ihn fest, zerrten die Sklavin zu Boden, entwanden ihr das Eisen – die Frau schrie und keifte heftig. Aus allem Hin und Her wurde allmählich deutlich, daß sie, von der man angenommen hatte, sie gehöre zu Dankwarths TafelSklaven und bediene einen der hinteren Tische, sich eingeschlichen hatte in die Schar, weil sie in Wahrheit die Frau des erschlagenen Gauklers war und den Mörder ihres Mannes ermorden wollte. Nur hatte rechtzeitig einer der anderen Knechte bemerkt, wie sie den Tisch, der ihr zugewiesen, verließ und an die HerrenTafel hinüberwollte, zu Hagen hin – der Sklave wollte sie daran hindern, es kam zum Handgemenge, die Frau begann zu schreien, stach plötzlich zu, wollte sich ihren Weg freistechen – nun lag da der Knecht im Blut, neben ihm hielt man das fluchende Weib. Den Toten zerrte man aus der Halle, die Frau, da Hagen einen Wink gab, ebenfalls.

Sie wehrte sich, ihr Leinenkleid zerriß – ehe ein Jahr vorüber sei, so fluchte sie, werde diese Halle fortgeschwemmt. Ehe zehn Jahre vorbei seien, werde von Burgund nichts übrigbleiben. Nur HerbergsWitze. Witze über ein lächerliches, über ein feiges, über ein hinterhältiges MörderVolk – SOKKAP! SOKKAP! – so schrie sie noch von draußen her, kreischte sie auf den Gängen, den Treppen. Das KeltenWort ›Fluch‹, auch von unten, vom Hof her, wo man sie strangulierte, schrie sie bis zuletzt dieses Wort und nochmal die Schmähung, Burgund sei ein Reich der Lächerlichkeit, der hohlsten, der nichtigsten, der feigsten Herrschaften der Welt.

Endlich war sie still.

Im Saal verlegenes Schweigen. Niemand, der die Worte nicht gehört hatte. Endlich tuschelten einige, erklärten einander im Flüsterton, was Hagen der Frau getan hatte. Und was der Grund war, weswegen er ihr den Mann erschlug. Das brachte neues Schweigen, wiederum Peinlichkeit, endlich rief man nach den Musikanten, ja, auch der Bischof nickte dazu, Tanz fände er jetzt gut, nein, noch besser, Herr Wunnibald solle wieder hervorkommen, der müsse nun ablenken, auf heitere Gedanken bringen, ja, Unterhaltung brauche man.

Während KahlSchädel den MosaikBoden vom Blut säuberten, wurde man sich einig – selbst der Bischof, auch Hagen wandten dagegen nichts ein, ja, nun solle Kilian auftreten, nun benötige man Unterhaltung, jetzt sei Herrn Wunnibalds Stunde, höchste Zeit, den gälischen Sänger zu hören, den Priester. Diese gellenden Schreie der Frau, die mußte der fortdrängen.

Dann kam er endlich selbst, klein und gut beleibt, in seiner braunen RupfenKutte kam er, schwitzend von sehr viel Trink- und EssensArbeit, von ebensovielem Lachen wie Suff und Fraß und nun auch von der Aufregung über den jüngsten Vorfall – und hockte sich, die dunklen runden Augen hierhin, dorthin lenkend, setzte sich hinter das goldfunkelnde Instrument – zwischendurch schielte er schon doch noch nach dem Bischof, von dem bekannt war, wie viele Kelten er hatte pfählen, hängen, verschneiden oder ersäufen lassen. Griff einige Vorspiele, spannte eine Saite, dann eine andere, schien die passenden Töne noch zu suchen, begann dann endlich, während er weiter präludierte, folgendes zu sprechen.

»Auch mich erfüllt mit Bewunderung – und mit Fragen – was Herr Giselher als Ziel Burgunds geschildert hat. Da ist zum Beispiel die Frage, die Gernot gestellt hat. Wem gehört dies Haus. Und was am Ende überdauern wird? Wer weiß das. Vielleicht glaubt Herr Ringwolf es zu wissen – oder Herr Hagen. Von ihm jedenfalls ist klar, wie rasch er Schädel spaltet – wenn sie eigensinnig sind. – Wie schnell er hängen läßt – die Gaukler wie die Frauen wie die Diebe, die als Diebe gelten – wie fix sein Leben der beendet, der Geschichten erzählt, die Herrn Hagen nicht passen, ihm wie Herrn Ringwolf – drum versteht, warum ich länger zögerte – ich bin nicht so mutig, zu glauben, meine Geschichten würden überdauern – bin nicht so kühn wie derjenige, der in dieser Halle, wie ich mir habe sagen lassen, Marias Lachen zu loben wagte, ihr lustiges Gekicher – statt ihres Herzens ihr QuerFell – « – er tat eine längere Pause, schien nicht nur die Töne zu suchen, sondern auch die Worte – » – es ist, als hörte ich noch die Stimme der Frau – wie sie prophezeite – nichts als Lächerlichkeit bliebe von uns. – Das mag so sein. – Kläglich jedenfalls sind, im Vergleich zu Byzanz und Rom, meine irischen Geschichtchen.« Widerspruch wurde laut. »Doch, Freunde, auch gegen Sieglinds Erzählungen von der Güte kölnischer Kirchenleute gehen meine Späßchen unter. Sie versinken wie die dänischen Schiffe vor Siegfrieds Kette.« Das sei unerhört, wurde von den hinteren Tischen gemault, nun solle doch nicht auch noch Wunnibald die nifelheimischen und diutisken Kunststücke geringschätzen oder gegeneinander ausspielen.

Herr Kilian lächelte. Tat, als wäge er ab und zweifele – genoß sichtlich die Verwirrung, schüttelte seinen Kopf und zupfte zwei Töne, die nicht zusammenpassen wollten. Nochmals zwei ähnlich widerborstige, zwei BarbarenTöne, vor denen höfische Ohren zugehalten werden mußten. Schließlich, aufs Neue präludierend, redete er weiter:

»Vor so viel Macht in Rom und Köln, vor so viel Pracht der goldenen Stadt, die nicht zu fürchten scheint den Fraß der Motten und der Maden, jener Würmer, die in der Tat, wie Gernot mahnt, die Häuser stürzen werden und sogar zwölf Meter hohe Götter – wie bald wohl auch die Pfalz hier, in der wir feiern, vielleicht schon übers Jahr, mag sein – vor so viel Wahn, der vergessen hat den Geist der Drachen, vor so viel Traum und Kopf, da erlaub ich mir, weil Ihr so freundlich bittet, von dem zu reden, was Gälen glauben.«

Man reichte ihm seinen Becher, er nahm einen Schluck, setzte das irdene Gefäß aufs AdlerMosaik zu seinen Füßen und begann, während er weiter die zweifelhaften Klänge schlug: »Die Gälen kennen kein Wort für ›haben‹. Mag sein, nur deshalb sind sie fröhlicher als die Burgunder. Einst war, nach starkem Sturm, ein warmer Sommerabend über Irland. Das LebensLicht stand spät noch überm Meer, in einem dunklen Rot, wie terra sigillata – finster schon war's in einer BauernKate, tief hinter Galway. Darin lebte ein frommer junger Landmann mit seiner Frau. Wie die beiden so beisammensitzen in der Dämmerung, da klopft es an die Tür. Der Mann sieht nach. Draußen steht ein Wanderer, der ist so alt, so jung wie er selbst und bittet um Übernachtung. Der Bauer bemerkt nichts Gauklerisches an dem Gast, er läßt ihn ein, sagt seiner Frau, sie solle ihm zu essen geben, er müsse noch nach Schwein, Kuh und Ziege sehn, Streu und Futter schütten. Er geht hinaus, arbeitet im Stall, und als er wieder eintritt, da sieht er, wie der Fremde, vor Wonne geil, bei seiner Frau liegt. Hui, denkt der Bauer, soll es dort hinaus? *die* Frau ist meine! und greift zum OchsenJoch, reißt das von der Wand und will den Gast erschlagen. Der, wie das Joch schon durch die Stube saust, zaubert einen Knoten in das Krumm-Stück, daß es zu Boden fällt und in die Ecke rollt.

Wie das der Landmann sieht, sinkt er auf die Knie und betet unseren Wanderer an, als einen Heiligen. Der aber, ohne von der Frau zu lassen, lacht: ›Also gut, frommer Wirt, meinetwegen – Du glaubst an die PapstReligion, an Mein und Dein, ich an die Schönheit dieser Frau.‹ «

Mit Harfensprüngen aus Hellem ins Dunkle und zurück schloß Kilian. »Urbi et orbi, hoch Hirsch-, Harf- und StierSprung! hoch Wunnibald!« rief und soff man ihm zu, jedenfalls von den niederen Tischen her. Doch ließ man sich von erlustigenden Erzählungen noch immer nicht ablenken, die konnten ein Lied nicht ersetzen – nun, nach der Geschichte vom gälischen Glauben, verlangte man den Gesang um so heftiger.

Ob Priester Kilian nicht schon einen FreudenTon gefunden auf Herrn Chlodwigs Sieg über die Römischen? Sicherlich wisse er aber ein Gedöne auf diesen doppelten Wormser Feiertag. Ja, er war ja schon sitzengeblieben, präludierte wieder. Und sagte, doch, er habe einen Ton für die RomKöpfe. »Für die ByzanzTräumer. Ihr Kapital-

Schaden, das ist ihr neues Wort ›haben‹. Mit dem spalten sie nicht nur GauklerKöpfe, sondern auch die eigenen. Das ist CaputVergiftung, das ist Krankheit zum und im Kopf, die nenne ich paulinisch. Die paulinische Sucht. Und was das heißt, davon will ich singen.« Und hat dann folgendes vorgetragen, wobei auch er in jeder Strophe den Schluß wiederholte, so daß man beim zweitenmal mitsingen konnte. Was fast alle taten, am lautesten die FelsenSänger:

Ich empfinde fast ein Grauen,
daß ich, Paulus, für und für
las und lernte nur bei Dir!
  Es ist Zeit, hinauszuschauen!

Ehe wir es innewerden,
strömt man in sein Ende, blind!
Taumelt in den FeuerWind,
  wird zu Wasser, wird zur Erden.

Blickt Euch um! die Blumen sprießen,
Seht den Falken, die Forellen,
lernt, die Sonne und die Quellen
  mit den Frauen zu genießen!

Bittet, meine guten Brüder,
auf Musik und Tanz und Faß!
Kein Ding, dünkt mich, lobt Gott baß
  als die Liebe und die Lieder!

Holla, Rumolt, lauf und frage,
wo der beste Trank mag sein,
gib den Gästen, fülle Wein,
  Schluß mit Trauer, Leid und Klage!

Wozu dienen Geiz und Streben
als zu saurem Ungemach!
Unterdessen blühen, ach,
  anderswo Lust, Licht und Leben!

Holt Orangen und Melonen!
Hört, wie süß die Amsel spricht –
schmäht die Musikanten nicht!
  Soll der Papst die Münzen schonen!

Mancher sich bei Hort und Schätzen
mühevoll zu grämen pflegt
und mit Neid zu Bette legt –
   Springt! tobt! feiert! Tod den Götzen!

Als da der Beifall johlte, grüßte Wunnibald mit dem Becher in die Runde und sang, zum Abschluß, eine seiner älteren Strophen, die zu Worms die Leute längst auswendig wußten:

Nicht erst morgen blüht das Leben,
nicht in Jahren sind wir reich,
heute, hier und jetzt, ihr Freunde,
   schlürft das wahre HimmelReich!

Das nahm man an, begriff man wörtlich, verscheuchte auf der Stelle die paulinische, die KopfSucht, umfing Nachbarn wie Nachbarinnen, küßte, lachte, umarmte, schlürfte Wein und Küsse, rief RheinMi und RuhrBi und ›dropjitrappt‹, Kilian schleppte seinen Stuhl fort, Dankwarths Gesinde die Harfe – das gab Platz für die TanzWut, schon taten die Musikanten rüttelige Schläge, schütterten, trommelten, schon pfiffen die Krummhölzer, lauserten Fiedeln wie Leiern durch die Köpfe bis in die Glieder, ›heute, hier und jetzt, ihr Freunde‹ wurde gerufen ins Getöse, ›soll der Papst die Glieder schonen‹! – da sah man sie allenthalben, wie sie sich Schätze griffen – so wie sie grad neben ihnen saßen und nichts lieber zu wollen schienen, als gegriffen zu werden und zurückzugreifen, mitzuhüpfen und herumzureiten, da, so schien es, verwandelten sich allesamt in den gälischen Nachtwandler, in den das Joch verwandelnden Nachtwanderer.

Die Isländerin, unterm Getümmel, neigte sich ihrem Gemahl zu, tat vertraut und flüsterte: »Mancher sich bei Hort und Schätzen mühevoll zu kränken pflegt? – Und mit Grimm zu Bette legt?« Ihm blieb nichts, als auch dazu sein Nicken zu zeigen, und sein Lächeln. »Zu saurem Ungemach?« hörte er sie fragen. »Meine Freundin Baldinai wußte von dem Gaukeler – den erschlug diesen Tag Herr Hagen, weil der Gaukel vor allen Leuten ein lustig Bild zeigte – eines von Künnek Chunthar – das zeigte, wie er –«

»Ich habe davon gehört. Um so mehr wird es Zeit, daß keine Ursache mehr ist zu solchen Fratzen.«

»Am End zerspaltet Herr Hagen auch mir den Kopf?«

»Um so mehr wäre zu hoffen, daß ihm kein Grund dafür zu Ohren kommt.«

»Mein paulinisch Künnek droht mit Hagen? droht Gewalt? Werd ich gehängt wie diese GaukelFrau? und was ist, wenn auch ich Gewalt droh? will der wahrhaft große Chunthar jetzt mit mir tanzen? Soll ich Dich nun bis unter die golden Decke schmeißen? oder, zum Abkühlen, aus dem Fenster halten? in den KotKanal tunken? Oder soll ich Dich als ein heiß Armleuchter hier an die Säul hänken?«

Er blickte mit Anstrengung woanders hin, sah über die lange Tafel. Bemerkte, wie der Xantener ihm wieder unmerklich zunickte und dann mit Kriemhild die Halle zu verlassen schien.

Da faßte er sich abermals, besann sich auf seine höfische Haltung, nahm die Hand der Königin in die seine, verneigte sich sanft vor ihr, nickte ihr zu, lächelnd, obwohl er spürte, wie seine Hand, die eiskalt war, in der ihren zusammengepreßt wurde. Doch konnte sie ihm ihre Begleitung hier unmöglich ausschlagen. So erhob er sich, und sie, nach kurzem Zögern, mit ihm. »Naß ist euer Händgen, Herr Künnek? Ich muß wohl folgen? dem FeuerRitter – « – und ließ sich von ihm durch die neuen SpringTänze hindurchleiten.

Als sie fast den Ausgang erreicht hatten und er schon hoffen konnte, nicht mehr nach allen Seiten sein Lächeln zeigen zu müssen, bemerkte er – und mit ihm fast alle im Saal – wie der Nibelunge, statt ebenfalls hinauszugehen, plötzlich etwas von dem anstellte, womit sie von Anfang an gerechnet hatten. Nein, er zerdrückte keine Säule der Halle, warf auch niemanden an die GoldDecke, sondern hatte sich von hinten über den Bischof gebeugt: »Ahi! ji seid stumpig!«

»Stumpig? was ist das!«

»Frag Deine GroßMutter!«

Ringwolf schien zu erschrecken. Nicht etwa über das Wort ›stumpig‹ – das konnte auch Giselher nicht übersetzen – sondern über die Erwähnung der Großmutter. Die war erzeugt vom Großvater des Gundomar, mit einer Nebenfrau, einer Keltin – ein gallischer Bastard also war sie und wäre am Hof nie zu Ansehen gelangt, hätte sie es nicht fertiggebracht, einen burgundischen Edelmann zu verführen, den Großvater des Markgrafen Gere von Speyer. Aus ihrer Ehe mit ihm stammte Ringwolfs Vater, schmerzhaft also war dieser Hinweis auf des Bischofs zweifelhafte, auf seine gallische Abkunft, egal, ob diese Großmutter mit Absicht genannt wurde oder aus Zufall und Übermut, wer wollte das bei den nifelheimischen, den NornenMenschen unterscheiden.

Nun beugte sich dieser Mensch noch tiefer über den KirchenHerren und hob ihm den Bergkristall vom Bauch, zog den mit der Silberkette über seinen Kopf. Der Geistliche war zu überrascht, griff zu spät nach dem Kleinod des Papstes Simplicius – der Sieglind-Sohn hob es schon hoch in die Halle.

Musik und Tänze verstummten. Selbst ein SaufAus mußte bei solchem Frevel still werden. Man blieb also stehen und wurde starr, sah, wie der Herr des Wormser Münsters langsam aufstand und über sich nach dem Kristall griff. Doch er war zu kurz. Kam mit der Hand nicht bis dorthin, wo der BärenMann die Kostbarkeit baumeln ließ. Da griff er dem Hochzeiter an die Schulter, an den Arm, um den niederzuziehen, ja, der Geistliche, hochrot im Gesicht, mühte sich sehr. »Wehe!« seufzte er.

»Ahi! Wie christiglich der Bischopf springet? – stumpig Ringwolf!« Der NiederLänder warf sich den Stein in die andere Hand, der Bischof wandte sich dieser anderen Hand zu, doch das Geschmeide sprang über ihm wieder zurück – und so hin und her, ohne daß der christliche Herr es je hätte erreichen können. Stattdessen mußte er hören: »Bah wie Du stinkst! Dein Stein ist rein, nicht Deine Löcher!«

»Wehe!«

»Was schnaufst Du so? Bejobs ahi! Nun fluche laut! Hepp hopp, ich höre nichts! Nun wünsch es doch endlich zum Deubel, das ekelteutsch Sieschfritzchen!«

Ringwolf wollte sich abwenden.

Da trat Hagen dazwischen. Stellte sich vor den Kirchenmann, herrschte den Gast an, der möge sich nicht seine neuen Freundschaften verspielen und den Stein zurückgeben. Und griff seinerseits, da er um einiges größer war als Ringwolf, nach dem Stück aus Rom oder Jerusalem. Da warf der NiederLänder das Angebinde quer durch die Halle – Baldinai fing es auf. Die warf es weiter, das sprang von Freundin zu Freundin. Während der Bischof, bebend vor Zorn, nunmehr bei den isländischen Frauen seine Kostbarkeit zu erhaschen begann, erzählte der Xantener folgendes.

In einem großen Kloster beim Bodensee, da werde jedem Rom-Pilger, der im Bischofs- oder AbtRang stehe, ein solcher Bergkristall geschenkt. Beim Abbas Ekkehart unter der Siegburg habe er einen gesehen, desgleichen einen bei Otfried in Werethina. Nur sei diesen KlosterHerren nie eingefallen, vom verklärten Leibe des Herrn zu reden, auch nicht vom Papst, der eine Hälfte des Schmucks mit ihnen geteilt hätte. Bei beiden habe er nur gehört, der Stein sei aus Sankt Gallen, einem frommen irischen Ort hinter Konstanz.

»Das lügt Ihr! Mein Stein gallisch? – er ist aus Rom! vom Papst Simplicius mir privat – privat zugeeignet.« Wie atemlos griff der Bischof zwischen den Isländerinnen nach der Kostbarkeit. Die sprang sofort weiter, flog von Gast zu Gast, auch Kriemhilds Frauen wie die aus Xanten spielten mit; nur die Wormser Herren hielten sich da heraus, wußten, daß der MünsterHerr und Abbas von Lorsch die Neigung hatte, blutig zu strafen und zu beschneiden, wozu er die Macht hatte von Hagen selbst, der das Volk folgsam liebte.

Jetzt schnappte Walthari sich den Stein und warf das Stück in weitem Bogen unter der goldenen Hallendecke entlang, wieder hinüber, zu seinem Herrn zurück. Der zeigte die SilberArbeit und den Stein seiner jungen Frau, die besah das mit vergnügtem Ernst, betastete den rund geschliffenen, klar schimmernden Kristall, befühlte ihn gern; als Hagen danach greifen wollte, reichte sie ihn in Ruhe weiter, an Sieglind.

Auch die prüfte das Juwel mit den Fingerspitzen, hielt es gegen das Licht und sagte dann: »Ich sah solchen Kristall auch zu Köllen. Beim Bischof.«

»Dieser gehört mir privat!« rief Ringwolf.

»Privat?« fragte ihr Sohn. »Schluß, Herr, mit LateinGeschwätz! Mutter! was heißt ›privat‹?«

Sieglind gab den Stein an Siegmunt weiter. Und jeder in der Königspfalz hat ihre Antwort, obwohl sie leise sprach, deutlich vernommen: »›Privat‹? – das heißt in diutisk: ›geraubt‹«.

Wieder war es kirchenstill. ›Geraubt‹ hätte der Bischof? Niemand mehr setzte den Becher, hob eine Schüssel, tat einen Schritt oder kratzte sich und rülpste. Hagen suchte sich eiligst zu erinnern, wo er seine Waffen abgestellt hatte. Blickte zu Gunther hinüber.

Der stand noch immer kurz vor dem Ausgang, die Hand seiner Frau in der seinen. »›Geraubt‹?« wiederholte er. »Weh. Weh über solchen Schimpf.« Die Stimme versagte ihm. »Aber Du kannst das Latein, Hagen. Du müßtest wissen, was dies Wort meint.«

Hagen schwieg. Gunther suchte in der Menge, bis er den jüngsten Bruder erblickte. »Giselher. Auch Du kennst die RomSprache – hat Frau Sieglind unseren Bischof beleidigt?«

Giselher stand unter den Gästen vom Isenstein, neben Baldinai. Erst nachdem der Spielmann sich umgesehen, als sei er unsicher, sprach er, aber auch er sagte es deutlich: »Sieglind hat richtig verdeutscht. Ringwolfs Wort kommt von ›berauben‹. Es heißt ›beraubt‹.«

Da ging Hagen an seinen Platz zurück – man wich ihm aus – und rief in den Saal, wieso die Spielleute nicht strichen und tuteten, dieser Abend sei keine paulinische und keine PrivatZeit, sondern die Zeit der Tänzer – Hochzeit!

Da quietschten Flöten, zirpte es und quakte, verstimmt schienen die Saiten – oder die Musikanten allzu verwirrt. Es mochte niemand tanzen.

Der NiederLänder hängte mit »Ahi!« das ›private‹ Stück hoch über die HallenTür, an eine der Fackeln. Und ging mit Kriemhild hinaus.

Hagen hat den Stein, auf den Ringwolf hatte bauen wollen, von der TürHöhe heruntergeholt und dem Bischof zurückgegeben mit der Bemerkung, nun lodere sie, die Frechheit. Und bekam von dem dafür ein anderes Wort zu hören, *deleatur*. Außer Hagen wußte nur Giselher, was das bedeutete. Das hieß ›der ist auszumerzen‹.

Draußen auf den Gängen, wo nur noch die Pagen leuchteten und der Tanztumult ihnen nachschlug, entzog sie ihre Hand der seinen, er versuchte nicht, sie wieder einzufangen. Und mußte im Dunkel hören: »Glück op! Herr RaubKünnek! – Das zweite Bett, mit Euerm Erlaub, ist aufgestellt.«

Er erwiderte nichts. Bangte und hoffte zugleich. Spürte, daß sein Kopf so war, wie Kilian ihn beschrieben hatte, zerspalten. Ging aber in guter Haltung weiter. Nebeneinander gingen sie den Pagen nach, an der dunklen Ecke vorbei, wo diesmal keiner stand und so tat, als rede er von Rheuma und von ZitterAalen. Nein, durch die Fenster wehten Wiesendüfte, blies Luft vom Rhein.

Er winkte den Pagen, die Kemenate zu öffnen. In der Tür nahm er ihnen ein Licht ab, bat sie zu gehen. Die Frau trat ein, Gunther blieb an der Tür stehen, um selber zu schließen. Ließ den Eingang einige Momente noch offen. Als er dann die Tür zuschob, hat er sie nicht verriegelt.

Wartete noch eine Weile, sah ins Zimmer. Da war in der Tat ein zweites Bett, ein kleineres, das stand in der anderen Ecke. Brünhild begann sich zu entkleiden, hing ihren Gürtel über das Dach des großen Bettes – von dort baumelte der so herab, daß sie ihn rasch würde fassen können.

Er wandte sich ab, versuchte, ein Geräusch zu erkennen. Hörte aber nur, von fern, den Lärm aus der Halle. Hatte dann gerade noch nach dem Nagel sehen wollen in der Wand – da erlosch in seiner Hand das Kerzenlicht.

Den Weg zu dem anderen Bett, den mußte er sich nun vorstellen. Hatte zu tasten. Keine Kohlenglut leuchtete diesmal, schwarz war's in der Kammer. Von drüben dröhnten die Musikschläge. Schließlich fand er das neue Lager, setzte sich, vorsichtig. Lauschte.

In der Dunkelheit, zwischen den FestTönen, den NachtGeräuschen, schien es nun doch noch weitere Laute zu geben. Da glaubte er etwas zu hören. Wie wenn zwischen Laken und Tüchern ein Körper sich bewegt. Er versuchte, sich auszudenken, wie dieses Geräusch zustandekam. Suchte zu ergründen, was da jetzt vor sich ging. Das machte ihm so sehr zu schaffen, daß es ihn schwitzte. Das ließ ihn heiß werden und kalt zugleich. Er wollte aufstehen, setzte sich aber wieder. Sein neues Bett hat dabei leise geknarrt. Er mußte sich nun vollkommen ruhig verhalten. Aber auch der andere, der jetzt mit ihm in diesem Raum war. Oder? Doch, ja, dessen Lebenszeichen, die würden nun seine, Gunthers, bedeuten – er aber, Gunther selbst, hatte sich da ganz herauszuhalten, ins Lautlose aufzulösen.

Er horchte in die Finsternis. Da zeigten sich ihm Bilder, gemalt von den süßesten Erwartungen, aber sofort waren die Wunnibald-Bilder weggeschreckt, von Furcht, von Kräften, die unfaßlich blieben. Zugleich stieg in ihm Scham auf, auch Wut und wieder Hoffnung – und sogleich die Sorge um den Ausgang, um das Ende dieser Nacht. Da hatten ihn die Zweifel im Griff wie zuvor.

In der Schwärze vor seinen Augen hörte er plötzlich eine Stimme. Das war die Stimme, die ihm diesen Tag über zugesetzt. Die sprach sehr deutlich, in die Dunkelheit hinein formulierte sie, barsch: »Nun laß das, Chunthar, nimm das andere Bett – wenn Dir Dein Leben lieb ist.«

Er lauschte. SEINE Stimme hörte er nicht. Gar nichts war da nun zu vernehmen. Nicht einmal die Geräusche zwischen den Tüchern. Was ging jetzt vor sich?

Heimliche Liebe?

Dann plötzlich diese Unruhe. Im anderen Eck der Kemenate schwere, große, schnelle Bewegungen. Das waren Handlungen, die rasch an Geschwindigkeit gewannen. Und an Wucht. Die überraschend schnell wurden, ein Gemenge, das sich aufs Heftigste beschleunigte. Ein Pressen, Schieben. »HeppjuKlitz! Grindil back, ju SchlurchWurm! Knörrip byzantisch PrivatAas – « – das ächzte, drückte, griff, drängte.

Und mit einemmal tat das einen gewaltigen Schlag – das Bett drüben schien sich zu verschieben, der HochSchrank ebenfalls, ein

Poltern war da, Stöhnen – blieb noch Zweifel? Sie hatte IHN vom Lager gestoßen.

Was hieß das? War ER ihr nur auf dem Kampfplatz überlegen? Dagegen hier? hatte nicht auch auf Island der Bettkampf drei Tage getobt?

Nichts wurde sichtbar, nichts ahnbar, nicht mal in Umrissen; auch jetzt nicht, nachdem so lange schon das Kerzenlicht gelöscht und Gewöhnung an die Schwärze möglich gewesen wäre. Er hörte das Schieben der Möbel, des Bettes, des Hockers, das Zerren in den Tüchern und andere Laute, auch isländische Drohungen: »Schiddie Biest! bock Din Priest!«

Zuweilen glaubte er, sich exakt vorstellen zu können, was ablief. Im nächsten Augenblick wieder nur ungenau. »Kommß noch einmal auf dat Laken – ich zermansch Dich zu FroschMus! bis ganz Wurms in Lachen fällt über Dich! wie's Mütterchen Maria – musha!«

Nun schien der NiederLänder aufgesprungen zu sein – ja, jetzt – weil sie nicht mehr weiterzureden wußte, war kein Zweifel, daß er sich auf die Frau geworfen hatte, offenbar mit aller Kraft, da begann hörbar ein Ringen, ein FaustGefecht, ein unerhörtes, ein Zwingen und Heben, mit ganzem Körperdruck, das Bett ächzte, knackte, scheuerte in den Fugen, auch die Menschen knackten, stöhnten. Ein Stoff zerriß, ihr Hemd? Gunther hatte nicht den Mut, sich zu denken, was das bedeuten könnte. Er glaubte, Geräusche des Gürtels zu hören, ja, mit dem schlug sie nach ihm, nein, den versuchte sie nun auch ihm um den Leib, um die Gelenke zu schlingen?

Das war Knochenarbeit, das gelang ihr offensichtlich keineswegs, jedenfalls nicht so rasch wie in der vorigen Nacht. Und weil es fehlschlug, begann nun ein anderes Klatschen, jetzt schlug nicht mehr das Leder, jetzt schien sie ihn mit den Händen zu packen –

– unter einem ungeheuren Ächzen schlug da etwas doppelt auf das Lager herunter, etwas Schweres, ein Rumpf. Stieß von dort gegen den Holzrahmen und, nach mehreren, aus zwei Mündern engstens gepreßten Tönen, fiel etwas aus dem Bett heraus, stürzte, ebenfalls im zweifachen Schlag, beide Aufschläge kurz nacheinander, dumpf, trafen auf die Steine, auf den KemenatenBoden.

Das HandGemenge, der Kampf setzte sich dort fort, sogleich ging das da weiter, das GliederGemenge, das LeibGemenge, da entbrannte wütender Bodenkampf, steigerte sich, Gedränge fuhr mehrfach herum, wurde zum Tumult, Schläge setzte es da, erbittertes Stoßen, Drücken, schließlich ein Aufprallen –

– und dann muß, aus ihrem hochgepressten Ächzen war das zu schließen, dann muß die zarte Frau es fertiggebracht haben, IHN, den Helden aus Nifelheim, so zu packen und an sich zu klammern, daß sie ihn auch ohne Gürtel, im direkten Zugriff zusammenzwang und so, gewaltsam, aufhob und forttrug – oder ER sie? –

– ja, das doppelte Stöhnen näherte sich dem zweiten Bett. Von dem huschte Gunther davon, flüchtete sich in eine Ecke hinter den Kamin. Dort drückte er sich in den Winkel mit angehaltenem Atem, horchte, mit weit aufgerissenen Augen, offenem Mund – suchte zu verfolgen, was nun geschah. Weh, wie habe ich mir diesen Kampf den Tag über herbeigesehnt, nun ist das da, jetzt tobt das um mich herum, da hab ich sie, diese tödliche Keilerei, diesen Aufeinanderprall der Riesen. Der NachtUngeheuer. Nun sind sie direkt aneinandergeraten, so wie Hagen es empfahl, damals, bevor noch einer von diesen beiden in Worms war – und keine Aussicht auf Ruhe – auf Wonne schon gar nicht –

– der Mann muß sich in Brünhilds Umklammerung gewehrt, muß um sich geschlagen haben, das WutGeheul der Frau, ihr zorniges Stöhnen bezeugte das. Ihre Absicht, den vermeintlichen Gatten zurück in das zweite Bett zu zwingen, die mußte sie offenkundig aufgeben – mit vernehmlicher Klage, mit VerwunderungsLauten, empörten Tönen –

– schon auf dem Weg durchs Gemach mußte der Mann in der NebelKappe sich freigewühlt haben. ER war dann zweifellos wieder auf die Füße gesprungen – noch im selben Moment wird sie ihn gestoßen haben, muß ER fortgeschleudert worden sein – mit übermenschlicher Kraft, mit wütender, mit WotansTochterGewalt hat IHN etwas gegen die Wand geworfen – am Quietschen des eichenen Schreins war das zu hören – die Isländerin drückte ihn – oder er die Frau? – jemand drückte jemanden zwischen Bett und Schrank – der Eichenschrank jedenfalls verschob sich – krachend tat er das – auch die Bettstatt schabte nun – kratzte, scharrte über die Steine, da war einer von beiden in der Enge, geriet in Bedrängnis – war das noch der Nibelunge? war es jetzt sie?

War das noch Wut – schon Wonne?

Gunther, hinter dem Kamin vorerst in Sicherheit, zagte, fühlte heftige Unsicherheit, hielt den Daumen zwischen klappernde Zähne –

Was, wenn ER es tatsächlich schaffte – wenn er die Teufelin

unter sich, wenn er sie im Griff hätte? die Schöne, die BornholmGezeugte – was würde der anrichten? ohne daß er, der rechtmäßige Gatte, irgendetwas davon zu sehen und zu bezeugen bekäme –

– aber ein Sieg schien nicht der Fall, darauf deutete wenig hin, viel mehr auf das Gegenteil.

Und wenn jetzt der BärenStarke unterlag? Welche Frechheiten, welcher Aufruhr erschütterte dann Pfalz und Reich? was alles würde sich dieses RanWeib erst erlauben, wenn sie wüßte, daß sie nicht nur den burgundischen König, sondern sogar IHN, den neuen Herkules, in die Knie gezwungen hatte? Was, wenn sie in diesem Augenblick den Nibelungen unterjochte, womöglich umbrächte? – so daß morgen sein Leichnam –

Gunther umklammerte eine seiner flatternden Hände, hielt sie fest mit der anderen flatternden Hand, spürte seine nasse Haut, seine bebenden Finger, preßte sie an seine SchweißStirn – heiß wie kalt war ihm – drückte einige Finger zwischen die Zähne – voller Ängste und zugleich voll der gierigsten Hoffnungen, so starrte er in die Kammer, ins Schwarze – aus der schnellen Folge der WutSchläge versuchte er, sich ein neues Bild zu denken – das Bild zerfiel so rasch, wie er es sich vorgestellt hatte, zerstob unter ganz entgegengesetzten Geräuschen, zweideutigen Lauten – das klang nun wie Seufzen – aus Schmerz? aus Brunst? stöhnte sie vor Erschöpfung? vor Lust? – diese ständigen Änderungen, dieser unablässige Wechsel, der jagte ihm Schrecken auf Schrecken ein, ließ ihn Schlimmeres befürchten, schließlich das AllerÄrgste, die unumschränkte Gewalt dieser Frau – rechtmäßig seiner Frau – christrömisch rechtmäßig seiner Gemahlin –

– wie lange das auch hintrieb und herkrachte, so toll das auch drückte und gegenschob, stieß und wuchtete, dieses Stampfen und GegenRammen, dieses Röcheln, Keuchen, Würgen – fürwahr, hier trafen zwei der Mächtigsten aufeinander, hier hatten beide ihre Kräfte von anderen Gewalten, aus Welten, von denen selbst einer, dessen Ahnen aus dem Reich der Riesen kamen, nicht mal mehr träumen mochte.

Dann aber hörte er, wie sie aufschrie. Jämmerlich schrie. Das FrauenSchreien.

Flehentlich rief sie. Wimmerte. Gunther war es, als vernähme er nun wirklich das Krachen von Knochen. Ein Knirschen von Gelenken. Und als sähe er auch Feuer vor den Augen. Ja, da tanzte Licht durch den Raum, regenbogenfarbener Strahl – wohl nur deshalb, weil er sich in seinem Entsetzen die Augen heftig gerieben hatte –

um vielleicht doch irgendwas erkennen zu können – nein, keine Lohe fuhr durch sein Gemach, nur isländischer Jammer war nun zu hören. Noch einmal schlug im Finstern der Gürtel, noch stärker stöhnte die Frau, schrie, jammerte, flehte – ja, dann hörte er, wie sie weinte. Wäre es möglich, daß sein Arbeitsmann auch diese Mühsal bewältigt hatte? Daß Gunther auch aus dieser Not noch einmal davongekommen war? Daß Hagens Rechnung stimmte, wonach die eine NebelKraft nur durch die andere –

Da hörte er, wie die Frau, mitten im Schluchzen, zu sprechen begann. »Laß – laß mich los, Chunthar.« Diesen Namen hörte er aus dem Dunkel.

Ihre Stimme, wie heiser. Die traf nicht mehr mit eisiger Sicherheit, die zitterte, klang kläglich, klein.

»Laß. Laß mich frei. Ja, wahrhaft groß bist Du, groß Künnek – gewaltig – verzeih, daß ich so mit Spott Dich genarrt hab, gequält. Ich geb auf. Bin Dein Untertan – auch in diesem Lager. Das hast Du gemacht. Mit Deiner unmäßigen Kraft. – Die ist zu groß – die ist auf ewig mein Leid. Laß mich. Ich füge mich. Fluch sei Deiner Kraft – oh, ich – Gefangene –«

Wieder weinte sie. Gunther, wie erstarrt, drückte sich noch immer hinter den Kamin – nun spürte er einen Luftzug, das wehte dicht an ihm vorüber – der NebelkappenMann, hatte der sich zurückgezogen?

Schnell versuchte der König, vorwärtszugehen. Suchte sich dem Bett zu nähern. Schweißnaß tat er das, auf wankenden Knien, mit kalten, mit zitternden Händen; hastig kroch er auf das Lager; hastig nahm er dort die Stelle des anderen ein, mit flatternden Fingern tastete er nach ihr, umfing die Isländerin, seine rechtmäßige Gattin – und spürte, nun endlich, auch ihre Umarmung, die zerpreßte ihn nicht mehr, die blieb sanft, gefügig. Nur seufzte sie – sie hatte Schmerzen –

Ihr blieb nun nichts anderes. Ihr Los, dafür hatten Tarnung gesorgt und Betrug, mußte sie als unabänderlich begreifen.

Weil sie anzunehmen hatte, dieser hastige Liebhaber, dieser zittrige Mann, der habe mehr Kraft als sie. Und weil KörperKraft als Vorzug galt und als Recht. So, ohne Lust, gab sie sich ihm hin. Übereinstimmend berichten das alle Chronisten. Und teilen auch mit, daß diese Frau vom selben Augenblick an nicht stärker gewesen sei als jede andere Frau. So – wörtlich – sagen es die alten Handschriften.

Ohne daß Gunther oder Brünhild es hätten bemerken können, war der Tochter Rans auch der Gürtel genommen worden. Eben jener, mit dem sie ihn gebunden und aufgehängt hatte, in den Siegfrieds Nachtgabe eingefaßt war, die auf dem DrachenFelsen versteinerte AlberichKraft.

Warum der NiederLänder den Gürtel mitnahm? Aus JägerStolz. Weil es um den Raub der Kräfte ging? Es scheint, Kriemhild hat den Grund am ehesten gewußt. Davon wird zu berichten sein.

Jedenfalls geschah es. Und so verlor diese Frau in dieser Nacht durch den Nibelungen alle ihre Kräfte, die des Tages wie die der Nacht.

In derselben Nacht, der zweiten HochzeitsNacht, wurde es endlich auch in der KönigsHalle still. Tänzer wie Trinker verzogen sich, taumelten fort, in die Nacht, in den Rausch. Die Lichter waren ausgebrannt, wurden gelöscht. Bis auf eines. Das über dem Stehpult, das flackerte noch lange. Dort stand Giselher – und schrieb –

– und hätte wohl noch vieles festgehalten, von dieser Nacht und vom eben gewesenen Tage, hätte es eingeschrieben auf das Pergament von LammHaut, wäre nicht wieder die weiche helle Stimme gekommen. Dicht neben sich hörte er sie aus der Dunkelheit, vernahm die Stimme so wie an diesem Vormittag im Fenster zum Hof. Nun hörte er, wie sie fragte, ob er, der Schreiber der schönen Schrift, dem prunkenden, dem byzantinischen Glauben anhänge oder eher dem nebelländischen. Oder gar dem gälischen und nordischen wie der irische, der verwandelnde Wanderer.

Da hat er antworten und umständlich ausführen wollen, daß er an eben diesem Vormittag einen GlaubensKuß habe leisten müssen, ein Versprechen auf einen klaren, einen byzantinisch gefaßten Stein. Der sei ihm mit Zudringlichkeit aufgenötigt worden – kaum hatte er von dieser Not zu reden begonnen, da spürte er die Hand. Das war eben jene, die schon früher einmal, im RuhrSee, für Offenheiten gesorgt hatte.

Diese Hand, von der es heißt, sie habe auch schon auf der Festung Hammershus eine Entscheidung getroffen, eine für den Gott Loki, diese Hand legte es Herrn Giselher nun nahe, den kalten Kuß wiedergutzumachen. Nicht mehr der vermeintlichen Reinheit des Steins zu glauben, nicht mehr dem toten TodesGötzen, sondern der Wärme, dem Feuer, dem einhüllenden Rausch.

Nur so, da sind sich die Schreiber gern sicher, nur durch HandAuflegen kam je Leben bis aufs Papier.

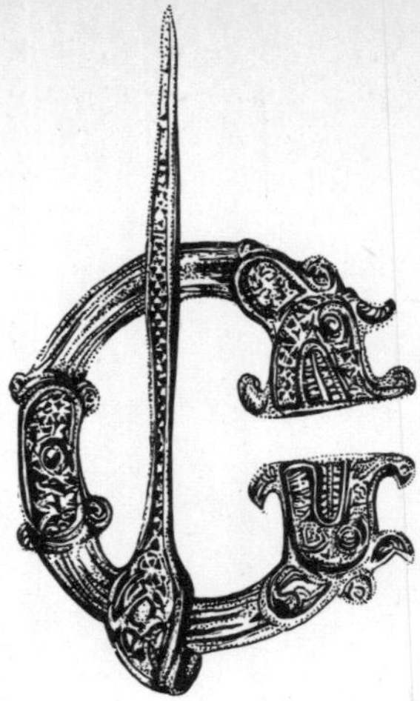

Vergoldete Silberschnalle, gefunden auf einer der Shetland-Inseln

Silberbecher

V
Siegfrieds Ermordung

Je aussichtsloser die Hoffnung auf eine reale Besserung wurde, desto mehr mußte die Hoffnung in Phantasien Ausdruck finden. Der Glaube an den leidenden, zum Gott erhobenen Menschen war die Phantasie einer leidenden, unterdrückten Klasse.

Erich Fromm, Die Entwicklung des Christusdogmas (1930)

»mir sind die schachaere«, sprach sie, »vil wol bekant«

»es ist der übermüeten hie bi Rine vil«

Do sprach der herre Gernot: »e daz wir immer sin
gemüet mit dem golde, wir soldenz in den Rin
allez heizen senken, daz ez nimmer wurde man.«

»Mir sind die Räuber«, sprach sie, »sehr wohl bekannt.«

»Hier am Rhein ist zuviel Hochmut.«

Da sprach Gernot: »Eh wir für immer Mühsal haben mit diesem Hort, sollten wir ihn im Rhein versenken lassen – damit er nie wieder eines Menschen Eigentum werden kann.«

Es läßt sich kaum anderes denken: als er wieder bei Kriemhild war, wird sie ihn mit Fragen bedrängt haben, wird nun gehört haben wollen, weswegen ihr Bruder verbittert wirke, wieso Brünhild verschlossen, was Gunther ihm gestanden hätte – und muß überrascht gewesen sein über das Verhalten dessen, der da zurückkam. Nun schwieg auch er?

Er wich aus. Schien nicht mal für Zärtlichkeiten empfänglich, suchte sich ihren Fragen zu entziehen wie ihren Armen; doch immer wieder fing sie an, verlangte Auskunft. Er sah erschöpft aus. Schließlich, da sie um nichts nachlassen wollte, ging er zur Tür, zu einem Nagel in der Wand, nahm von dort den Gürtel, brachte ihr den, fragte, ob sie den kenne und als Geschenk nehmen wolle.

Prüfend betrachtete sie den Mann.

»Ich bin sicher, Dein Bruder hat keine Arbeit mehr. Ihre Kraft ist zerbröselt. Auch ihre NachtKraft. Pfutsch ist das Feuer.«

»Du?« fragte sie, »Du – hast sie –«

Er hängte das Leder mit dem glimmenden Stein wieder zurück an den Nagel und legte sich neben die Frau. Streichelte sie sanft, und nach und nach sprach er. Die aus Island, die sei für ihren Bruder gefährlich gewesen, gefährlich lebensgierig. Sei von unbändiger Kraft – gewesen. Ja, da habe er dem Zweifler und Zauderer und RomKopf noch einmal einen Dienst erweisen müssen, der sei ihm schwergefallen. Doch da nun mal diese Ehe vor aller Augen wie vor dem römischen Recht habe gelten müssen, mußte sie auch auf dem Lustlager vollzogen werden. »Ihre Kraft ist hin. Nun mag Dein Gunther ihren Leib genießen, ihren wütigen – ahi, ohne Angst. Ohne Zitternis.«

Wie sie sich so beredeten und liebten, wollte sie doch immer neue Fragen stellen. Und bekam nie eine korrekte Auskunft. Es beschäftigte sie vor allem, wieso Brünhild von demselben Begehren, aus dem anderen Menschen erst die Kräfte wüchsen, ihre Macht verloren haben sollte. ›Nun erst schwirren mir die Flügel‹ habe Giselher die junge Frau nach der Hochzeit singen lassen. Sie selber könne das bestätigen – der Isländerin jedoch ergehe es umgekehrt? Das wollte sie verstehen, müsse er ihr erklären.

Da teilte er, wie er Gunther geholfen hatte, nur wieder so allgemein mit, daß Kriemhild daraus ebenso falsche Schlüsse ziehen mußte wie aus dem GürtelGeschenk. Tat der Mann das aus SpielFreude? im Stolz des Jägers? des Siegers? Wir wissen es nicht. Kennen nur die Folgen.

Ihr Bruder, der König, so sagte er, sei von Ringwolf verängstigt, sei, was Kilian paulinisch nenne, ein christrömischer Höfling. Dagegen sei die Isländerin eine gewesen, die sich alle Freiheiten herausgenommen habe, die des Kopfes wie die des Zwerchfells. Eine so angstfreie Frau glücklich zu machen? Gunther wäre dazu nie in der Lage gewesen. Eine FreiheitsLust aber, die nicht ›gezogen‹, sondern mit Kraft zerbrochen und gebändigt würde, die erzeuge eben kein ›Flügelschwirren‹. Da solle sie ihre Mutter fragen. Macht mache Ohnmacht, untertänige Schwäche. Im besten Fall freundlichen Gehorsam, Höflichkeit. ›Unkraft‹ nannte er's.

Da küßte Kriemhild ihn. Flüsterte, es solle ihm auch sein neuerlicher Dienst für Gunther nicht leidtun. Sie freue sich, daß er geholfen. Streichelte, liebte ihren Mann in dieser Nacht noch sehr, nicht nur mit Handauflegen. Meinte bei all dem, welch einen freundestreuen Gemahl sie doch bekommen habe. Und dachte auch an das, was ihr die Mutter von den edlen Steinen gesagt hatte und von den Menschen, was zu tun sei, wenn man beide behalten wolle. Lobte insgeheim die Mütter.

In der Nacht, spät schon, der Morgen begann zu grauen, da langte, von niemandem bemerkt, ein Nachen im Hafen an. Die plätschernden Geräusche, das Schieben von Holzwand an Steinwand, das hörte um diese Zeit kein Mensch. Um diese Stunde schliefen auch die Wachen – das wilde Fest, der Wein in so vielen Mengen, das reiche Essen, die nebelländischen SpringTänze und der Frühling, das alles hatte die Posten übermannt.

So betrat die schwarze Helinga unbemerkt den Pfalzhof. Drang über Wendeltreppen in den Turm, wo im oberen Stock die Freundinnen wohnten. Von nun an auch Alberichs andere Tochter.

In der Halle sah Kriemhild, was ihr in der Nacht angedeutet worden war. Sie fand ihren Bruder wie die Isländerin verwandelt. Der König lachte, versuchte sich an der Harfe, wollte Wunnibalds gälische Glaubensgeschichte nacherzählen und wußte mit einemmal von Giselhers FrühstücksLied fast alle Strophen, ›kommt ihr Jungfraun, helft mir klagen!‹ sang er, kannte auch von Kilians HochzeitsVortrag, sagte er, die meisten Verse, als beträfe ihn die paulinische Sucht gar nicht. Und obwohl es doch gestern so ausgesehen hatte, als sei er mit seinen Gedanken gar nicht in dieser Halle gewesen.

Auch Brünhilds Miene schien aufgehellt, ja, die Sonne, die vom Rhein her ins Rot und Gold des Saals hereinleuchtete, zeigte, daß die Fremde zu lächeln verstand. Nun blieb die Königin nicht länger stumm oder murmelte bloß mit ihrem Gemahl, sondern bewegte sich beinahe wieder so, wie sie es bei der Ankunft im Hafen getan hatte. Freundlich nickte sie, grüßte jedermann, tat so, wie es Sitte war, auch Kriemhild umarmte sie wieder. Schon daß sie nicht mehr dieses schwarzglitzernde Kleid trug, schien wie eine Verheißung, das verbreitete Erleichterung an der Tafel der Oberen.

Auch die nordische Zauberfrau machte sich ihnen nun angenehm, war höflich. Und so genau Giselher sie beobachtete, ihm fiel nichts Außerordentliches mehr an ihr auf; was immer sie an Zweifeln noch heimsuchen mochte, nun verbarg sie das unter den gewöhnlichen Manieren.

Wieder leuchtete die steigende Sonne auch in den Hof des Herrensitzes, dort krachten aufs neue Schilde wie Speere, klangen die Waffen. Gunther wie Siegfried schienen so blendender Stimmung, daß auch sie schon bald über die Stechbahnen eilten, an den Wettkämpfen Anteil nahmen, Streitfälle schlichteten, zuschauten, dann zu den Gauklern gingen, zu den Händlern, auch zu den Erzählern – eins ums andere Mal sah man beide, die unzertrennlich wirkten, wie sie einander auf die Schultern schlugen und lachten, als sei ihnen ein besonderer Streich gelungen.

Jetzt hatte auch den Bruder das ›Flügelschwirren‹? Kriemhild beobachtete die beiden Männer. Und sprach sich in Gedanken nach, was ihr in der Nacht gesagt worden war. ›Gefährlich lebensgierig‹. ›Romkopf‹. Vorm Bischof in Angst, beschnitten, in ›Unkraft‹. Zusammen mit Brünhild betrachtete sie von einer Tribüne herab die Spiele im Hof; beide Frauen sahen ihre Männer mit Wohlgefallen.

Ja, auch die aus Island tat das nun wohl ohne Finsternis, nicht nur, weil die Frühsonne die schöne Frau umstrahlte. Statt der Dunkelheiten, die sie gestern überschattet hatten, glänzten nun Perlen, die schimmerten an ihrem Hals, in der Kette, die sie von Gunther hatte und die wertvoller waren als ein Schiff, Perlen funkelten auch im Diadem auf ihrem dunklen Haar. Über Nacht schien sie die Gesichter und Gebärden erkannt zu haben, mit denen man bei Hofe willkommen ist. Freilich, in eben dieser Nacht waren ihre Lebenskräfte betrogen worden oder ›privat‹ gemacht. Die einen überlistet, die anderen geraubt. Und in dieser Morgenstunde konnte sie noch nicht ahnen, daß noch am selben Tag auch ihre Seele gebrochen und in Panik geraten würde.

Wie beide Frauen so hinabschauten, fing Kriemhild zu reden an. Sie sprach fast wie zu sich selbst. Aber immerhin so, daß Brünhild es gut hören konnte. »Ach, habe ich einen Mann.« So murmelte sie, sehr leise. Es kam einfach so heraus. Mußte nun mal gesagt sein – denn sie war glücklich. Und da sie bemerkte, daß sie laut geredet und Brünhild sich nach ihr umgesehen hatte, meinte sie wohl, daß sie ihrem Seufzer eine kleine Rechtfertigung nachschicken mußte. »Der ist endlich einer, der nicht nur wild ist und Kraft hat. Sondern gleichzeitig ist er listig und witzig – ja, seine beste Waffe ist gar nicht Balmunk, sondern sein Kopf! Seine Geriebenheit – wie hat er die Sachsen befriedet! Wie hat er die wütenden Dänen den Rhein wieder hinabfahren lassen. Wie hat er den LügenVetter lächerlich gemacht – auch den Weg übers Eismeer hat er gefunden, den Weg zu Dir, liebe Freundin – ach, so einem wie ihm sollten sich alle Reichen und alle Mächtigen dieser Welt unterwerfen. Früher habe ich lachen müssen, wenn es hieß, er sei ein neuer Herkules. Oder Arminius. Heute glaube ich es selber.«

Die Isländerin wollte für einen Augenblick so tun, als habe sie überhört, wie wunderlich die Schwägerin redete. Weil sie aber diese Worte nun mal vernommen hatte, konnte sie die Kühnheit, den Mann aus Xanten rundheraus für den Besten zu erklären, nicht unbeantwortet lassen. Also seufzte auch sie und sagte, mit liebenswürdiger Stimme: »Ja, mag sein. An solchen Tagen wird das so gesagt, von einer glücklichen Frau. Da mußt Du das wohl so sehn und sagen über Deinen Mann. Nur –« – sie machte eine Pause, zögerte noch – ach, wäre sie jetzt stumm geblieben – sie hielt es dann aber für nötig, für angemessen und eigentlich harmlos, folgendes hinzuzufügen: » – solang in Burgund kein König lebte außer Siegfried, solange sollte dies Reich ihm wohl dienen und sich unter ihn werfen. Aber das ist nun mal anders. Da lebt auch mein Mann, Herr Chunthar.«

Kriemhild lächelte ebenfalls und nickte. »Gewiß, liebe Freundin. Auch Du mußt ja nun so reden. Und ich möchte Dir wirklich nicht wehtun – doch: mich solltest Du ebenso verstehen wie ich Dich. Wenn ich sehe, wie da unten zwischen den anderen mein lieber Gemahl einhergeht, so groß, aber zugleich so leicht, wie auf Federn, als schwebe er nach Falkenweise – wenn ich sehe, wie er den übrigen Recken voransteht, wie er sich bewegt, kraftvoll und zugleich schön – als wolle er ständig auf dem Sprung sein oder im Flug

– wie ihm keine Arbeit zu schwer scheint und er alles mit einer schönen Wonnigkeit und Leichtigkeit beherrscht – da fällt mir nur noch ein einziges Wort für ihn ein – herrlich. Ja, ›herrlich‹ ist er, mein Mann. Mir jedenfalls leuchtet er grade so, wie nachts der lichte Mond die Sterne überstrahlt. – Verzeih mir, aber so muß ich ihn sehen. Nicht nur, weil ich ihn so sehr liebe, sondern weil er tatsächlich so ist. Und das macht nun auch mich einfach so leicht. So schwirrend. So fröhlich oder, wie wir sagen, so geil.«

»Das Wort ist unser Wort.« So sagte sie es. Redete nur noch die HofSprache.

»Sogar in seine rumpeligen Wörter hab ich mich verliebt. In die lustigen Töne, die auch Du, liebe Freundin, manchmal sprichst und die uns unsere lateinischen Lehrmeister abgewöhnen, da sie den Feldherrn und den Kirchenherrn zu lebendig sind, zu gefährlich. Doch haben mich schon früh meine Mutter wie Herr Wunnibald vor diesen Lebensfeinden gewarnt. Endgültig hab ich diese Lustabschneider nun erkannt, hab sie hassen gelernt durch meinen Mann, hab das Leben erst durch ihn gewonnen, ja, das ist wie Flügelschwirren –«

– sie sah die Frau neben sich an.

Die schwieg. Brünhild betrachtete die höfischen Herren. Dann sah sie zu Kriemhild hinüber, mit den großen, den prüfenden Augen. Und sagte: »Du hast wohl recht. Dein Mann ist wahrlich ansehnlich. Nicht nur seine Gestalt. Auch seine Art, sein Lebens-Feuer, seine kräftigen Worte. Er schenkte Euch allen den Hort. Witzig, wie er das Biest Ringwolf hat zappeln lassen. Wahrhaft groß, wie er den Stier übersprang, hier in diesem Hof. Ohne Angst vor den reißenden Hörnern. Dein Mann siegfriedet den Tod. Aber da war, hier im Hof, sonst kein anderer, das zu tun. Da hat einer gefehlt, König Chunthar. So beträchtlich Dein Mann ist, Kriemhild – der Meine, Dein Herr Bruder, den mußt Du wohl stehen lassen! Über Wurms, da leuchtet ein DoppelMond.«

Nun rückte die UteTochter unruhig auf ihrem Platz hin und her. Sie überlegte eine Weile; vielleicht, ob sie jetzt besser gehen sollte. Neben ihr saß Markgraf Gere von Speyer. Hätte sie jetzt geschwiegen, dann hätte sich, was nun kam, wohl vermeiden lassen, jedenfalls fürs erste. Aber nun, da Herr Gere mitgehört hatte und weitertragen würde, was die Isländerin gesagt hatte, mußte heraus, was sie so sehr bewegte; da verlangte, was Brünhild angedeutet hatte, eine Richtigstellung. Jedenfalls ließ es ihr keine Ruhe, bis sie entgegnet hatte: »Liebe Schwägerin, sieh es mir nach – ich habe meinen lieben Mann nicht ganz ohne Grund so in den Himmel gehoben. Wenn es auch am Firmament nur einen Mond gibt – so will ich doch gern zugestehen, ehe wir uns womöglich zu streiten beginnen, daß beide, mein wie Dein Gemahl, außerordentliche Männer sind. Beide vortrefflich und einander wohl ebenbürtig – magst Du dem zustimmen?«

Brünhild sah sie aufmerksam an. Als wollte sie prüfen, wie aufrichtig dies ›ebenbürtig‹ gemeint war? Wahrscheinlicher war, daß sie nun wieder die alte Frage bewegte, jene, die in der vergangenen Nacht eine Antwort bekommen zu haben schien. Nun erwachten aufs neue Neid und Zweifel, dieser Argwohn – die Unruhe, endlich zu erfahren, welche Art von Dienst Siegfried auf Isenstein geleistet haben mußte. Was da so wertvoll gewesen war, daß Gunther ihm dafür das Liebste hatte versprechen müssen, was er zu vergeben hatte, seine Schwester. Also schüttelte sie nun leicht den Kopf und sagte: »Wie Du das sagst, so kann es kaum sein. Und ich bitte Dich, Kriemhild, versteh das richtig und nicht etwa als Mutwillen und nicht als Bosheit, wenn ich nun sage, daß auch ich meine Bemerkung nicht ohne Grund getan habe. Wohl wahr: Beide scheinen einander ebenbürtig. Einmal durchschritt Dein Mann die HimmelsLohe auf Isenstein, das andere Mal mein Mann. Doch was soll ich im übrigen von Herrn Siegfried denken? Als er das zweite Mal zum Isenstein kam, da sagte er, er sei nun ein Knecht des Herrn von Burgund. Ja, so erklärte er's, Deine Brüder müssen es Dir bezeugen. Auch weiß ja wohl allein ich, als des Königs Frau, wie kraftvoll Burgunds König ist. Wer sollte Kraft und Begehren, mit denen er mich bezwang, besser kennen? Das erste Mal tat er's in der dreifachen Prüfung, die zuvor kein Mann bestand. Das andere Mal – Dir, meiner Freundin, darf ich das wohl anvertraun – das zweite Mal in der Nacht, in der sein Wille an mir geschah.«

Nun sah Kriemhild voller Erregung auf die Königin. Auch die blickte mit Unruhe, voller Erwartung. Beide, die sich wiederholt ›Freundin‹ genannt hatten, spürten, daß etwas Ungeheures sich näherwälzte, eine zerberstende Gewalt – aus irgendeinem ihnen verborgenen Grund, wie aus einem Nebel wollte die hervorkriechen. Zu viele Gefühle und Nachrichten und Wünsche stürzten in Kriemhild durcheinander, als daß sie jetzt noch hätte unterlassen können zu sagen: »Was, bitteschön, hat Siegfried auf Isenstein zu Dir gesagt? Er sei Gunthers ›Knecht‹? Davon weiß ich bis heute nichts. Hat Gunther Dir's etwa so erklärt? Ist mein Bruder in Eisland etwa vor Dich hingetreten und hat gesprochen: ›Seid gegrüßt,

Frau Brünhild, dieser Mann aus Xanten, der ist der Mond, ich aber, ich bin die Sonne‹?«

»Mir ist nicht nach Scherz zumute, meine Freundin. Frei sein, das ist zu kostbares Ding – um nichts weniger ist mir zu tun. Als Gunther auf Isenstein meine Hand gewann, verkündete Dein Gemahl – und alle, die mit auf der Fahrt waren, können es Dir bezeugen – er, Dein Siegfried, stehe in Gunthers Dienst. Er selber nannte sich ›Dienstmann‹, ›Eigenmann‹, Schiffsknecht. Ist das nun ›ebenbürtig‹? oder ist das in Wahrheit leibeigen! Nur keine Sorge, ich neide Dir Deinen Mann nicht!«

Kriemhild sprang kurz auf. Setzte sich rasch wieder. Atmete eine Weile schnell, und sagte dann: »Wenn das wahr wäre, dann hätten meine Brüder mich auf's Verruchteste hintergangen. Da ich aber nicht annehmen kann, daß sie mich hintergehen, muß ich glauben, daß Du das tust! Wie könnten die Männer je gutheißen, daß ich die Gemahlin eines ›Dienstmannes‹ würde, eines Unfreien! Muß nun auch ich mir meinen Kopf kahlscheren lassen? Wehe, diese Niedertracht! Da frißt die alte Made! NidGir!«

Da hätte man kaum feststellen können, wen sie für niederträchtig erklärte. Sie ließ das so offen, daß niemand behaupten durfte, sie habe Brünhild gemeint, und doch, obwohl ihre Brüder gemeint sein müßten, klang es so, als habe sie die Königin niederträchtig genannt. Das spürte die deutlich genug, Brünhild war blaß geworden. Spätestens jetzt wird sie begriffen haben, was es hieß, von Island nach Worms zu kommen, aus den MärchenKräften hinabzufallen in die ›UnKraft‹. Sie schien nun ebenfalls lieber fortgehen zu wollen, sah sich ein wenig um, nach welcher Seite sie am besten, ohne größeres Aufsehen, von der Tribüne gehen konnte.

Kriemhild bemerkte das und sagte darum: »Verzeih meine Erregung. Auch mir ist nicht nach Scherz zumute. Wenn irgendetwas in mir ist, worüber ich alles andere vergessen könnte, sogar meine Herren Brüder – ja, so ist das auch bei mir das Begehren, frei zu sein.« Sie suchte Rat, blickte umher, sah kurz auf Herrn Gere, der verkrümmt saß, nicht wußte, wohin er in seiner Pein und Hilflosigkeit blicken sollte. Kriemhild kaute kurz an einem Finger, wickelte sich einige ihrer Locken darum, war in Schrecken und Aufregung, redete dann wieder: »Wie unmöglich das ist, was Du da angedeutet hast, das müßtest gerade Du einsehen. Die Du selber so großen Wert darauf legst, frei und eben keines Schwächlings Knecht zu sein – nur deswegen, denke ich, hast Du auf all diesen Prüfungen bestanden. Gerade Du, deren Stolz berühmt ist, so sagenhaft, daß, wie es heißt, viele Herren ihr Leben wagten und verloren – ausgerechnet Du meinst, ich spürte von dieser Lust nichts? Ich bände mich an einen Diener? an einen Angestellten? einen Knecht? einen Eigenmann? – ach, Brünhild, ich bitte Dich sehr und – obwohl mich das alles ungewöhnlich empört – ich bitte Dich noch immer in Liebe, in aller Freundlichkeit: Laß künftig solche Bemerkungen lieber sein! Denn ich spüre es, sie machen mich wie rasend. Laß es! Höre auf, das, was Dir am wichtigsten ist, anderen rauben zu wollen!«

Da stand die andere auf. Nun schien es ihr gleichgültig, ob man den Wortwechsel überall auf der Tribüne bemerkte oder nicht. Gere von Speyer blickte entsetzt. »Was verlangst Du!« rief sie. Und als nun die Augen der HofLeute sich auf die Streitenden richteten, atmete die Isländerin zwar tief, sprach aber weiter: »Meine Bemerkung, Freundin, die *kann* ich nicht lassen. Denn darauf, daß Siegfried *nicht* frei ist, darauf steht mein Stolz.«

»O schweig lieber!« Kriemhild stand gleichfalls auf. »Ich merke, das führt ins Unglück. Wir schelten uns hier, die Herren rings hören begierig mit – ich denke, es wird Zeit, sich auf 's Hochamt vorzubereiten. Und dann fragen wir nachher, wenn wir ohne Zuhörer sind, unsere Männer selbst. Fragen sie, was auf Isenstein behauptet wurde und was nicht. Ich bin sicher, Du hast Dich verhört. Siegfried hat das Schiff gelenkt – deswegen ist er noch lange nicht Gunthers Knecht. Auch mein Stolz, das darf ich wohl noch sagen, ohne Dich zorniger zu machen, als Du es offenbar schon bist, auch mein Stolz hängt davon ab, ob mein Mann untertan ist oder nicht. Was Du ihm und mir heute angehängt hast – ich sei die Frau eines Sklaven – das ist so aberwitzig, so ungeheuerlich – ich kann darüber jetzt nicht weiter reden. Ich müßte sonst Dinge herauslassen, o Brünhild – ich müßte zu schreien anfangen – « – erregt stand sie da – keiner Worte mehr fähig – verließ rasch den Platz auf der Empore. Murmelte wieder und wieder ›NidGir‹ das WurmWort.

Die Wormser wie die Gäste aus Xanten und Island, als sie sahen, wie die Königinnen einander schalten, hatten sich zu wundern – wie konnten diese beiden Frauen, die sich noch in der Frühe herzlich begrüßt hatten, so innig wie beim Empfang neulich am Hafen, wie konnten die nun so heftig auseinandergehen, die eine zu jener Treppe hin, die andere zu dieser – beide mit deutlichen Zeichen des Zorns im Gesicht, mit roten Flecken, mit den blinden Augen.

Kriemhild, kaum war sie bei ihren ›Fräulein‹, rief: »Es wird behauptet, und zwar von der Königin selber, wir alle hier gehörten zu ihrem Gesinde! Sogar mein Mann – aber auch ich – wir hätten *ihr* zu folgen!« Und dann schien sie sich zu fassen, fand ihr Zorn offenbar einen Weg, den typisch burgundischen fand er, den der Gewänder, der schönen Dinge.

Plötzlich jedenfalls sprach sie wie in Ruhe, hatte ihre Haltung wieder: »In einer Stunde, liebe Helferinnen, ist Hochamt im Münster. Bevor wir nun weheklagen und uns womöglich die Haare abzuschneiden haben, bevor wir uns als Untertanen und Dienstleute dieser NebelFrau zu Füßen werfen – da wollen wir doch einmal sehen, wer zu Worms wem zu folgen hat! Richtet alle Kleider, alle Mäntel, sämtlichen Schmuck, alles breitet aus. Damit ich wählen kann. Selbst die Dümmsten in Burgund werden heute begreifen müssen, wer hier wessen Besitz ist und wer nicht.«

Wenn jemals auf kostbare Kleidung peinlich Wert gelegt worden ist, wenn je auf die Pracht eines Auftritts mit ingrimmiger Sorgfalt geachtet wurde, dann an diesem dritten Tag der Doppelhochzeit von Worms. Schon immer hatte man für kaum etwas anderes am Hof der Burgunder mehr Sinn und entwickelte für nichts mehr byzantinischen Eifer als für das festliche, das glänzende Erscheinen – aber all diese Künste wurden weit übertroffen an diesem Frühlingsmorgen im Jahr 486, eine Woche vor dem Osterfest. Es ist überliefert, wiederum hätten dreißig Fräulein zu tun gehabt, und, so wird beteuert, nicht dreißig Königinnen hätten je soviel Reichtum und Üppigkeit sehen lassen wie allein Frau Kriemhild an diesem einen entscheidenden Tag.

Was je fürstliche Leute ihrem höheren und niederen Gesinde an Prunk vorführten, ›daz war gar ein wint‹, sagt einer der alten Schreiber. Ein Wind wäre es, sobald man es mit dem vergleiche, was nun für Kriemhilds Gang zum Münster vorbereitet wurde.

Sparen wir uns auch diesmal die Einzelheiten, erwähnen wir nur, daß die junge Frau über all ihrer KleiderKostbarkeit einen neuen Mantel trug. Der war aus hellem Hermelinfell, und zwar aus feinsten Stücken, aus etwa hundert Quadraten hatten die Fräulein ihn zurechtgeschnitten. Diese weißen Rechtecke waren untereinander durch dunkle Streifen abgegrenzt und zugleich zusammengebunden, die bestanden aus schwarzem PantherFell aus Zazamanc, jedes einzelne der kleinen dunklen Verbindungsstücke war so kostbar wie der Becher, den Hagen in den Strom hinausgeschleudert hatte.

Kriemhild, als sie endlich fertig hergerichtet schien und sich im Spiegel betrachtete, fand ihr Werk gelungen, fühlte sich aufs Beste, freute sich über die MantelPracht mit dem dunklen Gitterwerk. Sie öffnete das Stück, wendete sich – nein, solch leuchtende Meisterarbeit, so viel Glanz war nie zuvor bei einer Frau zu sehen gewesen; im Schmuck wie in den Gewändern schien ihre Aufmachung unübertrefflich, dessen war sie sich sicher. Und das versicherten alle, die es gesehen und die es uns im alten Deutsch überliefert haben.

So zog sie nun hinüber; schritt, geleitet von ihrem Verehrer, dem Herrn Gere, mit großem Gefolge über Plätze und Straßen, ging, gefolgt von ihren HofFrauen, durchs Spalier der Zuschauer, die seit dem Morgen auf diesen Auftritt gewartet hatten. Kurz vor dem Münsterplatz ließ Gere von Speyer die verehrte Herrin ungeleitet weitergehen – Ringwolfs Kirche legte Wert darauf, daß die Geschlechter getrennt blieben, schon beim Betreten des Münsters, erst recht beim Gottesdienst; selbst wenn es, wie an diesem Tag, um eine Trauung ging.

Wie großartig war, was man erhoffte und wie garstig, was dann auf dem Platz vor der Kirche geschah. Wie groß die Verwirrung, das Entsetzen. Als Kriemhild mit ihren dreißig ›Jungfräulein‹ aus einer der Gassen auf den weiten Platz vor der Bischofskirche trat, da mußten alle, die Augen hatten, mitansehen, wie aus der Gasse gegenüber, ebenfalls begleitet von einem stattlichen Gefolge, Brünhild mit ihren nebelländischen Freundinnen erschien – und daß die Königin von Burgund im Grunde den gleichen Putz trug wie Kriemhild. Jedenfalls ums Haar den gleichen Mantel. Brünhilds Umhang war ebenfalls aus weißem Hermelin gearbeitet, nur hatten ihre FeenFreundinnen die Felle nicht zu hundert Quadraten zugeschnitten, sondern zu hundert Rhomben – das Gitterwerk der dunklen Streifen aus schwarzem PantherFell lief nicht waagerecht und lotrecht über das Gewand, sondern durchbrach das Werk in schrägen Geraden, in Diagonalen.

Beide Frauen, noch gut dreißig Schritte vor dem Portal der Kirche, hielten an. Brünhild schien ruhig. Kriemhild aber konnte sich kaum fassen. In ihrem Herzen schwand alle Sicherheit, stürzten Neid und Gram zu wehesten Empfindungen zusammen, zu Wut und Angst und wütendstem Stolz, für Momente schien sie einer Ohnmacht nahe. Doch die GundomarTochter erholte sich wieder, warf plötzlich den Kopf auf und blickte dorthin, wo die bronzenen Tore des Münsters offen standen und wo der Bischof auf der oberen Treppenstufe wartete, die Herrinnen zu empfangen. Dorthin wandte sich Kriemhild – kaum aber hatte sie sich in Bewegung gesetzt, traf sie's wie ein Schlag – da erschallte unüberhörbar der

Ruf: »Nun sollte wohl vor des Königs Frau keine Leibeigene dies Haus betreten!«

Dieses Wort, das alle verstanden hatten, das war's, was die junge Frau wie ein Blitz traf, das lähmte sie, das war öffentliche Vernichtung. – Brünhild, aus den Kenntnissen, die sie hatte und in der Not, die auch sie bedrängte – sie *konnte* in diesem Augenblick nichts anderes rufen.

Die UteTochter war stehengeblieben. Wandte sich nun langsam zur Seite, dorthin, wo, wenige Schritte hinter ihr, die Rivalin stand. »O hättest Du doch geschwiegen. Dann wärest Du verschont geblieben. Doch nun, nach dieser Beleidigung, Brünhild, zwingst Du mich, es offen herauszulassen: Du selber bist ›leibeigen‹! Du selber hast Deinen schönen Leib in Sklaverei verbannt. Eine wie Du, die Nebenfrau eines Knechtes – wie könnte eine wie Du je vor mir dieses Haus betreten! – geh! schere Du Deinen Kopf kahl! – während ich dort bete, auch für Dich Unglückliche, beklage Du Deine Entehrung, Deine SelbstBeschneidung! klage sie den FeuerGeistern! den WutGöttern!«

Da schien die Isländerin zu wanken, mußte sich stützen auf ihre nächsten Gefährtinnen. Richtete sich aber wieder auf. Und konnte fragen: »Was war das? Wen beschimpfst Du, wen schmähst Du als ›Nebenfrau‹? als Kebsweib eines Knechtes? Sklavin eines Leibeigenen? Doch wohl nicht die Königin von Burgund? Soll das heißen, Du machst mich hier, vor aller Augen, zum Kebsweib von einem Schippmann?«

»Das eben tu ich. Du verstehst mich vollkommen richtig. Deinen schönen Körper, den liebte zuerst mein Mann, mein von Herzen lieber Mann – Dich bezwang allein Siegfried. Da auch du mich öffentlich erniedrigt hast, zwingst Du mich zu dieser Enthüllung. Nein, es war nicht mein Herr Bruder, der Dir die bornholmische Kraft nahm, Rans Eigensinn, Wotans Stärke – wo denn, du Elende, waren in der HochzeitsNacht Deine Sinne? Da verfolgtest Du womöglich einen argen Plan – oder? wie konntest Du Dich selber so entehren? wie durftest Du Siegfried zu Willen sein, von dem Du behauptest, er sei ›Schippmann‹. Da hättest Du Dich in der Tat selber schmählich erniedrigt. Wer sich so tief hinabstürzt, der höre nun auf, sich zu beklagen und diejenige zu schelten, die eine Freundin hatte sein wollen.«

Für fast jeden, der dies anhören und beide Frauen beobachten mußte, sah es so aus, als hätten die Streitenden sich ineinander verbissen, wie jene KampfVögel in Rumolts Erzählung, als wollten sie einander vergiften, lähmen, erfrieren, ja, als hätten sie sich bei lebendigem Leib verbrüht, erstarrt und ausgesogen, mit Hornissen-Stacheln. Jedenfalls war es so, als hätten beide sich in Vorstellungen und Regeln verrannt, die weder der einen noch der anderen erlaubten, auch nur einen einzigen Schritt zu gehen, weder nach vorn, noch zurück, noch aufeinander zu.

Man hörte nur, wie die Fremde murmelte, über diese Schändung des Königs werde sie mit ihm zu reden haben. Doch hatte sie auch dies so deutlich gesagt, daß Kriemhild es hören mußte und sogleich, aus ihrem GedankenKäfig heraus, zu rufen hatte: »Was wird Dir das schon helfen! Sprich mit Gunther! dann wird auch ihm klar: Du selber hast gehofft, Du könntest mich hier, vor allen Leuten, demütigen. Mich und den DrachenTöter, der Dein Bezwinger ist. Mich und ihn, indem Du uns vor diesem Münster zu Unfreien erklärtest. Nochmal: wo blieben Deine Sinne! Da mußtest Du doch damit rechnen, daß ich mich wehre, daß ich Dein eigenes schimpfliches Treiben nicht länger für mich behalte! daß ich ausspreche, was wahr ist, daß in Wahrheit Du die Unfreie bist! indem Du Dich zur ZweitFrau von einem gemacht hast, den Du ach so gerne als Sklaven besäßest! und dessen Sklave nun Du bist!«

Da brach die andere in Tränen aus. Baldinai und die übrigen Gefährtinnen umarmten sie. Kriemhild, das schien klar, war hier die Siegerin. Sie jedenfalls betrat die Kirche als erste.

Im Portal grüßte der Bischof Ringwolf, schien zu lächeln. Hielt ihr seinen KristallStein entgegen. Sie beachtete das nicht, grüßte nicht, rauschte in ihren kostbaren Roben an ihm vorbei, die Hof-Frauen hinter ihr her.

Dann näherte sich die Königin. Gesenkten Blicks, geröteten Gesichts, ging vorüber – der Bischof hielt auch ihr den Sankt Galler Stein hin, brachte vor der Unheimlichen kein Wort heraus, sah sie vorüberziehen, blicklos, wortlos. Konnte indessen hoffen, hier wende sich etwas zu seinen Gunsten.

In der MünsterHalle, beim Gottesdienst, waren viele Augen naß, zeigte sich fast jeder hilflos und bedrückt, konnte sich auf die heilige Messe kaum jemand konzentrieren. So viel man auch Gott zu dienen vorgab und fromme Lieder sang vom Leben nach dem Tode, das Leben davor verwirrte sie alle allzu sehr.

Die isländischen wie die niederländischen Gäste, sie empfanden die Gesänge und Sprüche, die Worte und Gesten des Bischofs wie eine einzige lang anhaltende Beschmutzung. Die kratzte sie, juckte und ekelte. Was immer der tat da oben, es paßte nicht zu dem, was in den Köpfen rumorte an Schmerz, Zweifel und Aufruhr. Da spürten die Falken den Käfig. Und da halfen den Zahmen weder die Höflichkeiten noch die prächtigen Gewänder und Künste.

Das Brodeln, Rühren und Kochen in Zwerchfellen und Köpfen, das war dort oben am Altar unbekannt. Was half es, sich zu beherrschen, artig zu bleiben und höflich, was half es, daß dann die zerstrittenen Frauen nach vorn gingen, vor die Stufen, wo sie zur Weihe ihrer Ehen den durchsichtigen BrustKristall nun doch zu küssen hatten – nichts schien jetzt weiter entfernt als jene gewaltige Stimmung vom vorangegangenen Abend, als die PfalzHalle gedröhnt hatte vom Gesang der Leute: Heute, hier und jetzt, ihr Freunde, schlürft das wahre Himmelreich. Wenn Wunnibalds Lied das eine Ende der Welt war, so waren diese angstvollen Frauen in der Kirche das andere Ende. Wie leblos traten sie nun nach vorn, zuerst Brünhild, dann Kriemhild, küßten den Leib des HErrn, in Sankt Gallen gefaßt. Gefaßt offenbar in der Absicht, mit seiner Schönheit alle Freiheitsdurstigen ebenso zu fassen. Zu bändigen.

Endlich kam die Handlung zum Schluß, der Bischof erteilte den römischen Segen. Die Isländerin verließ das Münster zuerst.

Draußen, inmitten ihrer Frauen, war sie stehengeblieben, wendete sich zurück und sagte: »Ich muß sie stellen, die Scharfzüngige. Die weiß noch mehr. Kennt womöglich Beweise, die ich seit langem suche. Beweise für einen alten Verdacht. Daß hier alles Blendwerk war. Schon Gunthers Werbung –«

– auf der Kirchentreppe erschien die andere. Wieder standen sie sich gegenüber. Eingesperrt in ihre gleichartigen Gitter aus PantherFell.

Die UteTochter kam schließlich herab, wollte an der Königin vorüber.

»Hättet Ihr so viel Zucht und bliebet stehen?«

Sie blieb stehen, schaute aber in eine andere Richtung, schien sich belästigt zu fühlen.

Und bekam zu hören: »Ihr habt mich Nebenfrau genannt. Ich verlange, daß Ihr das zurücknehmt. Hier, vor denselben Leuten. Oder Ihr gebt Beweise!«

Da sah sie die Frau weiterhin nicht an; sprach aber, mit schmalen Lippen: »Ihr solltet mich gehen lassen. Mir die Antwort ersparen. Es wäre besser für Euch.«

»Ich *kann* Euch nicht gehen lassen. Gar nichts kann ich Euch erlassen. Ich verlange Antwort! Oder Ihr bittet um Vergebung.«

»Da Du Dich offenbar noch immer nicht genug erniedrigen

konntest – so schau Dir an, wieso ich Dich Nebenfrau genannt habe.« Kriemhild ging einige Schritte auf die Königin zu. Blieb dann stehen, weit genug vor ihr, daß auch viele andere, die in großem Kreis die beiden umgaben, sehen konnten, was sie nun tat.

Sie öffnete ihren HermelinMantel. Unter dem kostbaren Gitter trug sie bronzeglimmenden Brokat, mit Zobel besetzt – aber solche Pracht erschien nun unscheinbar gegenüber dem, womit sie sich ebenfalls geschmückt hatte. Da hing, dreifach um ihre Hüften geschlungen, der Gürtel. Der mit dem mondfarbenen Stein.

Die andere mußte von ihren Freundinnen gehalten werden.

»Deinem Schrecken entnehme ich, daß Du dieses Stück kennst. Das brachte mir in der vergangenen Nacht mein geliebter Mann. Nachdem er, den Du Dir zum Sklaven begehrst, als Erster mit Dir geschlafen hatte.«

Rans Tochter, die überbehütete, hat keinen schmachvolleren Tag erlebt.

»Begreifst Du nun, wer hier wessen Leibeigentum ist? und wer, in der Tat, die Nebenfrau?«

Die Isländerinnen weinten. Markgraf Gere schluchzte. Die Hoffräulein seufzten, flennten. Fast allen Umstehenden war es kaum erträglich, all dies ansehen zu müssen. Träume stürzten ab. Höhenflüge, Bilder von NordRom und Byzanz zerfielen. Beide Herrinnen hatten sich in ihre Vorwürfe mit um so größerer Kraft verbissen, als sie glauben mußten, die andere habe es auf ihre Freiheit abgesehen oder, was dasselbe war, auf ihren Mann. So hatten sie Worte gesagt, die weit über das hinausschossen, was sie wissen und beweisen konnten. Weder wußten sie, warum Siegfried sich als Eigenmann bezeichnet hatte, noch wußte Kriemhild, was der Raub des Gürtels wirklich bedeutete. – Zu spät erst hat sie das erkannt.

So schwer die Königin getroffen war, sie schaute auf, blickte sich um, wie hilfesuchend, ja fordernd. Nach Herrn Gunther suchte sie. Den Blick auf den König gab man ihr frei, ohne daß sie den Namen hätte aussprechen müssen. Die Leute wichen ein wenig zur Seite, so daß alle ihn sehen konnten. Der hatte wohl gehofft, er könne sich über Ringwolfs Vorschrift, beim Hochamt die Geschlechter getrennt zu halten, um diesen furchtbaren Zwist herumbewegen. Nun aber hieß sie ihn zu sich kommen. Ihr beizustehen. »Deine Schwester hat mich verhöhnt. Hat erklärt, ich sei Deines DienstManns ›Nebenfrau‹!«

Der König näherte sich, zögernd, mußte nun wohl zu ihr stehen.

»Deine feine Schwester erklärt, nicht Du seist mein Schlafgenosse, sondern allererst Siegfried.«

»Wenn sie so etwas gesagt hat, hätte sie unverzeihlichen Unsinn geredet.«

»Dann sieh nur hin, wo sie steht! was sie zeigt! Oh daß ich je geboren wurde – sie trägt meinen lieben Gurt von Island. Du kennst den wohl – den hat mir letzte Nacht ein Schacherer geraubt.«

»Wer sollte dieser Räuber gewesen sein.«

»Das frag ich Dich! Das frag Du Deine Schwester!«

Gunther schwieg, sah sich um. Den Gürtel hat er sofort erkannt. Er sah zu Boden, nickte. »Dann sage ich hiermit Herrn Dankwarth, daß auf der Stelle derjenige hierherzukommen hat, der sich offenbar einer Unverschämtheit rühmt. Der sich mit diesem Gürtel einen üblen Scherz leistet – auf der Stelle hat er solchem HeunenWitz und NifelSpiel abzuschwören – der Herr von NiederLand.«

Gunther blickte weiter zu Boden, überließ es dem Truchseß, den Xantener herbeizuholen.

Der Kreis öffnete sich. Er kam heran. Als er neben dem König stand, meldete Dankwarth seinen Namen. Da wendete Gunther den Blick nicht vom Pflasterboden: »Es heißt, Du hättest Dich gerühmt, als erster Brünhilds Gemahl gewesen zu sein, letzte Nacht. Und es heißt, Du habest der Königin den Gürtel geraubt.«

»Wer sagt das.«

»Deine Frau Kriemhild.«

Da machte der Mann aus NebelLand einen raschen Schritt auf die Frau zu, auf die schöne Gestalt in den prachtvollen Kleidern. So forsch und so glaubwürdig war diese Bewegung, daß Kriemhild ein wenig zurückwich. »Das soll ihr leidtun!« rief er, und hat damit wohl rechtbehalten. »König Gunther! hier vor allen Leuten bin ich bereit, mit Eid zu schwören, daß ich dies nie gesagt. Daß ich Dein Eheweib achte – vormals, jetzt und immer!«

Gunther blickte auf, sah ihn an. »Dann zeig's uns! Hier und sofort! Dann leiste den Eid! Ich wünsche, daß dies Geschwätz so rasch wieder davon ist, wie es hervorkroch.« Der König winkte, Dankwarth gebot Ruhe – von allen Seiten traten vornehme Herren in den Kreis, stellten sich zum vorgeschriebenen Ring auf: Hagen, Herr Gere, Giselher, Gernot, Ringwolf, auch Dankwarth selbst, auch Herr Siegmunt und Herr Liudger – sie und noch einige mehr schlossen den Zirkel, in dem allein ein solcher ReinigungsEid zu leisten war.

Schon hatte sich Siegfried in die Mitte gestellt, hob die Schwurhand und sagte: »Ich, von Xanten Siegfried, schwöre –« – da fiel ihm der König ins Wort. »Halt! Laß es! – Ich sehe, wie bereit Du bist! – Ich denke, es ist unter unserer Würde, Weiberstreit mit MännerEid auszuräumen. Wenn einer hier wissen muß, daß Siegfried unschuldig ist, dann bin ich es, Brünhilds Gatte. Darum bin ich auch derjenige, der es ihm ersparen kann, Dummheiten meiner geschwätzigen Schwester vor diesen Edlen mit einem Schwur aufwiegen zu sollen.«

Da ließ der BärenMann seine Hand sinken. Schritt aus dem inneren Kreis heraus, auf den König zu, umarmte ihn. Das tat er damit zum dritten Male. Und brummte dem Burgunder ins Ohr: »Das wird sie büßen.«

Die versammelten Ritter schauten verwirrt, blickten sich an. Auch Hagen konnte Gunther nicht recht verstehen. Freilich, wer in diesem Moment hätte durchschauen wollen, weshalb Gunther den öffentlichen RechtsAkt erließ, der hätte des Königs eigenes verzweifeltes Gewissen kennen müssen.

Von dieser Stunde an haben Brünhild und Kriemhild kein Wort mehr miteinander gesprochen. Auch nach dem Ende nicht, das der nehmen sollte, den beide liebten.

Was half es, daß der Nibelunge vor dem Münster offensichtlich hatte schwören wollen. Wo endete der Trug, wo hatte er angefangen. Mitansehen zu müssen, wie Brünhild nun litt, das hätte härteste Wesen erweichen müssen. Aber gerade das zarteste, Kriemhild, die den Falken liebte, war längst selber im Käfig. Gefangen in jenen eisernen Regeln, die – seit diesen Zeiten – das Denken und das Fühlen fesseln. Und das Fliegen.

Die Isländerin wurde umsorgt von ihren Freundinnen, sie zog sich zurück. Eine von ihnen, Baldinai, hatte schon auf dem MünsterPlatz den Arm um sie gelegt, so, wie man das zunächst, damals beim Empfang im Hafen, von Kriemhild beobachtet hatte.

Die Gefährtinnen aus NebelLand, auch die schwarze Helinga, die alle führten sie zurück, versammelten sich im Bergfried des Wormser HerrenSitzes. Dort, in der Abseite, in der Dankwarth denen aus dem Norden die Gemächer zugewiesen hatte, wohnte, von jetzt an, auch Brünhild.

Und wenn Giselher, der Schreiber, der doch so naheliegende Verbindungen zu Baldinai gefunden hatte, später genug zugehört und genügend Richtiges verstanden hat, dann ging es in diesem

Bergfried nicht nur darum, daß sich die Frauen aus Pilz- und Wurzelsud und Mohn ihre erhellenden Getränke bereiteten, jene, mit denen sie vor Jahr und Tag schon den Gast aus dem Nieder-Land empfangen hatten, sondern nun kam es diesen Frauen darauf an, nicht länger über das Unsagbare zu schweigen, sondern soweit wie möglich aufzuschlüsseln – mit Gesängen und Getränken ebenso wie mit Hilfe der Wörter.

Da türmte sich eine Mutmaßung über die andere. Nicht Gunther war es, der Brünhild bezwungen hatte? Sondern wiederum der Nibelunge? wie vordem, bei seinem ersten Besuch auf Isenstein? War nun auch in Gunthers Kammer einer gewesen, der sie niedergerungen und ein anderer, der mit ihr geschlafen hatte? – Oder hatte beides ein und derselbe getan? – In der Schwärze der Nacht wiederum der Nibelunge? Und wenn das in der vorigen Nacht so war, in der Hochzeitsnacht zu Worms, was war dann in Wahrheit bei der Brautwerbung geschehen auf Island? beim zweiten Gang durchs Sternenfeuer? bei der dreifachen Prüfung? Lief, wie man es schon früh argwöhnte, List von Anfang an?

Der Gürtel um Kriemhilds Hüften, was bewies er? Und der Erlaß des Eides, der so verdächtig schnell kam, noch bevor der Mann das erste Wort geschworen hatte, dieser unerwartete Erlaß – legte der etwas nahe? Und was, bitteschön? Gunthers Mitwissen? War dieser SieglindenSohn, wenn er mit nebelländisch geheimen Mitteln und sogar räuberisch mit Brünhild umgegangen war, war er dann noch Dienstmann bei König Gunther? – so wie er sich auf Island selber bezeichnet hatte? Hatte er sich diesen GürtelDiebstahl auf eigene Faust geleistet? oder ebenfalls als Arbeitsmann, in Gunthers Auftrag? oder in eigenen, ganz anderen Interessen? Brünhild hatte er die Kraft nehmen sollen? Gunther zuliebe? oder in wessen Interesse – in Kriemhilds?

Daß Gunther ihm den Eid erließ, schien dafür zu sprechen, daß die Männer gemeinsame Sache machten. Schützte hier der Dienstherr seinen Arbeitsmann? der sich schon auf Isenstein erniedrigt hatte zum Schiffsmeister? – warum? Wozu dieser demütigende Dienst? Nicht nur auf dem Schiff, sondern nun auch in der Hochzeitsnacht? Weshalb dieses Zurücktreten? oder vielleicht auch nicht? keineswegs demütig, sondern ›privat‹ frevelnd, also raubend? All dies nur, um für Gunther die Macht der Frau zu brechen? Für Kriemhild? für Ringwolf?

Der Raub des Gürtels ebenfalls nur, um die Herrschaft der Herren zu sichern? oder deshalb, weil der Dienstmann mit diesem

Gürtel einen Beweis in der Hand hatte, einen Arbeitsnachweis, für alle Fälle? Und all diese Anstrengungen nur für einen Lohn, der Kriemhild hieß? Und das Niederzwingen der Lohe? Hatte die SternenKraft beim zweitenmal ebenfalls nicht Gunther, sondern wiederum Siegfried abgeleitet? Und wenn abermals er es war, der allein standhielt, wie war dann der PrüfungsSieg zu verstehen? alle Mühsal in Wahrheit von einem, den sie Wühler nannten und arbeitswütig? mit ExternKraft begnadet? und wütig wofür? für Kriemhild? oder, wie es hieß, für ein NordReich? gegen die ›privaten‹, die räuberischen HerrschaftsStädte, gegen das doppelte Rom ein GegenRom? durch GegenRäuberei? Geriebenheit? – vom Mittag bis in die Nacht gingen die Frauen dem nach, zweifelten, grübelten, tranken, sangen –

– Brünhild blieb stumm. Doch die anderen kreisten ein, suchten Antworten. Mit Erlkönigs Töchtern, mit süßbitterem Gebräu, mit Fragen über Fragen wollten sie der Wahrheit auf die Spur. Und kamen ihr sicherlich nahe. Helinga und Baldinai wußten, unter welcher Tarnung Siegfried den besiegte, der an der WeltenEsche nagte. Wußten, der war selber hürnern.

Bis in die Nacht drangen Gesänge vom Turm. Tönten je später, desto dunkler. Was anfangs weh geklungen hatte und klagend, schien nun zu drohen, hornissenhaft. Da stieg aus Wotans Getränk diese singende, die seherische Wut. Der Betrug der Männer – ihr Bündnis gegen die Frau, dieser römische Feldzug gegen die LebensFeuer – diesen Sinn also hatte die Geschichte?

Zuvor, noch am hellichten Mittag, gleich nach dem Kirchgang, war im gegenüberliegenden WehrTurm Gunther mit den Brüdern zusammen, sie hatten Hagen rufen lassen, warteten und schwiegen.

Hagen stand draußen, auf jenem Gang, der zu Gunthers Gemach führte, stand hinter der Ecke, beriet sich mit dem Bischof. Wieder fiel dort, wo der König zuerst gestrauchelt war, das lateinische Wort. *Pereat.* Er möge zugrundegehen. Tod dem RomTöter.

Da habe Hagen, so beteuerte er später, einen Einwand erhoben. Habe den Namen Kriemhild genannt. Auch sie sei Kind dessen, dem er Treue geschworen. Kriemhild nannte er nicht aus Mitgefühl, sondern weitblickend, berechnend. Er hat gewarnt. Auch diese Frau sei Gundomars Kind, zuweilen schiene ihm, sie sei es eher als die Brüder.

Doch der kirchliche Vetter hat ihn belehrt. Weiber seien des

Mannes Besitz. So bestimmten es sämtliche KirchenVäter. Zu Nutzen oder Freuden besitze der Mann die, die nichts sei als ein Haufen sündigen Fleisches, ja, die Frau, auch Kriemhild sei ein FeuerSud aus gelüstigen Säften. Und stifte der Mann, dem sie gehöre, Schaden und Unruhe, so vernichte man möglichst nicht nur ihn, sondern verbrenne auch seinen Besitz, reiße ihm aber zuvor die SündenHügel ab, die Brüste – so sei es im FrankenReich üblich, mit breiten KneifZangen, nur so habe man dort gegen das Keltische erste Siege erfochten. *Deleatur!*

Mit diesem Urteil, das er zum dritten Mal verfügte, wandte sich Ringwolf zum Gehen, eilte die Wendeltreppe hinunter, weil er unten, vor dem Pfalzkeller, mit einem SchlüsselSchmied verabredet war.

Als dann Hagen in den abseits gelegenen Turm trat, entstand kein Gespräch. Hier wurde kein klärender Trank gebraut, wurde auch der Wein, den Dankwarth bot, nicht genommen, schien man gelähmt, herrschte die Angst der Herren. Die Angst vor den eisernen Regeln, vor den Hornissen. Die sich hatten hören lassen vor dem Münster, beim Streit der Frauen.

Stumm waren die Männer aber auch, weil Mutter Ute sich in den Turm hatte tragen lassen und drüben, an einem Tischchen, ihre Karten legte. Und weil die Witwe von dort aus – die Stimmung witternd, das Schweigen nützend – zu murmeln begann und das RheinLand verfluchte, die byzantischen Träume, die Großmanns-Sucht und die römische Herrschaft. WestRom wie OstRom verwünschte sie und fabulierte dann abermals vom sicheren Reich in Helvetien. Den Weg dorthin, den die meisten Burgunder schon gefunden hätten, diesen Weg, so sagte sie, rieten die Karten wie jede Vernunft.

Eine Weile hörten sie sich das an. Verwirrt vom Widerspruch, daß Frau und Karten nicht in den Norden wiesen, sondern ins MittagsLicht. Bis endlich Hagen bemerkte, in dieser Stunde brauche niemand nötiger den Rat der KönigsMutter als Kriemhild. Gundomars Tochter jedenfalls benötige eher Beistand als sie, die Männer. Dankwarth und Gernot verstanden, schon hoben sie die gebrechliche Alte in ihre Sänfte, ließen sie von Kahlköpfen über den Gang forttragen, hinüber zu Kriemhild.

In der Tat, dort war die Mutter gern gesehen. Da war nämlich zuvor der Gatte erschienen, hatte die helfenden Fräulein zur Kammer hinausgejagt und hielt plötzlich den starken Gürtel aus Island in Händen. So süß und geistvoll nachmals MinneSang klingen mochte, die Wahrheit in den Kemenaten sah anders aus, zu allen Zeiten. Die Schläge jedenfalls, die der Xantener nun mit schwerem Leder gegen die Mauern führte, die klangen weder süß noch geistvoll. Die zeigten nur, daß ein ›Unübertrefflicher‹ immer noch von einem zu übertreffen ist, von seinen Schwächen. Und das waren hier die, die das ängstliche, das pochende, das tobende Blut zutagegeschleudert, sobald einer in die Schlingen römischer Herrschaft gerät.

Als er da um sich schlug, da blieb immerhin noch der Moment, in dem sie die Frage rufen konnte, ob er sich auf Island tatsächlich zum Unfreien erklärt hätte. Da blieb immerhin noch der Augenblick, in dem er die Antwort schrie, ja, das habe er getan. Warum? Damit die WutFrau ihn besser vergessen könne. Aber jetzt vergesse sie nichts und nie mehr, die WutFrau. Und schlug zu.

Obwohl einige Schreiber es anders schildern, die KlosterChronisten irren, wenn sie mitteilen, er habe sie ›verbleut‹. Dieser Barbar wagte es nicht, den Leib zu treffen, an den er glaubte wie jener irische Wanderer. Die zu züchtigen, die er über alles begehrte? so sehr, daß er eben dieser Liebe wegen sich selber zurückgesetzt, zum Unfreien erklärt hatte. Was in ihm tobte, das richtete sich nicht ausgerechnet gegen die, die selber im Käfig hing, das wütete gegen das, was ihm früh seine Mutter erklärt hatte. Ungestüm hieb er gegen Mauern, Boden und Schrank. Und schleuderte dann das isländische SteinLeder aus dem Fenster, daß es draußen in der Luft kreiselte und sich, bevor es in RheinStrudeln versank, zur Schlange ringelte.

Der Nibelunge sah das nicht. Im WutRausch trommelte er die Fäuste an die Wand, ja, hat gegen die Mauern geschlagen und geschrien: »Tronje! Yerra Tronje! ik zirtappar, zirbalm, virmeuschil dat pottvordicki LeichGift! dat chottvordammik RaubStink! Haujiback PRIVAT!« und »Tod die Götzen!« und »Tronje!« und schlug, brüllte, trommelte und ist endlich, in heller Verzweiflung, zur Tür raus, immer mit dem Schrei ›Tronje‹.

Ist an der alten Königin, die in die Kammer wollte, schreiend vorbei, das Wort rufend, daß niemand verstand, »Tronje!« brüllend, hat Ute nicht bemerkt, sondern ist, wie von Sinnen, hinab in den PfalzHof, um in die Turniere einzugreifen.

Wen immer man später fragte, jeder hat das anders in Erinnerung. Doch scheint festzustehen, reihenweise hat er die hoffnungsvollsten, die zierlichsten Bengel aus den Sätteln gehoben, stieß die edelsten Herrschaften einfach von ihren Beinen, burgundische wie sächsische und alemannische, wirbelte diesen und jenen durch die Luft und hat, als sie ihm genügend zerbleut schienen, mit dem Schrei »Tronje!« auch Lanzen und Schwerter verbogen, die Spitzen nach hinten, um alsdann den Gaffern die Köpfe gegeneinander zu schlagen, mit »RomKöpp!« und »TronjeKöpp!« und den Gauklern die Spiele zu verdrehen, Marktstände umzuwerfen, Märchen-Erzählern den Mund zu stopfen mit Leinen, hat auch die Stände der LeinenHändler nicht geschont. Hat die Ärzte, die Schreiber, hat die Juweliere verprügelt und dann die Wechsler mit »DraakePack!« und »In Klump mit ük!« und »Tronje!«. Und hat abgeräumt.

Und hat auch dem neuen, dem kurzhaarigen MünzenVerkäufer hinten, in der Ecke des Hofs, das Scheunentor über den Schädel geschmettert, daß die Bretter krachten und man die glitzrigen Rom-Köpfe rings in den Schlamm spritzen sah.

Herr Gere, Markgraf von Speyer, der, wie man weiß, weitläufig verwandt war mit dem Bischof von Worms, trug an diesem dritten Hochzeitstag eine weinrote Toga, die er sich auf einer RomReise hatte anfertigen lassen. Dieser Umhang war an den Rändern mit goldenen Litzen abgesetzt und, wie in Rom üblich, mit kräftigem, opalbesetztem Leder um Brust und Arme kunstvoll verschnürt. Doch den größten Vorzug hatte dies Kleiderwerk immer noch in der behenden Manier, mit der Herr Gere es zu tragen verstand, mit der er das wallende Prunkstück fast jedem Schritt, ja allen Bewegungen anzupassen wußte, wie er es in immer andere und noch interessantere Falten zu werfen verstand. Auf dem MünsterPlatz trat nun dieser wohlverzierte burgundische Herr dem Mann aus dem Kohlenwald entgegen und erklärte mit Entschiedenheit: »Kriemhilds Mann ist es, der sich vergißt! der die PfalzTugenden mit Füßen tritt!«

Erst sah es aus, als wollte der Tobende ihn übersehen, werde glatt an ihm vorüberpreschen – doch als er schon an Herrn Gere vorbei war, bemerkten Kelten wie Höflinge mit Entsetzen, daß er die Toga gepackt hatte, den Markgrafen darin einschnürte und herumschleuderte. Der schrie nicht, zappelte auch kaum, schien wie erstarrt. »Dat Dik die Klötn schlackarn!« war zu hören, »klabasta op dat Biest!«

Zu dieser Verwünschung landete der Burgunder rittlings auf dem

WasserSpeier, der von der MünsterEcke auf den Marktplatz hinausragte und den der Bischof als DrachenGestalt hatte bilden lassen. »Nu kanz droptrappn! SchlottarSchneck!« Oben, über MannsHöhe, hatte sich der HofHerr auf dem Untier festzuklammern – wie es ihm auf dem Speier weiter erging, ob er seinen Namen tatsächlich von diesem Vorfall ableiten konnte und ob ihm dort oben, wie es ihm gewünscht worden war, die Klöten tatsächlich geschlackert haben und ob er und seine römische Mode den Ritt auf dem Drachen ohne Schaden überstanden – dem Berserker schien es gleichgültig, der war weitergerast.

Zerschmiß so viele Waren und Buden, daß die Kaufleute und Schausteller ins Münster flohen, weil sie meinten, nun werde es ihnen nicht anders ergehen als dem rheinischen Lindwurm selber. Doch der Wüterich ließ plötzlich ab, von ihnen allen. Denn er hatte den Herrn des Münsters erwischt. Und das kam, weil einer der EdelsteinHändler, der jüdische Herr Hirsch, gemeint hatte, den Tobenden ein wenig zu kennen und den Schrei »Tronje!« gut zu verstehen. Dieser Herr Hirsch, der hatte in seiner Not gerufen, der Nibelunge jage den Falschen, er solle sich um den wahren Drachen kümmern, um den, der sie alle ausplündere und verschachere, weil er der »Tronje« sei, der Zerstörer. Da hat der Tollwütige immerhin sofort gewußt, wer gemeint war, hat sich den zeigen lassen, hinter den Herrensitz führen, dort eine Treppe hinab, wo es jenen Eingang zum Schatzkeller gab und zum Hort – und hat den dort ertappt, den Herrn Ringwolf mit einem Schmiedegesellen, der aus einem großen Bund Schlüssel einen nach dem anderen an der Eichentür hat ausprobieren müssen – da erschien er über ihnen, der Rasende, hat gekreischt wie vor Mordlust und den kirchlichen Herrn die Treppen hochgetrieben und durch die Gassen, über Mauern hat er ihn gejagt, mit »Tronje!« und »Potzfickament!« hat er den rennen lassen, mit »SchrappSack!« und »KuttnMolch!« und »Tronje!« weitergeschreckt, bis an den Hafen hinunter.

Hat dort den KönigsVetter auf einen Steg zwischen zwei Schiffe gehetzt, gerade dahin, wo aus dem neuen Wormser Kanal der Kot aus Stadt und Pfalz in den Strom hinausfloß, an diesem dritten FestTag reichlicher als je, hat über der Jauche den Schreienden an Hals und Hintern gepackt und ihn so hoch in die Luft gestemmt und oben zappeln lassen, so lange, daß alle das Strampeln sehen konnten, alle, die von dem Geschrei zusammenliefen. Den stinkenden Bischof, den Tronje, so bekamen sie zu hören, den werde er im ArschWasser versenken: »Dat GiftSack vull SchlangenScheiß! Stinkt aus'm Loch as dat DraakeBiest vun Köllen!«

Aber »Loslassen!« flehte der Priester und klammerte sich an seinen reinen Bergkristall, wie sich wohl jeder am Ende an seinen liebsten Lügen festklammern muß. »Loslassen!«

Erst dann, schrie der Berserker, wenn Ringwolf gestehe, daß er begriffen habe, was Sieglind meinte mit ihren Berichten aus Köln...

»O ja, das habe ich vollkommen begriffen – laßt mich los!«

Nur wenn er zugebe, daß die römischen unter allen SeelenVergiftern die hinterhältigsten seien...

»O ja, ich gebe es zu, teurer Freund, wir sind allzumal Sünder – laßt mich frei!«

Nur wenn er zum Dritten bekenne, daß er, der Bischof, der gierigste aller RaubHerren sei und die Kirche der wahre BesitzRiese und Tronje, weil sie ihre DrachenSaat in die Seelen niste.

»Ach ja, ich gebe es zu«, jammerte Ringwolf.

»Dreifach gestunken und gelogen!« schrie der Wüterich und »Tronje!« brüllte er und schleuderte den geistlichen Herrn mit Wucht runter in die Brühe. Da hat das Menschenfaß geplumpst, schmatzend hat das geschwappt und ist, für Momente, wirklich fortgewesen. Auch das hat, wie man weiß, nicht geholfen, nur für eben diesen einen kleinen Augenblick.

Wie alles genau ausgegangen ist, das wurde, wie gesagt, jedesmal anders berichtet, weil das Erzählen noch allgemein war und beliebt, denn wenn damals ein Dichter kam, suchten nicht wie heute neunundneunzig von hundert Leuten das Weite, sondern konnten nie genug zuhören und haben alle alles sofort weitererzählt, denn Lokis Kunst war die Kunst der Leute; die aber ist, wie man ebenfalls weiß, seit langem versenkt.

Derweil saßen an eben diesem Mittag im hinteren WehrTurm noch immer Gunther, Gernot und Giselher, saßen an dem kleinen Tisch, an dem Ute Karten gelegt und auf den Dankwarth Brot und Wein hatte stellen lassen. Keiner aß, es mochte niemand Wein. Die Brüder verlangten Rat von Hagen. Dankwarth selbst hielt Wache an der Tür.

Da gab es also keinen Lauscher, als Hagen nach langem Schweigen erklärte, nie sei Beleidigenderes gegen einen König vorgebracht worden. Auf offenem Markt hätte nichts weniger als des Königs MannesStärke in Zweifel gestanden. Der Herrscher von Burgund, so habe Kriemhild verbreitet, wäre so schwach, daß er die Nebenfrau eines seiner Leibeigenen hätte heiraten wollen, aber auch die nicht habe bezwingen können. O ja, sie sollten sich das Ausmaß der Schmach nur recht klar vor Augen führen. Das, was nun in Herbergen und Höfen und Hütten erzählt werde. Er, Hagen, der Gundomaris die Treue geschworen, müsse der Ursache solcher Schändung nunmehr an die Wurzel. Und die sei der Sau- und KraftBär, der aus dem NebelLand.

Giselher preßte die Lippen. Auch Gernot. Der König dagegen nickte, fürwahr, Urheber von allem Mißlichen, erklärte er, sei der Nibelunge. Je länger ihnen der Hilfe leistete, desto deutlicher würde das. Sein neuester Streich, der Raub des MondsteinGürtels, der sei eine Frechheit, die ihm nun endlich auch selber schaden müsse.

Immer wieder wollte Gunther dann zu einer weiteren Erklärung ansetzen. Und fand doch die Worte nicht. So sehr fühlte er sich im Zweifel, daß er sich auch jetzt noch nicht traute, über seine Hochzeitsnacht zu sagen, was er wußte. So gern er glauben wollte, der aus Nifelheim habe die unheimliche Frau nur niedergekämpft, aber nicht berührt, so wenig mochte er davon reden. Allzuviel Ohnmacht wäre sichtbar geworden. Im übrigen schien es ja festzustehen, daß der Nebelmann vordem mit ihr die Liebe genossen hatte – wozu also sollte des Xanteners höfische Zurückhaltung, warum sollte Siegfrieds ritterlicher Dienst für einen Freund nun gefeiert oder auch nur erwähnt werden.

Er atmete tief, nahm wieder Anlauf – und mochte doch nicht reden. So sehr er es liebte, Haltung zu zeigen, so gern klammerte er sich an den Waffenmeister, wenn er spürte, daß wieder die Säuernis der entgegengesetzten Gedanken aufstieg. In solchen Augenblikken begriff er lieber Hagens Ratschläge als die eigenen eindeutigen Gedanken.

Er hatte ja bis jetzt nicht einmal über den Prüfungskampf auf Isenstein die Wahrheit zu sagen gewagt. Nicht mal den Brüdern, auch nicht seinem auf Tod und Leben verschworenen Ratgeber hatte er anvertraut, welche Arbeit der Nibelunge geleistet hatte. Es schien ihm vielmehr auch in diesem engsten Kreis nützlich, die Geheimnisse um seine Ohnmacht für sich zu behalten, die der HochzeitsNacht wie die der Nacht auf Isenstein.

Mochte sein, daß so der unheimliche Arbeitsmann um so rascher ins Zwielicht zu tauchen und vom Hals zu kriegen war. Immerhin, Gunther hatte ihm soeben, sozusagen als eine Gegengabe, den Eid erlassen, der ein Meineid geworden wäre. Denn der Gürtel belegte eben doch, daß der Mann aus Xanten – wie von Kriemhild behauptet worden war – die Königin als erster geliebt hatte. Wenn auch nicht, wie man glauben mußte, in der HochzeitsNacht.

Oder hatte er, als er den Schwur abbrach, keinen Gegendienst erwiesen, sondern nur wieder jenes Zwielicht undurchsichtiger machen wollen? indem Gunther, was ihm selber unangenehm war, mit einer großartigen Geste für null und nichtig erklärte, für Weiberkram, also für unerheblich?

Nun nahmen aber die Brüder und die Herren vom Hofe gerade diesen EidAbbruch zum Anlaß für neues Gerede, für neue Fragen und neues Mißtrauen, selbst ihm, dem König gegenüber – kein Wunder, dieser NebelMann trieb mit MondMacht und SteinKraft zweideutiges Spiel. Der hatte geheime Vorgänge auf überaus geschickte Weise an die Öffentlichkeit geraten lassen, hatte für Unruhe gesorgt – oh ja, ohne daß Hagen den ganzen Umfang dessen kannte, was Gunther bedrückte, der Waffenmeister war im Recht mit seiner Erklärung, nun müsse man dem WaldSchrat an die Wurzel. Jenem Arbeitswütigen, von dem Ute schon am ersten Abend erzählt hatte. Und den der Buchenheimer Gelehrte beseitigt hatte. »Ja«, sagte Gunther darum endlich, sprach laut und noch einmal »ja« und nickte und fügte hinzu: »Auch ohne daß ihr im Einzelnen wissen könnt, wie sehr mich dieser Arbeiter belästigt – Hagen hat ausgesprochen, was auch ich denke: Urheber von allem ist der aus dem NiederLand.«

»Neuerdings«, sagte Hagen und schaute sich um, sah jeden an, »neuerdings will jeder frei sein. Jeder ein eigener Armin. Und könnte doch keiner auch nur einen Tag ertragen, frei zu sein. Drum bleiben alle, nicht nur die Kurzgeschorenen, in Fesseln. Hängen an dem, was jeden von uns umtreibt. Auch Kriemhilds Mann.

Ich will Euch diesen Rammbock nicht madiger machen als er ist, aber selbst ihn, und schlüge er hundert Lindwürmer tot, auch diesen SauBären, solange er lebt, hält Gier im Griff. Er nennt es Begehren. Das ändert nichts. Auch er steht unter dem ewigen Gesetz, welches da heißt: Täusche Deinen Nächsten. Wie Dich selbst.«

In der Stille, die nun entstand, hörte man nur, wie Gunther seufzte. Sein Seufzer tönte ein bißchen wie das, was er zuweilen auf der Harfe hören ließ, verquer klang es und geborsten. Es dauerte noch einige Zeit, bis der König zu fragen wagte: »Wenn auch er ein Lügner ist und vergiftet - was sollten wir dann mit ihm machen?«

Da sprang Giselher auf und war sehr aufgeregt. *»Deleatur«* habe der Bischof dem Herrn Hagen verfügt, er habe es gehört. Und rief, wie könne ein Freund solchen Haß auf sich ziehen, einer, der sich Burgund mit Haut und Haaren verdingt habe. Ob sie vergessen hätten, daß der Nibelunge ihnen den Hort geschenkt, den unter Todesnot erkämpften NidGirSchatz. Wie er damit das Reich aus Geldsorge befreit hätte, nur mit dem DrachenGut sei diese Doppel-Hochzeit so ansehnlich auszurichten gewesen, Dankwarth müsse es bezeugen. Auch gegen die rachewütigen Sachsen habe der Mann aus Xanten ihnen beigestanden, habe die zwölf Mörder Ortwins erschlagen, die wilden Dänen mit List vertrieben, mit Geriebenheit wie mit Kraft. Alsdann hätte er sie über alle Hindernisse zu Brünhild geführt – es habe dieser wackere, dieser lebenswilde Mann von der NebelRuhr unermüdlich Arbeit geleistet, redlich und selbstlos – nun wolle man dem »an die Wurzel«? ans Leben also? *Deleatur?* Er sei es doch gewesen, der sich freiwillig erniedrigt habe zum Schiffsmann, nur damit die Werbung auf Island gelinge. Dieser Freund habe sich scheinbar zum Leibeigenen gemacht, nur um Brünhilds Begehrlichkeit von sich auf den König zu lenken! Und eben diese Hilfe, ob man es vergessen habe, eben dies sei nun Wurzel für den Zwist der Frauen! – nein, nicht geschadet habe er Burgund, sondern so gedient wie sonst höchstens Hagen. Gunther selbst habe vorm Münster soeben beteuert, er allein wisse ja wohl genau, wie grundlos die Vorwürfe seien, die da laut geworden – nein, rief der Spielmann, Siegfried habe sich keine der Frechheiten herausgenommen, die ihm unterstellt würden! »O ja, wie begehrlich, wie hitzblütig ist der, wie feuerköpfig! Neid habt ihr! nichts als Neid, weil er so ausgelassen ist, so lebenstoll mit dem Handwerk wie mit dem Mundwerk! Nein, da sind Unterschiede, Herr Hagen, Gier geht aufs Tote – Begehren aber aufs gerade Gegenteil! und dieser Außergewöhnliche, dieser Spielwitzige, dieser Mutterlistige, der soll verschwinden? einer, von dem wir, geben wir's doch zu! allesamt fühlen, so frei, so lustvoll wären wir gern selber! – ohne das RomKreuz im Nacken! Aber gewiß, dem Bischof, dem paßt das nicht: weg mit dem! O Gunther, Gernot, Hagen – wir vernichteten unseren eigenen riesenhaften Ursprung!«

Giselher ging hastig in dem engen Raum umher. Kehrte zurück und hob die Hände: Wie könnten sie einem solchen Manne, der ihnen aus einer Not nach der anderen geholfen, wie könnten sie dem das nehmen, was er liebe wie sonst keiner. Er, Giselher, werde das verhindern. »Und ginge es mir selber an das Leben!«

So sprach der jüngste der Brüder, stand weiterhin mit erhobenen Händen. Das Gesicht übergossen von flammender Empörung.

Hagen, im Stuhl neben dem König, sah ihn an. Sagte dann: »Wehe, wenn ich auch nur eine einzige dieser kindischen Bemerkungen in Deiner burgundischen Chronik finde. Eigenhändig würde ich sie zerreißen.«

Und fuhr fort: »Wahr ist, daß der Schmiedegeselle unserer Königin den Gürtel geraubt hat. Um ihn Kriemhild zu schenken. Und wahr ist, daß er nicht mit seinem Dienst, der ihm reichlich gelohnt wurde, sondern mit diesem Raub alles ausgelöst hat. Alles, was an FrauenNeid gestaut war, seit langem, hat seine Geriebenheit losgelassen.« Hagen sah die Brüder an, zog sich den Bart. »Im übrigen – ich zittere vor Giselhers Widerstand. Wackerer Schreiber. Nicht einmal einen halben Gedanken haben wir ausgesprochen – haben über die Wurzel nachgedacht – und schon malt er Schauerbilder. Es werde ihm das Leben genommen! Wer denn will das? Verstehst Du denn nicht, Bube, daß dieser Streit vor dem Münster, ausgelöst durch Herrn Siegfrieds Frechheit, Deinen Bruder aufs Übelste entehrt? lächerlich macht? in Gefahr bringt? ihn wie das Reich? – Und verstehst Du denn nicht, daß man im ersten Zorn über solche Schmach natürlich denken muß: Weg muß der! der ach so Spielwitzige! Feuerköpfige! Burgund hat nur scheinbar gewonnen von ihm. Hat nurmehr neue Sorgen. Hat Schande geerntet. Diese Hochzeit ist ansehnlich? – Oh ja! aber der Bratenduft wird vorüberwehen und ein Berg an stinkendem Mist, an Lächerlichkeit wird sichtbar werden, geistert schon jetzt durch Mäuler und Märkte, denkt an den Gaukler, an sein keifendes Weib. Und nach gründlicher Beratung unter Männern, die nicht mehr gar so grün sind wie unser Chronist, werden schon auch noch vernünftigere Vorschläge erwogen werden als ein *deleatur* – beruhige Dich also!« rief der Waffenmeister. Rief es dem jungen Mann nach, der, im Gesicht immer noch hochrot, aus dem TurmZimmer stürmte. Der nun sicherlich die Nähe derjenigen vorzog, deren Hand ihm seit der letzten Nacht mehr bedeutete als der Rat noch so ›vernünftiger‹ Männer.

Hagen stand auf, schüttelte den Kopf und murmelte, wie lange es wohl noch dauere, bis auch Giselher begreife, daß eine Räuberhöhle nur von Mordbanden zusammenzuhalten sei. Mit Ringwolf habe er sich die Schlüssel besorgt zu Giselhers Truhe – noch letzte Nacht, als der junge Herr es vorzog, mit einer Nebelfrau über die

Stadt zu fliegen, zu Loki – um darüber seinen Schlüsselgürtel zu vergessen wie der gelehrte Meister zu Buchenheim.

»Da haben wir die Blätter gelesen, die der zuletzt geschrieben! Das war die Geschichte vom gälischen Glauben! Und das war die vom Hirschsprung! Nebelkram! Auch die Geschichte von der Wiedergeburt der Frösche aus dem Matsch – durchs Lachen!«

Wie im Ekel wandte er sich ab, trat an eines der winzigen Fenster. Von unten, vom Hafen her, drang Lärm, hörten sie Keifen, Zetern, Gekreisch; da schrie man, der NiederLänder, der zertrete Käfige, Schweinekoben, Gänsegatter. Schon preschten Menschen und Säue, Hühner und Eber daher, sprangen quietschend durch frühlingsweichen Gassenschlamm.

»Ein Unglück ist der.«

Das murmelte der, den man nachmals ›von Tronje‹ nannte. »Ein Unglück. Ja wäre er bloß lebensdurstig. Wäre dieser Sieglinden-Falke nur übermütig, wir würden schon mit ihm fertig. Was ihn gefährlich macht, ist seine Arbeitswut. Dieser ständige Unternehmensdrang, der macht ihn nur scheinbar nützlich. In Wahrheit unberechenbar. Wehe, der bringt es fertig und läßt noch heute das Reich Burgund zerplatzen. Dieser Irrwisch und RaubBär hat Dich, Herr Gunther, nach der Beschimpfung der Königin, endgültig in seiner Hand!« Hagen ging auf und ab, quer durch die Turmhöhe. Wartete auf Widerspruch. Bekam keinen zu hören. Da blieb er stehen und sagte: »Wie lange sollen wir ihn noch größer ›ziehen‹? in unserem Nest?«

Er schaute Gunther an. Dann Gernot.

Seit Giselher fort war, ging es zwischen den Männern keinen Augenblick mehr um die Frage, was denn nun wahr sei an den Vorwürfen, die sich die Frauen vorm Münster zu machen hatten. Wahr schien ihnen allein die Schmach für König und Reich. Ausgelöst und vorbereitet durch einen, der insgeheim zu den Weibern hielt. Der ihre Stärken kannte und nutzte.

Der Waffenmeister nahm wieder Platz. »Wären wir ihn los, verschwände nicht nur der Urheber unserer Sorgen. Sondern dann –« – er blickte den König an – »– dann könnten wir unser rheinisches Reich endlich sichern. Vernünftig sichern. Im Bündnis mit Chlodwig. Nach dem Norden könnten wir es dehnen, so wie es Gundomar wollte, als er gegen die Sachsen zog – bis über Mainz hinaus, bis Koblenz mindestens oder, seit es die Gefahren dort nicht mehr gibt, nach *Bonna*, nach *Colonia*, bis ins NiederLand.«

Da stand Gunther auf, wich seinem Berater aus und sagte, ihm ginge es jetzt nicht um mehr Land, schon gar nicht in Richtung Norden. Aus der Nebelrichtung käme nur Unerträgliches. Ihn ziehe es südwärts, nicht nur im Traum und nicht nur nach Byzanz, sondern so wie Ute nicht müde werde zu raten: hinter die Berge. Was bleibe denn übrig! Wer jetzt nach Norden wolle, der werde gerade diesen Herr Chlodwig kennenlernen.

»Ja hättest Du ihn nur kennenlernen wollen!« rief Hagen, »ihn und nicht den Nifelheimischen!« Sein Gesicht aus Gneisstein schien dunkelrot. So rasch, wie das gekommen war, wurde der Alte auch wieder ruhig, redete leise weiter. »Keiner versteht sich auf Angst und Wut im Volk so gut wie der Bischof. Zum drittenmal gibt er mir Signal, was zu tun sei! Hier sei einer, der befreie die Kelten-Kräfte. Stifte Aufruhr. Kenne und nutze FrauenMacht. Übers Jahr wüchsen unseren Bauern statt der Borsten lange Gedanken! so wie es jener Rabbi in Mainz von Christus wußte, von den geknechteten Juden.« So redete Hagen. Und setzte dann fort: »Führe aber der, der das alles anrichtet, endlich wieder heim zu seinen Göttern – dann wäre stattdessen, übers Jahr, Kriemhild frei für den Freier, der an ihr ältere Rechte hat.«

Gunther kehrte sich um, betrachtete wie im Schreck seinen Ratgeber. »Deine Gedanken – das sind Gedanken – die bedrücken auch mich, seit der ersten Nacht hier – aber, den Erschläger zu erschlagen? – das treib Dir aus dem Kopf! – Ach Hagen, Du hast es nie zu spüren bekommen – es ist ja dieser Klotz aus Mitternachts-Land so unwahrscheinlich stark, bärenstark – weh über seinen NornenKräfte! Ich bin sicher, gegen die gibt es kein Mittel. Ich sehe keinen Weg, diesen Gewaltigen wieder loszuwerden. Zumal er obendrein im Kopf mehr Witz hat und schnelleren, als wir je denken können. Was heißt im Kopf – er sagt, er hat's im Bauch, im Zwerchfell.«

»Bärenstark, sagst Du? Kuhstark ist er.« So antwortete Hagen. Und lachte. Schabte sich die Haut im Kreuz und lachte. Wer nun von den Söhnen Gundomars auch nur ahnte, was Hagen mit ›kuhstark‹ meinte, der wollte es allzu genau lieber nicht wissen. Gunther wendete sich ab, mochte Hagens Gelächter nicht. Als sei wieder ein KuhBild gemalt. Diesmal mit SiegfriedKopf.

»Schon wahr«, hörte er den Waffenmeister reden, »die Frauen unter der WeltenEsche, die haben ihn gesegnet. Ein Gewaltiger ist er, wie keiner sonst. Hat ErdKraft, hat SonnenKraft, mag sein. Auch, was er vom Zwerchfell weiß, das ist wohl wahr. Hier, wo kein Bischof lauert, gebe ich es zu. O ja, er ist gewaltig – mag sein, im offenen Kampf ist dem hürnernen Bespringer keiner gewachsen. Doch seit er für Brünhilds Schmähung gesorgt hat und damit für die meines Königs, und seit unseren Kahlschädeln von allen seinen listigen Taten die HimmelsschlüsselBlumen aus den Köpfen wachsen, seitdem erlaube ich mir, mit mindestens sovieler ›Geriebenheit‹, wie er sie einsetzt, dafür zu sorgen, daß auch an *seinem* Eschenbaum genagt wird. Daß sogar ein unübertrefflicher Springer wie er am Ende zum Besprungenen wird. O ja, ich jedenfalls, ich werde nicht eher ruhig, bis seine SigurdTräume zerhagelt sind. Und sei es heimlich und listig, wie er es selber so liebt. Und sei es schon bald.«

Gernot und Gunther blickten ihn an. Schließlich fragte der Kurzhaarige, der StoppelKopf: »Woran denkst Du.«

»Ich höre, wie die Kuh schreit nach dem Stier.«

»In solchen Angelegenheiten laß das Zweideutige.«

»Was ich gesagt habe, war wohl deutlich. Hm. Aber mag sein, Euch RingwolfKindern muß ich's anders sagen. Schaut aus dem Fenster. Wenn Ihr die Wälder seht, drüben auf den Bergen und überall um die verschlungenen Arme unseres Rhein, dann denkt doch auch Ihr, daß zu einer FürstenHochzeit die Jagd gehört. Am siebten Tage, erklärt Dankwarth, soll sie eröffnet werden. Mir wäre, nach diesem peinlichen HochAmt, schon heute nichts willkommener als eine WildHatz. Wie tief und üppig sind unsere Waldungen in Richtung Mittag, nach Süden zu. Bis hin zum WaskenWald reichen die Forste, die seit grauer Vorzeit als die guten gelten, als die WaldWeiber, die gemolken sein wollen. O ja, die alten Jäger erzählen, wer den Bären speere oder die Hirschkuh, der paare sich mit ihnen. Hochzeit und Jagd, sie gehören von altersher zusammen – worauf warten wir!«

Er sah die Königsbrüder an. Und da sie noch immer nicht zu begreifen schienen, redete er weiter. »Und bevor wir noch einmal in die Halle gerufen werden, nur um rings um die Tafel sehen zu müssen, wie die Frauen verweinte Gesichter zeigen, blaß oder rot vor Kränkung und Ärger, nur um wieder sehen zu müssen, wie auch unser König immer ratloser wird und bleicher, bevor wir uns aufs neue von gälischen TraumGeschichten ablenken lassen, nur um die Trauer allenthalben nicht zu bemerken, die Schmach der Königin, ihren Kummer –«

»– und den unserer Schwester!« warf Gernot ein.

»– und ehe es zu einem neuen Streit kommt zwischen den Eifersüchtigen – und ehe alle Kahlschädel kapieren, was der Rabbi zu

Mainz über Christi Anfang verbreitet, bevor nun auch unsere Kelten sich einen Gott machen und womöglich den Schrat aus dem LippeWald zu ihrem Befreier erhöhen – ob sie ihn nun Erlöser nennen oder Irmin oder Sigurd oder den neuen Herkules oder Christus – da, Ihr Söhne Gundomars, bin ich dafür, wir blasen schon jetzt zur Hatz! und bereiten uns selber die beste Ablenkung, die sich nun denken läßt. – Ich sehe, Ihr versteht mich? – Sobald die Sonne nicht mehr in dieses RheinFenster scheint, zur höchsten Mittagsstunde also, da laß die Krummhörner hören, Dankwarth! Bis dahin will ich dafür sorgen, daß der Fremdling die KuhLust kriegt. Lust, sich einen Stier zu fangen.« Wieder hatte er zu lachen, zu husten. Und juckte sich.

Dankwarth, immer noch als Wache an der Tür, hatte alles mit angehört.

Der König blickte auf seinen Bruder. Von dem wieder auf seinen Waffenmeister und da er sah, daß die beiden ebenso ihn ansahen und daß es nun an ihm sei, zuzustimmen – da nickte er. »Ja«, sagte er dem Mundschenk. »Laß Vorräte richten, Wein und Speisen, die Hetzhunde, bereitet die Pferde, die Schiffe – Hagen hat recht, die Jagd wäre heute angenehmer als in drei Tagen erst. Die tut uns gut nach so viel Frauenwinseln –« er hielt den Mund geöffnet, als hätte er noch etwas zu sagen; doch Dankwarth und der Bruder waren schon aufgestanden, gingen aus dem Turm.

Gunther wartete, bis sie fort waren, näherte sich dann dem Waffenmeister, legte dem die Hand auf die Schulter. »Du hast einen Plan?«

Hagen schaute sich um, sah, daß niemand außer ihnen im Raum war. »Es stimmt, er ist riesenhaft stark. Aber erinnere Dich, daß erzählt wurde von einer wunderbaren Stelle, im Rücken. Hinterm Zwerchfell, da ist er verwundbar.«

Gunther tat zunächst, als verstünde er nicht. Dann wandte er sich rasch ab. Ging voller Widerwillen davon. Unter neuen schweren Zweifeln. Litt nun so sehr, daß ihm fast übel werden wollte. Aber sprach nichts. Keinen Einspruch erhob er.

Wenig später betrat der Waffenmeister Kriemhilds Gemach, fand dort aber die Mutter, fand Ute, die er selber gebeten hatte, sich um die Tochter zu kümmern. »Gute Nachricht, es gibt Jagd! Noch diesen Tag ziehen wir rheinauf, Richtung Waskenwald, in freie Luft, in bessere Stimmung – Frau Ute, Ihr hattet gewünscht, vor jedem Jagen die Tiere selbst zu segnen, um guten Fang zu fordern von den WaldGeistern, wenn ich das recht verstehe – diesmal will ich das beizeiten gemeldet haben, Rösser und Hunde hört Ihr schon bald im Hof!«

»Dank, Hagen«, sagte die Alte. »Die Sonne rollt heute schwerer. Der Wald braucht Kraft.« Winkte Sklavinnen, sie hinauszutragen. Der Waffenmeister, der sie damit binnen einer Stunde zum zweitenmal aus dem Weg geleitet hatte, begab sich sogleich an die dritte List, an die sicherlich schwierigste. Er schloß die Tür, schob den Riegel vor, wandte sich um. Und sah in ein entsetztes Gesicht. Da erkundigte er sich. Tat freundlich und fragte, was Kriemhild bedrücke.

»Es hat vor kurzem schon einmal einer diesen Riegel vorgeschoben. – Und –« Sie stockte.

Er sah sie an: »Und was dann folgte, das war wohl anderes als das, was Dir Dein alter Vetter vorzutragen hat.« Ging an ihr vorüber. Vor dem Bett blieb er stehen, blickte von da auf den Schrein, dann wieder auf die Frau. »Ja – es wird für zwei oder drei Tage auf die Jagd gehen. Nach Süden zu, noch heute. Darüber ist Erleichterung unter den Männern. Denn Deine Brüder sind ratlos.«

»Ratlos?«

»Nach Deinem Zwist mit der Königin haben sie keinen rechten Appetit mehr auf weiteres Tafeln und Feiern. Wollen sich tummeln. Und zuschlagen.«

Sie schien zu erschrecken, sah ihn besorgt an. »Zieht auch – er – mit?«

»Wer hätte Jagd nun nötiger?«

Sie trat dicht neben den Mann. »Er war sehr zornig. Auf mich. Froh wäre ich, Ihr würdet ihm nicht entgelten, was ich, aus Angst, herausgeschwatzt habe –« – sie stockte.

»Dein Mann selber – kann seinen Raub wieder gutmachen.«

»Wie meinst Du das –«

»Wie ich es sage.«

»Glaub mir, es reut mich längst, was ich gesagt habe – vor aller Augen. Aber Ihr Herren hier an diesem Hof, ihr hättet mir anvertrauen dürfen, daß er, wie er mir nun erklärt hat, aus List, aus Liebe zu Gunther auf Isenstein so getan hat, als gehörte er zum Gesinde. So daß Brünhild bis heute glauben mußte, er sei unfrei und ich gleichfalls. Wieso geht, was ihr verabredet, mich nichts an? Du siehst, wohin es führt, wenn ihr euch ausschweigt – oh hätte ich davon geahnt – Du darfst mir glauben, ich habe meinen Fehler längst gebüßt.« Um das zu beweisen, sagte sie, obwohl sie's besser wußte: »Nicht schlecht hat er getobt und – zugeschlagen. Mit eben jenem Gürtel.«

»Hat er Dir gesagt, warum er ihn geraubt hat?«

Sie zögerte. »Im Übermut machte er das. Oder nein – ich denke – er tat es, weil er das lösen wollte, was ihn, früher mal, mit Brünhild verbunden hat. Er hat sich gerächt an ihr. Wie an mir. – Und ich hoffe, in den Wäldern rast er sich am wilden Vieh zuende, so daß danach alles wieder gut ist.«

»Dasselbe hoffe ich.«

»Wie meinst Du das –«

»Wie Du es gesagt hast. So daß danach alles wieder gut ist.«

Er ging durch den Raum. Sie sah ihm nach. »Ich wollte, es gäbe niemanden, der auf Rache sinnt. Auch keine von den Isländischen –«

Er schaute sie vom Fenster her an. Im Mittagslicht sah sie nur seine Bewegung. Den Schatten. Und hörte ihn reden: »Wenn Du eine Ahnung hast, eine bestimmte Furcht – vertrau sie mir an. Ich bin der Waffenmeister, auch für Dich. Mein Schwur, Gundomars Kinder zu schützen, gilt auch für Dich. – Und damit ebenso für den Falken, den Du ›gezogen‹.«

»Das tut mir gut, Dich so zu hören. Und da Du mein Vetter bist, vertrau ich Dir tatsächlich eine bestimmte Furcht an. Und hoffe allerdings, Dein Schwur an jenem SterbeBett, der gilt auch für mich.«

»Gestern hörte ich, in den Wäldern bei Speyer zögen Räuberbanden. Das seien SachsenHorden, solche, die nicht siedeln, die sich Siegfrieds Spruch nicht beugen wollten, die durchstreiften den Wald, hätten bei Frankenthal –«

»Nein! die Sachsen von Lippe und Ruhr sind seine Freunde! wer immer ihm schaden wollte, am wenigsten die!«

»Kaufleute berichteten, es seien Ostfalen. Die seien mit der Siedlung beim Schwarzwald unzufrieden, die zürnten dem Nibelungen, weil er sich mit den Römischen verbündet hätte. Mit uns, den verhaßten Burgundern. Die da durch die Wälder vor Frankenthal ziehen, das sind welche, denen am Main die Eltern ermordet wurden.« Der im lichten Fenster trat ein paar Schritte vor. »Und da wir auf der Jagd keine Brünne tragen und keine schweren Waffen, ist in Hinterhalten auch der Stärkste in Gefahr. Vergiß nicht – zwölf von den Ostfalen hat er selber erschlagen –«

»Was kann ich tun. Was willst Du von mir.«

»Deinen Mann schützen.«

»Er ist zu gutgläubig. Statt die zu erschlagen, die ihm grollen, läßt er sie frei in unser Land. Er meint, alle seien ihm Freund wie Gernot, wie Du, wie Liudger.«

»Die von der Aller und Weser, die warten bloß darauf, daß sie den erwischen, dem sie ihr neues Elend zu danken haben. Er aber, bei der Jagd, stürmt wieder allen voran, dringt am weitesten vor in die Reviere, gerät so, ohne sein Kettenhemd, ohne Balmunk, in die Falle –«

Da nahm sie ihre Kraft zusammen und sagte: »Hagen, wozu soll ich meine Angst verbergen – ich weiß inzwischen, warum Siegfried Mißgunst auf sich zog.«

Er blickte auf den Tisch unterm Fenster, tat, als interessiere ihn dort das Nadelkissen, dessen Perlen in der Sonne blinkten. Die Sonne wich nach Mittag – wenn sie aus dem Fenster heraus war, sollte die Jagd beginnen.

»Alle seine Vorzüge, insgeheim gönnt sie ihm keiner. Weder die in Worms noch die in NebelLand. Die Du selber Maden nennst, die peinigt es, daß er ihnen überlegen ist – daß er frei fliegt. Schön wie der Falke. Jeder wünscht ihn in irgendeinen Käfig. Schon auf dem Isenstein hatte Brünhild ihn einfangen wollen. Gleich beim ersten Besuch. Und hier haßt ihn am meisten der Bischof. Weil er alles verfolgt, was frei fliegt.«

Er schien nicht zuzuhören. Das Nadelkissen, das er betrachtete, war mit farbigen Perlen bestickt, wohl mit tausend winzigen glitzernden Glaskugeln. Die zeigten in den Farben Burgunds den großen dunklen Adler, wie er in einen goldenen Himmel stieg. In den Fängen hielt er einen Hasen, einen roten.

»Fast alle in Worms neiden ihm, daß er kühn ist, listig und witzig, daß er frech seine Gedanken ausspricht, auch vor dem Bischof, daß er niemandem untertan ist, nur sich selber. Das wurmt sie. Was er an Abenteuern bestand, das grämt sie. Taten, von denen sie immer nur träumen können – auch die mit den Frauen. Und Ringwolf ist von allen der Feindseligste. Denn der aus NiederLand, der gönnt mit seinem Querfell auch den Wörtern und Gedanken alle Flüge. Und läßt sich nie einfangen, auch nicht von den römischen Toten-Bildern, von der neuen, von der AngstReligion.«

Der Mann mit dem SteinGesicht schien ihr auch jetzt nicht zuzuhören. Hatte begonnen, die Nadeln nach und nach aus dem Kissen zu ziehen und wieder einzustecken. So daß die Spitzen dem Adler die Flügel spickten.

»Allein Du, Hagen, bist kein solches Kriechtier. Hast selber solche Taten vollbracht, bist auch zu alt, als daß Dich die Schönheit und das Strahlende wurmen müßten. Du selber hast sie Maden genannt, ja, Maden. Und wirst wissen, was es heißt, wenn einer unter so vielen Neidern der Tüchtigste ist, der Klügste –«

Er hatte die längste der Nadeln aus dem Perlenkissen gezogen, setzte sie dem Raubtier auf die Brust, stieß den kleinen Speer langsam ein. Dann legte er das Kissen auf den Tisch zurück, sah die junge Frau an. Hob den Bart nicht, sondern sah sie nur an. Und sagte dann: »Wie genau durchschaust Du die burgundischen Herren. Ich fürchtete schon, Dein Blick bliebe bei den Kleidern hängen. Ich gratuliere Dir.«

»Ich bitte Dich, halte Du zu ihm.«

»Ich verspreche es Dir. Ich bleibe in seiner Nähe.«

»Wenn Du das versprichst, dann will ich – aus Liebe zu ihm – will ich Dir, dem treuesten Diener Gundomars, dem will ich die Stelle zeigen, die in seinem Rücken, an der er – wie Giselher wußte – verwundbar geblieben ist, beim Bad im RuhrWasser, in Nidgirs Blut –«

»Ich erinnere mich. Das war die Hand der Albentochter –«

»Nein, da fiel – ja, da sank, ich kann es nun bezeugen, da fiel tatsächlich, wie man in Köln gewußt hat, ein Blatt.« Warum sie's so sagte? weil sie vor diesem Hagen nicht gleich alle Geheimnisse zugleich aufdecken wollte?

»Zwischen seine Schulterblätter, ich weiß. Dorthin fiel das Blatt.«

»Nein – etwas tiefer. Im Kreuz ist die Stelle.«

»Im Kreuz?«

Sie faßte sich in den Rücken, dort etwa sei das. Grad hinter dem Zwerchfell habe sie es bemerkt, dort, wo, wie die Mutter sage, alle Guten ihre schwache Stelle hätten, dort sei auch ihr BärenMann verletzbar.

»Wenn ich ihn schützen soll, wäre es besser, Du nähtest mir auf sein Jagdkleid ein Zeichen. Ein kleines nur – damit ich sehe, welche Stelle ich bewachen muß.«

»Auf Deinen TreueSchwur, Hagen, tu ich das. Ich nähe ein Zeichen.«

Sie sah ihn an. Er wollte hinaus. Sie folgte ihm an die Tür, so daß er noch einmal stehenblieb und zurückblickte. »Noch eine Sorge?«

»Du meinst es gut?«

»Wie ich es gesagt habe.«

Sie sah in groß an, nickte dann: »Rote Seide nehme ich. Die siehst

Du sofort. Ein Kreuzchen nähe ich. So wie auch sonst sein Jagdkleid diese FeuerZeichen trägt, die Kuhkörper, die zurückgebogenen Spitzen, alle von derselben Farbe.«

Der Vetter nickte, ging hinaus. – – –

Als er die HetzMeuten kläffen hörte und sah, daß nicht erst am siebten, sondern noch diesen Tag Jagd sei, freute das den Xantener; nichts lieber als das, rief er, er fürchte sonst, an diesem byzantinischen Höfchen den Verstand zu verlieren, habe inzwischen schon allzuviele Würmchen zerdrückt und sogar den Vetter des Königs im Rhein versenkt, dort, wohin schon der römische Präfekt Horatio Severus Titus Maximus seinen Dreck habe ablassen wollen. Erschrocken fragte man, ob es stimme, daß er den Bischof ersäuft habe. Gewiß! Nur seines Gezappels und Geheuls wegen hätte er ihn schließlich wieder aus der StinkSoße gezogen – ja, bevor er weitere Höflinge zermansche, zöge er lieber mit in Richtung Waskenwald.

Da brachten sie ihm die fiepende, jaulende Meute und baten, sich etliche auszuwählen; doch er wollte keine Hetzhunde mitnehmen, nein, ein einzelner guter Spürhund, der genüge ihm. Ein Bracke, einer, der ihm das Wild aufstöbere, mehr brauche er nicht – fangen werde er Wisent und Hirsch schon selber.

Da erschien König Gunther auf dem PfalzHof. Gernot und Hagen folgten, auch Dankwarth, nicht aber Giselher. Die Herren erkundigten sich beim Gesinde, was der NiederLänder geredet habe. Schienen froh, zu hören, daß auch der gerne mitfahren wollte, in die Mittagsrichtung.

Sie näherten sich dem Mann, und Dankwarth, der die Jagd einrichtete, sprach als erster. Er erklärte, im Süden seien wildreiche Wälder, da gebe es zwischen den RheinLäufen Rotwild in Mengen, auch Wölfe, sogar Bären, was immer man jagen wolle. – Ob er mitfahre.

»Musha Yerra!« – Die Burgunder blickten sich an, wußten nicht recht, was gemeint war. »Stumpig Ruppilschnappn!« verlangte der Nebelmann und redete so weiter. Nur soviel verstanden sie, daß er, bevor sie auszögen, von Kriemhild in Freundlichkeit Abschied nehmen wolle. Und bat die Herrschaften, solange zu warten.

Derweil begannen die Kahlgeschorenen, die Schiffe zu beladen, mit den Tieren, den Speisen. Ein Boot war für die Herren bestimmt, das andere für die Treiber und für Roß und Meuten. Unter den Leuten ging die Frage um, ob jemand wisse, was ›Tronje‹ bedeute.

Dies Wort vor allem habe der Wüterich geschrien. Es war niemandem bekannt.

Walthari führte das Pferd Grani aufs Schiff, brachte die Rüstung und brachte Balmunk. Mutter Ute hatte sich vor das Lastschiff tragen lassen. Tronje? fragte sie. Das sei ein Wort für den, der verdrehe und zerstöre. Dazu hob sie die Arme mit flachen Händen, sprach in das Getrappel auf dem Steg, in das Gewinsel, redete ihren Segensspruch und segnete auch Grani:

»Kirrr! ssst! swini sind hussa!
nu sprink Du, vihu minas ussa!
friedu frono in Odins munt!
Heim zi kommone gisunt!«

Unterdessen betrat der Mann vom unteren Rhein Kriemhilds Kammer. Die Tür hatte er noch nicht verschlossen, da vergingen ihm seine ungefügen Schritte. Sie saß da, blaß, verweint. Fast lautlos näherte sich der Mann, zögerte lange, bis er sagen konnte: »Mir ist fast wieder gut – Dir nicht?«

Da sie nichts antworten konnte, kam er noch den letzten Schritt näher, strich vorsichtig über ihr Haar. Sie solle ihm verzeihen, bat er leise. »Was hat Dich geritten – so zu schmähen –«

»Brünhild behauptete, Du seiest Gunthers Leibeigener.«

Er zog sie an sich heran. Sie stand auf, fiel ihm in die Arme; er hielt sie. »Ich muß Dir noch viel erzählen. Was wahr ist. – Keine MarktMaeren. Keine BischofsList. Behalt mich lieb.«

»Ich liebe Dich sehr.«

Er streichelte sacht ihr Haar, küßte sie auf die Stirn, den Mund. »Hey, hoi! Dein Falk fliegt auf Jagd. Auf Füchse und Rehe diesmal – ich hätte gern mein PirschGewand.«

Sie sah ihn an, nickte. Sah ihn an, als warte sie auf etwas oder wollte noch was sagen – löste sich dann aus seiner Umarmung, ging zum Tisch, an dem sie gearbeitet hatte. Hob die Jacke von dort auf. Die war aus lichtem weichem Leder, bestickt mit den farbigen Zeichen. Die reichte sie ihm, ihre Augen waren naß.

»Was ist? – Ist es nicht ein schönes Stück? Sieh die Kühe – die Flammen! Das ist vom Externstein – Sigurds Zeichen. Sieglinds. Sie selbst stickt das. – Was ist Dir? Du Kindsköppgen – verzeih Deim Flachkopp! verzeih mir die Wut! die ist eine alte WotansWut – irgendwann erzähl ich vom Isenstein.«

Wieder umarmten sie sich.

»Warum weinst Du jetzt?«

Sie konnte nichts antworten, schüttelte nur den Kopf. Half ihm schließlich beim Anziehen des Jagdkleids. Sah, daß das Kreuzchen die richtige Stelle anzeigte. Er drehte sich wieder zu ihr, zog sie nochmal in seine Arme: »Ich merke, was Du willst. – Aber zu Wurms ist mir zu eng! – Gewiß halte ich's morgen wieder aus – erst muß ich Bäume ausreißen, Wild erwürgen – verstehst Du das? Deine BurgundWürmer, die stinken mir die Luft weg! Rattapeui! Hier ist noch arg viel Gas von NidGir!«

Kriemhild, in seinen Armen, nickte. Dachte nur noch an das, was sie Hagen verraten hatte. Traute sich nicht, darüber mit ihm zu sprechen. Sie hatte ja erfahren, wie zornig er werden konnte. Wie unmäßig wütend, daß man meinte, Wotan selbst hätte ihn gepackt und es sei Walpurgiszeit.

Und doch hatte sie schon wieder eines seiner Geheimnisse preisgegeben. Wie sollte sie ihm, da er noch schweißbedeckt war von der vorigen Raserei, die nächste Verfehlung gestehen. So zitterte sie nur. Seufzte und ängstigte sich, daß es fast über ihre Kräfte ging und sie sich fest an ihn klammern mußte. Am Ende, da er sie abermals befragte, was sie bedrücke, brachte sie nichts anderes hervor, als unter Tränen zu wiederholen, wie sehr sie ihn liebe.

»Ich liebe Dich auch.«

»Ich liebe auch alle Deine heimlichen Lieben. Alle Deine Geheimnisse.«

»Das sagst Du so schön. Das macht mich fast verrückt vor Freude –« Er streichelte, küßte sie und wiederholte, er werde alles erzählen, was noch unklar sei, alles solle sie wissen.

Als sie das hörte und bemerkte, daß auch ihm die Augen glänzten, mußte sie ein wenig lächeln. »Du groß Held«, versuchte sie in seiner Sprache zu sagen. »Weinst?« Und konnte lachen.

»Aus Liebe«, sagte er. »Nein! – aus ›minne‹!« korrigierte er sich, probierte ihre, die Hofsprache. Beide preßten sich eng aneinander, es wurde ihnen warm und wohl. Fest legte sie ihre Hand an seinen Rücken, auf jene Stelle, die sie zu schützen hoffte. Und wollte, sie wüßte einen von Utes Sprüchen. Von draußen riefen Signale, Jagdhörner. »Morgen abend bin ich zurück.«

Da sah sie ihn an, sagte unter Tränen: »Ich träumte heute früh, wie Dich ein SauBär über die Heide verfolgte. Der stieß Dir seinen Hauer von hinten in den Rücken, daß die Blumen rot wurden. Im Schlaf hab ich geweint –«

»Was soll der Traum.«

»Ich habe Angst. Das – soll er. Zu oft habe ich wahrgeträumt. Und Du selber weißt es: Mancher im Haus hat Haß auf Dich. Neid. Weil man sagt, du wollest am Ende aller Könige König sein, der neue Sigurd – Irmin – Du bist zu gutgläubig. Tu mir den Gefallen, bleib hier!«

»Ich kenne keine Leute, die Haß auf mich schürn.«

»Auch nicht Brünhild?«

»Die ist nun schwach, wie jede Frau. Die geht auch nicht zur Jagd. Legt keinen Hinterhalt.«

»Kann sein, sie gibt Gernot einen Wink – oder Gunther –«

»Die sind meine Freunde!«

»Es sollen Räuberhorden im Süden sein – die ziehen durch die Wälder, sächsische Räuber, ostfälische, die nicht siedeln wollten – die haben ihre Brüder, ihre Väter verloren durch Gundomar, die wollen Rache –«

»Wie schön! endlich was zu packen!«

»Die sind meuchlerisch!«

»Ich werde die Tannbäum mit Meuchlern schmücken! Bejobs! Ja kämen die nur, die Schacharäre! Aber in den Wäldern ziehen bloß Krämer, allzeit HandelsWürm.«

»Oh nein, nein«, rief Kriemhild in heller Verzweiflung. Und wagte trotzdem nicht, ihren Verrat zu gestehen, die Preisgabe seiner heimlichsten Dinge – und erfand stattdessen, rasch und in rasender Angst, einen zweiten Traum. »Ich fürchte mich! glaub mir doch – ich sah Dich fallen! Da stürzten zwei riesige Berge über Dich, HandelsJuden hatten die herangewälzt und verfluchten Dich, bis unter den Bergen nichts mehr von Dir blieb – Friedel, tu's mir zuliebe, laß die Jäger da unten lachen über Dich – bleib hier!«

Als er nur den Kopf schüttelte und selber lachen wollte, nahm sie all ihren Mut zusammen, blickte ihn aus schreckgeweiteten Augen an und erzählte ihm endlich den dritten, den wahren, den Schluß ihres FalkenTraums. Das mörderische Ende. Das, was Giselher fortgelassen. Was dem Gast niemand zu schildern gewagt hatte.

Einen winzigen Moment lang schaute er ernst. Dann fragte er sie, wie es dem Falken gehe, den er ihr gefangen habe.

Dem gehe es gut – wieso er von dem rede.

»Auch mir geht es gut.«

»Ich meine nicht das Tier, Liebster. Ich meine Dich! Die Träume meinen Dich!«

»Mir geht es gut. Denn da sind viele RomKöpfe – da ist viel caput, viel Arbeit! – mir geht es gut!«

»Im Wahrtraum ist der Falke verblutet –« – sie stockte. Und sah nun wohl ein: was immer sie vorbringen würde, dieser Vogel ließ sich von keinem Ausflug zurückhalten. Selbst dann nicht, wenn sie ihm jetzt gestehen würde, was sie Hagen anvertraut hatte. Dann ritte dieser Ritter erst recht, flöge auf und davon.

Eng schmiegten sie sich aneinander. Sie drückte, wärmte die Stelle in seinem Rücken; er küßte ihr die Tränen ab, schüttelte wieder den Kopf und sagte: »Wie Du zitterst! Dein zuckrich Zwerchfell, das zuckt? das zittert? – Uns zwei kann nichts begraben unter sich! kein Gebirge, kein Räuber. – Auch der wildeste Falke, der kommt zurück! Du Liebste – Glück op!«

Als er sie, schon in der Tür, noch immer in Tränen sah, erzählte er, um sie zum Lachen zu bringen, wie er ihren Vetter, den Bischof, über die Rheinjauche gehoben und wie der, über dem Kanal schwebend, schlotternd, dreimal zu allen Wahrheiten JA! geschrien habe und dann trotzdem oder vielmehr deswegen hinunter mußte. – Da lachten sie, aber Kriemhild wollte damit gleich wieder aufhören und rief, unter Lachen wie Weinen: »Ja, ja! und dann hast Du auch den wieder herausgeholt – Deinen ärgsten Feind! den obersten Lügner, sogar den rettest Du!« – Dann war sie so ratlos, daß auch sie nur noch lachen konnte. Dies war ihr letzter gemeinsamer Augenblick – ihr hilfloses Lachen.

Die beiden Schiffe, das mit der Jagdgesellschaft und das mit dem Gesinde und den Tieren, die fuhren nun über den Strom hinauf. An Auwäldern vorüber, zwischen Inseln und Halbinseln hindurch, über stillere Arme, an zunehmend dichteren Wäldern vorbei, zuweilen über wirbelnde Strömung hin – da mußten alle Segel gesetzt werden, und die Kahlgeschorenen, die keltischen Treiber hatten zu rudern. Von der Schneeschmelze in den Gebirgen spülte der Strom über die meisten Inseln und Sandbänke, wilderte – zwei Stunden hatten sie zu rudern, dann, hinter Frankenthal, wurde angelegt. Dort standen Schlepptiere, die Waffen, den Proviant zu tragen, Wein und Schinken, Brot und Zutaten für Suppen und Braten.

Die Herren stiegen zu Roß, freuten sich des sonnigen Tags, nur Giselher blieb still. Die anderen teilten einander mit, sie würden heute so erfolgreich jagen wie nie zuvor. Was gelte die Wette, foppte Hagen den berühmten Gast. »Hier, in unserm Wald, da werden doch auch mal wir besser abschneiden?« Während er so redete, war er dicht hinter den NiederLänder geritten, hat in den Zeichen auf seinem Gewand das rote Seidenkreuz gut erkennen können. Kriemhilds Mann drehte sich lächelnd um und sah ihm ins Gesicht: »Knorzich Kotzback! Ihr werdet übermütig! Die Wette gilt! wer heute das meiste Biestzeuch fängt – dem schnappt der andere, bejobs!, einen Bären!«

»Einen Bären?«

»Gebt mir zwei Begleiter und einen Bracken als Spürhund.«

Hagen gab den Wunsch weiter und rief: »Abgemacht. Gehn wir verschiedene Wege – Ihr weiter geradeaus, wir Wormser in Gruppen seitwärts, links wie rechts. – Zwei Mann für Euch: Giselher als Führer durch den Forst, Walthar als Euer Kampfgesell – wir treffen uns zum Abend vor Otenhaim. Dort hat bis dahin Herr Rumolt vorgesorgt, empfängt uns mit Bratenduft, mit jurassischem Saft. Und der Sieger – der bringt den Bären!«

So war es verabredet, so wurde es weitergesagt. JagdSignale eröffneten die Hatz – die Wormser verteilten sich zu beiden Seiten hin, ritten und trieben davon, der Nibelunge, der scheinbar Unbekümmerte, behielt nur die zwei Gefährten bei sich, Walthari und Giselher. Der Spielmann sollte sie führen, am Abend ins vereinbarte Feldlager bringen.

Giselher überlegte, wie er es anfangen könnte, Siegfried zu warnen. Wie er ihm einen Hinweis geben sollte, ohne doch zugleich seine Brüder zu verraten. – Er fand keine Worte. Ihm fiel kein Mittelweg ein. Nur immer wieder das, was Kilian von den gespaltenen Köpfen gesagt hatte. Dem Sänger und Schreiber schien es unmöglich, von der Gefahr zu reden, ohne den Betrug einen Betrug zu nennen und die Brüder preiszugeben. – Er seufzte nur. Und wollte sicher sein, Hagen habe über den Xantener nur gemurrt, wie er es oft tat. Habe lediglich gedroht. Aber hatte Giselher ihn nicht dreimal reden gesehen mit dem Bischof? heimlich verhandeln mit dem ›Ruhestifter‹, wie der Waffenmeister den Kirchenmann nannte? Giselher seufzte. Sah, wie Walthari den kräftigen Spürhund nur noch mit Mühe an der Leine hielt.

Dem Bracken gab Siegfried jetzt frisch ausgerissenes Fleisch – das hatte er von einem Hasen, der ihnen in wilder Flucht vor den Wormser HundeMeuten quer über den Weg gerannt war – direkt vor seine Füße war der gesprungen und nicht mehr weiter gekommen. Das ausgerupfte, das blutige Stück hielt der Nibelunge dem Bracken vor, das machte den noch schärfer, der zog nun in Gier, hechelte, fiepte, pfiff.

Als sie vor dichten Tann kamen, sprang der Xantener vom Pferd, ließ Walthari den Grani weiterführen, nahm selber den Hund, gab ihn plötzlich frei und setzte dem Tier nach ins Gebüsch.

Hoi! was alles ihm da vor die Füße sprang und in die Fänge, als erstes, heftig krachend durch die kahlen Zweige, eine schwere Sau – die warf und würgte er mit blanker Hand, kurz darauf, gleich nebenan, einen Hirschen, der davonspringen wollte – den schoß er mit dem Bogen. Danach weiteres Rotwild, Niederwild in Mengen. Freilich keinen Löwen, wie uns ein Mönch weismachen will, der seine Handschrift ausschmücken wollte – die SanktGaller heißt sie heute – der KirchenLatein mit JägerLatein verwechselte oder eh für dasselbe hielt. Stattdessen erlegte der Nibelunge auch Kraniche, in einem Sumpfgelände, in den SchilfFeldern sogar einen Wisent und, wenig später, im selben Revier, einen Elch; die schlug er beide mit dem Schwert, desgleichen einen Auerochsen, dann einen Schelchen-Hirsch – der NiederLänder packte, fing und schlug wie rasend Tier um Tier, lud sie auf die Esel, schleppte sie zum Pferd, sah im Vorübergehen den Schreiber, bemerkte, wie blaß der war – Ho! ebenfalls jagen solle der – ob es ihm nicht wohl sei? habe er was auf dem Herzen? eine Frage doch wohl? er sehe es ihm an! eine Frage wegen Baldinai? Kummer?

Der AlberichGeselle wartete noch einen Moment – als Giselher nicht reden konnte, lächelte der Jäger, rannte wieder dorthin zurück, wo der Bracke bellte, warf sich diesmal nach einem Eber, der zu fliehen suchte, den erwischte er an einem Hinterlauf, den hob er hoch, wirbelte das Tier herum und erschlug es am nächsten Baum. Da rief Giselher, und auch diese Äußerung ist wörtlich so überliefert: »Laßt zwischendurch doch eine der Kreaturen leben – nicht die Römer, sondern Ihr macht sonst noch die Wälder leer! Wovon denn wollen wir hier später leben!«

Der Mann vom AsnithiWald antwortete, es gäbe genug, für viele Sommer und Winter noch, und wo nicht – so wollten die Burgunder doch eh weiterziehen übern Jura, hinter die MittagsBerge, dort fänden sie dann am sonnigen SüdFuß zwei nasse Tauben, voller Milben, und ein lahmes Einhorn, die müßten ihnen dann reichen. Und brach wieder zwischen die Zweige hinein, dorthin, wo der Spürhund wütend Laut gab.

So ging das, bis die Sonne tief stand und die mitgeführten Pferde und LastEsel die erlegte Beute kaum mehr tragen und nachschleifen konnten. Eben hatten sie den Bracken wieder an die Leine genommen und beschlossen, nun nach Südwesten vorzudringen, zum Nachtlager hin – da warf sich der AlberichGeselle abermals durch das Gestrüpp. Mit »Ahi!« sprang er weg und schien ein besonderes Wild zu verfolgen. Von weitem hörten sie ihn rufen, wütend kläffte der Bracke, zerrte und wollte mit.

Eine Weile schwiegen sie, lauschten. Meinten, die Klagen der Kreatur zu hören. Suppengeruch zu wittern. Aber in Wahrheit blieb es still und duftete nach nichts als nach dem feuchten Wald. Sie warteten noch, horchten in die Stille; bis sie von sehr weit einen einzigen Hornstoß hörten – das Zeichen, daß der König ins Lager gezogen. Die Jagd sollte damit für heute zu Ende sein. Freilich, die war zwar beendet, aber es folgten noch zwei Fänge.

Dem ersten war der Nibelunge auf den Fersen. Während Wormser und Xantener die Dickichte räumten und vor Otenhaim zusammenkamen, auf einer großen Lichtung, drang der Falke wie unbändig immer tiefer ein in das Gelände – war einem Bären auf der Spur. Das braunschwarze Tier fühlte sich gestört, schaukelte im Trab davon, hielt ab und zu an, murrte grämlich, sah den Menschen heranspringen. Der dachte sich, er müsse für den Abend im Waldlager für gute Unterhaltung sorgen.

Das Tier duckte sich in dichtes Unterholz, aber der Jäger hatte sich die Stelle gemerkt, drang in das Gesträuch, ließ sein Schwert in der Scheide, ließ auch den Bogen auf der Schulter, sprang stattdessen den Bären an, der sich aufbäumte, ergriff ihn am Hals, packte den mit bloßer Hand – verwundete ihn mit keinem Eisen, sondern bog ihm die Fänge um, zwang ihm beide Vordertatzen zusammen, wie Brünhild mit Gunther getan, nur daß der NiederLänder keinen Gürtel nahm, sondern die eigenen Fäuste. Mit den Fäusten zerrte und zwang er das Wild aus dem Gesträuch und packte es dann so, daß der Mensch rechts neben dem Tier ging und es mit der Linken führte, mit hartem Griff ins Nakkenfell, während die Rechte die Tatzengelenke zusammenpreßte. So schritten die beiden, die fast gleich groß waren, nebeneinander her, so hörte der Bär auf, sich zu schütteln, fügte sich, konnte weder beißen noch schlagen – mußte mitkommen, trottete neben dem Mann her, zu der Gegend hin, die damals Otenhaim, die heute Edigheim heißt, wo sich die Jagdgesellschaft ein Lager hatte bereiten lassen.

Wie er so, mit dem starken Tier neben sich, durch den Wald schritt, hörte er mit einemmal eine Stimme. Erst glaubte er, das Lager sei schon in der Nähe und er höre Gespräche. Dann bemerkte er, wie ihm die Stimme vertraut klang. In diesem seit langem gut bekannten Raunen schien es Wörter zu flüstern. Die kamen hastig. Endlich konnte er sie unterscheiden und verstand deutlich: »Weh min Hand.«

Er hielt an, schaute sich um, erblickte niemanden. Ahnte jedoch, daß da eine Elfe war, eine, die er kannte. Ins Dickicht rief er zurück: »Wat för'n Hand klagß Do!« Er lauschte. »Meinß dat link BärTatz? – dat heff ik fest!« Und lauschte wieder. Und hörte dann dicht neben sich: »Dat ik om Din Leib gischlungan, im NidGirBlut.«

Da hätte er gern den Bären losgelassen, um anderes zu umschlingen, um die zu erhaschen, die im AbendNebel dicht neben ihm war – doch besann er sich, ließ den WaldGeist und blieb bei seinem harten Griff. War das die ›Heilkräftige in den Auen‹?

Und wenn es sie war, wie hätte er nun wissen sollen, daß er jetzt nichts mehr benötigte als eben diese Heilkraft. Stattdessen blieb er gefangen, blieb eingeklemmt in die Pranken und war in Wahrheit selber der Gefangene, eingepflockt in das Spiel, das er trieb mit den BärenKräften, mit seinen eigenen, von Anfang an. Kehrte nicht zurück vom Ausflug, verharrte im Flug des Greifers, im uralten jägerlichen WutRausch.

Von ferne hörte er nun Poltern, Kochdeckelklappern, Bellen und Lärmen; kaum näherte er sich dem Lager, da erhob sich vor ihm, gleich unterm GoldLicht zwischen den BaumStämmen, ein merkwürdiges Schreien, ja angstvolle Rufe waren das, Küchenjungen, die Holz hatten sammeln sollen, die kreischten die Meldung als erste, sie hätten gesehen, so schrien sie, wie der Ritter sich dem Lager nähere, wie er zurückkomme mit einer gewaltigen Bestie, die führe er an den bloßen Fäusten daher, ja, mit einem lebenden Bären, den zwinge er einfach so heran – von wo? – von dorther – von Morgen, man solle selber sehen, empfahlen die KochGehilfen und sprangen fort, sahen zu, daß sie weiterkamen – da entstand Unruhe, kam Bewegung in die Herren, die sich schon gesetzt, ausgestreckt und dem Wein zugesprochen hatten, da sprang man hoch, sah sich um, schaute nach seinen Waffen. Die HundeMeute, von der Erregung angesteckt, war ebenfalls aufgesprungen und lärmte, die witterten, was da herankam, die kläfften, daß es die Ohren schmerzte und die Pferde die Köpfe aufwarfen und angstvoll schnaubten, einige stiegen hoch, wollten davon, mußten enger gebunden werden –

– in der Tat, auf die WaldLichtung, mitten unter die Höflinge und Knechte, unter die Rösser und Hunde führte der Mann vom niederen Rhein die Bestie. Brachte das ungefüge, das düstere Tier. Hielt nun gar an. Beobachtete mit Vergnügen den Aufruhr.

Was keiner geglaubt hätte und nicht mal die zu hoffen wagten, die bis an den Waldrand zurückgewichen waren und sich ein schönes Schauspiel wünschten, die Kahlgeschorenen – mitten auf dem Lagerplatz, als der Bär vom Getöse der Hunde überaus unruhig wurde und sich freireißen wollte, da ließ der Nibelunge das Wild los. Gab dem einfach die Tatzen frei und das Nackenfell – breitete vor ihm die Arme, als zeige er dem Tier diesen abendlichen Waldplatz – als sollte es sich hier bedienen.

Das, kaum weniger verschreckt als die JagdGesellschaft, zögerte einen Moment, dann aber sprang es los, galoppierte hierhin, dorthin, die festgebundenen Hunde rasten, wüteten wie toll – verängstigt suchte die dunkle Gestalt ihr Heil in der Flucht – und trabte geradewegs in das Küchenzelt hinein. Johlen und Klatschen tönte vom Waldrand – Hagen sah sich um, erkannte die Kahlgeschorenen.

Der Nibelunge setzte zwar nach, sprang hinterher, aber da war es im Zelt schon zu spät – von den Feuerstellen kippten die Kessel, aus den Häfen stürzte das Wasser, dampfte und zischte über den Boden – dieser Krach und das Fauchen scheuchten den Bären nur um so mehr herum, so erschrocken wie wütend fuhr der um den Herd, was die, die das von außen sahen, an der Zeltwand aus Rindsfellen bemerkten, an gewaltigen Bewegungen und Wallungen bemerkten sie es, am Klappern hörten sie es und am Schreien, am Schreien von Küchenjungen, von Verbrannten, von zu Tode Erschrockenen – unter den ZeltWänden spülte es rot heraus, strömte hervor, was aus umgesunkenen Fässern lief und aus Kannen – beinahe alles, was an Kuchen, Wein und Braten, an Soßen und Suppen angerichtet war, sank, fiel kopfüber, schoß über den Boden – längst war hinter seinen Kochknechten auch Rumolt aus dem Zelt gestürzt, sprangen sie alle davon, ließen die Speisen im Stich – ließen die sich mit Waldboden, Kohlenglut und Asche vermengen, daß es patschte und zischte. Bunte Schwaden wehten, stiegen über die abendliche Lichtung.

Inzwischen hatte Hagen die Hunde freigelassen. Gerade als nun der Bär wieder aus dem Zelt trottete, fiel die Meute ihn an. Die Hetzer sprangen an ihm auf, der floh, die stürzten hinter ihm her, entsetzt flüchtete der sich ins Zelt zurück, wild fiepend fetzten die Rudel hinterdrein, von drinnen hörte man nun, wie unterm Kreischen von Rumolt und zwei Knechten, die gerade das Letzte hatten retten wollen, wie da alles, was noch aufrecht gestanden haben mochte, vollends zu Boden fuhr und wie das, was schon vorher am Grund lag, weitere Male umgerührt wurde und durchgepflügt zu fein geölter, zu gut gewürzter SpeiseErde – hei wirbelte da die wilde Jagd durch Brei und Matsch und eins ums andere Mal um die königliche Glut herum, ließ den Küchenboden brodeln, dünsten und fauchen – endlich polterte der Zug der unmanierlichen Tiere zur anderen ZeltÖffnung wieder hinaus, quer über den Platz sprangen die Hunde an dem PelzWild herum. Überall, in guter Entfernung freilich, standen inzwischen die Herren Jäger, wurfbereit hielten sie ihre Lanzen, schußfertig die Bögen gespannt – aber der Xantener rief laut, man solle nicht werfen oder schießen, man werde nur einen der Hunde treffen. Die hatten sich in der Tat so dicht verbissen in die verzweifelt um sich schlagende Bestie, daß jeder Schuß auf den Bären auch die Jagdgehilfen getroffen hätte, die aber waren von Ute gesegnet, sollten gesund heimkehren – jetzt mag ihnen der Segen geholfen haben.

Jedenfalls war es dann, so wird berichtet, der Fremde selbst, der dem mörderischen Treiben das Ende bereitete. Er trat an die Bestie dicht heran, schwang sein gefräßiges EisenburgSchwert und schlug den Braunen so, wie er vor Isenstein den Eisbären getroffen hatte – mit einem einzigen Streich spaltete er auch diesem hier den Kopf vom Rumpf.

Da schallte Gejohl vom Waldrand her. Von dort her näherten sich die Waffenlosen wieder. Hagen hörte sie, schaute sich um, sah und hörte das Gelächter, den Jubel der Sklaven, die Freudenrufe – sah das alles und blickte zu Gunther, zu Gernot – und nickte.

Die Hundemeute mußte zurückgerissen werden, die Blutgierigen wurden hinter die Hürden gescheucht. Da war nun im Lager ein solches Tohuwabohu, ein solches RheinMi und RuhrBi, so vieles wüst und zerwühlt, daß die Herren kaum jubeln mochten. Denn am kläglichsten sah es in der Küche aus. Trüb blickten die Köche, ratlos übers Schlachtfeld. Man hob die FellWände, damit alle das Wirrwarr sehen konnten. Da stand, mitten in den Haufen, Rumolt, zuckte die Schultern, hob dann seine Arme, fast vergnügt tat er das: Was man habe essen wollen, sei zu Erde, Matsch und Asche geworden, ja nicht einmal zu trinken sei übrig geblieben. Der Straßburger ging vor, bis zu dem Bärenbändiger, und umarmte den so, wie der ihn umarmt hatte für die Erzählung vom Hirschsprung. »Aufmupf, bäriger – jetzt koch Du!«

Rumolts Mitteilung, daß es nicht mal mehr zu trinken gebe, bekümmerte kaum jemanden so wie den Nibelungen selber. »So lieb mir Dein Kuß ist, Rumolt, so weh tun mir die verpladderten

Kübel. Dat jücket mein gedörrt Gedärm!« Ja, nach all seinem Rennen und Kämpfen brenne ihn nun der Durst.

Von den Jägern hatten einige noch ihre Becher, halbvolle sogar. Die gingen aber lieber an die Strecke, tranken dort und umstanden und zählten, was der ErlKönigsjäger an diesem halben Tag gefangen, erschlagen und geschossen hatte – und mußten erkennen: auch diese Wette hatte er gewonnen. Seine Beute war unübertroffen. Da lagen zu allem Rot- und Niederwild die Hirsche, auch Ure und Wisente, der Elch. Zuletzt der Bär. Walthari steckte dem Pelztier eine Schlüsselblume zwischen die Zähne, machte sich ans Ausweiden. Süßlicher Blutdampf strich um die Nasen.

Das half nicht gegen den Durst, verstärkte ihn nur.

Da trat Hagen auf den Nibelungen zu. Reichte ihm seinen Becher, gab ihm, was er noch übrig hatte vom Wein. Und schien sehr freundlich und meinte, dem großen Jäger gebühre nicht nur das BärenFell, ihm, dem neuen Orion, dem gehöre auch dieser letzte Tropfen vom Roten. Außerdem solle er nicht verzagen – drüben, wo man die letzten SonnenStrahlen auf den Bäumen sehe, am Ende der Lichtung, dort wisse er eine Quelle. Dort, nur dreihundert Klafter weit, gebe es unterm Waldrand einen Brunnen mit frischem Wasser. Da die Rheinwässer von hier aus zu weit seien und Rumolts Sklaven nicht vor Dunkelheit mit neuem Vorrat aus den Schiffen herankämen, bleibe fürs erste nur diese Quelle.

Der NiederLänder trank leer, gab den Becher mit Dank zurück und wollte, wie der Geist zu Buchenheim, ein Faß schultern und von der Quelle Wasser holen. Hagen hielt ihn am Arm fest, sah ihn an. »Wie oft haben wir zu hören gekriegt, Sieglinds Sohn sei der Beste – ob er auch im Laufen der Erste ist?«

»Wie meinst Du das.«

»Die alte WaldMutter, wem öffnete sie ihren Schoß? wem am weitesten? wem gebar das Moos die meisten Geschöpfe? Natürlich – und wieder einmal – Lausers Bruder aus dem NifelWald.«

»Rattaplui – nie hätt ich gedacht, daß Dich so der JagdNeid juckt!«

»Gönn uns einmal die Gelegenheit, Falke vom AsnithiForst, gönn uns ein Wettfliegen! Zur Quelle.«

Der andere sah ihn an, der gab ihm Rätsel auf. Dann fragte er zurück, wer denn gegen ihn antreten wolle.

»Ich.«

»Du MistKrück? HumpelHagen?«

»Ich werde gegen Dich bestehen.«

Der Nibelunge setzte das Faß ab, stellte es auf den Boden, schaute den Waffenmeister an – mit dem GneisKöpfigen kam er schwer zurecht. Ihm war, als hörte er wieder die WaldStimme.

Und hörte doch König Gunther sprechen. »Man sagt Hagen nach, er sei rasch. Für sein Alter unübertrefflich schnell.« Gunther schien erregt. »Ich laufe mit«, beeilte er sich zu sagen. Denn er merkte wohl, daß Hagen nun etwas im Schilde führte. Und fürchtete, der Nibelunge könne ablehnen, gegen den Diener zu laufen.

Der blickte zwischen König und Waffenmeister hin und her – der Vorschlag, wie jedes Spiel, gefiel ihm. Er sagte zu.

Man forderte Platz; schnell sprach sich herum, wieder werde es ein Schauspiel geben. Hagen wiederholte, dort, wo die hohe Esche in der Abendsonne leuchte, sei das Ziel.

Um die Stelle, von der aus der Lauf beginnen sollte, bildete die Gesellschaft einen weiten Halbkreis. Als der Platz geräumt war, hörte jeder, wie der NiederLänder dem Waffenmeister zurief: »Aber Ihr seid zu alt – Herr HumpelKrück – nehmt's mik nit krumm: ich will mein Schwert mitschleppen, den Schild, auch Speer und Bogen und Köcher! – und außerdem: ich geb Euch fünfzig Klafter Vorsprung.«

»Zu höflich, edler Jäger – fünfzig Klafter schenkt Ihr? und schleppt all die Gewichte? Oh großer IrminsEnkel, o Herkules und Orion – wie Ihr wollt!«

»Mein virdellich Durst bringt mik den Sieg! da bin ich sicher.«

Der Bärenstarke – der Kuhstarke? – lud sich die Waffen auf, Bogen und Köcher, band sich Balmunk um, nahm Schild und Speer und trat dann fünfzig lange Schritte hinter Gunther und hinter Herrn Hagen zurück, hinter den Bärbeißigen.

Gernot gab das Zeichen. Giselher hielt sich abseits, war nicht zu sehen.

Als Gernots Hand sank, rannten die Herren los. Sie stürmten, so wird behauptet, wie die Panther durch den Klee. Hetzten über die lange Aue dahin – deutlich war für alle zu sehen: Siegfried, trotz des Rückstands und trotz der schweren Geräte, hatte Gunther bald eingeholt. Und endlich auch Hagen. Da jubelten wieder die Kahlköpfigen, sie sahen es genau: Der NiederLänder gelangte als erster unter den mächtigen Baum.

Das war eine Esche. Die war nicht tot, unter ihr lauerte kein NidGir, unter ihr sprudelte eine Quelle. Der Sieger warf alle seine Waffen ab, sprang zu dem Brunnen, kniete sich an das Wasser nieder. Doch so frisch das auch glänzte und lockte – er beherrschte sich. Sah sich um und wartete. Wollte nicht trinken, bevor nicht der König getrunken hätte. War gut gezähmt, der Falke, zwang sich, höflich zu sein. Was half es ihm, es wurde ihm übel bedankt.

Als Zweiter näherte sich Hagen; auch der hielt sich zurück, aber aus anderen Gründen. Auch er schien auf den König zu warten, hatte aber anderes zu tun.

Endlich kam auch Gunther, keuchend sank er sogleich nieder. Und trank. Schluckte lange. Siegfried, auf den Knien neben ihm, beobachtete den Herrn. Endlich machte der Burgunder ihm Platz, richtete sich auf, ließ den Nibelungen an die Quelle.

Inzwischen hatte Hagen die AlberichWaffen beiseitegeschafft, hatte sie, bis auf den Schild, gut versteckt. Nun näherte sich auch der Waffenmeister dem Brunnen, trat, den Speer in der Hand, hinter den Trinkenden. Gunther sah, was Hagen tat.

Der zielte auf das Zeichen in dem Jagdkleid. Stieß mit Wucht zu, die Eisenspitze stieß er durch Siegfrieds Kreuz.

Das Rückgrat hat es ihm nicht gebrochen, aber es schoß Blut, sprang aus dem Leib, das spritzte bis auf Hagens Gewand. Der sah zu, daß er sich vor dem Todwunden in Sicherheit brachte.

Einen Moment lang mochte Siegfried nicht glauben, was ihm geschehen war. Als er nun aufsprang und das Blut sah überall und wie er jetzt den Speer in seinem Rücken spürte, da packte ihn der wahnsinnige Zorn – verzweifelt versuchte er, die Lanze aus seinem Rücken zu ziehen, schaute zugleich nach seinen Waffen.

Fand sie nicht mehr. Wollte sich wieder den Speer aus der Wunde reißen, schrie Gunther an, ihm zu helfen, der tat, als könne er das nicht, als sei er einer Ohnmacht nahe. Endlich gelang es dem Nibelungen selber, zog selber das Eisen heraus, das Blut sprang ihm aus dem Kreuz – da erblickte er seinen Schild und, im gleichen Moment, den Waffenmeister, wie der sich hinter der Esche versteckt hatte. So tödlich der Mann aus Xanten getroffen war, es blieb ihm immer noch Kraft genug: Er riß den mächtigen Schild empor, gerade so wie er die Brocken aus der Isenburg gegen den Drachen gebrochen, sprang dorthin, wo der Mörder sich duckte, schleuderte den Eisenschild und traf den Hinterhältigen mit Wucht in die Seite, schlug ihn mit dem Gewicht so schwer, daß der ins Gras stürzte und weitere Stöße nicht überlebt hätte – wäre nun nicht der Todwunde selber zu Boden gesunken.

Seine Kraft verließ ihn. Zwischen frischem Klee lag er. Zwischen Frühlingsblumen. Aus seiner Rückenwunde floß es, in Stößen sprang es. In seiner lichten Haut zeigten sich die Todeszeichen. Da ging ihn seine Not hart an. Faßte ihn die Angst. Er schnappte nach Luft. Und begann zu klagen, zu schelten, laut zu hadern mit seinen Mördern.

Gernot kam, auch Giselher näherte sich nun. Mit großen, mit geweiteten Augen schaute der, der da am Boden lag, der Reihe nach alle an. Alle, die da von fern auf ihn hinsahen, die mit ansahen, wie er nach Luft rang und sterben mußte. Während er den Kopf mit den aufgerissenen Augen hin und her warf und nach Atem hechelte, hat er noch gesprochen. Verwünschte alle, die ihm diesen Hinterhalt gelegt hätten.

»DraakePack!« japste er. »Su dankt ji Arbeit –«

Er warf den Kopf zu den Seiten, hin und her schlug er ihn, als fände er so Erleichterung. Das sah aus wie ein Kopfschütteln, ein IrreSein. »Weh – tut dat nit ook Kriemhild – he! Gislahar, schwör mik! hilf min lieb Weib!« Er hat dann den Kopf etwas gehoben – ließ ihn wieder fallen. Aber er hatte Gunther und Hagen gesehen. Atmete heftig, drehte den Kopf ein wenig zur Seite, zu Gunther hin. »Byzantisch Schlang – gierig –« – die Stimme versagte ihm.

Hagen hielt sich noch immer im Hintergrund; aber nun murmelte der. Giselher hörte ihn reden. »Einer mußte das tun. Der hatte nicht bloß den Bären. Der hatte uns alle im Griff. Froh bin ich! jawohl, froh! daß ich's getan – Schluß mit dem Gejammer!«

Siegfried, in seinem letzten Augenblick, hat das wohl gehört. »Weh Kriemhild«, flüsterte er noch und »weh – Din Schwest – Gisla – behüt die för – dat Draake –« Und sagte als letztes »– för all dat – dat – Luginari.«

Sie verstanden das nicht. Die Wiese, die Blumen allenthalben, sie waren naß. Das Gelbe, das Grüne tiefrot. Nun konnte er nicht mehr reden. Zuckte, krümmte sich. Hatte nur noch mit dem Tod zu ringen. Und dessen scharfe Waffen, die schnitten ihn tief. Bis in das Herz. Er bäumte sich auf – fiel nieder. Und verreckte. Siegfried der Arbeiter war tot.

Eine Weile wagte keiner zu reden. Die Königsbrüder standen wie starr. Da trat Hagen vor. Hielt gleich wieder still. Jeder hatte gesehen, daß ihm die Hüfte lahmte. Dort, wo der Schild sie getroffen hatte. Vor ihnen stand der – und konnte sprechen. »Wir sollten«, sagte er, »wir sollten auch jetzt – wie er selbst uns riet – mit einer Zunge reden. Kriemhilds Mann – so denke ich – ist von

Räubern erschlagen worden. Elend und hinterrücks. – War es nicht so?«

Niemand widersprach ihm.

Sie warteten, bis die Nacht kam. Den übrigen, dem Walthari, den Treibern, dem Herrn Dankwarth und Herrn Rumolt, denen wurde gesagt, der Nibelunge sei der Erste gewesen am Brunnen. Er habe sich niedergekniet und sei dann von Sachsen, die sich dort versteckt hätten, gemeuchelt. Von ostfälischen.

Die Jagd wurde abgeblasen. Man hatte das Edelste erlegt.

Das trugen sie im Dunkel bis zum Rhein. Fuhren, noch in der Nacht, über die FlußArme hinunter, nach Worms zurück.

Auf dem Schiff vorn standen Gernot und Giselher. Am Bug nebeneinander. Bürstiges Kurzhaar neben dem schulterlangen. Die Nacht war mondlos. Der Himmel ohne Wolken. Als sie sahen, wie der Große Jäger fern über dem Odenwald wanderte, der Orion. Da stellte sich Gernot noch näher neben seinen Bruder, den Schreiber. Schien etwas sagen zu wollen. Sprach dann aber doch nicht. Lange fiel es beiden schwer, irgendetwas zu reden. Die Heftigkeit der Ängste, der Bilder, der Gedanken.

Endlich fragte Gernot, ob Giselher das Wort verstanden habe. Das, was der Fremde zuletzt gesagt hätte.

Nach einer Pause antwortete Giselher, er denke über alle Worte nach, die der aus NebelLand gesprochen.

»Auch über ›Luginari‹?« Und, nach einer Weile: »›All Luginari‹?«

Wieder schwiegen sie einige Zeit. Hörten aus dem Dunkel unterm Bug den Rhein. Endlich sagte der Spielmann, er vermute, dies Wort sei ein Stück Kindersprache. Sie müßten die Mutter befragen.

Sie schauten zum HimmelsJäger hinüber. Wie riesig der Orion über dem Gebirge stand. Bis Giselher nochmal zu reden begann. Es dämmere ihm, sagte er, was das Wort heißen könne. Es sei wohl etwas anderes als KinderWort. Es sei theodisk, sei in Wahrheit eines der ältesten Wörter; heute, in der Hofsprache, klänge es ›Lügner‹.

Giselher wird an das gedacht haben, was Abbas Eginhardt, was Alberichs Tochter über das Täuschen wußten. Wie das Täuschen und das Selbsttäuschen das Gesetz seien in allem. So wie es Hagen formuliert hatte. ›Täusche Deinen Nächsten wie Dich selbst.‹

Beide schauten zum Gebirge hinüber, zu dem gestirnten Riesen. Da sahen sie den Jäger verwandelt. Plötzlich erschien er ihnen wie eine mächtige Kuh. Aber sie meinten beide, sie hätten sich nur versehen. Und hat keiner je darüber gesprochen.

Giselher ging an das SchiffsHeck. Stellte sich dort neben die Bahre. Dicht heran trat er. Sah das Gesicht.

Versuchte, zu erinnern, was die Nymphe in der Hochzeitshalle über diesen hier gesagt hatte. Es fiel ihm schwer, das wieder zusammenzubekommen. Er entdeckte, daß er dabei war, es zu vergessen. Aus Furcht? Vor der AlbenTochter? Vor Ringwolf? Vor Hagen? Vor der Schwester – der Frau dessen, der hier lag?

›Gislahar, schwör mik! hilf –!‹

Ihn fror. Er suchte das Himmelsbild. Sah, daß die JägerSterne, ob er das wollte oder nicht, eine Kuh blieben. Foppte Loki?

Suchte sich auszudenken, was Abbas Eginhardt, wäre er hier, sagen würde. Von welchem Widerschein er jetzt spräche. Und ob die Nymphe recht gehabt hatte – der NiederLänder habe andere Möglichkeiten gewußt.

Als sie in Worms anlegten, erklärte Hagen den Wächtern im Hafen, die Jagd sei vorzeitig beendet. Ein Unglück sei geschehen. Der Freund und Helfer aus Xanten wäre in einen Hinterhalt geraten – Räuber, wildernde Ostfalen – oder Alamannen – vertriebene Juden aus Trier? – die hätten den Nibelungen, als er wehrlos war, als er sich gebückt hätte und aus einer Quelle trank vor Otenhaim, die hätten ihn von hinten erstochen.

Da nahmen sie die Bahre, klagten über die unsicheren Zeiten. Und trugen die Last zum HerrenSitz hinauf. Hörten Gesänge aus dem Bergfried.

In der nächtlichen Pfalz verbot Hagen, Lichter zu zünden. Er selbst übernahm es, die Bahre durch die Gänge tragen zu lassen und, im Dunkel, vor Kriemhilds Kemenate niederzustellen. Direkt vor ihre Tür. Ohne geklopft zu haben, schlichen sie fort.

Hinter der übernächsten Ecke, wo Giselher ihn fragte, ob ihm nichts leid tue, antwortete der Waffenmeister, ihm seien die Tränen derjenigen gleichgültig, die selber die Königin zum Weinen gebracht habe und Burgund in Gefahr. Die Brünhild in Jammer gestürzt hätte und den König entehrt. So gleichgültig seien ihm Kriemhilds Tränen, daß er Giselher verbiete, nun etwa zu seiner Schwester zu gehen, wie er wohl gern wolle, da der Sterbende es ihm aufgetragen. »Mir hat Dein sterbender Vater aufgetragen, die Herrschaft zu wahren. Nichts sonst.«

Noch vor der MorgenDämmerung, früher wach als sonst, ging Kriemhild aus der Kammer. Schrie auf. Einen kurzen hellen Schrei.

Ihr Gesinde lief, Frauen näherten sich mit Licht. Dort, direkt vor der Tür, lag einer.

Noch in das Dunkel hinein sagte sie den Namen.

Kamen mit den Fackeln, sahen sie am Boden knien, sahen, wie sie das schöne Haupt in ihren Händen hielt. Erkannten den Mann. Sahen das Blut. Und hörten sie leise sprechen: »Hagen.«

Sie schien an die Wand zu sinken, in Ohnmacht; richtete sich wieder ein wenig hoch, hielt immer noch das Haupt in den weißen Händen – bis jetzt schien sie fast ruhig geblieben, wie erstorben. Hatte den Namen wie ohne Stimme gesprochen. Jetzt aber, nachdem sie im ersten Moment wohl nicht recht hatte glauben wollen, was wirklich geschehen war, obwohl sie ihn doch vor sich sah, jetzt, da sie begriff, daß es diesmal kein Traum, sondern daß hier und jetzt ihr Falke geschlagen war, da schrie sie auf. Wie rasend schrie sie. Von Kriemhilds jämmerlichen, von ihren unmäßigen Schreien ertosten von nun an die Mauern der Pfalz. Sie schrie über die Maßen, schrie die Nacht über. Bis in den Morgen.

Da gab es niemanden und nichts, das sie hätte trösten können. Weder Ute gelang das noch dem Priester Wunnibald noch Giselher. Die alle stieß sie weg – mit Schreien. Da half gar nichts.

Nibelungische Kämpen erschienen vor ihr, die banden sich ihre Rüstungen um, trugen Schilde und Schwerter, schlugen Eisen gegen Eisen, gelobten Vergeltung. Sie schrie. Die Frau hörte nichts. Sah niemanden, wollte nichts anderes wahrnehmen als ihren wahnsinnigen Schmerz. Den kreischte, den stieß sie heraus. Was je sie an Haltung und Höflichkeit umgab, und wahrlich, das war nie wenig gewesen, was je sie an Schönheit auszeichnete – all das zerschrie sie.

Ihre Klage verstummte erst, als die Sonne in den Burgflur schien. Auf den Leichnam. Da ließ sie das Schreien versiegen. Das Frauen-Schreien. In schweren Atemzügen ließ sie's untergehen, verbarg den Jammer im zuckenden Zwerchfell, im schüttelnden. Hüllte sich in das schwarze Tuch, das die Mutter ihr gereicht hatte. Verbarg sich bis über das Haupt hinauf. Blieb von jetzt an still.

Da nahm sich der Schreiber ein Herz, näherte sich ihr. Sagte in das dunkle Tuch leise alle Worte, die der zuletzt gesprochen, der vor ihnen lag. Sprach sie alle nach, bis zum letzten.

Sie rührte sich nicht. Als man den Leichnam zum Münster trug, folgte Gundomars Tochter der Bahre. Durch den Burghof ging sie ihr nach, am Hafen vorbei, die Gassen hinauf, schließlich auch über jenen Platz vor dem Münster. Geschützt gegen die Morgenkälte nur durch das dunkle Tuch der Ute, bis über das Haupt verborgen.

Als der Zug in der Kirche anhielt, hat sie, da Giselher hinter ihr stand, sehr leise folgendermaßen gesprochen. Hat dem Bruder gesagt, drei Tage und drei Nächte werde sie nun wachen. Allein, neben dem Toten. Solange wie ihre Hochzeit mit ihm noch hätte dauern sollen. Giselher möge sehen, daß ihr der Bischof nicht vor die Augen komme. Sie wolle in der Kirche nur mit dem Erschlagenen zusammen sein. »Ich will mich ersättigen. An meinem lieben Mann.«

So, mit diesen Worten, hat sie es gesagt. Und sie hielt Wort. So wachte sie nun. Drei Tage lang, drei Nächte. Kauerte neben dem Toten, regungslos wie er. Ohne den Blick von der Gestalt zu lassen. »Ersättigen.«

Dieses Wort haben die Chronisten gewußt. Das wurde festgehalten, nicht vergessen, nicht gestrichen. Dies Wort schien ihnen merkwürdig. Als sei es der Frau darum gegangen, sich sattzuessen? An was? An wem? An Siegfrieds Leichnam?

Die weitere Geschichte hat erwiesen, daß Kriemhild sich sattgegessen hat. Am Fleisch.

Das Tohuwabohu in der Waldlichtung vor Edigheim, das damals Otenhaim hieß, dieses Durcheinander war weitergewandert in die Stadt und in die Pfalz der burgundischen Herren. In die Hütten, die Zelte, in die Köpfe. Und sorgte von diesem mörderischen Tag an für Schrecknisse, Debatten und immer neue Hartnäckigkeit.

Vom Bergfried strichen die Gesänge über die Stadt, erschienen nun wie ein düsteres Surren, wie langgezogenes Summen, böse wie Hornissenton. Bald rumorte es auch in den Zelten, in den Schädeln, an den Feuern.

Hagen hatte von Beginn an die beste Vorsorge getroffen. Hatte es fertiggebracht, daß die Gerüchte sofort gegeneinander gerieten: Wo immer zwei beieinander waren, entstand Streit. Die einen wußten, daß es die beleidigte Königin gewesen war, die den Auftrag gegeben hätte; andere wußten, daß es überlistete Sachsen gewesen wären. Wieder andere schworen, der ›Goldmund‹, der Johannes Chrysostomos zu Byzanz, der habe recht: am Unglück seien die

Jüdischen schuld. Wer immer debattierte, überbot den anderen mit Belegen. Dafür, daß die Sachsen nichtsnutziger seien als die Juden. Dafür, daß die Juden ekelhafter seien als selbst ostfälische Sachsen. Noch in derselben Nacht wurde, als sei dies der Beleg, der Edelsteinkaufmann Hirsch, jener, den Siegfried statt der Edelsteine die Eule nach Worms hatte tragen lassen und reich belohnte und den man deshalb in einem besonderen Verdacht hatte, der wurde durch die Gassen zum Hafen gejagt. Der wurde gehetzt wie vordem Ringwolf; nur war das diesmal Ernst. Und der Herr Hirsch versank auch, ganz im Ernst, an eben der Stelle im StadtDreck, an der Siegfried den Bischof wieder herausgezogen hatte.

Von solchen Beweisführungen hielten sich nur die fern, die sowieso schon und mit großer Sicherheit wußten, wer in Wahrheit am Unglück die Schuld trug. Von diesem Tag im Frühjahr 486 an verbreitete es sich durch die Köpfe, schließlich auch durch die kahlgeschorenen, daß allein jene, von denen dieser düstere Ton über die Dächer strich, die PechBotinnen seien – sie seien die wahren Raben und Nornen. Allein die Nifelfrauen und Heckenreiterinnen, die hätten Gunther wie Siegfried im Bann, schon seit der Zeit auf dem Isenstein. Die hätten jene Herrlichkeit verhext, die das burgundische Reich hatte so groß machen sollen, daß nicht Köln, nicht Trier zum neuen Rom geworden wäre, sondern Worms.

In der ersten Nacht, in der Kriemhild wach blieb und in der man Herrn Hirsch ertränkte, ist Herr Hagen gesehen worden, wie er mit einem Paket, mit einem Ding, das in Schaffell gehüllt war, eine der Schmieden betrat.

Ein Geselle, der im Kohlenkoben übernachtete, hat ihn belauscht. Hat ihn am humpelnden Gang erkannt. Hat erst sehr viel später angedeutet, was er gesehen hat. Weil die Wormser vor kaum jemandem mehr Furcht hatten als vor Ringwolf und vor dem Waffenmeister. Erst im Jahr danach hat der Geselle alles erzählt. Im nächsten Frühjahr, als die Herren zur Donau fortgezogen waren und Hafen und Pfalzhügel halb fortgeschwemmt wurden, erst da hat er zu berichten gewagt, wie der graue Mann in der Werkstatt das Fell auseinandergewickelt und ein Schwert herausgezogen hat. Den Griff der Waffe habe der Waffenmeister eingeklemmt in den Schraubstock, den der Xantener hatte schmieden lassen. Als der Schwertgriff fest eingekeilt war zwischen die EisenBacken, da habe Hagen die zweischneidige Waffe zu biegen begonnen, habe sie, mit zusammengekniffenen Augen und unter großen Anstrengungen, abwärts gekrümmt und dabei zu reden angefangen, in Fluch und Spott zugleich. »Balmunk!« habe er geächzt und »Balmunk, Rom-Vertilger!« gerufen und »Ja wenn Du Rom nur vertilgt hättest, Balmunk!« und »Dein Herrchen, Balmunk, Dein Herr Störenfried, der hatte die falsche Freßgier« und »Statt Feinde – fraß er Freunde!« und hat dazu das Schwert so tief hinuntergedrückt, daß es plötzlich, wie mit einem Blitz, zersprang. Zersprang aber nicht in zwei Hälften, wie das Herr Hagen wohl gewollt hatte, sondern zu tausend Eisenfeilspänen stob es auseinander. Die fuhren dem düsteren Mann dutzendfach ins Gesicht.

Das war danach gut zu sehen. Das SchwertEisen, aus GänseGier erschmolzen, hat Stirnhaut und Wangen zu feinsten Löchern aufgerissen. Zu dünnen violetten Wunden. Und hat nachmals keiner davon zu schreiben oder Bilder zu malen gewagt. Also ist der Name ›von Tronje‹ keineswegs so, wie die Schriftgelehrten bis heute rätseln, als Ortsname zu deuten.

Einen Ort ›Tronje‹ hat nie einer gefunden. Sondern ›Tronje‹ verrät nichts als die Mitte zwischen Zerstreuen und Zerstören. Hagen von Tronje – der zerstoßene Zerstörer; der am Ende sein eigenes Gesicht traf.

Nach dem Mord an dem NiederLänder ist in den alten Schriften keine Rede mehr von der Frau aus dem FeuerReich, dem NachtLand. Was um so weniger verständlich erscheint, als der Mord auch damit gerechtfertigt worden war, daß es um Brünhilds Schutz gegangen sei, um ihre Ehre, um die der KönigsGemahlin.

Will man versuchen, aus allen Argumenten, die vom Mörder überliefert sind, einen Schluß zu ziehen, dann war es wohl so, daß Hagen erkannt hatte, der NiederLänder habe, wie man heute sagen würde, zu viel gewußt – vor allem über den König. Zuviel über dessen Schwächen, zumal in den Eigenschaften, die als männlich gelten und als herrscherlich. Und damit zuviel über die Gebrechlichkeit des BurgunderReichs, über das Hohle in seiner Herren Herrlichkeit. Der vom Stamme Sieglinds und Sigurds oder Irmins, der war zu eigensinnig, stand den rheinischrömischen Plänen im Weg, dem, was noch heute ›imperial‹ heißt und früher mal ›Reich‹ genannt wurde.

So wächst der Verdacht, daß eben dieses Zuvielwissen der Grund ist, warum im weiteren Verlauf der Geschichte auch die Frau verschwiegen wurde. Sie ist damit fast ebenso beseitigt worden wie Siegfried. Auch sie – ›Störenfriedin‹.

Eine Weile war sie der Hofgesellschaft so unheimlich wie unterhaltsam. Dann aber, als ihre Kraft gebrochen war, wurde ihr Fall verdrängt. Was immer über Brünhilds Ende niedergeschrieben worden sein mag, es wird vor dem Zugriff der Ringwolfs nicht zu behüten gewesen sein.

Das Schweigen über die Tochter Rans – es erscheint wie der zweite Mord. Auch dieser traf das Fremde, diesmal begangen von den Schreibern. Und von ihren Förderern, von jenen also, denen die Chronisten die Steine zu küssen haben.

Doch gibt es zum Glück auch andere Quellen.

Danach sind in jener ersten Nacht, in der Kriemhild im Münster wachte, in der Hagen zum ›Tronje‹ wurde, in der andere den Juden zu Tode hetzten und wieder andere plötzlich Bescheid wußten über die wahren Unglücksbotinnen, danach sind noch in dieser ersten Nacht die düsteren Gesänge im Bergfried, die am Ende nur noch einem einzigen, einen hornissendunklen Ton gehorchten, plötzlich verstummt. Wenig später ist eine vermummte Gestalt aus dem Hof der KönigsPfalz geritten. Frauen folgten ihr, sind ihr nach, die Gefährtinnen vom Isenstein saßen zu Pferde, versuchten, sie einzuholen, sie aufzuhalten.

Sie war nun auf jener Flucht, von der sie schon an ihrem ersten Tag in Worms gesprochen hatte.

Wohin sie geritten ist? Wohin anders als zurück in die Richtung, aus der sie gekommen, in Richtung auf das Land, das als ›NebelLand‹ galt. Aus dem man sie mit mehrfachem Betrug gelockt hatte.

Die Nacht war klar, der PolarStern deutlich zu erkennen. Auch die linke Tatze des Großen Bären, ebenso der Große Jäger Orion, zur Kuh verwandelt. Die Himmelslichter zeigten ihr den Fluchtweg.

Sie war nun nicht etwa von allen guten Geistern verlassen oder auch nur in MohnWut oder MondRausch. Im Gegenteil, hier darf geurteilt werden, daß auch sie nun zuviel durchschaute. Unerträglich viel. Sie kannte jetzt die Geschichte. Wußte nun auch, was Siegfried eher spielerisch zu nehmen verstand und nach jenem Wettkampf auf dem Isenstein dem Burgunderkönig wie vergnügt zugeraunt hatte, aus der eigenen Verkappung heraus, daß in den Reichen des Drachen Trug und Tarnung die obersten Gesetze seien. Dies auszuhalten, da mitzumachen und womöglich spielerisch, war ihr nicht möglich. Endgültig nicht im Schmerz der Erkenntnis, daß der, mit dem sie sich im Rausch verbunden fühlte, sie betrogen hatte und darüber nun selber untergegangen war.

Sie durchquerte die Ebene der Wälder, das oberrheinische Plattland, erreichte bei Tagesanbruch hinter Mainz den Rhein, dort, wo der Strom nach Westen umbiegt. Sie ließ sich übersetzen, hat zweifellos versucht, die nördliche Richtung beizubehalten. Doch ohne die Hilfe des PolarSterns und weil am Morgen Wolken aufgezogen waren, wird es so sein, daß sie sich verirrt hat.

Hinter dem Rheinbogen endet im Norden die große Ebene, beginnt das Taunusgebirge. Die ihr zu folgen versuchten, hatten die schwarze Gestalt noch lange im Blick. Konnten später berichten, die RanTochter sei, als es schließlich wieder dunkelte, dort, wo der Taunus am höchsten ist, um die Verfolger abzuschütteln oder auch aus schierer Verzweiflung, auf eine Felsenkante gestiegen. Von oben habe auch sie geschrien. Habe ihr FrauenSchreien nach Süden gerichtet und die rheinischen Reiche verflucht:

Uuolaga elilenti harto bistu herti
Sorgn mac diu sela, unzi diu suona slingit
Der uuarch ist kiuuafanit
danne uuirdit untar ük uuic arhapan!
Diu marha uuirdit farprunnan
Diu freya stat piduungan
ni uueiz mit uuiu fuaze,
uuiu gripan diu luginari –
so verit sie za himilzungalon

Das hieß, wußte Giselher:

Wehe, elendes Land, Fremdland,
hart bis Du, unmäßig hart.
Verkümmern muß hier die Seele,
Bis sie der Schmerz verschlingt.
Die Gier hat sich bewaffnet.
Darum wird unter Euch Krieg sein!
Diese Länder werden verbrennen.
Die Frau steht bezwungen.
Sie weiß nicht, wohin,
Wie sie die Lügner packen soll –
So fährt sie davon, zum HimmelsGestirn.

Und ist nach diesen Worten in die Schlucht gestürzt. Als sei es an ihr, den Hirschsprung zu tun. Und war aber kein Sturz in seliges Zerschellen, sondern in heilloses. Da sei ein Aufflammen gewesen. Gegen die Nachtwolken habe das gezuckt, wie Wetterleuchten.

Als man sich näherte, fand sich nirgends eine Spur. Nur ihr Rappe. Der stand schweißnaß, zitterte. Unter der Wand ließ sich auch später kein Leichnam entdecken. Auch nicht, wie manche überschlau erhofften, ein edler Stein; womöglich Gold, von dem man den Klang deutlich gehört zu haben meinte.

Einige sagten, ein Stein sei nicht mehr zu finden gewesen, weil inzwischen längst neue Drachen unterwegs wären, die solche Kostbarkeiten sofort zu horten pflegen, beflügelt vom Feuerfluch der isländischen Frau. Und es beginne eben alles wieder von vorne. Immer wieder von vorne.

Die Weiseren wußten, ein Stein sei nicht zurückgeblieben, weil bei diesem besonderen Fall die Materie habe verglühen können zu Feuer und SternenKraft. Um von nun an, durch die Jahrtausende, als roter Geist stets aufs neue einzufahren in MenschenKöpfe, um sie zu verwandeln in Wut. Ohne Mond oder Mohn. Aus reiner Empörung.

Von der weisen Königin, von der alten Ute, ist als letztes überliefert: »Wut ist WeltenKraft. Ist WandelFeuer. Wotans WeltenKraft heilt nicht und hindert nicht Mord. Weil im Anfang war die Falschheit. Und Falschheit gierte. Und gebar die Welt.«

Wer weiß da Bescheid. Noch heute jedenfalls zeigt man, gleich hinter dem höchsten Gipfel des Taunus, hinterm Feldberg – ohne zu ahnen, was er bedeutet – den ›Brunhildenstieg‹ und die ›Brünhildenfelsen‹.

Schon bald machten Gunther die Unruhen in Pfalz und Stadt zu schaffen. Er sah im Hof gewappnete Nibelungen. Siegmunt und Sieglind waren nicht zu sprechen. Von Brünhild geisterte düstere Nachricht. Die Königin, hieß es, sei geflohen, habe das rheinische Reich verflucht.

Da sorgte er sich sehr und traf sich mit seinen Brüdern. Sie gingen hinüber zum Waffenmeister, der nur noch zu humpeln vermochte, fanden ihn mit weiß gesalbtem Gesicht. Als sie fragten, was das bedeute, antwortete er, das helfe gegen die NebelGeister. Sie alle wüßten, daß ein Mörder, um gegen Rache gefeit zu bleiben, sein Haupt zu salben habe.

Daß nun sogar Hagen die Geister zu fürchten schien, mußte die Königsbrüder noch mehr beunruhigen. Der Waffenmeister gab zu, auch er bemerke Bewegungen, Unruhe unter den Gästen. Aber er habe vorgesorgt. Die schärfste der Waffen habe er zerstört. Und habe mit Ringwolfs Redekunst und mit eigenen Andeutungen die Leute wissen lassen, wer in Wahrheit den Nibelungen beseitigt hätte. Wo freilich die Königin sei, könne er nicht sagen. Ehe es nun zu einem Aufstand derer aus Nifelheim käme, müsse man an Schutz denken. Sollte man vor allem den Hort in Sicherheit bringen.

Eine Weile wurde nachgedacht. Schließlich bezweifelte Gernot, daß die Leute aus dem Nordland sich die Raubschätze aneignen wollten. So versessen wie mancher in Worms auf das Private aus sei, so seien die Xantener nicht. Noch an den Tagen zuvor hätten die bei Springtänzen und Hochzeitsliedern die Welt wie sich selbst vergessen können.

»Aber Kriemhild. Die vergißt nicht«, sagte Hagen. »So freiheitsdurstig sie war, so rachedurstig wird sie sein.«

Da nickte Gernot. Und sagte: »Wie könnte die vergessen.«

Gunther bemerkte: »Jeder weiß, der Nibelunge hat den Hort verschenkt. Und ich denke, mir hat er ihn geschenkt.«

»Den Burgundern«, entgegnete Gernot. »Also auch Kriemhild. Und sie als die Witwe, sie hätte doppelten Anspruch.«

»Es gibt noch weiteren Grund, ihn in Sicherheit zu bringen«, sagte der weiß Getarnte. Und berichtete, Sklaven hätten ihm bedenkliche Dinge gemeldet. Frau Sieglind aus Xanten habe erklärt, ihr Sohn sei zwar tot. Auch NidGir sei zwar tot. Sei erschlagen von dem, der nun selber erschlagen sei. Aber der sei erschlagen, weil der Schoß, aus dem der Drache gekrochen, noch fruchtbar sei. Dieser Schoß sei Rom. Von dorther komme der Menschenhaß. Der Lebenshaß. Die paulinische KopfSucht. Der HerrschaftsAnspruch. ›Ich bin die Wahrheit und das Leben, und keiner außer mir.‹ Vor dem Fraß einer solchen Anmaßung – wer werde nun die WeltenEsche, wer werde nun Yggdrasil bewahren.

»Es geht gegen Rom!« rief Hagen. »Da hört Ihr's – im Schmerz hat sie's herausgelassen. Vor solchen Drohungen ist für Sicherheit zu sorgen.« Er ging durch die Halle, schaute aus dem HofFenster. »Wehe, wenn diese Sieglind sich mit Kriemhild zusammentut. Und wenn beide obendrein den Hort besäßen! Ringwolf sagt, und hier glaube ich ihm, Weiber sind ein hirnloser Haufen Gier. Wehe, wenn sie obendrein Macht haben! Dann sind sie ärger als alle Ringwölfe!«

Da empörte sich der junge Giselher, mochte sich nicht länger beherrschen: »Was wollen wir der Schwester noch antun? Ihr nach dem Falken auch die Schätze rauben? Wahrlich«, rief er und schien wieder in Flammen zu stehen, »wahrlich, es ist zu viel Hochmut am Rhein – oh elendes Land!«

Da war erst einmal Schweigen. Bis Gernot meinte: »Verscheuchen wir endlich unsere verruchten, unsere byzantinischen Träume! Ehe wir, die Kinder des Gundomaris, für immer belastet bleiben mit diesem Hort – den Sieglind nicht umsonst für das wahre Gift hält – ehe auch unser Reich kahl wird wie Yggdrasil, sollten wir den DrachenFraß verschwinden lassen.«

»Wie?« fragte Hagen aufmerksam. »Wo.«

»Im Rhein.«

Da sah ihn der mit seinem weißen Gesicht an. Und nickte. »Auf jeden Fall wäre das besser, als wenn wir ihn vergrüben. Man weiß ja, was herauskommt, wenn man Drachenzähne ins Feld sät. Aber der Rhein – wahrscheinlich ist das die Lösung. Nicht nur Siegfried stiftete Unheil. Auch der Hort. Zuerst wollte Alberich ihn besitzen. Weder der Albenkönig noch der Drache noch Siegfried haben ihn überlebt. Mir scheint, es ist besser, wenn niemand ihn hat. Weder die Gäste aus NebelLand, weder Sieglind noch Kriemhild noch unser römischer Bischof noch sonst wer. Das, mag sein, ist die Lösung. Dem Bischof nur gerade so viel, wie ihm schon der Held mit der KuhStärke hinübergefahren hat nach Lorsch. Jetzt, nach Sieglinds Worten, erkenne ich erst recht: Roms AngstKirche, die muß immer ein bißchen gefüttert werden. Nur die hält jenen, denen wir die Haare geschoren haben, auch die Gedanken kurz. FeuerLöscher wie Ringwolf, die brauchen wir. Ruhestifter und keine Störenfriede. Und keine Hitzköpfe. Vor allem braucht niemand den Hort. Keinem nützt er, auch uns nicht. Weg mit dem.«

Gernot fügte hinzu: »Unterm DrachenFels hat ihn der Jude verflucht. Nun heißt es, Brünhild habe den Fluch erneuert.«

Hagen nickte. »Versenkt ihn im Rhein.«

Gunther tat aber das prunkvolle Geschmeide leid. Auch sei viel KirchenSchmuck darunter, PrivatGut des Bischofs. »Von dieser Pracht, wie sie sonst nur Rom vorzuweisen hat oder Byzanz, mag ich mich so schnell nicht trennen. Wie kann noch immer jemand fürchten, Xanten würde zum neuen Rom oder gar die Frauen würden die Herrinnen! Nun, da der Unbesiegbare besiegt ist – warum jetzt nicht Worms?« Und er bat, den Entscheid, was mit dem LindwurmSchatz geschehe, zu überschlafen.

Als sie auseinandergingen, näherte sich der König noch einmal seinem Waffenmeister, wartete, bis Gernot und Giselher sich entfernt hatten, sagte dann leise: »Jetzt, wo uns der FeuerKopf nicht mehr in seinen Fäusten hält, jetzt, wo wir reich sind, scheint mir Dein Plan der beste.«

»Welcher?«

»Du wolltest zu Chlodwig reiten, als Vermittler. Wenn der noch immer eine burgundische Prinzessin begehrt –«

Hagen von Tronje betrachtete den König. Sah ihn von unten her an, aus kleinen Augen. »Dies hätte Dir früher kommen sollen. Wenn, übers Jahr, Kriemhild einen zum Mann nähme, einen Gewaltigen wie Chlodwig – dann wehe uns.«

»Aber jetzt ist unser rheinisches Land reich, ist unermeßlich reich! Wir könnten jedem, auch Chlodwig, den Heiratsvertrag diktieren. Selbst Kriemhild müßte sich wohl fügen –«

Hagen wandte sich ab. Ging ohne Antwort aus dem Turm.

Ehe die Königsbrüder entschieden, ob der Hort bewahrt, für geschickte Verträge genutzt oder im Rhein versenkt werden sollte, hat Hagen von Tronje gehandelt.

In der zweiten Nacht, die Kriemhild durchwachte, ließ der weiße Mann das Rheingold aus den Burgkellern zurück auf die Schiffe schleppen. In der Finsternis trugen Kahlköpfe es dorthin, wo Herr Hirsch erstickt war, luden die klingenden Spangen, die gleißenden, die juwelenbesetzten Pokale, die Diademe auf die Schiffe, die Vortragskreuze, die Kelche, die Kerzenleuchter, Monstranzen, Reliquienschreine und eben alles, womit Gewinn gemacht wurde rheinauf, rheinab, die Münzen aus Byzanz, aus Rom, aus Köln, die Gewänder von Kaspar, Melchior und Balthasar, das Schweiß- und Grabtuch des Herrn, auch Kleopatras HochzeitsRobe, dazu all das Silber, die Ketten und Ringe, das Elfenbein und die Karfunkelsteine, die Teppiche, Türkise, Rubine, Smaragde, die blutgesprenkelten Jaspis, Onyx, Drusen, Jade, Donnerkeile, Karneol und Lapislazuli, das Perlmutt wie den Bären- oder Brennstein – nur jene neuen Diamanten nicht. Siegfrieds Glutsteine oder ›Kraftklumpen‹, die ließ der Waffenmeister in den Gewölben zurück. Die RuhrwaldSteine, sagte er, seien noch zu gebrauchen, in den WohnHallen wie in den Schmieden. Für die kommenden Kämpfe. Und tatsächlich, die Waffenschmiede sollten in Worms noch lange in Ansehen stehen.

Die Schiffe glitten stromab. Zur selben Stunde, da Kriemhild sich

›ersättigte‹ und ehe sich noch ein nebelländischer Aufstand erhob oder sonst eine neue Habsucht, überwachte der Tronje eine ganz mondlose Nacht lang, wie der DrachenAnteil des Horts in den Rhein kam. Nur der geraubte, der ›private‹ Teil des Schatzes wurde versenkt; nicht der erarbeitete, nicht das ›schwarze Gold‹ der BergLeute. Die RaubGüter sanken dort in den Strom, wo die Frühjahrsfluten für gewaltige Strudel sorgten. Diese Stelle nennen die alten Dokumente ›das Loch‹.

Erst am Morgen der dritten Nachtwache, als Wunnibald die Leiche von der Bahre hatte umbetten lassen in einen eisernen Sarg, näherten sich dem Münster auch die Königsbrüder.

Bedrückt und ratlos waren sie, verwirrt. Der Hort war verschwunden. Und aus dem Norden hatten Boten berichtet, mit welchen Worten die isländische Fremde das Land verwünscht hatte.

Zum erstenmal, verzagt, betraten sie Siegfrieds Totenhaus. Kamen mit all denen, die den Leichnam nun beisetzen sollten.

Hinter Gunther, Gernot und Giselher ging auch Hagen, zog ein Bein, humpelte. Als der Zerstörte dann vortrat, als er sich dem Toten näherte, da sah man, wie sich im Sarg die roten und die goldenen Seidenkissen dunkel färbten. Wie die Wunde zu bluten begann.

Die Brüder schauten sich an. Blickten auf ihren Waffenmeister. Der weiß Getarnte rührte sich nicht. Dann sahen sie, in ihrem Schrecken, auf die Schwester.

Die bewegte sich ebenfalls nicht. Doch mußte sie das Zeichen bemerkt haben.

Gunther wagte nun, sie anzureden. »Ich will, Schwester, will es Dich wissen lassen –«, so sagte er, mit kleiner, mit rutschender Stimme. »Deinen Siegfried, den schlugen Schächer. Räuberische Schächer. Hagen – Hagen – hat es nicht getan.«

Da hörten sie die Stimme. Nach drei Nächten und drei Tagen vernahmen sie die zum erstenmal. Deutlich war zu verstehen, was die Witwe sagte: »Diese Räuber, die sind mir genau bekannt.«

Niemand hat eine Antwort gewagt. Was nun war, das war keine Pause, das war nun keine Stille, das war, als hörten sie wieder ihre Schreie. Ihr irrsinniges Schreien.

Niemand war so vermessen, ihr etwas zu antworten. Vielmehr sahen dann die Brüder mit Entsetzen, daß Kriemhild aufblickte. Zum erstenmal nach ihrer dreitägigen WacheZeit. Sie richtete ihren Blick auf den, der sein Gesicht weiß bedeckt hatte.

Da wäre niemand gewesen, der diesen Blick hätte ertragen können. Aber Hagen fiel nicht um, hielt stand. Die Witwe, die Schwarzverhüllte, senkte wieder den Kopf, blickte wieder auf den, an dem sie sich ›ersättigen‹ wollte. Allen, die im Münster versammelt waren, schien es, als hörten sie die Worte, die man ihnen in der Frühe dieses Tages hinterbracht hatte. »Elendes Land, Fremdland. Verkümmern muß hier die Seele. Diese Länder werden verbrennen. Die Frau steht bezwungen.« All diese Worte, die schrien durch die Stille. »Luginari«.

Als dann mit einemmal Schritte zu hören waren, waren die Herren froh. Das waren leicht schlurfende, tapernde Schritte. Die kamen vom Altar her. Von dort näherte sich Herr Kilian, der sogenannte Wunnibald. Ihm folgte, im Sessel getragen, Ute. Ihr folgten Sieglind und Siegmunt. Man machte Platz. Der Priester trat an den Sarg, betrachtete den Toten. So taten es die Eltern, tat es Ute. Sie betrachteten ihn. Sahen, daß die roten und die goldenen Kissen dunkel glänzten, schimmerten vor feuchtem schwarzem Blut. Schauten sich an. Schauten den Priester an. Der tat, als betrachte er nun, wie die Schmiede in den stählernen Sarg Zeichen und Kreise gehämmert hatten; in großer Zahl Kerben, Kreuze und Dreiecke, Zeichen wie von Flammen, von großen Milchtieren. Die Hörner in den Spitzen zurückgebogen, nach hinten weg.

Ute blieb still. Da blieb auch das Paar aus Xanten still. Kilian schwieg ebenfalls. Bedrückt schien er und alt – aber nicht in seinen Augen. Die glitzerten im Kirchendämmer. Ja, die funkelten auch hier. Auch jetzt, als er nun alle, die den Toten umstanden, der Reihe nach anschaute.

Nachdem er eine Weile so hin- und hergeblickt hatte, hörte man ihn mit einemmal reden. »Heute ist KreuzigungsTag«, sagte er. »Christus, der Gekreuzigte, hat für uns gelitten. Dabei sollte es bleiben. Wir sollten es ihm nicht nachtun. Weil wir Schwächlinge sind. Wir sind nicht Gott. Auch dieser hier war kein Gott. Auch für ihn, von dem Ringwolf sagt, er sei Heide gewesen, ist bereits gelitten worden.«

Er räusperte sich, schaute auf die Schwarzverhüllte. »In diesem Reich, in dem sich die paulinische CaputSucht ausbreitet, wo den Herrschaften so viel zu Kopf stieg, daß sie davon sich spalteten und nur noch auf die toten Dinge aus sind, da war dieser hier noch einmal ein Gast, der aufs Ginnungagap aus war, aufs Lebendige. Der aufs Ganze ging. Ja, auch auf das Begehren, das

Lachen, das Wüten, also auf das Zwerchfell, das einen Menschen zum guten Gast macht. Wehe, ihn haben wir schlecht bewirtet.«

Er machte eine Pause, sah sich um. »Der Bischof erklärt mir, er werde diesen hier nicht unter die Erde segnen. Darum komme ich. Ich will es tun. Und will sprechen. Ja, so ist es: Christus hat für alle gelitten. Für die Heiden auch. Für die Frauen ebenso. Für die Kahlen. Auch für diesen hier. Für jeden. Und zwar deswegen, damit wir leben. Und nicht, damit wir ein LeidensTollhaus errichten. Sondern leben. Nicht für Härte und Lüge und Waffen hat Christ das getan. ER hat gelitten – dabei sollte es bleiben. Wehe, wir fangen an, ihn irgendwie nachzumachen. Womöglich seine Leiden sogar. Das, da bin ich sicher, wäre Hochmut. *Imitatio christi*, also zu sein wie ER, das ist der allerärgste Frevel. ER ist zu groß. So groß, daß an IHM alles Denken und Sprechen ermüdet. Wir sollten von nun an vermeiden, uns je wie Gott zu dünken. Aufhören, Schicksal zu machen. Die Welt noch einmal erlösen zu wollen. So ein Gott-Spielen, das ist das Teuflischste, das ist die CaputVergiftung. Das endet im Sog, verreckt im Loch, in der Teufe, im Feuer. Unterlassen wir das. Seien wir bescheiden, meine Herrschaften. Seien wir Menschen. Und das ganz. Seien wir Liebhaber. Nichts mehr, nichts weniger.«

Kilian kniete nieder, betete still vor dem Stahlkasten. Richtete sich wieder auf, schaute sich um. Sah in fahle Gesichter. Die Männer standen wie Statuen.

Da hielt sich der sogenannte Wunnibald einen Finger gegen seine Nase, schniefte. Und redete weiter: »Oder hat etwa Eginhardt, haben etwa die Juden recht? wenn sie sagen, eben im Begehren, im Lieben und im Lebendigen, darin sei schon das Unglück? die Lüge? der Betrug? Hat tatsächlich Satan die Welt gemacht? Hat Gott sich aus der Welt gestohlen, weil der Teufel sie gemacht hat? als eine Mördergrube? als Totentanz? wo einer den nächsten täuscht und sich selber ebenso? wo einer dem anderen den Kopf spaltet und sich selber ebenso? Und wir wollen das nur nicht bemerken? weil es nicht auszuhalten wäre? Und durchschauen dies alles nur die Geriebenen? die NützGierigen? die Gespaltenen? die Getarnten? die Zerstoßenen?«

Er wandte sich von denen ab, die er anredete. Machte über dem Leichnam das Kreuzzeichen.

»Um so lächerlicher wären wir. Um so vergeblicher, ja rührender. Umsonst alle unsere Arbeiten. Unsere Liebe. Ein jeder nicht mehr als ein Hund. Ein Bär. Eine Schlange. Ein Wurm.«

Und wandte sich wieder um, sah Hagen an. »Oder ein Fuchs.« Er machte eine Pause. »Und hinterdrein die Heerschar der Lächerlichen. Der Frösche. Der Hasen. Der Läuse.«

Ging vor ihnen her. Tappte aus der Halle. Sklaven trugen den Eisenkasten nach. Zum KirchenAcker hin.

Es gibt die Legende und gilt vielen als sicher, daß schon auf dem Weg dorthin, auf dem schweren Weg zu diesem KirchenAcker hin, daß da, mit Wissen Sieglinds und Kriemhilds, nibelungische Leute den Zug überfielen. Daß sie Sarg und Leichnam entführten und woanders begruben. Fernab, unter SteinWällen. Und es liegt nahe, daß, als ihn die Erde bedeckte, nicht das Kreuz über ihm geschlagen wurde, sondern daß nun die Mutter, die Priesterin, noch einmal – zu den schlagenden Felsenklängen, zu den unbestimmten, den nicht zielgerichteten Tönen – daß Sieglind da noch einmal ihr HeilWissen beschworen hat, die VerwandlungsZeichen, die FeuerKühe.

So nahe das alles liegt, wer weiß Bescheid. Die Zeugnisse fehlen.

Nur eines steht fest, die FreiheitsVersuche mißlangen. Auch wir begannen als das, was wir geblieben sind, als Kolonie. Unsere Eigenheiten wurden vergraben, fast ohne Rest. Nicht nur über Sigurds Namen, nicht nur über der IrminsUlme, nicht nur über den Quellen von PaderBorn – über fast allen solchen Dingen wurden die Dome gebaut. Schon zu Beginn waren Deutsche, was sie geblieben sind, kolonisiert.

Walküre begrüßt den toten Reiter

NACHTRAG, FÜR ZWEIFLER

Wenn denn die Lüge die Ordnung der Welt ist, wie der Abbas in Siegburg wußte und Erlkönigs Tochter, werde ich über das, wovon nicht geredet werden kann, keineswegs schweigen, sondern zu Ende berichten. Bevor darüber weiter mit den Wölfen geheult wird.

Troja war noch zu finden und auszugraben nach dreitausend Jahren. Von Siegfrieds Geschichte, die ebenfalls keine Sage ist, sondern der Beginn deutscher Geschichte, ist fast nichts mehr erhalten. Nach nur der Hälfte der Zeit.

Über dem Waldquell vor Otenhaim, an dem der Gast aus NiederLand ermordet wurde, stinkt es heute, und zwar, wie die Leute sagen, bestialisch. Genau über diesem Brunnen steht die Großkläranlage der BASF.

Ein anderer Ort für die Tat ließ sich nicht ermitteln. Schon immer hätte man bedeutende Ereignisse gerne vor ›bedeutender‹ Kulisse, zumal eine ZeitenWende. – Wieso bin ich sicher, daß der berühmte Brunnen in Ludwigshafen floß? und nicht etwa im Odenwald? Aus zwei Gründen. Zum einen: Wer immer sich die berühmte Jagd unter den Bedingungen des fünften Jahrhunderts konkret und in Einzelheiten vorstellt, also dann, wenn er den Ablauf rekonstruiert und erzählt, kann die Ereignisse nur hier lokalisieren. Zum anderen: da gibt es Belege.

Wer heute nach Worms will, der fährt wohl von Frankfurt aus. Oder von Mannheim. Über Ludwigshafen, Oggersheim und Frankenthal. Der kommt durch plattes Land, vollgestellt mit Hochstraßen, Fabriken, containerglatten Lagerhallen. Das ist alles so blechkahl, betongrau. Das erzählt höchstens von schnellem Gewerbegewinn, nirgends von bewegenden Geschichten.

Doch hier, zwischen Ludwigshafen und Frankenthal, pflegte von Worms aus gejagt zu werden, in ausgedehnten Waldungen. Der Wettlauf fand nicht an steilen Hängen statt, nicht im Gebirge, von Hindernisrennen und Wettklettern wird nirgends berichtet. Das lief auf solcher Ebene.

Hier gab und gibt es Brunnen. Hier gab es im fünften Jahrhundert das germanische HerrschaftsRevier der Burgunder, mit dem zentralen HauptOrt Worms. Wenn sie zur Jagd ausritten, zogen sie nicht in den Odenwald, in die Vogesen oder sonst in pittoreske Gegenden. Sie haben sich nicht ohne Not weiter als einen Tagesritt von Worms entfernt. Schon der Odenwald wäre Grenzland gewesen, zum Alamannisch-Bayerischen.

Schon um 1200 wollte der Verfasser der ›Nibelungen‹-Handschrift C – die als ›die sorgfältigste‹ gilt – mit den Gerüchten, wo denn nun Siegfried ermordet worden ist, ein für allemal aufräumen (Vers 1013): *Von demselben brunnen, da Sivrit wart erslagen, sult ir diu rehten maere von mir hörn sagn* – von mir also bekommt ihr endlich die richtige Information. Und er nennt dann einen Ort mit Namen ›Otenhaim‹. *Otenhaim, da vliuzet noch der brunne. Des ist zwivel dehein.* Daran ist kein Zweifel. Sagt er.

Wo ein ›zweifellos‹ steht, sind Zweifel angezeigt. Schon dieser Schreiber der Handschrift C meint offenbar, ›Otenhaim‹, der Tatort aller Tatorte, gehöre vor eine eindrucksvolle Kulisse, ›Otenhaim‹ liege, so teilt er mit, *vor dem Otenwalde.* Es läge dann immerhin noch in der (Rhein-)Ebene, was nicht nur für den geschilderten Wettlauf wahrscheinlich ist, sondern auch für das Jagd-Revier. Und der Verfasser C setzt, mit Sorgfalt, überall dort ›Otenwald‹ ein, wo die ältere, die Sankt Gallener Handschrift B, vom ›Waskenwald‹ erzählt hatte, von den Vogesen. Von den Vogesen wußten auch frühere Quellen, zum Beispiel das dreihundert Jahre ältere Waltharilied.

Der ›sorgfältige‹ Schreiber C dachte sicher nicht nur an den würdigeren Rahmen, sondern meinte nicht ohne Grund auch, bis zu den Vogesen sei es von Worms aus zu weit gewesen, der Odenwald sei das Näherliegende. »Schreiber C kannte sich am Oberrhein besser aus«, sagen die Wissenschaftler. Nur – so ganz unsorgfältig war auch der Verfasser B nicht. Seine ältere Fassung hatte Jagd, Wettlauf und Mord keineswegs in die Vogesen verlegt, sondern nur überliefert, die Wormser seien *hin zem Waskenwalde* gezogen. In Richtung Vogesen, nach Süden also.

In den wald- und wasserreichen Ebenen im Süden von Worms war ideales Jagd-Revier. Aus dem lateinischen ›ripa‹ (Ufer) über das französische ›rivière‹ wurde das mittelhochdeutsche ›riviere‹ oder ›rivier‹. Reviere waren Gelände an Flüssen – am Wasser waren die Wildhatz und das Tieretotschlagen ergiebiger als in Felsengebirgen. In denen man überdies, wie gesagt, fremden Völkerschaften ins Gehege gekommen wäre.

Wenn man nun liest, die Wormser seien *von Wormez ub den Rin* gezogen (so steht es buchstäblich in der Donaueschinger Handschrift C) – muß dies *ub* dann bedeuten, daß sie *hinüber*fuhren, *über* den Rhein, also doch zum Odenwald hin? Die heutigen Herausgeber dieser Handschrift C ergänzen das *ub* ihrer Handschrift flugs zu ›über‹ – ohne Zweifel?

Zwischen der Residenz Worms und ihrem ›Revier‹ lagen in jedem Fall Gewässer, alte und neue Arme des Rheins. Bis ins neunzehnte Jahrhundert hinein wilderte der Strom, verzweigte sich, änderte ständig seinen Lauf. Wollten die Burgunder jagen, hatten sie Sümpfe zu durchqueren, unwegsames Gelände. Wo immer dieses *Otenhaim* lag, die Wormser werden, um hinzukommen, Boote benutzt haben.

ub den Rin mag einfach den Sinn haben, man sei von Worms aus *auf* dem Rhein gefahren – da ja was anderes als eine Bootsfahrt sowieso nicht in Frage kam, wenn man ins ›Revier‹ wollte. Und wo liegt dann ›Otenhaim‹?

Die häufigen Überschwemmungen haben alles immer wieder verändert. Was heute linksrheinisch ist, war in den unkanalisierten RheinZeiten oft rechtsrheinisch. Der Weg ins JagdRevier führte die Wormser in jedem Fall auch *über* RheinGewässer, über stehende wie fließende, über tote wie lebendige Arme des Stroms. Der Weg führte, wie es die ältesten Urkunden angeben, *hin zem Waskenwalde* – und da wird keineswegs behauptet, es sei das ferne Gebirge erreicht worden, es wird eine Richtung mitgeteilt. Und in dieser Richtung, südlich von Worms, in nur zehn Kilometern Entfernung, liegt – in der Ebene, neben Oggersheim – der Ort Edigheim. Der hieß früher, so belegen es die ältesten Urkunden in Lorsch, ›Otenheim‹. Heute gehört Edigheim zu Ludwigshafen.

Bis ins neunzehnte Jahrhundert hinein zeigte man vor Edigheim den ›SiegfriedBrunnen‹, bis zu jenen Zeiten also, die einen so bedeutenden Ort dann doch lieber in idealeren Höhen dachten, im Odenwald. Dort werden seither, in besten HangLagen, lauschig und fast immer felsig, nahezu ein Dutzend MordStellen gepflegt.

Inzwischen ist bei Edigheim kein Wald mehr. 1936 fielen die letzten Bäume, als man die Autobahn von Mannheim nach Saarbrücken baute. Sie führt dreißig Meter neben dem Brunnen vorbei, den noch zu Beginn des romantischen Jahrhunderts erste germanistische Forscher als Tatort beschrieben hatten, Freiherr von der Hagen, auch Ehrismann. Bis eben jene idyllischeren Vorstellungen vom Odenwald überhandgewannen. Heute ist die Quelle bei Edigheim endgültig verschwunden, sie wird überdeckt von der ›Groß-Kläranlage‹ der Badischen Anilin- und Sodafabriken, einem Nachfolge-Konzern der ›IG Farben‹.

Wer dort steht, in säuerlichen Nebeln, unter BetonBrücken, in Lärm und beißendem Gestank – und hat im Kopf jene schummrigen Bilder vom Bronnen im Odenwald, also vom *locus amoenus*, von einem ›schönen Platz‹, wie ihn ganz offensichtlich schon der Verfasser der Handschrift C herbeiwünschte, indem er das ›hin zem waskenwalde‹ ersetzte durch ›otenwald‹ – der hofft auf einen Irrtum. Dieser Pfuhl? Dieser Orkus als der Ort für die berühmte Tat? Unsere ZeitenWende von der Antike zum Mittelalter – im modernsten *locus abortus maximus?*

Hier, wenn überhaupt, eben hier ist sie geschehen.

Als man die Brunnen zu verschütten begann, im Jahrhundert der Romantiker und der FabrikGründungen, wurde hier einer geboren, der hat von einem ›Trieb‹ erzählt. Von einem Begehren, von der Lust mancher Leute, selbst unter übelsten Bedingungen denken und erkennen zu wollen. Zum Beispiel, was das heißen könnte, groß und stark werden zu sollen. Zu untersuchen, was Siege sind. Auch und gerade unter Hochstraßen zu zweifeln und zu hoffen, auch im KlärDunst und im MotorenGebrüll. Erst in dem, was anwidere, seien wir herausgefordert, das andere zu sehen – erklärte der, der hier Heimat hatte, seine Kindheit, Ernst Bloch.

Und er erzählt: »Die Knaben Ludwigshafens hatten um ihre Stadt herum die dunstige Ebene, mit Sumpflöchern und Wassertümpeln, eine Art Prärie, zu der Fabrikmauern und Feuerschlote bedeutend passen.«

›Bedeutend passen‹?

Hier endeten allerdings Ereignisse, die dazu passen. Erste ›deutsche‹ Taten, ungeheure Anstrengungen, aus Angst, aus Freiheitsdurst. Aus eben jenem ›Trieb‹. Geschichten von maßlosen Demütigungen und dauerhaften Unterdrückungen. Die ersten Geschichten, die den Namen ›deutsch‹ verdienen – hier sind sie begraben. Unterm größten GiftMischer der Alten Welt, unterm IG-Farben-Klärwerk.

›Bedeutend‹.

Den Pfalzhügel zu Worms nahm sich der Rhein. Den letzten Rest spülte er weg bei der großen Überschwemmung, im Jahr 886, vierhundert Jahre nach dem Mord. Nur wenige wissen, wo der ›Brünhildenstieg‹ ist. Den DrachenFels kennt fast jeder, seine Bedeutung fast keiner. Aus seinem VulkanStein, der Trachyt heißt, wurde der Dom zu Köln gebaut. Auf dem DrachenFelsen selbst stand, über viele Jahrhunderte, die RaubBurg der Kölner Erzbischöfe.

Aus Knittlingen, unweit Sachsenheim, kamen – nach genau einem Jahrtausend – Eulenspiegel und Doktor Faust. Später auch ein Herr Biedermaier. Im Kloster Werethina versammeln sich noch heute junge Leute, um zu lernen. Keltische Dinge? Sie lernen singen, spielen, tanzen; so gut, sagen viele, wie nirgends sonst. Steil über der Ruhr, nahe dieser Abtei Werethina oder Werden, finden sich noch Reste der Eisen- oder Isenburg. Ihr Besitzer, Oberhaupt der Siedlung Asnithi, erschlug im hohen Mittelalter einen Kölner Erzbischof, den Vormund des deutschen Kaisers.

Den benachbarten Wiesenhügel nennen die Leute ›Heimliche Liebe‹. Darunter, über dem RuhrUfer, steht, gußeisern und kalt, eine Villa. Fast dort steht sie, wo in der Eisenhütte Alberichs Arbeitshammer schlug. Diese Villa ›auf dem Hügel‹ ließ sich eine Sippe bauen, die früh vom Niederrhein gekommen war. Aus der Nähe von Xanten. Man weiß, die Krupps wurden zu den mächtigsten Schmieden der Welt.

Und was wurde aus den Burgundern?

Ihrem Größenwahn hingen sie noch lange nach. Ihr Prunk wurde sprichwörtlich. In Vienne in der *Sapaudia* stehen noch Gebäudereste aus jenen Jahrhunderten. Und wer genau hinsieht, der findet auch heute ihre Schneiderkunst. Das strenge Schwarz, das Gold, das Rot. Denn ihre Kunst wie ihre Putzsucht, ihr Schönheitssinn, den die Chronisten zu beschreiben nicht müde wurden, hat zur Nachahmung gereizt. Vor allem die Spanier, mit ihnen die NiederLänder, die Österreicher.

Wer also wenigstens ahnen möchte, wie sie aussah, die Wormser SchneiderSchule, der trete in Wien, Madrid oder in Amsterdam und in Brüssel vor die alten Gemälde und sehe sich die Habsburger Herrschaften an. Dann kommt er schon noch recht nahe heran an ein Schwarz, das keineswegs aus den dunklen Kutten jener ältesten MönchsOrden stammt, aus denen der benediktinischen ›Soldaten Christi‹. Das ist vielmehr ein glänzendes Schwarz, eines das glimmt. Wie Diamant.

Was aber wurde aus dem Stamm selber.

Es scheint, Mutter Ute fand Gehör. Nach der Ermordung des Fremden aus dem NiederLand siedelten fast alle, deren Volk vordem auf der Insel der Riesen zuhause gewesen war, in der sicheren *Sapaudia*. In Savoyen, beim Genfer See. Auch die Schweiz brauchte Ursachen.

Nicht Utes Rat, sondern Machtverhältnisse haben entschieden. Erst nach Chlodwigs Sieg über die letzte RömerBastion in Gallien mußten die RomVasallen Worms verlassen, erst nach 486, als Herr

Syagrius, der letzte ProvinzPräfekt, verjagt war, konnte die MerowingerMacht sich gegen die Nachbarn wenden, vor allem gegen die burgundischen. Ohne ihren Besatzungs-›Schutz‹ mußten die weichen, die früh mit Rom paktiert hatten und mit der neuen Religion.

Nicht auf Utes Rat, sondern erst vor den merowingischen Franken gaben sie ihre RheinResidenz auf, zogen denen hinterher, die schon vor den Hunnen an die Rhone geflüchtet waren. Einem Chlodwig hatten sie nichts mehr entgegenzusetzen, endgültig nicht mehr, seit ihr stärkster BundesGenosse beseitigt war, der aus dem NiederLand.

Die Reue darüber muß bald gekommen sein. Mit ihr die Legenden, die Gerüchte. Nicht umsonst wurde nachmals dem Xantener ›groze arebeit‹ bescheinigt. An den Lagerfeuern, in den Hütten, Zelten und Herbergen hatten sich Hoffnungen auf ihn gerichtet, auch in den SteinMauern der Pfalz. Dort oben eher die Hoffnung auf europäische Macht, auf ein GegenRom, da unten Hoffnung aufs FreiSein, auf Eigensinn, aufs Unrömische. – Doch der Verbündete war den Wormser Herren unheimlich gewesen. Der hatte zu viele Kräfte, zu viel Wissen, keltischbarbarisch erschien er, unberechenbar. Blieb ihnen ein Fremder, im selben Maß, in dem er ihren Sklaven als einer von ihnen erschien, als neuer Arminius, als Herkules für die Diutisken, als Befreier von jederlei römischen Missionen und Imperativen. Doch diese Geschichte, die erste deutsche, ging anders aus. Mag sein, dies ist der Grund, warum deutsche Leute nachmals, ohne daß es je erklärt werden konnte, aggressiv wurden, ja ausfallend gegen alles Fremde, auf ungeheuerliche Weise. Bekämpften teutonisch die Splitter, übersahen den römischen Balken im Kopf.

Und die Burgunder? Wo blieben sie, was wurde aus Kriemhild?

So wenig sich ihre politischen Träume erfüllten, so bedeutend blieben ihre Schönheiten. Wer kennt nicht wenigstens ihre modischen Schöpfungen, etwa die Baguette oder Schamkapsel, jene burgundische Heraushebung des eisernen Hosenlatzes im Harnisch der Herren. Abermals wurde da mehr vorgespiegelt, als vorhanden war.

Wer kennt nicht ihre Kirchen, schließlich auch das ›Gislebertus hoc fecit‹, die Inschrift unter den SteinBildern im burgundischen Autun. ›Gislebertus hat dies gemacht‹. Da war nochmal einer, der meinte, es solle nicht nur die Heilsgeschichte, sondern auch sein

Name gekannt werden. Nochmal so einer mit dem ›G‹ im Namensbeginn, fast noch einmal wie ›Gislahar‹ – so hieß der eigensinnige jüngste der Brüder bei den Alten, bei den ›Theodisken‹. Genau dreihundert Jahre nach dem, was hier erzählt worden ist, im Jahr 786 las ein Papst, nachweislich zum erstenmal, dieses Wort: ›theodisk‹ – das kam von ›Volk‹ und ›Leute‹ und wurde zum Nationalnamen, zu ›deutsch‹. Da war der Vernichtungskrieg gegen LeuteSprache und LeuteDenken längst im Gang, fast schon gewonnen. Zum Beispiel ließ wenige Jahre später Ludwig »der Fromme«, Sohn Karls des Großen, alles vernichten, was an Zeugnissen aus der Zeit der Völkerwanderung noch erhalten war, ließ, was Missionare in einigen Klöstern an alten Liedern gesammelt hatten, verbrennen.

Sein Vater, der nicht lesen, nicht schreiben konnte, setzte alles daran – vielleicht seine folgenreichste Tat – an seiner Pfalz in Aachen Intellektuelle zu versammeln, Gelehrte des Lateinischen, Kultur in ReinKultur, fern von allem Pöbel, plebs, people – unser altfränkischer machtschlauer erster Kaiser klammerte sich an die, deren christrömische Künste er nur respektieren, nicht durchschauen konnte, er, der Analphabet, etablierte nach antikem Kanon das ›trivium‹, das Wissen vom Feinsten – immer wieder der Barbar, der meint, nur in der Sprache der Köpfe ließe sich denken. Als hätte nicht den besten Roman, das größte Epos, das je entstand, ein Analphabet für Analphabeten erzählt, Homer. Welch ein brüchiges Selbstbewußtsein, von Anfang an. Vom teutonischen Karl stammen wir offenbar nicht nur biologisch ab.

Bemerkenswert, daß auch die Herren der ersten halbwegs erhaltenen deutschen Geschichte zugleich die ersten Aussteiger waren. Nichts schien schon den kunstsinnigen Burgundern am Ende wichtiger, als endgültig aus ›theodisken‹ Zusammenhängen herauszukommen. Über den Jura hinüber strebten sie, ins Romanische, wo es, wie man weiß, zu einem anderen Byzanz nie gekommen ist. Wie erlesen auch ihre Künste blieben.

Burgund geriet mal unter diese, mal unter jene Herrschaft. Daß sie in Machtkämpfen nie recht Erfolg hatten, davon berichtete schon die hier beschriebene Geschichte, ihre früheste bewahrte. Mag sein, die Siege blieben aus, weil schon im fünften Jahrhundert ein kleinerer, aber der wildere Teil der Wormser Herren nicht mit über den Jura zog. Statt sich ebenfalls hinterm sonnigen jurassischen SüdFuß zu bergen, ritten die Königsbrüder und ihr Waffenmeister mit den besten Streitern nach Ostland. Zogen, wie die Lemminge, gegen den Strom, ins Loch. Wider alle Vernunft, die

Donau abwärts, gegen den Strom der ›Völkerwanderung‹, gegen vorrückende Germanen, Hunnen. Schlugen sich zunächst dort durch, wo damals die Bayern zu siedeln begannen, ein alamannischer Stamm, ähnlich eigentümlich wie die Westfalen unter den Sachsen. Bei denen also kämpften sie sich durch, an Passau vorbei, die Donau hinunter, zu den Hunnen. Dorthin, wo nur eines sicher war, ihr Untergang.

Hagen von Tronje hatte den Zug befürwortet; ausgerechnet er, der RomKopf, führte ihn an. Als ob er die Herren von Burgund nur noch für wert gehalten hätte, sich vernichten zu lassen. Das letzte, das kleinste und streitbarste Drittel dieses geteilten Volkes zog hinab in das OstarRichi, bis weit hinters nachmalige Österreich.

Und machte dabei eine merkwürdige Verwandlung durch. Die Königsbrüder und der ihnen verschworene Tronje, sie alle schienen, so muß man es sagen, nicht mehr recht zu wissen, wer sie eigentlich waren. Auch die ältesten Dokumente berichten nun nicht mehr von den ›Burgundern‹, sondern bezeichnen diese todessüchtigen Herrschaften aus Worms mit dem Namen dessen, den sie ermordet hatten. Als ›Nibelungen‹ fuhren sie stromab. Gunther, der, wie wir wissen, schnell unter die entgegengesetztesten Gedanken geraten konnte, hieß nun ›König der Nibelungen‹. Ja, als NebelLeute bezeichneten sich die, die das Nifelheimische vormals mit soviel Mißtrauen, höchstens mit heimlicher, mit ängstlicher Sehnsucht bedacht hatten; sie gaben sich also einen Namen, den vordem selbst der Mann aus dem NiederLand nur mit einem gewissen Trotz getragen hatte. Jetzt nannten sich so die Burgunder, auch der mit dem zerstörten Gesicht.

Zu diesem Zug in den Untergang hatte sie nicht Hagens alter Wunsch gedrängt, die eigensinnigen Bayern zu unterwerfen, nein, weder die Bayern noch den Papst wollten sie bekriegen noch ein neues Rom errichten. Der in vielem so einsichtige Mörder wußte, dies hätte die Burgunder überfordert, mußte einem Größeren vorbehalten bleiben – was dem Gotenkönig Theoderich von Rom aus vorübergehend gelang und Herrn Chlodwig von Paris aus in Ansätzen, dreihundert Jahre später erst schaffte das Karl, den sie den Großen nannten.

Nein, in den Osten, auf den Marsch in die Fremde und in den Tod hatte diese ›Nibelungen‹ ihre nahe Verwandte gelockt, Kriemhild. Die war inzwischen Königin – nicht Chlodwigs Frau war sie geworden, nicht FrankenFürstin, sondern HunnenHerrin. Chlodwig dagegen heiratete eine andere, in der Tat eine burgundische Prinzessin, freilich eine fromme, eine Christin aus der *Sapaudia*, er heiratete die HerzogsTochter Grodehilde. Und ließ sich taufen.

Kriemhild aber nahm einen HunnenFürsten, nahm den dienstbereiten, den milden Etzel, Attilas Sohn. Und hatte nun ihre Wormser Verwandtschaft eingeladen, dorthin, wo heute Esztergom liegt, vor der ungarischen Ebene. Schon um 1200 beanstandete der Autor der ›Kaiserchronik‹, daß fahrlässige Erzähler der Nibelungen-Geschichte den wilden Attila und Kriemhild auf eine gemeinsame zeitliche Stufe stellten. Attila starb 453, Theoderich aber, Dietrich von Bern, der den zweiten Teil der Geschichte zu einem Schluß bringt, wurde erst 452 geboren.

Nach 486 allerdings war Theoderich in dem Alter, in dem er tun konnte, wovon berichtet wird: Als die Brüder Kriemhilds Einladung wider Erwarten annahmen, ohne daß man sich erklären kann, warum sie alle Warnungen in den Wind schlugen und wieso sie sich nun für ›Nibelungen‹ ausgaben, als diese ›NebelLeute‹ aus Worms in ihrer offensichtlichen Verwirrtheit – oder unter dem Druck ihrer Schuldgefühle? oder um sich nicht dem immer mächtigeren Herrn Chlodwig unterstellen zu müssen? – als sie tatsächlich die Donau hinabfuhren zu Attilas Burg, da stand dort die Frau nicht alleine. Sie hatte für Genossen gesorgt. Hatte es fertiggebracht, daß der willfährige Etzel und seine Kämpfer bereitstanden, aber auch Dietrich von Bern und Hildebrandt – kein Geringerer also als der Gotenkönig Theoderich, dem damals das gelang, wovon die Wormser nur hatten träumen können, Dietrich oder Theoderich, dem es nur recht sein konnte, wenn krummsinnige Stämme sich selber zerfleischten – kurz danach wurde dieser Theoderich für drei Jahrzehnte so etwas wie der erste Herr eines romanischen Reiches germanischer Nation, entstand unter ihm in Rom das, wovon am Rhein nur fabuliert werden konnte.

Frau Kriemhild aber, die stand nicht ›bezwungen‹ wie die aus Island. Nun, endlich, konnte sie sich ›ersättigen‹.

Am Fleisch ihrer Brüder. Und aß nun auch Hagen. Die erste SaalSchlacht der Historie war die grausamste. Sie tobte tagelang, Zweikampf für Zweikampf, in Strömen von Blut, zwischen Bergen von Leichen. Am Ende erschlug Kriemhild selber ihren Bruder Gunther. Und die Rasende erschlug auch Herrn Hagen. Schlug beiden Gefesselten die Köpfe ab. Die RomKöpfe.

Woraufhin Hildebrandt, der Getreue König Dietrichs, Kriemhild in Stücke hieb.

Aber das ist eine andere Geschichte. Oder doch noch immer

dieselbe. Nur folgerichtig zuendegeführt. Allerdings ist dieser Schluß um vieles weniger wunderbar als der Anfang. Statt feuerköpfig ist er nur noch mordgierig, blutsüchtig. Und am Ende todessatt. Es scheint, hier wird das Grundgesetz im Reich des Toten erfüllt, der Kampf- und TronjeFluch – jener Anfang, der aus der Falschheit kam.

›Stinkreich‹ sagen manche Leute noch immer. In der Tat, wo die Burgunder gejagt haben, da riecht es. Bestialisch, tödlich. In den Revieren, in denen der Xantener Wild fing in Mengen, am Ende auch den Bären – seine letzte Arbeit, sozusagen seine Zugabe im Scherz, die dann den raschen Mord erst ermöglichte – dort steht heute eine der größten Fabriken der Welt, geht es um Blausäuren, Chlorzyane, Phosgene, ist der Boden überkrustet, die Luft zum Ersticken dick.

Weil das Begehren des Anfangs zur Gier wurde? zur Lust am Toten? weil das Wort ›privat‹ einschmeichelnden Klang gewann, immer innigeren? sirenenhaft süß?

Die ältesten Märchen sind die wahrsten. Die besten Lügen sind die ehrlichsten.

Sieglind schien gewußt zu haben, daß die Esche weiter befressen werden würde. Nie hat aus der Geschichte jemand gelernt. Freilich wurde die Geschichte immer seltener ›diutisk‹ erzählt, niemals mehr für die Leute, aus dem Zwerchfell und mit Lokis Zunge, mit der des wahren Lügners.

Von nun an galten die ausgesogenen Wörter, zerfielen zu ä und ə ›Asnithi‹ zu ›Eschen‹, zu ›Essen‹, ›luginari‹ zu ›Lügner‹, ›Karkari‹ zu ›Kerker‹. Lautverschiebung der Leute. Abstieg zum Sprechgeschleich der Höfe und Herren.

Folgt heute noch einer jenem ›Trieb‹, der Begehren hieß und dann Hoffnung? Uns treibt – so sieht es aus im Rheinland – die Gier. Und zwar diejenige, die Drachenschätze zu finden. Rheingold.

Wo er heute ist, der Hort?

In jenem Wirbel liegt er, in den Hagen von Tronje ihn versenkt hat. Seit eintausendfünfhundert Jahren ist er, wie die ältesten Schriften wußten, ›im Loche‹.

In der Tat, exakt dort liegt er. Wo dieses ›Loch‹ ist? In der geometrischen Mitte zwischen Basel-Zürich und Stuttgart-Mannheim-Ludwigshafen, zwischen Frankfurt-Bonn und Köln-Düsseldorf und Essen-Duisburg-Rotterdam. Genau dort sind sie zu finden, die Drachenzähne, ich bin sicher.

Nach der Ermordung ihres Sohnes gerieten Sieglinds Lebenszeichen in die Fremde. Unter die nie mehr unterbrochene Kolonialherrschaft, unter die des Adlers. *Diu freya stat biduungan.* Sie steht bezwungen und vergessen. So wie die meisten Einzelheiten und Bedeutungen der ersten deutschen Geschichte. Sie verschwanden, soviel scheint sicher, in der paulinischen, in der CaputSucht. Die Bedeutung von ›privat‹ ebenso wie die von ›deutsch‹, auch die Sprache, die ohne ›haben‹ auskam. Sieglinds und Baldinais Wissen geradeso wie Eginhardts Einsichten und Wunnibalds Empfehlungen. Und mit der Weisheit des frommen Rabbi zu Mainz selbstverständlich auch Siegfrieds herzloses Lob des Zwerchfells. All das, die Flammenbilder vom roten Zorn wie die von den friedlichen Siegen – der Jäger, der in die Kuh verwandelt war – niemand sollte das sehen, niemand mehr dürfte es wissen.

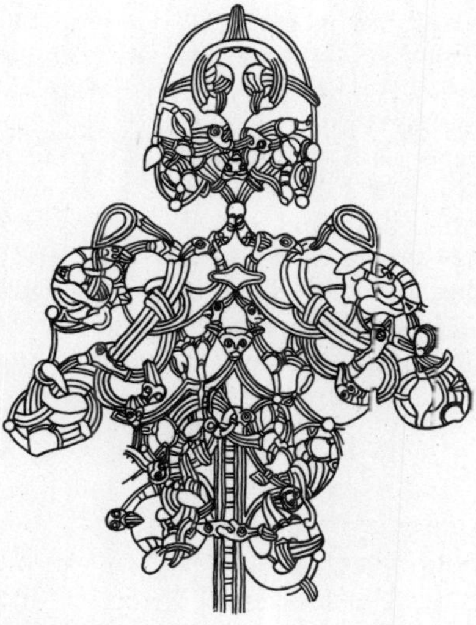

Geschnitzte Ornamente
(auf einem Drachenkopf)

Quellen

Von dem, was zu Siegfried Quelle war und Vorlage, nenne ich hier nur wenige Texte in alphabetischer Folge. Nach Bedeutung geordnet, müßten die beiden von Fromm am Beginn dieser Liste stehen.

Achim von Arnim/Clemens Brentano, Des Knaben Wunderhorn. Alte deutsche Lieder, 3 Bde., München, Deutscher Taschenbuchverlag 1984 (dtv 5939) Hans Georg Beck, Byzantinisches Lesebuch, München, C.H. Beck 1982 Helmut Berndt, Die Nibelungen. Auf den Spuren eines sagenhaften Volkes, Oldenburg, Stalling 1978 (als Taschenbuch bei Bastei-Lübbe Nr. 64037) Hans Peter Dürr, Traumzeit. Über die Grenzen zwischen Wildnis und Zivilisation, Frankfurt, Syndikat 1978 (als Taschenbuch in der Edition Suhrkamp NF 1345) Hans Peter Dürr, Sedna oder Die Liebe zum Leben, Frankfurt, Suhrkamp 1984 Edda. Die Lieder des Codex regius nebst verwandten Denkmälern, Gustav Heckel (Hrsg.), 4. Aufl., Heidelberg, Hans Kuhn 1962/68 (Winter-Verlag) Norbert Elias, Über den Prozeß der Zivilisation. Soziogenetische und psychogenetische Untersuchungen, 2 Bde., Bern und München, Francke 1969 Exempla Historica. Epochen der Weltgeschichte in Biographien, Bd. 6–11: Römisches Imperium und frühes Mittelalter, Frankfurt 1984, Fischer Taschenbuch 17007–17012 FALK, Lose Blätter für alles Mögliche (Zeitschrift der Head-Farm Odisheim). Helmut Salzinger (Hrsg.), z.B. Heft 25 über James Koller (Essay »Blauer Himmel«) Michel Foucault, Sexualität und Wahrheit, Frankfurt, Suhrkamp 1977 Karlhans Frank, Von der Magie der Männlichkeit. Wie der Phall im Wandel der Epochen steht, Frankfurt, Eichborn 1984 Erich Fromm, Das Christusdogma und andere Essays, Stuttgart, Deutsche Verlagsanstalt 1981 (als Taschenbuch bei dtv Nr. 10281) Erich Fromm, Anatomie der menschlichen Destruktivität, Stuttgart, Deutsche Verlagsanstalt 1974 Gregor von Tours, Zehn Bücher Geschichten, neubearbeitet von Rudolf Buchner aufgrund der Übersetzung von W. Giesebrecht, Darmstadt, Wissenschaftliche Buchgesellschaft 1964–67 Friedrich Heer, Karl der Große und seine Welt, Wien-München-Zürich, Molden 1977 Heliand und Genesis, Otto Behagel (Hrsg.), 7. Aufl. bearbeitet von Walter Mitzka, Altdeutsche Textbibliothek Nr. 4, Tübingen, Niemeyer 1958 Heinrich von Kleist, Die Hermannsschlacht (in der Inszenierung des Bochumer Ensembles 1983, Regie Claus Peymann) Friedrich Kluge, Etymologisches Wörterbuch der deutschen Sprache, 18. Aufl. bearbeitet von Walter Mitzka, Berlin, de Gruyter 1960 Lutz Mackensen, Die Nibelungen, Stuttgart, Hauswedell 1984 Friedrich Maurer, Leid. Studien zur Bedeutungs- und Problemgeschichte, bes. in d. großen Epen der Staufischen Zeit. Bern, Franke; München, Lehnen 1951 Des Minnesangs Frühling, nach Karl Lachmann, Moritz Haupt und Friedrich Vogt, neu bearbeitet von Carl von Kraus, 32. Aufl., Stuttgart, Hirzel 1959 Das Nibelungenlied. Handschrift B, nach der Ausgabe von Karl Bartsch, Helmut de Boor (Hrsg.), 14. neu bearbeitete Aufl., Deutsche Klassiker des Mittelalters, Wiesbaden, Brockhaus 1959 Das Nibelungenlied und Die Klage. Handschrift C der F.F. Hofbibliothek Donaueschingen, Faksimile-Ausgabe und Kommentarband, bearbeitet von Heinz Engels, Stuttgart, Müller & Schindler 1968 Otfrieds Evangelienbuch, Oskar Erdmann (Hrsg.), Altdeutsche

Textbibliothek Nr. 49, Tübingen, Niemeyer 1957 Walter Rehm, Experimentum medietatis. Studien zur Geistes- und Literaturgeschichte des 19. Jahrhunderts, München, Rinn 1947 Friedrich Schmitt, Die Rache des finsteren Hagen im Hansenbusch, in: Mannheimer Morgen vom 15. 10. 84, S. 22 Ewald Gerhard Seeliger, Handbuch des Schwindels (z. B. die Stichworte ›Christentum‹, ›Jesus‹, ›Judentum‹, ›Rom‹) Insel-Taschenbuch 919, Frankfurt 1986

Motive, Siegfried zu schreiben (wörtliche Parallelen zu »Siegfried«), in meinen Romanen »Lynch«, »Der Solljunge«, »Essen Viehofer Platz«.

Baum mit Gehenkten (Gewebe, Norwegen)